2025
中国有色金属发展报告

中国有色金属工业协会　编

北　京
冶金工业出版社
2025

图书在版编目（CIP）数据

2025 中国有色金属发展报告 / 中国有色金属工业协会编. -- 北京 : 冶金工业出版社, 2025. 6. -- ISBN 978-7-5240-0254-3

Ⅰ. F426. 32

中国国家版本馆 CIP 数据核字第 2025XL4681 号

2025 中国有色金属发展报告

出版发行	冶金工业出版社	**电　　话**	(010)64027926
地　　址	北京市东城区嵩祝院北巷 39 号	**邮　　编**	100009
网　　址	www. mip1953. com	**电子信箱**	service@ mip1953. com

责任编辑　张熙莹　美术编辑　彭子赫　版式设计　郑小利

责任校对　郑　娟　责任印制　禹　蕊

北京捷迅佳彩印刷有限公司印刷

2025 年 6 月第 1 版，2025 年 6 月第 1 次印刷

787mm×1092mm　1/16；28 印张；499 千字；438 页

定价 298. 00 元

投稿电话　(010)64027932　投稿信箱　tougao@cnmip. com. cn

营销中心电话　(010)64044283

冶金工业出版社天猫旗舰店　yjgycbs. tmall. com

（本书如有印装质量问题，本社营销中心负责退换）

《2025 中国有色金属发展报告》

编 委 会

前　言

2024年，是实现“十四五”规划目标任务的关键一年。面对外部压力加大、内部困难增多的复杂严峻形势，在以习近平同志为核心的党中央坚强领导下，有色金属行业企业认真贯彻落实党中央、国务院稳经济增长的决策部署，持续优化产业结构、加快培育新质生产力，产业运行总体稳中有进，延续了良好发展态势。

2024年，十种常用有色金属产量7919万吨，同比增长4.3%，约占全球有色金属产量的60%；完成固定资产投资同比增长24.7%，比同期全国增幅高12.6个百分点；进出口贸易稳中有升；行业规上企业实现营业收入9万亿元，实现利润4239亿元，创历史新高。总体来看，有色金属行业实现了向上向好的发展态势，在传统原材料工业中，呈现出“风景这边独好”的可喜局面。

“十四五”时期是开启全面建设社会主义现代化国家新征程的第一个五年。“十四五”规划实施四年来，我国有色金属产业转型升级成效明显，高质量发展稳步推进，正加快由传统制造向先进制造迈进。

——主要经济指标持续增长。十种有色金属产量年均增幅为5.9%，以锂、硅为代表的“新兴矿产”为我国“新三样”等战略新兴产业发展提供了坚实支撑。行业效益连续四年均超过3000亿元。

——资源保障能力显著提升。到2024年底，中资企业境外权益矿铜产量占我国铜精矿需求近30%；境外权益铝土矿产量超过9000万吨，占进口铝土矿的比例超过60%；境外镍、钴、锂资源量分别达到2200万吨、800万吨、7000万吨（LCE）。

——产业结构显著优化。突破了一批关键技术装备，产业化技术日臻成熟并不断迭代升级；新能源材料研发应用技术达到世界先进水平；成立中国稀土集团，全面完成国内多个地方的稀土资源整合任务；通过兼并重组，产业集中度进一步提升。

——绿色低碳发展水平显著提升。积极落实《行业碳达峰实施方案》，建成一批国家级绿色矿山、绿色工厂，主要品种能耗指标达到世界领先水平；2024年电解铝使用可再生能源占比达到25.2%；再生有色金属产量达到1915万吨。

2025年，是“十四五”规划收官之年，也是“十五五”规划谋划之年。我们将以习近平新时代中国特色社会主义思想为指导，着力推进世界一流行业协会建设，着力推进行业高质量发展，做中国式现代化的重要参与者、有力推动者和坚定实践者。一是聚焦稳增长，为经济发展多作有色贡献；二是聚焦强科技，加快培育新质生产力；三是聚焦稳外贸，持续推动高水平对外开放；四是聚焦减污降碳，引领行业绿色转型；五是聚焦抓自律，营造行业良好经营环境；六是聚焦防风险，更好应对不确定性困难局面。

《中国有色金属发展报告》（以下简称《发展报告》）全面记述上一年度有色金属主要品种及行业运行发展情况，剖析行业发展热点，并对下一年度行业走势进行展望，为政府决策、行业研究、企业发展提供了重要参考，是协会会员企业、相关从业人员、有关部门与机构了解我国有色金属概貌的重要窗口，受到了各方面的欢迎。

2025年的《发展报告》延续了过去基本架构，主要包括综合篇、专题篇、品种篇和统计篇四个部分。各篇章撰稿人主要来自协会及所属各单位、相关专业分会等，审稿人为各撰稿人所在部门或单位的主要负责人。数据来源除国家统计部门公布的外，有些数据为有关分会或机构调研分析得出的结果，仅供参考。书中全国性数据暂时不包括台湾及香港、澳门地区资料。

由于有色金属品种多，牵涉面广，加之时间仓促，撰、编、审人员水平所限，错误与疏漏在所难免，敬请读者批评指正！

中国有色金属工业协会会长 葛红林

2025年6月

目　　录

综　合　篇

2024 年有色金属工业运行情况综述 …… 3
稳步推进行业走高质量发展的道路
——2025 年行业发展展望 …… 29

专　题　篇

2024 年有色金属工业科技情况报告 …… 39
2024 年有色金属国际交流与合作报告 …… 56
2024 年有色金属质量、标准、知识产权工作发展报告 …… 67
2024 年有色金属工业绿色低碳发展报告 …… 107
2024 年再生有色金属工业发展报告 …… 115
2024 年赤泥综合利用发展报告 …… 130
2024 年铜加工工业发展报告 …… 141
2024 年铝加工工业发展报告 …… 159

品　种　篇

2024 年铜工业发展报告 …… 173
2024 年铝工业发展报告 …… 190
2024 年铅锌工业发展报告 …… 204
2024 年镁工业发展报告 …… 223
2024 年镍工业发展报告 …… 237
2024 年钴工业发展报告 …… 247
2024 年钨工业发展报告 …… 258
2024 年钼工业发展报告 …… 273

2024 年锡工业发展报告 …… 283
2024 年锑工业发展报告 …… 292
2024 年钛工业发展报告 …… 304
2024 年钽铌工业发展报告 …… 321
2024 年稀土工业发展报告 …… 329
2024 年有色黄金工业发展报告 …… 343
2024 年白银工业发展报告 …… 366
2024 年硅工业发展报告 …… 386
2024 年锂工业发展报告 …… 399
2024 年铂族金属工业发展报告 …… 421

统　计　篇

2024 年有色金属产品产量汇总表 …… 437
2024 年有色金属行业规模以上企业主要财务指标 …… 438

综合篇

ZONGHE PIAN

2024 年有色金属工业运行情况综述

2024 年是中华人民共和国成立 75 周年，是实现“十四五”规划目标任务的关键一年。在以习近平同志为核心的党中央坚强领导下，有色金属行业、有色金属企业认真贯彻落实党中央、国务院决策部署，坚持稳字当头、稳中求进工作总基调，完整、准确、全面贯彻新发展理念，加快构建新发展格局，有色金属工业高质量发展取得新成效，产业运行稳中有进，呈现出良好发展态势。2024 年有色金属工业运行具有以下亮点及特点：一是有色金属工业增加值增长 8.9%，增幅大于全国工业增加值增幅 3.1 个百分点；二是初步统计十种有色金属产量 7919 万吨，增长 4.3%；三是精炼铜、原铝消费量增幅分别大于产量增幅 2.8 个百分点、1.6 个百分点；四是有色金属固定资产投资增幅高达 24.7%；五是铜材、铝材出口量均创历史新高；六是有色金属价格涨跌分化，铜、铝、铅、锌价格分别上涨 9.7%、6.5%、10.0%、7.8%，工业硅、电池级碳酸锂价格分别下跌 15.3%、65.3%；七是规上有色金属工业企业实现利润初步统计数首次超过 4200 亿元大关，达到 4238.8 亿元；八是规上有色金属工业企业资产负债率下降到 58.5%，达历史最好水平。

一、2024 年有色金属工业运行良好

（一）有色金属生产、消费保持平稳增长

1. 工业增加值增幅持续扩大

2024 年，有色金属工业增加值比上年增长 8.9%（见图 1），增幅比 2023 年扩大 1.5 个百分点，比全国工业增加值的增幅高 3.1 个百分点。其中，矿山采选业工业增加值增长 3.7%，冶炼加工业工业增加值增长 9.7%。

2. 十种有色金属产量持续增长

2024 年，十种常用有色金属产量 7918.8 万吨，比上年增长（按可比口径计算，下同）4.3%（见图 2）。其中，精炼铜产量 1364.4 万吨，增长 4.1%（见图 3）；原铝产量 4400.5 万吨，增长 4.6%（见图 4）。六种矿山金属含量 612.4 万吨，下降 1.2%；氧化铝产量 8852.2 万吨，增长 3.9%；铜材产

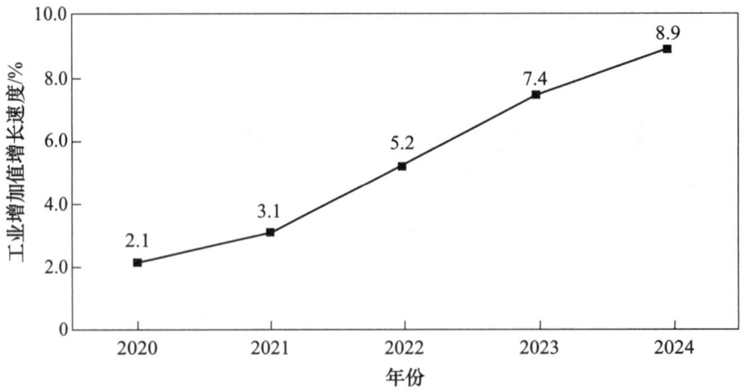

图 1　2020—2024 年规上有色金属行业工业增加值增长速度图

数据来源：国家统计局，中国有色金属工业协会

量（尚未扣除企业间重复统计约 250 万吨）2350.3 万吨，增长 1.7%；铝材产量（尚未扣除企业间重复统计约 1600 万吨）6783.1 万吨，增长 7.7%。

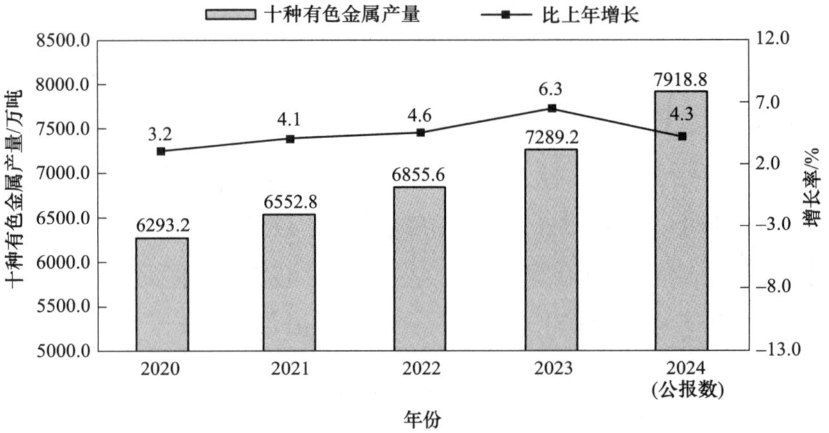

图 2　2020—2024 年十种有色金属产量及比上年增长速度图

（图中十种有色金属产量历史数据已按新口径调整）

数据来源：国家统计局，中国有色金属工业协会

3. 精炼铜、原铝消费量增幅大于产量增幅

2024 年，中国精炼铜消费量为 1630 万吨，比上年增长 6.9%（见图 5），比产量增幅高 2.8 个百分点；原铝消费量为 4565 万吨，增长 6.2%（见图 6），比产量增幅高 1.6 个百分点。

4. 全铜、全铝人均消费量保持较快增长

2024 年，中国全铜人均年消费量为 12.3 千克/人，比上年增长 7.3%（见图 7）；全铝人均年消费量为 35.1 千克/人，比上年增长 6.6%（见图 8）。

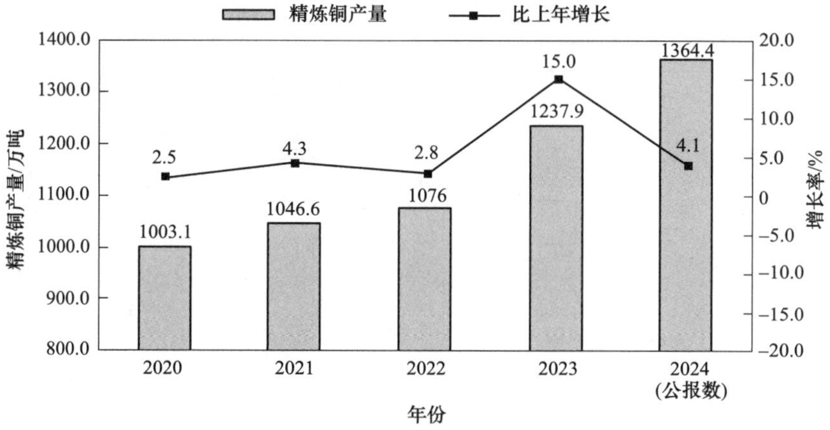

图 3　2020—2024 年精炼铜产量及比上年增长速度图

数据来源：国家统计局，中国有色金属工业协会

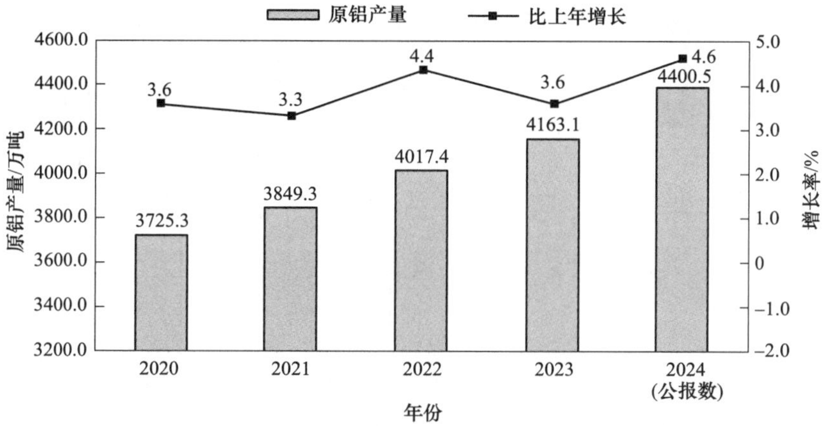

图 4　2020—2024 年原铝产量及比上年增长速度图

数据来源：国家统计局，中国有色金属工业协会

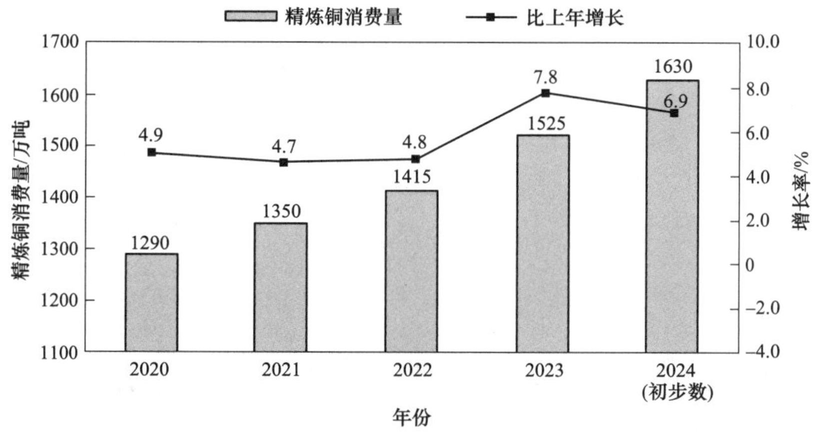

图 5　2020—2024 年精炼铜消费量及比上年增长速度图

数据来源：中国有色金属工业协会

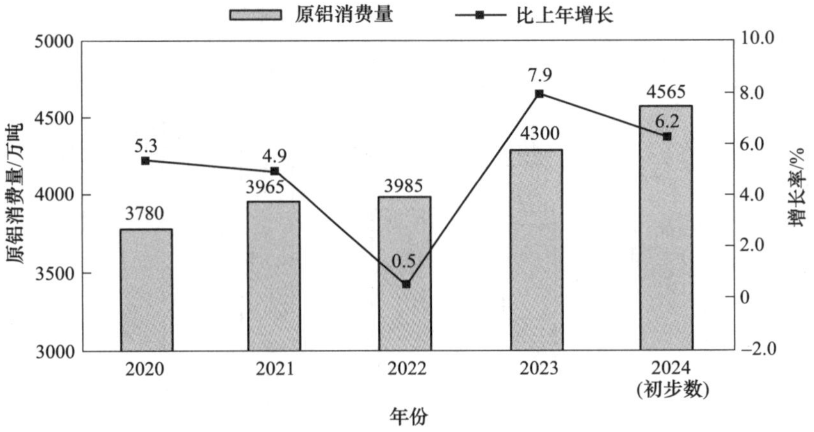

图6　2020—2024 年原铝消费量及比上年增长速度图

数据来源：中国有色金属工业协会

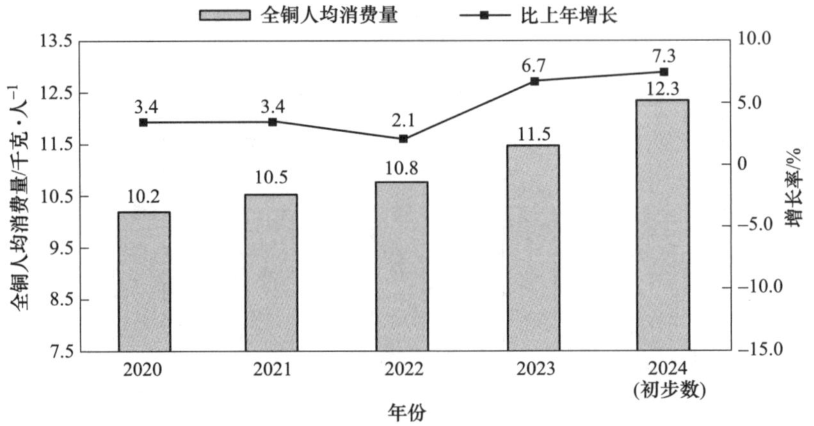

图7　2020—2024 年全铜人均消费量及比上年增长速度图

数据来源：中国有色金属工业协会

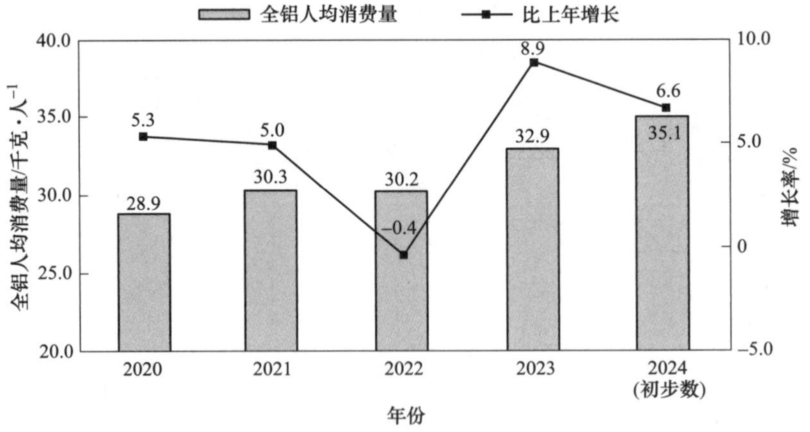

图8　2020—2024 年全铝人均消费量及比上年增长速度图

数据来源：中国有色金属工业协会

（二）固定资产投资增幅扩大，民间矿山投资增幅更为突出

1. 有色金属固定资产投资增幅比上年扩大 7.4 个百分点

2024 年，有色金属工业完成固定资产投资比上年增长 24.7%（见图 9），增幅比 2023 年扩大 7.4 个百分点，比全国工业投资增幅高 12.6 个百分点。其中，有色金属矿山采选完成固定资产投资比上年增长 26.7%，有色金属冶炼及压延加工完成固定资产投资比上年增长 24.2%。

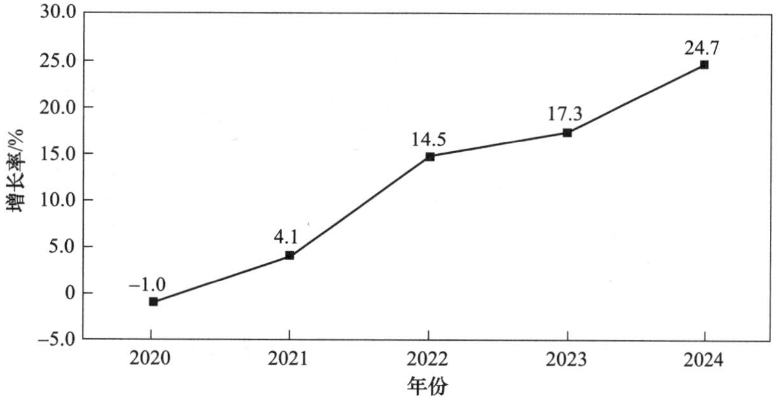

图 9　2020—2024 年有色金属固定资产投资比上年增长速度图

数据来源：国家统计局

2. 民间固定资产投资增幅比上年扩大 19.2 个百分点

2024 年，民间有色金属固定资产投资比上年增长 26.8%（见图 10），增幅比 2023 年扩大 19.2 个百分点，增幅比有色金属工业完成固定资产投资高 2.1 个百分点。其中，民间有色金属矿山采选完成固定资产投资比上年增长 58.9%，增幅比全国民间矿山采选固定资产投资高 42.7 个百分点；民间有色

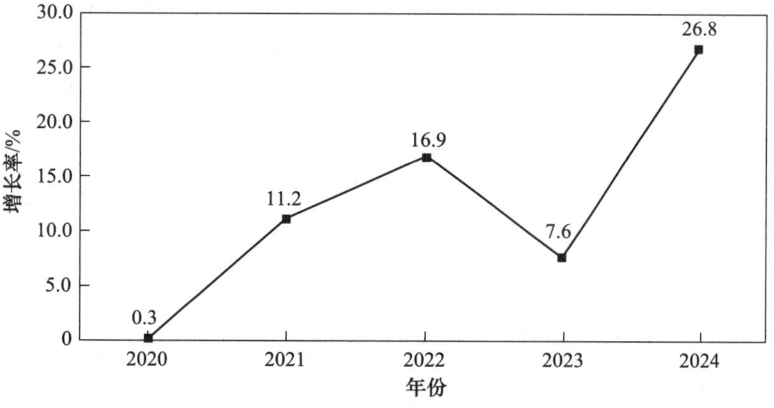

图 10　2020—2024 年民间有色金属固定资产投资比上年增长速度图

数据来源：国家统计局

金属冶炼及压延加工完成固定资产投资比上年增长 19.8%，增幅比民间制造业固定资产投资高 9.0 个百分点。

（三）铜精矿、铝土矿进口稳定增长，铜材、铝材出口创历史新高

根据海关快报统计，2024 年有色金属进出口总额为 3687.9 亿美元，比上年增长 11.4%。其中，进口额为 2998.5 亿美元，增长 10.4%；出口额为 689.4 亿美元，增长 16.2%（见图 11）。贸易逆差为 2309.1 亿美元，增长 8.8%。

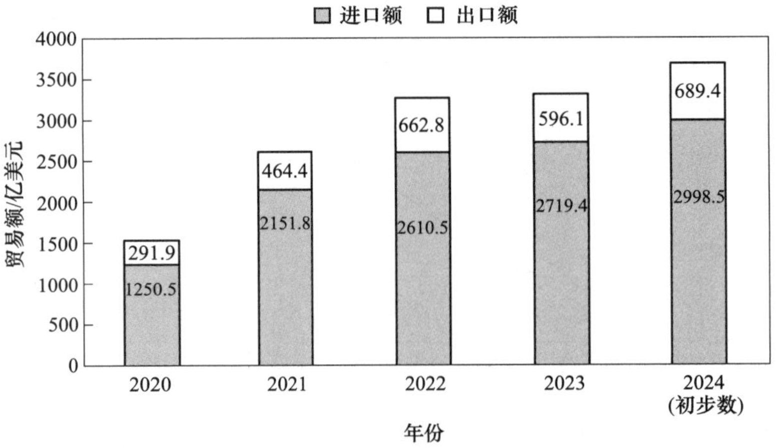

图 11　2020—2024 年有色金属进出口贸易额变化图

数据来源：海关总署

1. 进口铜精矿、铜废碎料、未锻轧铜增加，净出口铜材大幅度增加

2024 年，铜产品进口额为 1396.5 亿美元，比上年增长 14.6%，占有色金属产品进口额的比重为 46.6%；出口额为 128.3 亿美元，增长 41.8%，铜产品贸易逆差为 1268.2 亿美元，占有色金属贸易逆差的 54.9%。

进口铜精矿实物量 2811.4 万吨，比上年增长 2.1%（见图 12）；进口粗铜（阳极铜）89.3 万吨，下降 10.2%；进口未锻轧铜 442.1 万吨，增长 7.5%（见图 13）；进口铜材 36.5 万吨，增长 2.0%；进口铜废碎料实物量 224.7 万吨，增长 13.2%。出口未锻轧铜 45.6 万吨，增长 63.3%；出口铜材 82.8 万吨，增长 22.3%（见图 14）。2024 年，净进口未锻轧铜 396.5 万吨，增长 3.5%；净出口铜材 46.3 万吨，增长 44.7%。

2. 进口铝土矿、原铝保持增长，出口铝材大幅度增长

2024 年，铝产品进口额为 252.3 亿美元，比上年增长 19.4%，占有色金属产品进口额的比重为 7.5%；出口额为 233.5 亿美元，增长 16.9%，占有色金属产品出口额的比重为 33.9%。

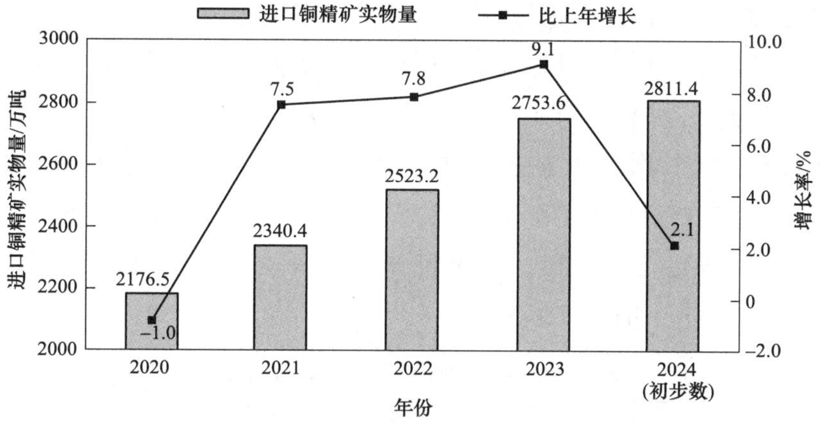

图 12 2020—2024 年进口铜精矿及比上年增长速度图

数据来源：海关总署，中国有色金属工业协会

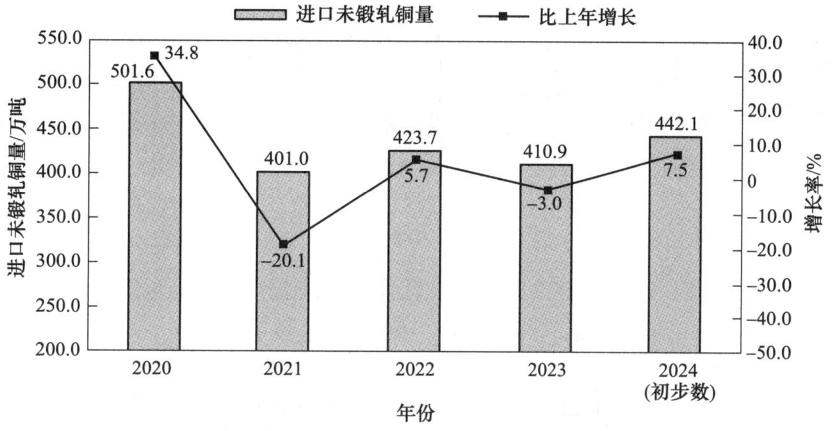

图 13 2020—2024 年进口未锻轧铜及比上年增长速度图

数据来源：海关总署，中国有色金属工业协会

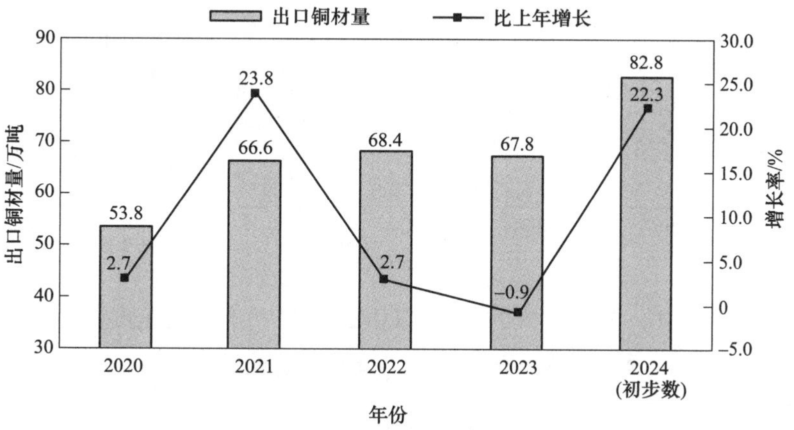

图 14 2020—2024 年出口铜材及比上年增长速度图

数据来源：海关总署，中国有色金属工业协会

进口铝土矿 15876.7 万吨，比上年增长 12.4%（见图 15）；进口氧化铝 142.0 万吨，下降 22.3%；进口未锻轧铝 334.9 万吨，增长 25.2%，其中进口非合金铝（原铝）213.7 万吨，增长 38.6%；进口铝材 39.8 万吨，增长 3.6%；进口铝废料实物量 178.2 万吨，增长 1.7%。出口氧化铝 178.6 万吨，增长 42.7%；出口未锻轧铝 36.3 万吨，下降 7.2%；出口铝材 630.1 万吨，增长 19.3%（见图 16）。2024 年，净进口未锻轧铝 298.6 万吨，增长 30.7%；净出口铝材 590.3 万吨，增长 20.5%。

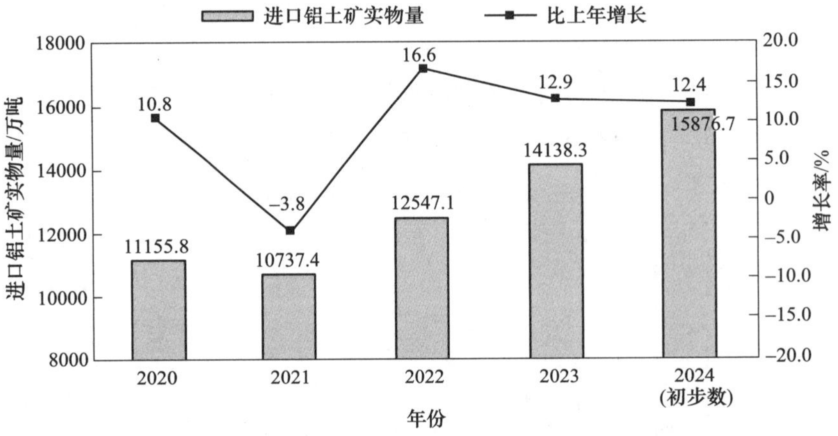

图 15　2020—2024 年进口铝土矿及比上年增长速度图

数据来源：海关总署，中国有色金属工业协会

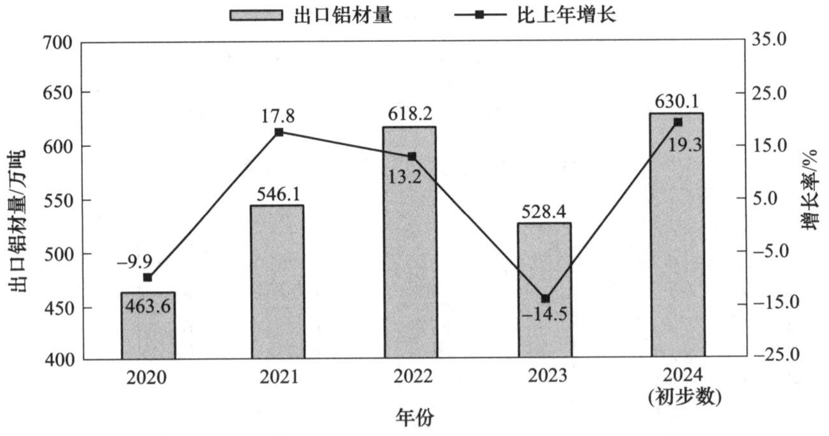

图 16　2020—2024 年出口铝材及比上年增长速度图

数据来源：海关总署，中国有色金属工业协会

3. 进口铅精矿增长、锌精矿下降，进口未锻轧铅、未锻轧锌均增长

2024 年，铅产品进口额为 24.9 亿美元，比上年增长 42.6%；出口额为

1.1 亿美元，下降 77.2%。进口铅精矿实物量 123.8 万吨，增长 9.5%；进口未锻轧铅 22.1 万吨，增长 327.6%。出口未锻轧铅 3.3 万吨，下降 83.7%。

2024 年，锌产品进口额为 58.0 亿美元，比上年增长 12.7%；出口额为 1.2 亿美元，增长 26.5%。进口未锻轧锌 49.5 万吨，增长 15.3%；进口锌精矿实物量 407.9 万吨，下降 13.5%。出口未锻轧锌 2.2 万吨，增长 85.8%。

4. 进口镍矿、钴矿均下降

2024 年，镍产品进口额为 61.3 亿美元，比上年下降 20.2%；出口额为 28.7 亿美元，增长 85.1%。进口镍矿实物量 3793.9 万吨，下降 14.7%（见图 17）；进口未锻轧镍 10.0 万吨，增长 5.4%；出口未锻轧镍 12.3 万吨，增长 235.3%。

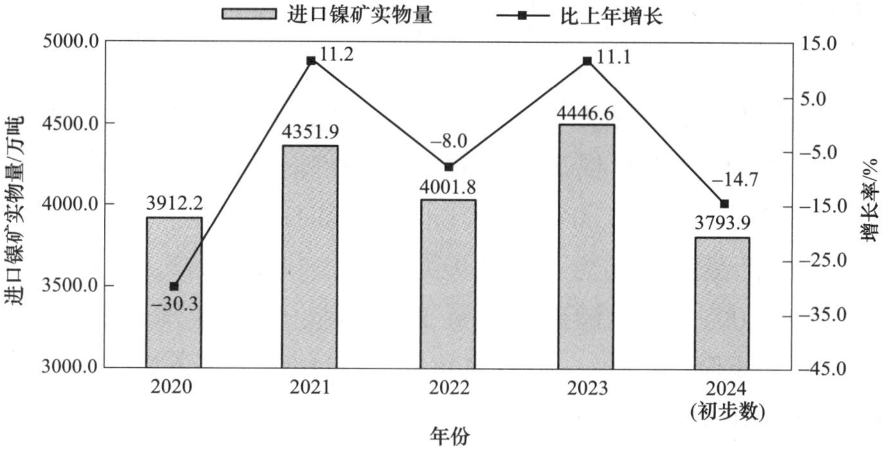

图 17　2020—2024 年进口镍矿及比上年增长速度图

数据来源：海关总署，中国有色金属工业协会

2024 年，钴产品进口额为 0.9 亿美元，比上年下降 32.5%；出口额为 1.2 亿美元，下降 8.9%。进口钴矿实物量 0.1 万吨，下降 94.8%；进口钴及钴制品 649 吨，下降 21.2%。出口钴及钴制品 234.0 吨，增长 6.9%；出口氧化钴 4950 吨，增长 15.0%；出口碳酸钴 2159 吨，增长 77.0%。

5. 未锻轧镁、钛材及制品出口增长

2024 年，镁产品出口额为 12.9 亿美元，比上年下降 7.1%。出口未锻轧镁 36.1 万吨，增长 13.7%；出口镁粒、粉 8.3 万吨，增长 11.9%；出口镁材及制品 0.8 万吨，增长 21.5%。

2024 年，钛产品进口额为 22.0 亿美元，比上年增长 11.8%；出口额为 1.6 亿美元，增长 21.8%。进口钛矿实物量 505.3 万吨，增长 18.8%；进口钛材及制品 7285 吨，增长 1. 0%。出口海绵钛 5993 吨，增长 2. 7%；出口钛材及制品 87636 吨，增长 258. 8%。

6. 进口钨、钼、锑矿增长、进口锡矿下降

2024 年，钨产品进口额为 3. 0 亿美元，比上年增长 54. 6%；出口额为 8. 1 亿美元，增长 2. 4%。进口钨矿实物量 12414 吨，增长 114. 0%；出口钨材及钨制品量 5000 吨，下降 5. 2%；出口钨酸盐 2780 吨，增长 1. 7%；出口氧化钨及氢氧化钨 4569 吨，下降 9. 6%。

2024 年，钼产品进口额为 13. 4 亿美元，比上年增长 14. 4%；出口额为 11. 0 亿美元，下降 2. 9%。进口钼矿实物量 66480 吨，比上年增长 31. 2%；出口钼矿实物量 23941 吨，增长 11. 3%；出口钼材及钼制品 6675 吨，增长 10. 8%；出口钼酸盐 858 吨，下降 5. 8%；出口氧化钼及氢氧化钼 2923 吨，增长 1. 8%。

2024 年，锡产品进口额为 24. 8 亿美元，比上年下降 0. 7%；出口额为 6. 2 亿美元，增长 76. 2%。进口锡矿实物量 15. 9 万吨，比上年下降 36. 3%；进口未锻轧锡 25493 吨，下降 27. 0%；出口未锻轧锡 17393 吨，增长 42. 9%。

2024 年，锑产品进口额为 3. 0 亿美元，比上年增长 82. 1%；出口额为 5. 3 亿美元，增长 18. 0%。进口锑矿实物量 5. 4 万吨，比上年增长 53. 0%；出口未锻轧锑 3834 吨，下降 26. 8%；出口氧化锑 30421 吨，下降 15. 0%。

7. 稀土产品出口量增额降

2024 年，稀土产品进口额为 15. 5 亿美元，比上年下降 29. 7%；出口额为 4. 9 亿美元，下降 36. 0%。稀土出口量 5. 5 万吨，比上年增长 6. 0%（见图 18）。

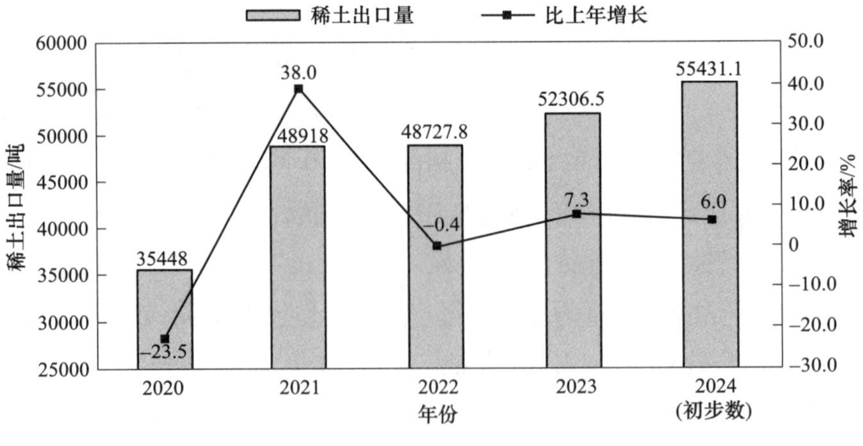

图 18　2020—2024 年出口稀土及比上年增长速度图

数据来源：海关总署

8. 黄金、白银产品进出口额均持续增长

2024 年，黄金进口额为 1027.2 亿美元，比上年增加 108.0 亿美元，增幅达 11.8%，占有色金属产品进口额的比重为 34.3%，拉动有色金属产品进口额增长 4.0 个百分点；黄金出口额为 123.6 亿美元，增长 217.6%，占有色金属产品出口额的比重为 17.9%，拉动有色金属产品出口额增长 14.2 个百分点。黄金贸易逆差为 903.6 亿美元，占有色金属贸易逆差的 39.1%。

2024 年，未锻轧银、银首饰及零件进口额为 16.1 亿美元，比上年增长 20.7%；出口额为 45.5 亿美元，增长 17.5%。

9. 进口碳酸锂量增额降，出口氢氧化锂量额均降

2024 年，锂产品进口额为 28.7 亿美元，比上年下降 56.0%；出口额为 23.8 亿美元，下降 65.7%。进口金属锂 96.0 吨，比上年增长 243.8%；进口氢氧化锂 8171.0 吨，增长 114.7%；进口碳酸锂 23.5 万吨，增长 48.0%。出口金属锂 655.0 吨，增长 10.3%；出口氢氧化锂 12.1 万吨，下降 7.1%；出口碳酸锂 3828.0 吨，下降 60.1%。

10. 出口工业硅、多晶硅均为量增额降

2024 年，硅产品进口额为 33.4 亿美元，比上年下降 20.8%；出口额 43.9 亿美元，下降 42.7%。进口工业硅 3.0 万吨，比上年增长 355.9%；进口多晶硅 4.0 万吨，下降 36.7%。出口工业硅 72.5 万吨，增长 28.5%；出口多晶硅 4.0 万吨，增长 372.9%。

（四）铜、铝、铅、锌价格上涨，工业硅、电池级碳酸锂价格下跌

1. 国内现货市场铜均价创近 5 年新高

2024 年末，LME 及上期所三月期铜收盘价分别为 8768 美元/吨和 73970 元/吨，比上年末收盘价分别上涨 2.4%和 7.4%。2024 年，LME 三月期铜均价为 9262 美元/吨，上涨 8.7%；上期所三月期铜均价为 75131 元/吨，上涨 10.9%；国内现货市场铜均价为 74904 元/吨，上涨 9.7%（见图 19）。

2. 国内现货市场铝均价为近 5 年的第二高

2024 年末，LME 及上期所三月期铝收盘价分别为 2551.5 美元/吨和 19835 元/吨，比上年末收盘价分别上涨 7.0%和 2.0%。2024 年，LME 三月期铝均价为 2456 美元/吨，上涨 7.5%；上期所三月期铝均价为 19992 元/吨，上涨 8.2%；国内现货市场铝均价 19925 元/吨，上涨 6.5%（见图 20）。

3. 国内现货市场铅均价创近 5 年新高

2024 年末，LME 及上期所三月期铅收盘价分别为 1952 美元/吨和 16810 元/吨，比上年末分别下跌 5.6%、上涨 5.9%。2024 年，LME 三月期铅均价

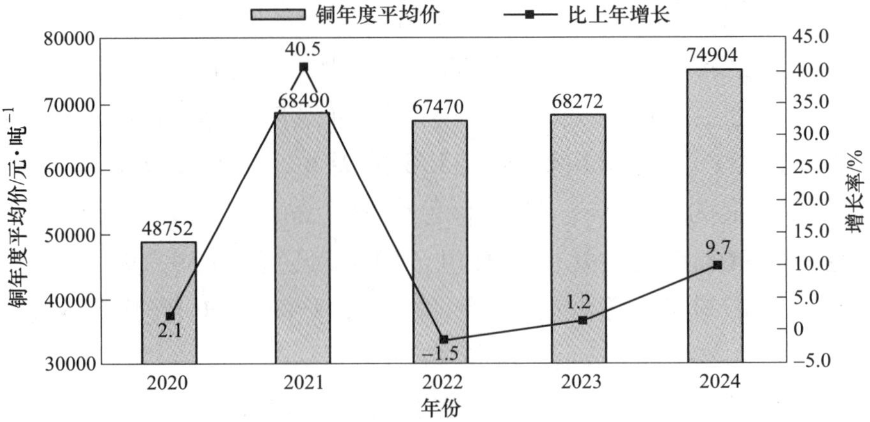

图 19　2020—2024 年国内市场铜现货年均价及比上年涨跌幅度图

数据来源：中国有色金属工业协会

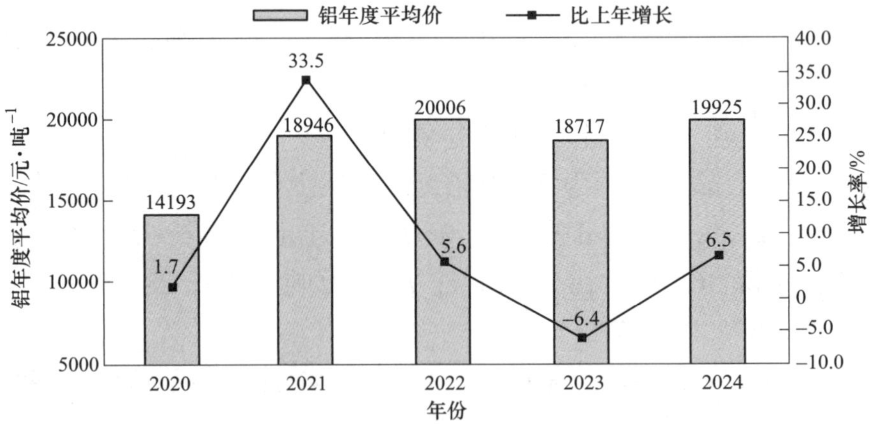

图 20　2020—2024 年国内市场铝现货年均价及比上年涨跌幅度图

数据来源：中国有色金属工业协会

2104 美元/吨，下跌 1. 1%；上期所三月期铅均价为 17178 元/吨，上涨 9. 2%；国内现货市场铅均价为 17285 元/吨，上涨 10. 0%（见图 21）。

4. 国内现货市场锌均价为近 5 年的第二高

2024 年末，LME 及上期所三月期锌收盘价分别为 2978. 5 美元/吨和 25765 元/吨，比上年末收盘价分别上涨 12. 1%和 18. 8%。2024 年，LME 三月期锌均价为 2810 美元/吨，上涨 5. 9%；上期所三月期锌均价为 23341 元/吨，上涨 8. 0%；国内现货市场锌均价为 23312 元/吨，上涨 7. 8%（见图 22）。

5. 国内现货市场工业硅均价持续下跌

2024 年，国内现货市场工业硅均价 13211 元/吨，比上年下跌 15. 3%，比 2021 年均价下跌了 9539 元/吨，跌幅为 41. 9%（见图 23）。

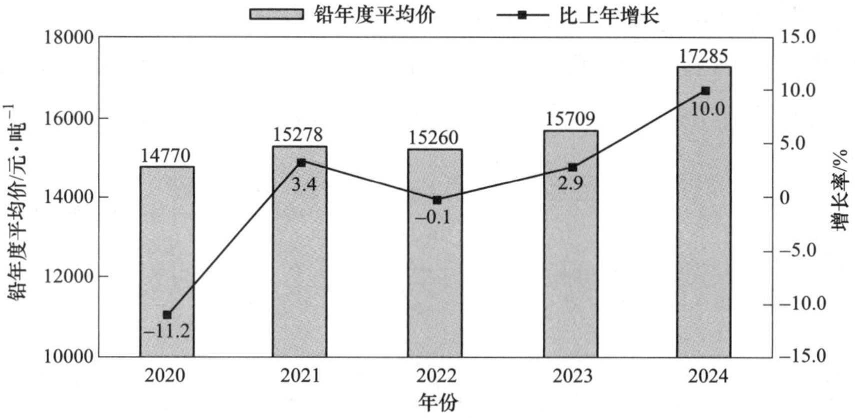

图 21　2020—2024 年国内市场铅现货年均价及比上年涨跌幅度图

数据来源：中国有色金属工业协会

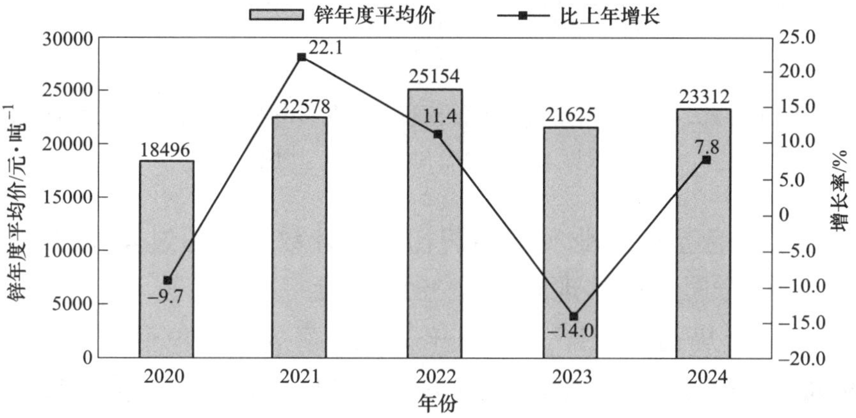

图 22　2020—2024 年国内市场锌现货年均价及比上年涨跌幅度图

数据来源：中国有色金属工业协会

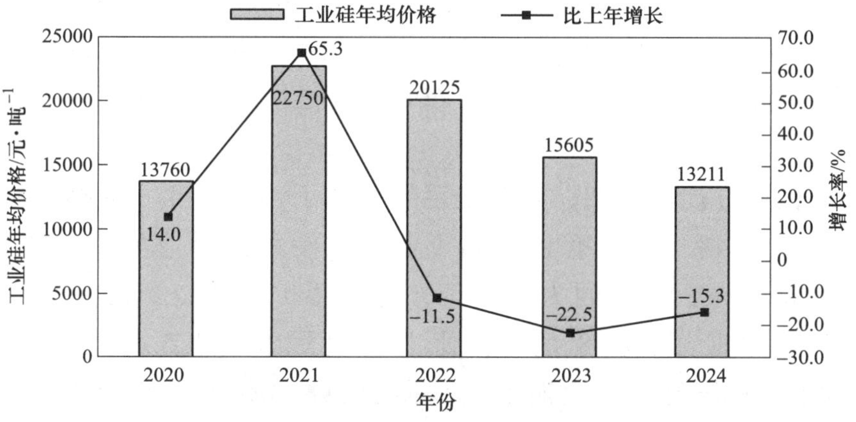

图 23　2020—2024 年国内市场工业硅现货年均价及比上年涨跌幅度图

数据来源：中国有色金属工业协会

6. 国内现货市场电池级碳酸锂均价大幅度下跌

2024 年，国内现货市场电池级碳酸锂均价 9.1 万元/吨，比上年下跌 65.3%，比 2022 年均价下跌了 40.5 万元/吨，跌幅为 81.7%（见图 24）。

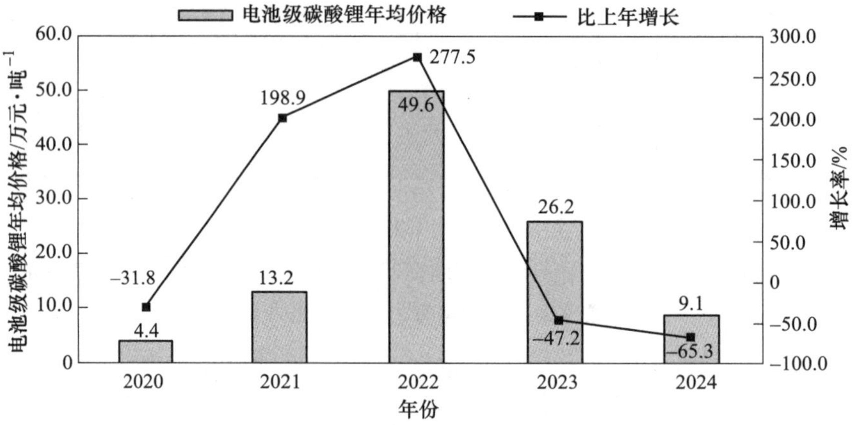

图 24　2020—2024 年国内市场电池级碳酸锂现货年均价及比上年涨跌幅度图

数据来源：中国有色金属工业协会

（五）规上有色金属企业实现利润初步统计数首次超过 4000 亿元大关

1. 规上有色金属企业实现利润 4238.8 亿元

根据国家统计局初步统计，2024 年 11648 家规上有色金属工业企业实现营业收入 89788.2 亿元，比上年增长（按可比口径计算，下同）15.8%（见图 25）。规上有色金属工业企业实现利润总额 4238.8 亿元，比上年增长 15.6%（见图 26）。其中，有色独立矿山企业实现利润 917.9 亿元，增长 17.3%，占 21.6%；有色冶炼企业实现利润 2303.9 亿元，增长 27.0%，占 54.4%；有色加工企业实现利润 1017.0 亿元，下降 4.8%，占 24.0%。2024 年末规上有色金属工业企业资产总额为 60896.8 亿元，比上年末增长 4.8%（见图 27）。

2. 亏损企业亏损额增加，尤其是铝压延加工亏损企业亏损额大幅度增加

2024 年，11648 家规上有色金属工业企业中亏损企业为 2878 家，亏损户数比上年增加 19 家，亏损面为 24.7%，比上年扩大 0.2 个百分点。规上有色金属亏损企业亏损额 604.8 亿元，比上年增亏额 201.5 亿元，增亏幅度达 50.0%。其中，铝压延加工亏损企业亏损额 293.3 亿元，比上年增亏额 194.2 亿元，增亏幅度达 195.9%；铝压延加工亏损企业增亏额占规上有色金属亏损企业增亏额的 96.4%，拉动规上有色金属亏损企业增亏 48.2 个百分点。

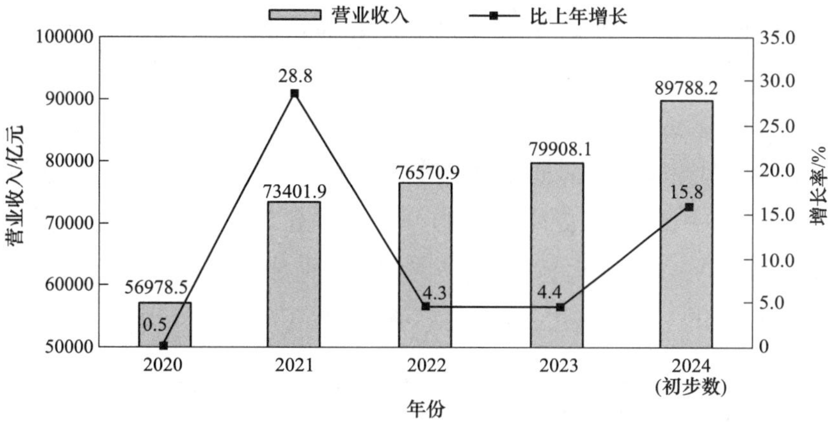

图 25　2020—2024 年规上有色金属企业实现营业收入及比上年增减幅度图

数据来源：国家统计局，中国有色金属工业协会

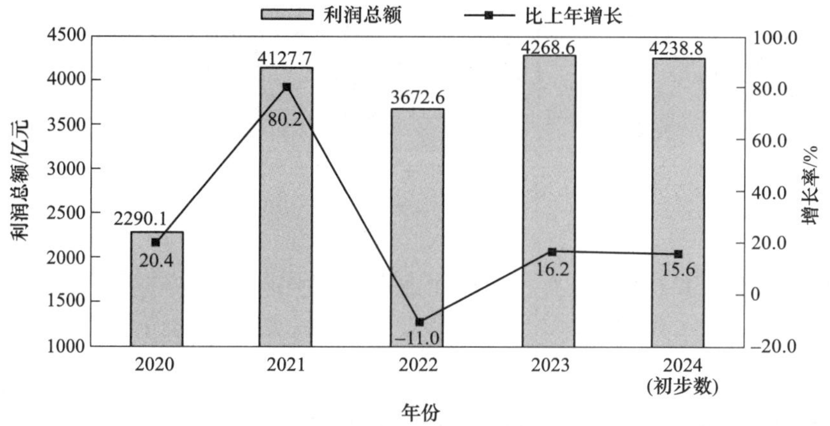

图 26　2020—2024 年规上有色金属企业实现利润及比上年增减幅度图

数据来源：国家统计局，中国有色金属工业协会

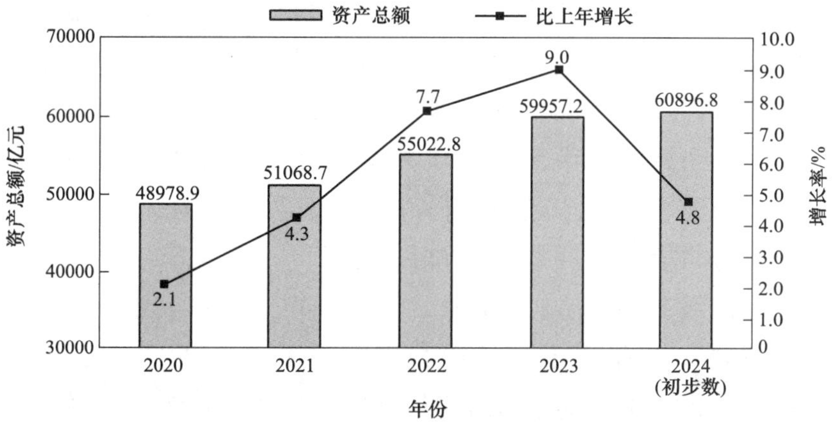

图 27　2020—2024 年规上有色金属企业年末资产总额及比上年增减幅度图

数据来源：国家统计局，中国有色金属工业协会

3. 营业成本费用增幅小于营业收入增幅，百元营业收入中的成本费用减少

2024 年，11648 家规上有色金属工业企业营业成本费用 84305.5 亿元，比上年增长 14.9%，增幅比营业收入增幅低 0.9 个百分点。规上有色金属工业企业每百元营业收入中的成本费用 93.89 元（见图 28），按可比口径计算比上年减少 0.73 元。其中，每百元营业收入中的营业成本 91.64 元，减少 0.56 元；每百元营业收入中的三项费用 2.25 元，减少 0.17 元。

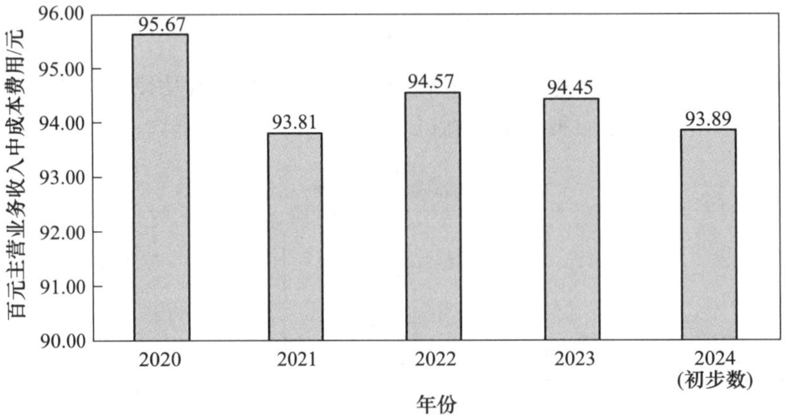

图 28　2020—2024 年规上有色金属企业百元营业收入中成本费用增减变化图

数据来源：国家统计局，中国有色金属工业协会

二、有色金属工业呈现出较强的韧性和发展活力浅析

2024 年，有色金属工业在外部压力加大、内部困难增多的复杂形势下，依然保持了较强的韧性和发展活力。其主要原因有：一是有色金属行业、有色金属企业认真贯彻落实党中央、国务院决策部署，积极推动有色金属工业高质量发展，实现质的有效提升和量的合理增长。二是改革开放以来，我国有色金属行业率先由计划经济转入市场经济，并与国际市场接轨，有色金属企业逐步形成了市场经济的经营理念，在国内外市场建立了较为完整的产业链和供应链，企业有效利用期货市场回避价格涨跌风险。三是全球绿色低碳经济的加速转型，以及多年持续技术攻关，我国“新三样”产业实现了高速发展。有色金属作为“新三样”产业最重要的原材料，有效支撑了“新三样”产业高速发展，同时带动了我国铜、镍、钴、锂、硅等产业投资规模的较快增长，拉动了铜、铝、锌、锡、锑、银等有色金属需求增长，有效化解了房地产业下行导致有色金属消费减少的不利因素。四是消费品“以旧换新”政策促使家用电

器生产持续增长，是2024年拉动铜、铝等有色金属消费增长的重要因素之一。五是有色金属具有“金融”和“商品”双重属性，2024年全球央行相继开启降息，流动性供给总体平稳且较为宽松，叠加供应端受限，支撑铜、铝等基本金属价格在高位震荡运行。

2024年有色金属工业保持较强的韧性和发展活力主要体现在以下方面。

（一）单位产品创造的工业增加值提升

2024年有色金属工业增加值增长8.9%，增幅比2023年扩大1.5个百分点，比全国工业增加值的增幅高3.1个百分点。近5年有色金属工业增加值增幅逐年扩大，2024年增幅比2020年增幅扩大了6.8个百分点。从近5年的统计数据看，从2022年起有色金属工业增加值增幅高于十种有色金属产量增幅，2024年有色金属工业增加值增幅高于十种有色金属产量增幅达4.6个百分点。初步测算，2024年每吨有色金属创造的工业增加值（可比价格）为23077.1元/吨，比上年增加了666.6元/吨，增幅为3.0%，有色金属单位产品创造的工业增加值提升。

（二）十种有色金属产量7919万吨，占世界的比重达60%

初步统计，2024年十种有色金属产量7919万吨，再创历史新高，占世界同口径的十种有色金属产量的比重高达60%。比2002年我国十种有色金属产量首次超过1000万吨，并超过美国跃居世界第一位时，占世界十种有色金属产量的比重14.8%扩大了40多个百分点；比改革开放之初的1980年占世界十种有色金属产量比重3.0%扩大了50多个百分点。

（三）新能源用金属中工业硅、碳酸锂产量大幅度增长

2024年工业硅产量497.5万吨，比上年增长30.4%（见图29）；碳酸锂产量71.5万吨，增长38.0%（见图30）。从2021年起，工业硅产量持续大幅度增长，年均增幅达23.4%；碳酸锂产量持续大幅度增长，年均增幅达54.0%。

（四）“新三样”是拉动有色金属需求增长的主要动力

1. “新三样”为有色金属行业发展提供了重要支撑

随着全球绿色低碳经济的加速转型，以及多年来的持续技术攻关，我国“新三样”产业实现了高速发展。有色金属作为“新三样”产业最重要的原材料，有效支撑了“新三样”产业高速发展，带动了我国铜、镍、钴、锂、硅等产业投资规模的较快速度增长，同时也有效拉动了铜、铝、锌、锡、锑、银等有色金属需求增长，化解了房地产业下行导致有色金属消费减少的不利因素，为有色金属行业高质量发展提供了重要支撑。

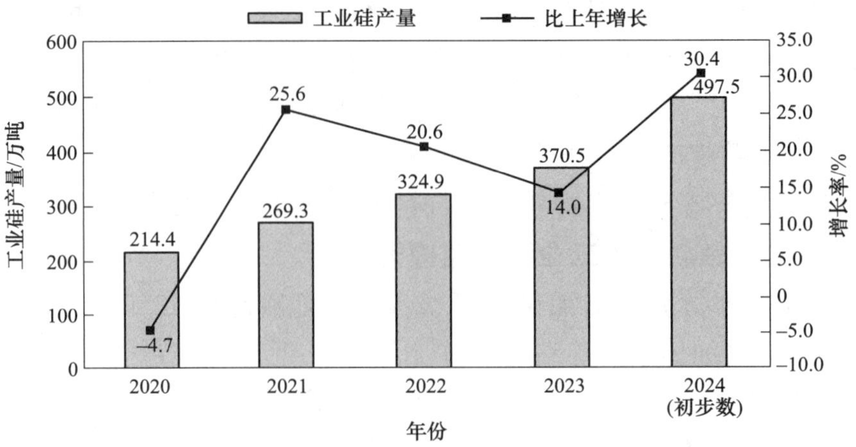

图 29　2020—2024 年工业硅产量及比上年增长速度图

数据来源：国家统计局，中国有色金属工业协会

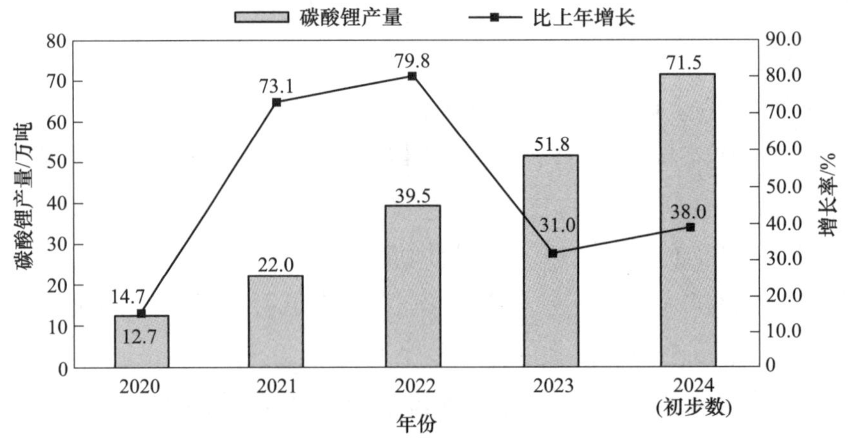

图 30　2020—2024 年碳酸锂产量及比上年增长速度图

数据来源：中国有色金属工业协会，中国有色金属工业协会锂业分会

2. 2024 年我国“新三样”保持较快增长

据有关政府部门或机构初步统计，2024 年我国光伏新增发电装机容量为 277.6 吉瓦，比上年增长 28.0%，占全部新增发电装机容量的 64.7%；风电新增发电装机容量为 79.8 吉瓦，增长 14.2%，占全部新增发电装机容量的 18.6%。2024 年我国新能源汽车产量 1316.8 万辆，增长 38.7%，占全部汽车产量的比重为 41.7%；充电桩安装量达 469.7 万个，增长 58.7%。2024 年我国生产太阳能（光伏）电池 685.0 吉瓦，比上年增长 15.7%；生产锂离子电池 1170.0 吉瓦时，增长 24.0%。2024 年我国出口太阳能电池 77.9 亿个，增长 38.2%；出口锂离子电池 39.1 亿个，增长 8.1%；风力发电机组出口增

长71.9%。

3. 2024年“新三样”有效拉动铜、铝、锌、锡、锑、银等有色金属消费增长

2024年光伏、风电、新能源汽车、锂电池等“新三样”的生产、安装、出口增长，成为拉动铜、铝、锌、锡、锑、银等有色金属消费增长的主要动力。

据测算，2024年“新三样”产业消费铜477.9万吨，比上年增长27.1%，占铜消费量的比重为29.3%，拉动铜消费增长约6.7个百分点；消费铝1254.4万吨，增长23.7%，占铝消费量的比重为27.5%，拉动铝消费增长约5.6个百分点；消费锌106.6万吨左右，增长20.7%，占锌消费量的比重约为14.6%，拉动锌消费增长约2.4个百分点；消费锡4.1万吨，增长24.9%，占锡消费量的比重约为13.9%，拉动锡消费增长约3.0个百分点；消费锑约5.5万吨，增长15.7%，占锑消费量的比重约为31.7 %；消费银1.1万吨左右，增长15.7%。

（五）消费品“以旧换新”政策的实施是拉动铜、铝等有色金属消费增长的重要因素之一

2024年，消费品“以旧换新”政策取得积极效果，商务部数据显示，截至2024年12月19日，汽车以旧换新带动乘用车销售量超580万辆，其中报废更新超270万辆，置换更新超310万辆；家电以旧换新带动8大类产品销售量超5210万台；家装厨卫“焕新”带动相关产品销售超5300万件；电动自行车以旧换新带动新车销售超100万辆。消费品以旧换新政策的实施促使家用电器持续增长。据国家统计局初步统计，2024年家用电冰箱、冰柜、空调、洗衣机等家用电器产量分别为10359.7万台、2761.5万台、26598.4万台、11736.5万台，比上年分别增长8.3%、13.3%、9.7%、8.8%。据测算，2024年家用电器消费铜比上年增加近20万吨，增长8%左右，拉动铜消费增长约1.3个百分点；2024年家用电器消费铝比上年增加约35万吨，增长9%左右，拉动铝消费增长约0.8个百分点。消费品以旧换新政策的实施是2024年拉动铜、铝等有色金属消费增长的重要因素之一。

（六）有色金属工业固定资产投资增幅高达24.7%，民间固定资产投资增幅高达26.8%

1. 有色金属工业固定资产投资增幅创近12年的新高

2024年有色金属工业完成固定资产投资比上年增长24.7%，创近12年的新高。有色金属工业完成固定资产投资增幅自2014年回落到4.4%后，2015

年至 2017 年连续三年下降，降幅分别为 3.3%、7.3%、7.4%，2018 年、2019 年分别增长 1.2%和 2.1%，2020 年下降 1.0%，2021 年恢复到增长 4.1%。2022 年增幅为 14.5%，2023 年增幅达到 17.3%，2024 年有色金属工业完成固定资产投资增幅高达 24.7%，再创近 12 年历史新高。

2. 民间有色金属固定资产投资增幅更为突出

2024 年，民间有色金属固定资产投资比上年增长 26.8%，增幅比 2023 年扩大 19.2 个百分点，增幅比有色金属工业完成固定资产投资高 2.1 个百分点。其中，民间有色金属矿山采选完成固定资产投资比上年增长 58.9%，增幅比有色金属矿山采选固定资产投资增幅高 32.2 个百分点。

3. 拉动有色金属投资大幅度增长的主要动因

2024 年拉动有色金属投资大幅度增长的主要动因：一是与新能源相关的高新金属材料投资，特别是与新能源相关有色金属矿山投资大幅度增加，拉动有色金属投资大幅度增长。二是“两新”等多项政策出台进一步提振有色金属市场，带动有色金属企业设备更新，也有效拉动了有色金属企业固定资产投资增长。三是有色金属投资融资难、融资贵的情况已明显改观。

（七）有色金属出口额由降转增、进出口结构有所优化

1. 有色金属进口额保持增长，出口额由降转增

2024 年有色金属进出口贸易额变化主要特点：一是有色金属出口额由降转增。有色金属出口贸易额占比大的金属品种依次是铝、铜和黄金，这三个金属品种占有色金属出口贸易额的比重达 70.4%（见图 31），这三个金属品种出口额增加拉动有色金属出口贸易额增长 26.3 个百分点，铝、铜和黄金分别拉动 5.8 个百分点、6.3 个百分点和 14.2 个百分点。二是有色金属进口额保持增长。有色金属进口贸易额占比较大的金属品种是铜和黄金，这两个金属品种占有色金属进口贸易额的比重达 81.0%（见图 32）；这两个金属品种进口增加额

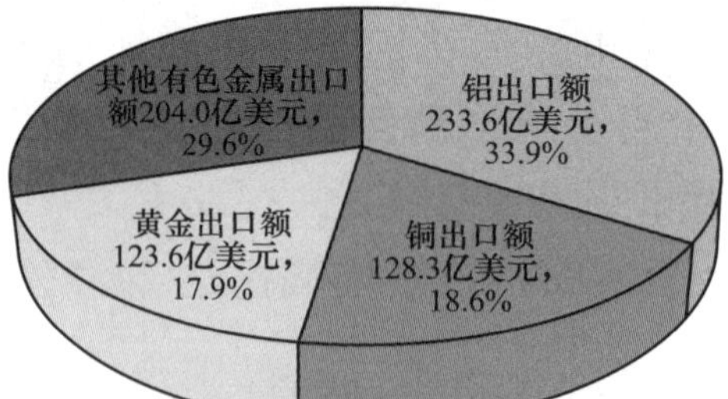

图 31　2024 年铝、铜、黄金出口额及其所占比重图

数据来源：海关总署，中国有色金属工业协会

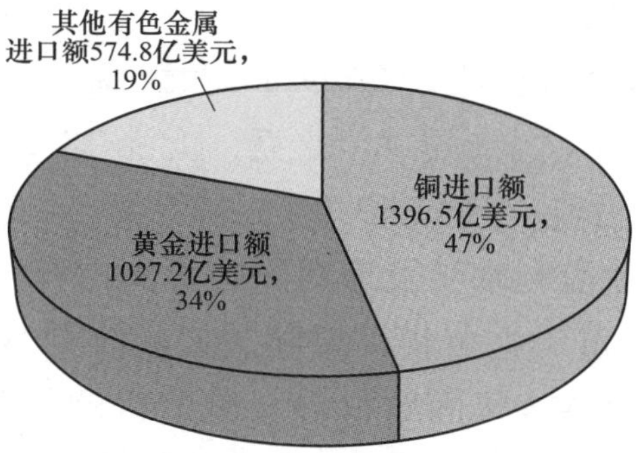

图 32 2024 年铜、黄金进口额及其所占比重图

数据来源：海关总署，中国有色金属工业协会

拉动有色金属进口贸易额增长 10.4 个百分点，铜和黄金分别拉动 6.4 个百分点和 4.0 个百分点。三是硅、锂产品出口量保持增长，但出口额大幅度下降，占有色金属出口贸易额的比重也明显回落。

2. 铜精矿、铝土矿进口稳定增长，铜材、铝材等高附加值产品出口量创历史新高

2024 年有色金属进出口贸易量变化主要特点：一是 2024 年铜材、铝材等高附加值产品出口量创历史新高。二是铜精矿、铝土矿、铅精矿、锑矿、钨矿、钼矿进口量保持增长。三是我国企业投资境外矿山获取的权益矿山原料已成为进口矿山原料的重要构成。

（八）有色金属价格涨跌分化

1. 铜、铝、铅、锌价格上涨，工业硅、电池级碳酸锂价格下跌

2024 年国内现货市场铜、铝、铅、锌价格分别比上年上涨 9.7%、6.5%、10%、7.8%，其中，铜、铅价创近 5 年新高，铝、锌价为近 5 年的第二高。2024 年国内现货市场工业硅、电池级碳酸锂价格分别比上年下跌 15.3%、65.3%。2024 年国内现货市场工业硅年均价格 13211 元/吨，比 2021 年均价 22750 元/吨下跌了 9539 元/吨，跌幅为 41.9%，为近 4 年的最低价。2024 年国内现货市场电池级碳酸锂年均价格 9.1 万元/吨，比 2022 年均价 49.6 万元/吨下跌了 40.5 万元/吨，跌幅为 81.7%，为近 3 年的最低价。

2. 国内外市场铜价创历史新高

2024 年 5 月铜价创历史新高，5 月 20 日 Comex 铜价上升至 5.20 美元/磅（11464 美元/吨），LME 三月期铜合约上升至 11104 美元/吨，5 月国内铜现货月均价高达 82598 元/吨。2024 年末 LME 和上期所铜、铝、铅、锌、镍、锡等六种基本金属年末收盘价比上年末收盘价以涨为主基调。

3. 黄金价格上涨，成交量增加

2024 年末，国际黄金价格收于 2609.1 美元/盎司，较上年末上涨 25.5%；上海黄金交易所 Au99.99 收于 614.8 元/克，上涨 28.2%。2024 年，上海黄金交易所黄金成交量 6.2 万吨，增长 49.9%；成交额 34.7 万亿元，增长 86.6%。

（九）有色金属工业盈利水平及应对风险能力提升

2024 年规上有色金属工业企业实现利润初步统计数首次超过 4200 亿元大关，达到 4238.8 亿元。2008 年面对世界金融危机的严重冲击，在国家宏观调控政策支持和有色金属企业共同努力下，有色金属工业生产基本保持平稳运行，2008 年、2009 年实现利润总额仍超过 1000 亿元，2010 年实现利润恢复正增长，实现利润总额超过 2000 亿元大关，2011 年实现利润总额创新高，达到 2882.5 亿元。2020 年，面对新冠疫情的严重冲击，上半年尤其是一季度有色金属工业效益大幅度下降。在以习近平同志为核心的党中央坚强领导下，有色金属企业认真贯彻落实党中央和国务院各项决策部署，在加强疫情防控的同时，积极推进复工复产。2020 年下半年主要生产经营指标逐步恢复，全年实现利润实现正增长；2021 年规上有色金属企业实现利润达到 4127.7 亿元；2023 年我国有色金属工业实现利润总额 4268.2 亿元，创历史新高。

（十）“三率”稳中向好，但矿山、冶炼、加工存在差异

1. 营业收入利润率与上年大体持平

初步统计，2024 年规上有色金属工业企业营业收入利润率为 4.7%，按可比口径与上年大体持平（见图 33）。其中，矿山企业营业收入利润率为 24.4%，比上年上升 1.7 个百分点；冶炼企业营业收入利润率为 5.8%，上升 0.4 个百分点；加工企业营业收入利润率为 2.2%，回落 0.5 个百分点。

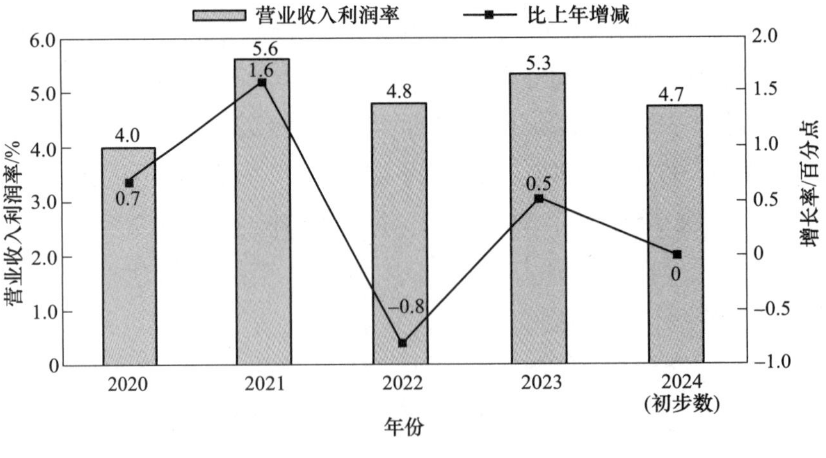

图 33　2020—2024 年营业收入利润率及比上年增减百分点图

数据来源：国家统计局，中国有色金属工业协会

2. 资产利润率比上年上升

初步统计，2024 年规上有色金属工业企业资产利润率为 7.1%，按可比口径比上年上升 0.6 个百分点（见图 34）。其中，矿山企业为 11.6%，比上年上升 0.9 个百分点；冶炼企业为 8.2%，上升 1.4 个百分点；加工企业为 4.3%，回落 0.5 个百分点。

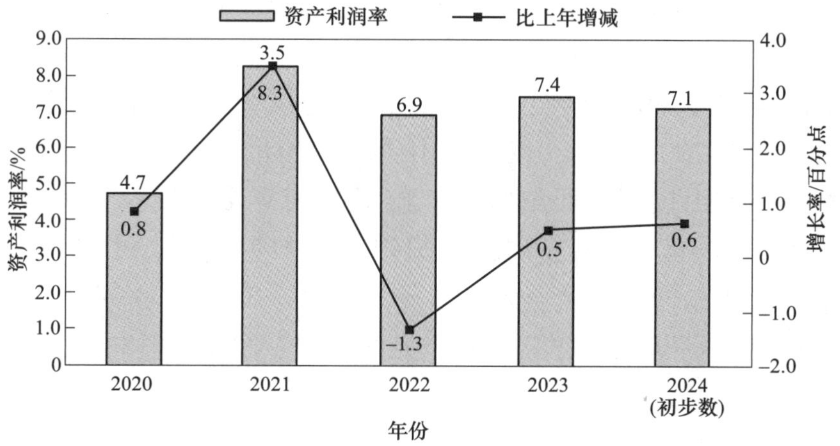

图 34　2020—2024 年资产利润率及比上年增减百分点图

数据来源：国家统计局，中国有色金属工业协会

3. 资产负债率达历史最好水平

初步统计，2024 年规上有色金属工业企业资产负债率为 58.5%，按可比口径比上年降低 1.2 个百分点（见图 35）。其中，矿山企业资产负债率为 57.8%，降低 1.3 个百分点；冶炼企业资产负债率为 54.9%，降低 1.9 个百分点；

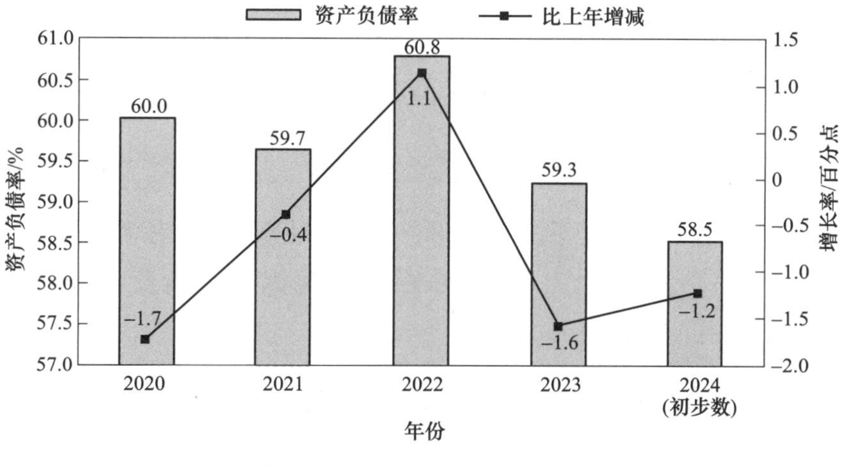

图 35　2020—2024 年资产负债率及比上年增减百分点图

数据来源：国家统计局，中国有色金属工业协会

加工企业资产负债率为63.0%，降低0.2个百分点。按正式年报数计算的资产负债率，2020年为60.0%，2021年为59.7%，2022年为60.8%，2023年降为59.3%，2024年（初步统计）降为58.5%，是近5年最好水平。

（十一）国际化布局取得显著突破

2024年，300多家企业在境外投资有色金属矿业取得积极进展。境外铜矿权益资源量超过1亿吨，权益矿山铜金属量超260万吨；铝土矿权益资源量约80亿吨，2024年中资企业在几内亚铝土矿的出货量超过9000万吨，增长15%；钴矿权益储量800万吨，权益矿山钴金属量12万吨；锂的权益资源量（碳酸锂当量）7000万吨，权益矿山碳酸锂当量23.7万吨。我国有色金属企业在海外实体矿山投资、股权收购、市场开拓等多维度努力成果逐步显现，国际话语权稳步提升。中国五矿、中国铝业、中色集团、中铁资源、北方矿业、铜陵集团、山东魏桥、紫金矿业、洛钼集团、华友钴业等企业海外矿山投资的成功，在增强我国矿产资源保障能力的同时，也为我国有色金属工业高质量发展奠定了坚实基础。

（十二）绿色转型加快推进

1. 深入践行绿色发展理念，阶段性成果不断显现

我国有色金属工业在节能减排、资源综合利用等方面持续发力，行业深入践行绿色发展理念，阶段性成果不断显现。截至2024年，约1300万吨电解铝产能转移到了绿色能源丰富的西部地区，我国绿电铝占比已超过25%；赤泥综合利用率达到10%，是全球最高水平。

2. 再生金属增幅大于十种有色金属增幅

初步统计，2024年铜、铝、铅、锌四种再生金属供应量为1925万吨，比上年增长9.7%，增幅比十种有色金属产量增幅高5.4个百分点。其中，再生铜增幅8.5%，比精炼铜增幅高4.4个百分点；再生铝增幅11.1%，比原铝增幅高6.5个百分点。

3. 铜、铝单位产品能耗持续下降

初步统计，2024年铜冶炼综合能耗（以标准煤计）为196.4千克/吨，比上年减少4.1千克/吨，下降2.0%；原铝（电解铝）综合交流电耗为13262千瓦时/吨，减少62千瓦时/吨，下降0.5%。

三、对2025年有色金属产业运行环境预判

从全球经济来看，2025年，全球经济运行的不确定性因素增多，经济下行风险加大；全球通胀回落速度趋缓，部分经济体可能面临反弹风险。美国总

统特朗普的贸易保护政策将成为全球贸易增长的最大风险，美联储降息步伐不确定性增加，美元指数保持相对强势。2025 年，地缘政治局势仍有较大不确定性，多国面临财政与债务风险，全球贸易和投资增长存在制约。国际组织普遍预计 2025 年全球经济增长与 2024 年水平相近。

从中国经济来看，2025 年是我国“十四五”规划收官之年，是二十届三中全会所确定的一系列改革举措的落实之年。中央经济工作会议明确指出，实施更加积极的财政政策和适度宽松的货币政策。在宏观政策加力显效的背景下，2025 年中国经济将呈现以下特征：一是消费在“两新”（消费品以旧换新、大规模设备更新）、“两重”（国家重大战略实施和重点领域安全能力建设）等政策支持下有望实现渐进式恢复；二是制造业和基建投资对经济增长的贡献提升；三是出口对经济增长的支撑作用面临压力；四是经济发展中新动能抵补作用不断增强；五是供需矛盾逐步缓解，推动物价有所回稳。

从有色金属行业运行环境看，2025 年，在“双碳”目标的支撑下，光伏、新能源汽车、储能电池等“新三样”对有色金属需求仍是有色金属消费的重要组成；国家出台的一系列拉动消费政策措施，如大规模设备更新和消费品以旧换新等，拉动有色金属消费的作用进一步显现。特朗普政府对进口铝产品加征 25%的关税，打压我国铝材等有色金属产品出口，短期内有色金属产品出口的压力加大。2025 年全球铜、铝等常用金属市场维持紧平衡态势，叠加成本支撑铜、铝价格有望维持震荡态势；工业硅、碳酸锂等新能源金属价格也有望呈现出筑底回稳的态势。美联储降息、地缘风险、央行购金仍是支撑黄金价格维持高位调整的主要因素。

2025 年是“十四五”规划收官之年，是进一步全面深化改革的重要一年，有色金属行业将完整准确全面贯彻新发展理念，牢牢把握高质量发展这个首要任务，坚持以习近平新时代中国特色社会主义思想为指导，全面贯彻党的二十大和二十届二中、三中全会精神，贯彻落实好中央经济工作会议部署要求，积极适应新时代发展要求，高质量完成有色金属工业“十四五”规划目标任务，为实现有色金属工业“十五五”良好开局打牢基础。

注释：

1. 本文使用的 2024 年十种有色金属及精炼铜、原铝产量数据为国家统计局公报数据，其余 2024 年数据均为初步统计数据，比上年增幅按可比口径计算。2023 年及以前年度数据均为正式年报数据。

2. 有色金属行业经济效益、固定资产投资、进出口贸易额汇总数据均为包括黄金（企业）数据；本文涉及的历史数据已按新统计口径进行了调整。

3. 有色金属年度生产、消费数据来自国家统计局、中国有色金属工业协会。

4. 经济效益数据、固定资产投资数据来自国家统计局。

5. 进出口数据来自海关总署，由中国有色金属工业协会整理。

6. 主要有色金属价格数据来自金属交易所。

7. 主要单位产品能耗指标来自中国有色金属工业协会。

8. 光伏、风电新安装数据来自国家能源局，生产锂离子电池数据来自工信部，消费品“以旧换新”数据来自商务部。

9. 营业总成本=营业成本+三项费用；三项费用=销售费用+管理费用+财务费用。

10. 本章中“三率”是指营业务收入利润率、资产利润率和资产负债率。

11. 部分数据因四舍五入的原因，存在总计与分项合计不等的情况。

撰稿人：马　骏、陈　钰、杨铄华、王华俊

审稿人：陈学森、彭　勃

稳步推进行业走高质量发展的道路
——2025 年行业发展展望

当前世界百年变局加速演进，尤其是 2025 年初随着美国政府的更迭，其政策发生重大变化，使 2025 年世界经济发展环境增添了许多新的不确定因素。在这种背景下，国内外有色金属工业发展既存在新的发展机遇，也面临严峻的挑战。

一、挑战来自资源供给的不确定性

中国是资源进口大国，大宗有色金属是中国进口的重要货物商品之一，2024 年铜、铝等有色金属产品进口额合计达到 2998.5 亿美元（见表 1），按进口额计算，超过大豆、谷物等农产品，以及铁矿石、钢材、锰矿、铬矿等黑色金属产品，是中国仅次于集成电路等电子器件，以及石油、天然气等能源产品的第三大类进口货物商品。

表 1　我国进口的主要货物商品

商品	进口量/万吨		进口额/亿美元	
	2023 年	2024 年	2023 年	2024 年
进口总额			25568.0	25750.0
一、电子器件			4353.51	4793.21
其中：集成电路			3493.77	3856.40
二、能源矿产			4827.33	4643.98
（一）原油	56400	55300	3374.94	3247.0
（二）天然气	12000	13200	643.41	639.59
（三）成品油	4769.5	4823.3	279.32	237.40
（四）煤炭	47400	54000	529.66	529.99
三、有色金属			2719.38	2998.5
（一）铜			1221.34	1470.04
铜矿砂	2753.6	2811.0	601.08	677.49

续表 1

商品	进口量/万吨		进口额/亿美元	
	2023 年	2024 年	2023 年	2024 年
铜及铜材	446.70	401.02	568.0	530.03
铜废碎料	198.6	225.0	144.55	178.36
粗铜	100.1	89.0	84.69	84.16
（二）铝			210.10	234.69
铝土矿	14200	15900	85.91	105.38
氧化铝	182.7	141.99	8.28	7.55
铝及铝材	306.0	375.0	81.73	84.87
铝废碎料	175.2	178.5	34.45	36.89
（三）镍			302.31	246.67
镍矿	4446.6	3809.6	35.0	26.80
冶炼中间产品	162.30	184.97	75.98	66.20
镍及镍合金	9.5	9.99	21.89	17.03
镍铁	846.0	897.74	169.44	136.6
四、农产品			2321.6	2151.6
（一）谷物	5773.3	5020.3	181.96	150.2
（二）食用油籽	10800	11500	656.22	594.4
五、钢铁			1515.57	1481.58
（一）铁矿石	117900	123700	1339.65	1322.20
（二）锰矿石	3135.0	2829.0	49.13	44.11
（三）钢材	764.5	581.0	126.79	115.07

数据来源：海关总署。

世界有色金属矿产资源分布极不均衡，便于开发利用的优质矿产资源集中在少数国家和地区，与主要消费国家和地区形成地缘上的错配。因此，仅靠国内资源不能满足中国经济和社会发展对有色金属的需要，必须通过国际合作，走“两种资源，两个市场”的道路，才能保障有色金属的供给。以最近十年来有色金属中需求增长最快的锂为例，2015 年全球消费量仅为 16 万吨碳酸锂当量，其中中国消费量约占 50%。随着国内外锂电池和锂电池动力汽车的发展，2024 年全球锂消费量达到 130 万吨碳酸锂当量，比 2015 年翻了三番，其中中国消费量超过 100 万吨碳酸锂当量，是 2015 年消费量的 10 倍以上。在此期间，中国锂矿开发利用虽然取得突破性进展，但依然不能改变主要依赖进口的局面，锂精矿进口量从 2016 年的 64 万吨增加到 2024 年的 556 万吨，几乎是 2016 年的 10 倍。所以中国锂消费的增长不仅推动了国内锂矿资源的开发，而且对世界锂生产发展的拉动作用十分明显，使全球锂产量由 2016 年的 17 万吨碳酸锂当量增加到 2024 年的 135 万吨碳酸锂当量，是促进国内外锂生产发展的主要力量。

中国企业积极响应“一带一路”倡议，参与国际有色金属矿产资源开发合作，不仅增强了紧缺有色金属矿产资源供应保障能力，而且推动了一些矿产资源丰富国家和地区的经济和社会发展。在中国企业的积极参与下，印尼镍冶炼产品产量从 2013 年的不足 3 万吨，增加到 2024 年的 220 万吨，成为世界最大的镍生产国，促进了印尼经济的全面升级。几内亚铝土矿产量由 2013 年的不足 2000 万吨，增加到 2024 年的 1. 3 亿吨，取代澳大利亚跃居世界第一，促进了当地经济和社会的发展。

通过国际合作，截至 2024 年底，中国企业拥有权益的境外 20 万吨/年金属产能的铜矿已经有 5 座，合计产能达到 135 万吨/年。当年中国企业境外矿山铜金属权益产量约 272 万吨，相当于当年中国铜产品进口量的 24. 55%；境外铝土矿权益产量超过 8000 万吨，相当于当年中国铝土矿进口量的 60%。通过国际经济技术合作，中国有色金属矿产资源的自主保障能力得到增强。

二、挑战来自国际竞争的不确定性

竞争环境变化的挑战是来自全产业链、全方位的。既有欧美等发达经济体凭借技术成熟、金融强势、应用领先的体系优势，继续强化制高点，尤其是高端发展方面的先机；也有印度、东盟等新兴经济体快速扩充产品市场份额，成为全球产业格局变化的重要力量；还有发展中国家凭借资源优势，资源话语权的强化与资源民粹主义倾向十分明显。此外，国际贸易形势日益复杂严峻，今年，美国政府两次对我国输美产品加征 10%关税，并再次上调钢铝关税，启动铜“232 调查”。全行业要练好内功、站稳脚跟，随时准备应对更加复杂困难的局面。

稀土、钨、石墨、锑、镓、锗等优势矿产资源是中国开展国际斗争的有力武器。尤其是近年来，美国等西方国家为遏制中国的发展，强化了对中国半导体等新兴产业和未来产业的打击和技术封锁。作为反制措施，中国根据联合国防止大规模杀伤武器扩散的有关条约，加强了镓、锗、石墨、钨、碲、铋、钼、铟等两用物项商品的出口管制。特别是 2024 年 12 月，针对美国泛化国家安全概念，将经贸科技问题政治化、武器化，滥用出口管制措施，无端限制对华出口，并打压中国企业，严重破坏国际贸易规则和全球产业链供应链稳定的行为。为维护国家安全和利益、履行防扩散等国际义务，商务部发布公告，禁止向美国军事用户或军事用途出口两用物项，并原则上不予许可镓、锗、锑、超硬材料等特定两用物项对美国的出口。同时，对石墨两用物项对美国的出口，将实施更为严格的最终用户和最终用途审查。这些措施有力地反制了国际敌对势力的“断链、脱钩”行为。

三、主要有色金属供需展望

当前国际政治、经济形势错综复杂，导致2025年世界有色金属供需存在很大的不确定性。一方面，在新一轮技术革命和产业变革浪潮推动下，人工智能、生物医药、新型能源等新兴产业和未来产业发展促进了有色金属需求；另一方面，持续动荡的国际地缘政治形势严重冲击全球有色金属的稳定供给。但中国仍然是推动世界有色金属工业发展的重要力量。

当前中国已经发展成为世界第一制造业大国，形成了完备的制造业体系，是全世界唯一拥有联合国产业分类中全部工业门类的国家，在500种主要工业产品中，有四成以上产品产量位居全球第一，占据世界工业品市场32%的份额。有色金属是重要的工业原料，作为世界第一制造业大国，中国在全球有色金属消费中占有突出地位，2024年精炼铜消费量约1630万吨，占全球的59.3%；原铝消费量约4565万吨，占全球的64.3%。预计未来十年，世界有色金属消费格局不会发生重大变化，所以中国依然是引领全球有色金属消费的主要力量。

（一）铜供需存在不确定性

铜作为基本的导电材料，是人工智能等未来产业发展的重要支撑。当前凭借电动汽车技术发展起来的无人驾驶智能汽车已经初见端倪，展现了良好的前景；人形机器人发展迅速，已经开始进入人们的日常生活领域。智能汽车、人形机器人、无人飞行器等人工智能产业的发展，为世界铜消费开启了新的篇章。与此同时，近年来国内外市场铜价高位运行，传统消费领域对铜的替代步伐加快，继通信电缆领域光纤替代铜缆，铝汽车散热器替代铜散热器之后，空调制冷、电力电缆等领域的“以铝代铜”也取得了重要进展，并在持续推进。所以，在世界铜需求侧，目前出现了新兴需求增长，传统需求被替代的局面。

在铜的供应端，2025年的局势也十分复杂。世界主要铜供应国刚果（金）受国内外多种因素影响陷入动乱，尽管目前尚未波及南部加丹加主要产铜区，但当地治安形势的恶化，对正常的生产经营活动必然造成影响。2023年以来，全球铜供给的增量主要来自刚果（金），如果刚果（金）铜矿正常的开发活动受到影响，那么世界其他地区将无力弥补供应出现的缺口。

（二）铝供需出现新变化

铝是国际贸易的大宗商品，由于世界大多数制造业发达的国家和地区缺乏优质铝土矿资源，所以发达经济体和新兴经济体普遍将铝视为战略性矿产或关键原材料，成为全球各种势力博弈的重点领域。中国是全球铝工业大国，氧化铝、电解铝、铝材产量占世界的60%以上，消费量也高居世界首位。但中国国内优质铝土矿资源严重短缺，为当前全球最大的铝土矿进口国。由于中国在世界铝供需中占有重要地位，因此其供需形势对全球铝市场走势具有重要影响。

近年来，尽管中国房地产市场不振，严重影响了建筑领域的铝消费，但新能源和新能源汽车等新兴产业的发展为中国铝消费增添了新的动能，在很大程度上填补了传统消费领域需求疲软。2022 年以来，国内锂电池铝箔需求连年翻番，2024 年已经超过 40 万吨，再加上电池包装用铝板带，这个领域用铝量已经接近 100 万吨。随着固态电池的发展，铝箔可能取代铜箔成为锂电池集流体的主流材料。铝型材目前已经成为光伏框架的主体材料，2022 年以来，国内光伏用铝型材消费量年均增速在 30%以上，2024 年超过 350 万吨。纯电动汽车结构轻量化是提升续航力的重要保障，全压铸铝合金底盘的出现改变了传统的汽车制造工艺，促进了铝在中国交通运输领域的应用。预计最近几年内，交通运输领域将取代建筑领域，成为国内最大的铝消费行业。所以，2024 年中国铝消费的基本盘稳定，消费结构的优化调整，为需要求提供了稳定支撑。

尽管世界地缘冲突不断，“黑天鹅”事件屡屡发生，但全球铝供给端总体比较平稳，基本能够保证需求。特别 2022 年俄乌冲突爆发后，西方国家制裁电解铝产量仅次于中国、印度的世界第三大生产国俄罗斯，但并没有影响该国铝的生产和出口，即使是在欧盟市场上依然有大量俄罗斯铝在流通。俄罗斯铝也大量流入中国，2024 年电解铝进口量超过 100 万吨，约占当年俄罗斯出口量的 40%，对保证中国铝供给发挥了重要作用。由于当前俄罗斯需要从中国大量进口电解铝生产原料氧化铝，因此也必然会继续向中国出口电解铝，保证中国市场的电解铝供应。

2025 年国内外铝市场依然存在诸多不确定因素。特别是中国作为世界最大的铝材出口国，2025 年的出口形势却面临严峻挑战。一是 2024 年 11 月，中国财政部、税务总局发布公告，取消铝材的出口退税；二是 2025 年 1 月美国特朗普政府上台后即宣布对所有的美国进口钢铁和铝征收 25%关税，取消了对部分贸易伙伴的钢铝免税配额和豁免政策，同时宣布对来自加拿大和墨西哥的进口商品征收25%的关税。这些政策变化将对中国铝材出口造成冲击。

铝材是当前中国最重要的有色金属产品，2024年中国出口铝材628.7万吨，约占国内产量的12%，出口到全球100多个国家和地区。但是，中国铝压延加工行业的经济效益并不很好，营业收入利润率只有2.6%左右，不仅低于全国有色金属工业平均4.8%的水平，更低于全国工业平均5.39%的水平。取消铝材13%的增值税退税后，不仅影响企业的出口积极性，还必然会挤压国内铝压延加工行业的利润，使行业的经济效益进一步下降。

尽管美国特朗普第一次执政期间就中国发起贸易战，导致中国对美国的铝材直接出口骤然下降，但中国企业利用北美自由贸易协定和美国对日、韩的贸易豁免的便利，大量增加了对这些国家的铝材出口（见表2），实际转口或替代去了美国。2025年1月，特朗普再次上台后，立即出台的钢铁和铝关税政策和对加拿大及墨西哥的加税政策，就在很大程度上堵住了中国铝材转口或替代出口美国的渠道，这将对中国铝材出口造成严重影响。

表2　2024年中国铝材出口主要地区

地区	铝材出口量/万吨				占出口量比重/%
	总和	板带	铝箔	铝型材	
一、北美自由贸易区	113.35				17.11
墨西哥	63.26	47.20	8.62	4.38	9.26
加拿大	24.79	19.50	3.87	1.42	3.94
美国	25.30	16.12	7.41	1.06	3.91
二、东盟地区	125.89				18.83
印尼	23.92	12.41	9.89	1.62	3.80
马来西亚	21.92	10.25	6.13	5.54	3.49
新加坡	5.50	3.11	0.79	1.60	0.87
泰国	33.65	15.20	13.53	4.92	5.35
越南	40.90	25.40	5.53	8.74	6.31
三、远东地区	51.05				8.12
日本	12.87	5.76	5.41	1.70	2.05
韩国	38.18	28.44	7.84	1.90	6.07

数据来源：海关总署。

（三）新能源矿产供应明显改善

随着新能源和新能源汽车等新兴产业的发展，全球锂、镍、钴等新能源矿产的需求猛增，一度造成供给与需求的尖锐矛盾，阶段性的供需错配，导致这些矿产的市场价格出现暴涨。但是，在工业化社会，生产的发展往往快于需求的增长。在需求的拉动下，世界锂、镍、钴产量迅速增加，价格持续下滑，供应得到明显改善。

中国是当前世界主要锂电池生产国，2024 年出货量 786 吉瓦时，占全球市场份额的 93.5%，国内锂电池生产消费碳酸锂当量约 90.8 万吨，占全球锂消费量 70%左右（见表 3）；镍约 40 万吨，占全球镍消费量的 12.5%左右；钴约 9.9 万吨，占全球钴消费量的 55%左右，是拉动世界锂、镍、钴等新能源矿产需求的主要力量。2025 年，尽管世界新能源和新能源汽车发展速度放缓，但中国庞大的市场需求依然能够为锂、镍、钴等新能源矿产需求提供稳定的基本盘。此外，人工智能的发展，将成为锂电池应用的新增长点，所以预计世界新能源矿产市场需求仍将保持活力。

表 3　世界新能源汽车销售量、锂离子电池产量与锂、镍、钴消费量变化

年份	新能源汽车销售量/万辆	锂电池产量/吉瓦时	锂消费量（碳酸锂当量）/万吨	镍消费量/万吨	钴消费量/万吨
2015 年	54.9	100.75	16.0	190.5	9.2
2016 年	77.4	115.40	20.0	203.0	10.3
2017 年	119.7	143.50	23.7	218.4	11.5
2018 年	201.8	155.82	27.0	231.7	12.7
2019 年	220.9	227.30	33.1	240.5	13.4
2020 年	319.8	294.50	37.0	239.1	14.1
2021 年	649.6	601.0	64.0	278.0	16.5
2022 年	1082.4	951.70	86.1	295.5	17.7
2023 年	1428.0	1202.6	100.5	310.4	17.5
2024 年	1603.0	1545.1	132.0		

数据来源：根据公开资料整理。

从世界锂、镍、钴等新能源矿产供应端看，2025 年全球锂、镍、钴等新能源矿产供应情况良好。中国已经突破高镁锂比盐湖卤水提锂技术、氧化铝和电解铝大修渣废弃物提锂技术，锂辉石等固体矿物提锂技术也在不断发展，预计未来几年，中国国内资源锂产量将达到 70 万吨碳酸锂当量，较 2024 年增长 80%以上。在镍矿资源开发方面，中国低品位红土镍矿湿法冶炼和矿热炉火法高冰镍生产技术的突破，一举改变了世界镍产业供应格局，显著扩大了原料来源，降低了生产成本。在钴矿资源开发方面，中国企业针对刚果（金）铜钴矿特点自主集成的火法—湿法梯度生产工艺已经成为当地的主流技术，有效降低了当地铜钴矿的开发利用成本，大幅度增加了钴产量。总体看，世界锂、镍、钴等新能源矿产供应保障能力在不断提升，可以满足新能源产业发展的需要。

四、做好行业平稳发展工作的思考

面对当前国内外形势，我国有色金属工业的主要任务是，聚焦培育和发展新质生产力，推动行业实现高质量发展，需要思考以下几个方面的问题。

第一，统筹国内、国际，保障战略性矿产供给安全。国内铜、铝、镍等大宗矿产和锂、钴、锆、铪、铌、钽、铂族金属等稀有稀散矿产无法实现自给，需要长期大量进口。为了保障国家战略性矿产供给安全，有色金属工业企业需要坚定不移地走全球化道路，在强化国内找矿战略性行动的同时，积极参与国际矿业开发，这是持续增强中国国际竞争影响力和话语权的关键举措，需要克服艰难险阻，排除各种干扰，长期不懈地坚持下去。

第二，两端发力，实现产业高质量发展。随着中国经济由快速增长阶段转向高质量发展阶段，有色金属工业的发展重点也从持续扩大规模转向不断提升发展质量。为了适应新的发展阶段，产业一方面是增强发展基础，提升矿产资源保障能力；另一方面是围绕新兴产业和未来产业发展需要，大力发展有色金属新材料，抢占未来国际竞争的制高点。通过在产业链两端发力，中国有色金属工业将跨上新的高度。

第三，保持定力，积极应对各种不确定因素。当前国内外各种矛盾交织，有色金属工业面临错综复杂的发展环境。预计2025年影响有色金属市场稳定的各种不确定事件频发，必然会影响产业的正常生产经营活动。在这种背景下，中国有色金属工业需要保持定力，不断完善行业的预警体系，制定能够有效防范各种风险的预案，沉着应对各种挑战，力争保持行业的平稳运行。

第四，依靠创新，培育和发展新质生产力。根据有色金属工业的特点，推动技术革命性突破，生产要素创新性配置，实现劳动者、劳动资料、劳动对象优化组合和更新跃升，催生新产业、新模式、新动能，是传统产业深度转型升级的必由之路。当前和今后一个时期，中国有色金属工业要把培育和发展新质生产力放在突出位置，争取在新领域新赛道供给上不断开拓进取。

撰稿人：宋　超、柳新悦、赵武壮
审稿人：李宇圣

专题篇

ZHUANTI PIAN

2024年有色金属工业科技发展报告

2024年是深入贯彻党的二十大精神的关键之年，也是实现“十四五”目标任务的关键之年。有色金属行业全面贯彻落实党的二十大及二十届二中、三中全会精神，深入贯彻全国科技大会精神，坚持“四个面向”，聚焦国家战略任务和行业重大需求，围绕加强行业科技自立自强，促进行业绿色低碳、数智化转型发展，通过加大科研投入、自主创新、工艺革新、产学研用联合攻关，推动行业科技成果转化和产业优化升级，一批重大科技成果获国家科学技术奖励表彰。

一、有色金属行业科技项目稳步实施

（一）组织推进行业产业化关键技术项目

根据国家有关部委部署和要求，中国有色金属工业协会梳理行业战略性矿产、先进金属材料、重大技术装备等领域产业化关键技术，开展行业技术卡点、图谱和战略研究、指南编制等相关工作，积极推动项目遴选及推荐工作，2024年共12个项目获立项批复。同时，持续跟踪项目实施情况，实地考察项目进展，协调有关问题，推动项目顺利实施。

（二）组织推荐“十四五”国家重点研发计划项目

根据科技部有关通知要求，中国有色金属工业协会组织行业相关单位开展项目申报、审核材料等工作。2024年推荐战略性矿产资源、先进结构与复合材料、国际科技合作等重点专项共17个项目。协助项目承担单位完成12个课题产业化示范工程现场核查和技术指标测评工作，为课题验收做好支撑工作。

（三）提前谋划“十五五”材料领域战略研究

按照科技部有关部署和要求，中国有色金属工业协会承担了“基础产业材料”相关研究任务。组织征集有色金属材料领域关键及前沿技术共187项并拟定技术清单，梳理形成“新型轻质高强高韧铝合金及复杂构件”等12项重点任务及技术详述，绘制技术路线图。与钢铁、石化、建材等行业合并形成《基础产业材料前沿技术战略研究报告》，为“十五五”材料领域前沿技术战略布局提供重要支撑。

二、一批技术创新示范企业、5G工厂等通过国家认定

2024年1月，工信部公布了国家技术创新示范企业名单和国家技术创新示范企业复核评价结果。新疆有色金属工业（集团）有限责任公司、中铝郑州有色金属研究院有限公司、湖南湘投金天科技集团有限责任公司、西安凯立新材料股份有限公司、陕西天成航空材料有限公司上榜。隆基绿能科技股份有限公司、宁德时代新能源科技股份有限公司、郴州市金贵银业股份有限公司、方大炭素新材料科技股份有限公司等6家企业通过复核。

2024年11月，工信部印发了2024年5G工厂名录。17家有色金属采选业、冶炼和压延加工业、金属制品业、专用设备制造业等相关企业5G工厂上榜（见表1）。

表1　有色金属行业2024年5G工厂名录

序号	名称	建设主体
1	宁化行洛坑钨矿有限公司5G工厂	宁化行洛坑钨矿有限公司
2	德兴铜矿5G工厂	江西铜业股份有限公司德兴铜矿
3	银山矿业采选无人化作业5G工厂	江西铜业集团银山矿业有限责任公司
4	排山楼5G工厂	辽宁排山楼黄金矿业有限责任公司
5	铜陵有色金冠铜业5G工厂	铜陵有色金属集团股份有限公司金冠铜业分公司
6	中铝瑞闽5G工厂	中铝瑞闽股份有限公司
7	创伟科技5G工厂	湖北创伟科技股份有限公司
8	钨粉体5G工厂	崇义章源钨业股份有限公司
9	华东铜箔5G+智能工厂	江西江铜华东铜箔有限公司
10	金叶大铜5G工厂	江西金叶大铜科技有限公司
11	5G+铜冶炼智能工厂	江西铜业股份有限公司贵溪冶炼厂
12	金田铜业5G工厂	宁波金田铜业（集团）股份有限公司
13	新铝时代5G+工业互联网创新应用工厂	重庆新铝时代科技股份有限公司
14	博威5G工厂	宁波博威合金材料股份有限公司
15	洲一铝业5G工厂	浙江洲一铝业有限公司
16	高效晶硅太阳能5G协同智能工厂	通合新能源（金堂）有限公司
17	美科光伏硅片智能制造5G工厂	江苏美科太阳能科技股份有限公司

2024年12月，工信部发布了人工智能赋能新型工业化典型应用案例名单。宁德时代新能源科技股份有限公司“锂电池工业AI质检关键技术及其系统集成应用”、云南文山铝业有限公司“基于人工智能的铝电解数字孪生模型的开发与应用”、长沙矿山研究院有限责任公司“地下矿山智能装运提卸无人运矿系统”上榜。

三、有色金属行业企业科技创新能力显著增强

据2024年统计，2023年规模以上全国有色金属工业企业11311家，同比增长9.80%。营业收入合计79908.1亿元，同比增长4.36%。研发经费支出合计693.67亿元，同比增长25.64%。拥有研发机构企业数2682个，同比增长14.76%；研发人员约15.72万人，同比增长9.72%，其中女性占15.46%，同比增长9.62%。2023年规模以上全国有色金属工业企业申请专利达到26757件，同比增长4.23%，其中，申请发明专利8762件，同比增长7.72%；有效发明专利32661件，同比增长14.02%。新产品开发力度持续加大，2023年新产品开发项目23958项，同比增长14.42%；新产品开发经费支出862.13亿元，同比增长12.96%[1]。

中国铝业集团有限公司扎实推进科技创新体系建设，推进33项重大专项攻关，研发投入强度3.38%。牵头组建中央企业高端有色金属材料创新联合体；1家企业入选启航企业；集团所属滇中有色、易门铜业获评国家级专精特新“小巨人”企业。2024年，获国家科技进步奖2项、国防科学技术奖1项、中国专利优秀奖3项，以第一完成单位获有色金属工业科学技术奖一等奖9项。1人入选国家青年人才计划；1人入选国资委“百-万-百万”科技人才培养计划。专利申请数量同比增加3%，获授权发明专利同比增加4%。立项国际标准2项，主导制定国标、行标、团标112项。

中国五矿集团有限公司获批国家各类科技计划项目30项，其中牵头承担10项。首次获批深部、深海矿产资源勘探开发等3个原创技术策源地，推进落实11项行动计划。获批未来产业深部等2个领域、参与地下空间利用等5个领域任务。获批建设国家战略性稀有金属矿产高效开发技术创新中心。3项科技成果获国家科学技术奖，1项重大成果进入《中央企业科技创新成果推荐目录》。2024年有效发明专利占比为31.83%，同比增加3.23%；发布国际标准2项。首席科学家严大洲荣获“央企楷模”称号。

中国有色矿业集团有限公司2024年综合收入超1300亿元，同比增长2%，利润同比增长近7%，科研人员同比增加55%。召开第五次科技大会，“揭榜

挂帅”重大技术难题攻关取得突破。中色东方“稀有金属特种材料全国重点实验室”成功通过重组，参与建设国家战略性稀有金属矿产资源高效开发技术创新中心。集团所属西北稀有金属材料研究院成功入选第八批制造业单项冠军企业，宁夏中色金航钛业有限公司成功入选第六批国家级专精特新“小巨人”企业。获国防科学技术奖1项、省级科学技术奖6项、有色金属工业科学技术奖13项。

江西铜业集团有限公司认真落实“1269”行动计划，发布《创新创效奖励管理办法》等5项管理制度。实施科研项目200余项，其中承担国家级科研项目6项、省部级科研项目9项。组建尾矿库灾害防控技术与装备国家重点实验室，自主建设省重点实验室。旗下铜箔公司和广东桃林2家单位入选国家级专精特新“小巨人”企业。参与完成的2个项目荣获国家科技进步奖；牵头、参与17项科技成果荣获省部级科技进步奖。制定国标2项、行标2项、团标5项。新增发明专利45件。2人获国务院政府特殊津贴，5人入选省级人才。

金川集团股份有限公司2024年实现科技投入54.3亿元，同比增长10.8%，科研成果转化率78.9%；实施科研项目110项，其中国家级科研项目8项、省部级科研项目20项。举办第25次金川科技攻关大会，成立首个院士专家工作站。集团镍合金公司获得国家级专精特新“小巨人”企业称号，镍盐公司等3家单位成功认定为省级企业技术中心，精密铜材公司成功入选首批甘肃省制造业单项冠军企业。荣获国家科学技术奖2项，获甘肃省科技进步奖4项、有色金属工业科学技术奖4项、获甘肃省冶金有色工业科技进步奖11项、甘肃省专利奖1项。1人获“甘肃省优秀科技创新企业家”称号。

铜陵有色金属集团控股有限公司召开第六次科技大会，系统谋划科技创新工作。加大科技创新资金投入，全年研发费用达48亿元，同比增长5%；组织实施科技项目410项。聚力关键核心技术攻关，完成5G通信用RTF3型电子铜箔关键工艺技术等研究项目。3项成果获省科学技术奖，6项成果获行业科学技术奖。获授权和受理专利488件，其中授权发明专利93件，创历史最好水平。截至2024年，累计组建创新团队104个，其中，成功申报省“115”创新团队3个、“江淮英才”培育计划团队项目2个，12个优秀创新团队获集团公司表彰。

陕西有色金属控股集团有限责任公司举办第三届科技大会，全年营收1770亿元，研发投入经费20.19亿元，研发投入强度1.14%，新产品产值112.69亿元，新产品贡献率6.37%；开展科创项目89项，投入约5亿元专项资金支持重点项目研发和转化。“国家先进稀有金属技术创新中心”获科技部批准建设。宝钛股份获批国家级制造业单项冠军，金钼汝阳等4家企业获省级专精特新中小企业认定。获省部级科学技术奖3项，行业科技奖15项；获授权专利133件，其中发明专利24件，实用新型专利109件；主持编制国标10项、行标1项、地方标准2项、团体标准4项。

紫金矿业集团股份有限公司实现年利润320.51亿元，同比增长51.76%；立项162项科技项目，经费总额11.40亿元；成功组织申报2024年国家重点计划项目2项、承担2024年国家重点计划项目课题2项，获批省科技计划项目3项。组织申报专利60件，其中发明专利41件；获授权专利8件，其中发明专利4件。获2023年度国家科技进步奖1项、福建省科技奖2项、黑龙江省科技奖2项、福建省专利奖1项、有色金属工业科学技术奖3项、中国黄金协会科技奖7项。制定国标11项、行标6项。

广西华锡集团股份有限公司获广西科技进步奖一等奖1项、有色金属工业科学技术奖3项、中国创新方法大赛广西赛区奖1项、广西机械工程学会科学技术奖2项。集团“提高回转窑锌浸出渣处理量”QC成果获第49届国际质量管理小组成果ICQCC金奖；高峰公司运转工区探井电工班荣获国家级质量信得过班组；铜坑矿业分公司生产技术中心研究所“创锌”QC小组荣获全国有色金属行业特级成果；获一级QC小组4项，自治区有色行业示范级成果4项，专业级成果12项。

浙江海亮股份有限公司实现近180亿元销售收入，基地再生铜使用比例提升29%，产品净销量首次突破百万吨里程碑，通过CNAS国家认可实验室审核、荣获浙江省工业大奖。中山海亮的高品质光面铜管产品取得日本JIS权威认证证书；在印尼的首条铜箔生产线实现稳定投产；安徽海亮完成“年产10.2万吨精密铜管低碳智能制造技术改造”，入围省级中小企业数字化转型典型示范项目；重庆海亮单条铜管加工生产线年产量突破3万吨，同比增长15.2%。新增发明专利52件，实用新型专利35件。

山东南山铝业股份有限公司科研投入8.31亿元，同比增长11.35%。实施科研项目7项，其中承担国家级科研项目1项、省部级科研项目6项。依托国家铝合金压力加工工程技术研究中心等创新平台，持续扩大铝加工产品市场应用范围，落实重点技术研发项目55项，成功开发多款批量应用的新能源汽车用内外板、车身结构件及7系防撞梁产品、民用客机航空厚板、动力电池封装铝塑膜箔等。获省部级科技奖励3项，其他奖励5项；制定国标9项、行标5项、团标4项；新增发明专利21件。

洛阳栾川钼业集团股份有限公司利润总额超58亿元，同比增长16%。开展研发项目 29 项，研发费用总额 2.48 亿元，研发费用占比 3.58%，研发人员占比 18.7%。钨系列产品复核通过工信部授予的“第五批制造业单项冠军产品”。连续四年被认定为“河南省制造业头雁企业”。1 项河南省重大专项通过验收。研发项目成果转化 36 项，获省部级以上科技奖励 8 项。获授权专利 32 件，其中发明专利 5 件、实用新型专利 28 件。主持参与制定标准 5 项，其中行标 2 项、团标 3 项。

宁波兴业盛泰集团有限公司科研投入近 1.1 亿元。实施科研项目 7 项，其中承担国家级项目 2 项、省部级项目 5 项，企业自研项目 21 项。旗下“XYK-33 高性能环保型铜镍硅系合金带材”获评浙江省工业新产品、“引线框架铜合金带材”获 2024 年度浙江省首批次新材料。新增发明专利 7 件，其中获授权 6 件。制定行标 1 项。

四、有色金属行业科研院所改革发展稳步推进

有色金属行业科研院所通过持续深化改革，创新体制机制，综合收入稳步增长，综合实力显著增强。有色金属行业 21 个原直属科研院所中，部分院所实现综合收入、利润总额再创新高。西北有色金属研究院实现综合收入 239 亿元，矿冶科技集团有限公司综合收入超 118 亿元，中国有研科技集团有限公司综合收入达 141 亿元。北京矿产地质研究院、西北矿冶研究院、中国有色桂林矿产地质研究院有限公司、长沙矿山研究院有限责任公司利润总额同比分别增长 43%、23%、18%、15%。

中国有研科技集团有限公司 2024 年科技项目经费收入 4.23 亿元、企业科技服务收入 1.29 亿元、分析检测收入 4.53 亿元。集团承担的 68 项“卡脖子”攻关任务实现技术突破或应用。牵头主导的 2 家全国重点实验室、参与共建的 1 家全国重点实验室均顺利重组入列。获国防科技进步奖一等奖 1 项、国家科技进步奖二等奖 2 项、北京市科技进步奖 1 项、有色金属工业科学技术奖 12 项。制（修）订技术标准 133 项，其中国际标准 2 项、国标 69 项；获授权专利 326 件，其中海外专利 19 件、国家发明专利 216 件。25 人入选中央企业“万”名科技领军人才培养库，新增国家级人才 13 人次。

矿冶科技集团有限公司召开集团科技创新大会，获批承担各类纵向科研项目 84 项，其中国家级 46 项，纵向科研合同额同比增长 25.2%，研发投入强度 8.74%。2 项科技成果获批国资委职务科技成果赋权改革试点，获批 2 个国家级平台、6 个省部级创新平台，“矿物加工科学与技术全国重点实验室”进入全国重点实验室建设名单。全年获各类科技奖项 76 项，其中国家级 1 项、省

部级10项，2人上榜第六届“杰出工程师”；获授权专利294件，其中国际专利34件，发明专利189件，授权软件著作权48项，制（修）订标准40项。

长沙矿山研究院有限责任公司实现综合收入近5亿元，利润总额同比上涨15%，新签合同和利润均创历史新高。承担国家级科研项目18项、省部级科研项目15项，新增国家级平台1个，成功举办2次科技大会。开展23项关键核心技术研究，科技成果推广应用于300多家单位。获省部级科技成果奖励26项，其中一等奖2项、二等奖12项。获授权专利108件，其中发明专利45件。牵头开展1项国标、8项行标。

广东省科学院不断完善科技创新体系建设和加强关键核心技术供给能力，大力推动产业科技互促双强。新增纵向项目429项，新增科技成果转化收入约11.17亿元，合同经费2.95亿元。新获批省部级以上平台9个；3个学科顺利进入ESI全球排名前5‰，4个学科保持全球排名前1%。3人获批国务院政府特殊津贴专家，2人获批国家级人才。获各类科技奖项74项，其中获中国工程院第十五届光华工程科技奖1项、广东省科学技术奖13项、有色金属工业科学技术奖6项。

中国有色桂林矿产地质研究院有限公司实现营业收入近6亿元，同比增长18%；实施科研项目91项，其中承担国家级科研项目9项、省部级科研项目10项，研发经费投入强度20%，同比上升近2%；获省部级及以上奖项6项，其中有色金属工业科学技术奖一等奖1项。新增国家发明专利10件；发布实施国家及行标38项。组织召开ISO/TC 202/SC 2（国际标准化组织电子探针分技术委员会）会议，重点打造自然资源部“一带一路”关键矿产勘查研究团队。

云南省贵金属新材料控股集团股份有限公司组织省实验室自立项目评审，立项103项，其中重大科技专项6项、重点研发计划项目20项、基础研究项目77项，布局项目总经费4.4亿元。完成国家重点实验室重组，贵金属实验室通过云南省科技厅中期评估，进一步推进易门、深圳、东京分实验室中心等建设工作；获各类奖励8项，旗下5家企业顺利通过高新技术企业认定，1家企业获国家级专精特新“小巨人”称号。组织完成制（修）订标准13项，其中制定国标3项、国家军用标准1项，组织申请国家发明专利96件，获授权发明专利48件。

中铝郑州有色金属研究院有限公司构建了“1+8”科技创新管理制度体系，科研投入2.37亿元，同比增长51.51%；科研强度30.83%，同比增长20.42%。实施科技研发项目70项，其中国家项目7项、省级项目8项。新获批国家技术创新示范企业、企业标准领跑者评价机构。获中国专利优秀奖2项，有色金属工业科学技术奖3项，有色金属企业管理现代化创新成果1项。申请专利305件，其中国内发明专利251件、海外专利23件。牵头制定国际标准1项、国标14项、行标8项、团标30项。2人获得国务院政府特殊津贴，1人获评中国科协科技人才奖项评审专家。

西北有色金属研究院实现综合收入238.7亿元，同比增长10.5%，其中科技收入约10亿元，同比增长26%。研发投入9.9亿元，同比增长8%。获批国家先进稀有金属材料技术创新中心、稀有金属领域国家级中小企业特色产业集群。下属3家公司获评制造业单项冠军、5家公司获专精特新“小巨人”。获国家技术发明奖二等奖1项，省部级一等奖1项、二等奖6项。1人获杰出工程师奖，2人获评国务院政府特殊津贴专家。新增发明专利272件，国际专利2件。发表科技论文643篇（SCI 269篇）。主持及参与制（修）订国标23项、行标及地标35项。

西北稀有金属材料研究院宁夏有限公司研发经费投入强度6.3%。获批国家军工项目3项、省部级科研项目16项。与清华大学、航天科工集团等产学研深度合作，开展高纯材料制备技术、雾化制粉技术等研究，研究成果成功应用于国家重点项目。获批第八批制造业单项冠军企业和自治区行业领军示范企业，国家级专精特新“小巨人”企业通过复核。获有色金属工业科学技术奖一等奖1项。新受理专利58件，获授权专利15件；参与修订国标1项、行标4项。

北京矿产地质研究院有限责任公司实施科技类项目34项，其中承担国家级项目1项、省部级项目2项，综合总收入和利润同比增加43.51%和51.23%；科研技术投入2100余万元，同比增长10%；发表科技论文22篇，其中SCI 5篇；申报专利6件。获自然资源科学技术奖1项、有色金属工业科学技术奖3项；入选自然资源部绿色技术目录1项。找矿预测团队获得2024年度“全国三八红旗集体”称号，1人入选自然资源部矿产资源储量评审专家，3人入选自然资源部地质找矿后备青年科技人才。

湖南有色金属研究院有限责任公司2024年研发投入超过3300万元。攻克高分散、高效抗氧化钎料制备等关键共性技术，组织实施湖南省重大科技攻关“揭榜挂帅”项目。被认定为“湖南省新型研发机构”，子公司湖南有色冶金劳动保护研究院通过“省级企业技术中心”认定。荣获国家科技进步奖二等奖1项，中国黄金协会科学技术奖1项，地质科技重要进展奖1项。获授权专利17件，主持和参与5项国标制定。

赣州有色冶金研究所有限公司新增科研项目 91 项，新增科研经费超亿元，其中政府科技项目 14 项，财政支持资金 700 余万元。获评国家市场监督管理总局“标准创新型企业”，江西省技术转移示范机构绩效评价获优秀。组织完成 67 项项目验收和结题，同比增长 123%；获省部级科技奖励 2 项，《江西省大余县左拔矿区（扩深）钨矿资源储量核实报告》矿产资源储量项目成果通过自然资源部评审备案。新增国标 9 项，团体标准 3 项。

湖南稀土金属材料研究院 2024 年综合收入近亿元，科研强度达到 8.78%。实施科研项目 9 项，其中承担国家级科研项目 6 项、省部级科研项目 1 项，研发项目成果知识产权转让 4 件，涉及金额 1600 万元。获评国家专精特新“小巨人”重点支持企业。1 人获国务院政府特殊津贴。新增发明专利 5 件。制定国标 5 项、行标 8 项。

有色金属技术经济研究院有限责任公司利润总额较上一年度增长 28%。实施科研课题 100 余项，其中 5 项国家级课题稳步推进，4 项部委课题通过验收；累计提供行业数据和报告 160 余份。获有色金属工业科学技术奖 6 项；组织制定 320 项标准，下达标准计划 241 项，发布 299 项标准，发布国际标准 1 项，推动我国牵头的国际标准 9 项立项通过；成功获得国家认监委的产品认证资质批复。

五、有色金属行业设计单位综合实力持续提升

2024 年有色金属行业设计研究单位工程化设计和技术开发能力持续提升。据初步统计，有色金属行业原 8 个直管设计研究院实现综合收入超 150 亿元，其中 3 家单位利润总额过亿元。

中国恩菲工程技术有限公司 2024 年综合收入同比增加 39.9%，利润超 4 亿元。牵头获批国家重点研发计划项目 1 项，牵头参与 2 个国家重点研发计划项目课题；获国家科技进步奖 1 项，中国专利奖优秀奖 1 项，获社会力量、集团奖 13 项。新获专利授权 421 件，其中发明 363 件（含海外发明 15 件）；新申请计算机软件著作权 42 项。承办 ISO/TC 300 第十届年会，获批 5 项国标外文版翻译项目。发布标准 36 项，其中国标 4 项、行标 17 项、团标 13 项。1 人获国务院政府特殊津贴，1 人获评有色金属行业设计大师。

中国瑞林工程技术股份有限公司进一步强化科技项目管理，修订并发布了《科技项目管理规定》。获批政府科技计划项目 6 项、新增横向科技项目 6 项、新增自选科技项目 3 项、新增业务建设项目 9 项。获国家科技进步奖 1 项，有色金属工业科学技术奖 4 项，中国有色金属建设行业优秀工程咨询、勘察、设

计成果奖 48 项，江西省建设工程勘察设计协会优秀工程勘察、设计成果奖 22 项。申请专利 89 件，获授权专利 78 件，其中发明专利 42 件、实用新型专利 36 件；登记软件著作权 20 项。参与制定国标 4 项、行标 3 项、团标 8 项。

沈阳铝镁设计研究院有限公司坚持科技创新驱动，加大技术攻关，综合总收入同比增长 38%，利润总额同比增长 135%；实现科研投入 0.76 亿元；科研强度达到 5%。实施科研项目 30 项，其中承担省部级科研项目 2 项，4 项科技成果经评价达到国际领先水平。获省部级科技奖励 7 项，其他奖励 2 项。1 人获国务院政府特殊津贴。新增发明专利 21 件。制定国标 4 项、团体标准 3 项。

贵阳铝镁设计研究院有限公司综合总收入同比增长 78.23%，利润总额同比增长 172.29%，研发投入强度为 4.61%。获批 2 个政府资助国家级项目，获省部级科技类奖项 13 项。获授权专利 62 件，申请国际专利 3 件；主编标准 3 项；主办“铝冶炼设备更新赋能产业链融通与高质量发展论坛”等 4 场大型科技类会议。

中色科技股份有限公司综合总收入超 10 亿元，利润总额增长近 10%。实施科研项目 56 项，其中重点项目 26 项。获省部级科技进步奖一等奖 6 项。组织标准编制 18 项。新申请国家专利 110 件，其中发明专利 48 件；新申请海外专利 2 件。获评“中国产学研合作创新示范企业”，河南省首批建设工程勘察设计行业专精特新企业。“2800/2300 毫米六辊铝带冷轧机组关键技术研发及产业化应用”获评洛阳市科技成果转移转化十大典型案例。

昆明有色冶金设计研究院股份公司综合总收入同比增加 92.5%，利润总额超 8000 万元，科研投入 3706 万元，同比增长 12%，科研强度超 9%，研发项目成果转化率达 63.1%。实施科研项目 43 项，其中省部级科研项目 1 项、中铝国际重点项目 4 项。新增国家级科研平台 1 个，开展 21 项关键核心技术研究。获省部级科技奖励 3 项，其他奖励 26 项。新增发明专利 4 件。新立项主编、参编标准 12 项。

六、有色金属行业高校突显人才培养与创新活力

行业高校不断发挥学科特色和基础研究优势，为行业不断输送优秀人才，在共性技术研发、产学研一体化和人才培养等方面作出了突出贡献。

中南大学持续打造科技创新“5345”体系，牵头承担国家科技重大专项等项目 13 项、课题 42 项。获国家自然科学基金等项目 591 项，经费再次突破 4 亿元。新增 3 项单项金额过亿元重大科技成果转化。获批工信部 06 专项产品责任单位、长沙市“揭榜挂帅”重大科技项目 2 项。粉末冶金全国重点实验室

重组通过，参与共建矿物加工科学与技术等3个全国重点实验室。获5项国家科学技术奖，56项湖南省科学技术奖；1人获何梁何利基金奖；2人获光华工程科技奖；1人获杰出工程师奖；新增国家级领军人才11人，“四青”人才26人。

昆明理工大学2024年科研规模达34.65亿元，同比增长11.8%，到校科研经费10.38亿元，同比增长8.57%。获国家自然科学基金资助230项，总资助经费超1亿元。获批科技部重点研究计划项目2项，课题4项；新增各类省级科研项目381项，经费总额超3.2亿元。获国家科技进步奖1项、云南省科学技术奖20项、有色金属工业科学技术奖8项；获专利授权1972件，其中发明专利1488件；实施成果转化116项。1个创新团队被授予“国家卓越工程师团队”称号。2个教师团队入选全国高校黄大年式教师团队。

江西理工大学2024年获批科研项目547项，其中承担国家级科研项目67项、省部级科研项目118项，项目总经费2.68亿元；签订科技成果转化合同43项，成果转化金额共计4197万元。参与共建“有色金属结构材料”全国重点实验室；牵头申报先进金属材料江西省实验室。发表高水平论文增长29.6%，其中4篇入选Science/Nature子刊，获国家科技进步奖3项、获江西省科技奖励16项，有色金属工业科学技术奖一等奖3项。获授权国内发明专利192件、国外发明专利16件。1人获国务院政府特殊津贴。

东北大学以习近平总书记给东北大学全体师生回信精神为引领，积极推进面向一流大学建设。科研经费突破17亿元，横向科研合同额超14.5亿元。获批国家重大工程计划项目5项，国家深地重大科技专项2项，国家社科基金重大项目3项。深化与金川股份、中国有研、江铜集团等单位深度合作。获国家科技进步奖2项、辽宁省科学技术奖一等奖2项、有色金属工业科学技术奖一等奖2项。获批国家优杰青、国家高层次领军人才等省级以上人才项目17项。

桂林理工大学2024年到账科技经费2.29亿元。获国家级项目70项、省部级项目105项。牵头完成“岩溶系统过程与环境安全”全国重点实验室、中国-老挝（国家）地质矿产“一带一路”联合实验室的申报及答辩工作，新增获批科研平台5个。申请专利441件，获授权专利226件；签订“五技”合同210项，科技成果转化204项，重大合同21项。获国家科技进步奖1项、广西科学技术奖8项；获国务院政府特殊津贴3人。

嘉兴大学新增国家级科研项目20项、省部级项目40项，到校科研经费1.21亿元，横向项目到账经费6033.68万元，同比增长79%；获省部级及以上科研成果奖8项，其中有色金属工业科学技术奖2项；新增发明专利150

件，新增论文、论著等618篇（部），获批省重点实验室1个，13位教师荣膺“斯坦福全球前2%顶尖科学家”。

七、有色金属行业科技创新成果显著

（一）在矿产资源开发与利用方面

1. 岩石动静组合加载破裂理论与方法

中南大学项目团队针对深部开采的复杂受力环境，构建了深部岩体非线性动静组合加载模型，研发了相应的试验设备与方法，揭示了深部岩体在开挖过程中应力与能量的变化规律，实现了深部岩体动力灾害的准确辨识与有效调控。开发的岩石动静组合加载试验系统为国际上深部岩石力学研究奠定了重要基础，为深部资源的安全高效开发提供了重要的理论与技术支撑。

2. 金属氧化矿高效浮选分离多维度精准调控创新技术及应用

中南大学等单位研发了战略金属氧化矿高效浮选分离多维度精准调控创新技术，创建了胶体捕收剂表层疏水理论和泡沫结构精细调控理论，针对不同资源开发相匹配的胶体捕收剂和泡沫调整剂，实现了复杂金属氧化矿的高效分离富集，保障我国钛、锂、铜、钴战略金属供应链安全。项目技术在国内外10家大型矿山企业推广应用。

3. 新一代绿色高效提炼稀贵金属技术及应用

昆明理工大学等单位针对常规技术生产稀贵金属存在工艺繁杂、金属收率低、辅料消耗多等共性问题，建立了稀贵金属分离提纯理论体系，发明了复杂稀贵金属合金真空气化分离技术，研制真空气化装备，构建了“高温熔炼捕集—溶液电解富集—真空气化分离—梯级精炼提纯”生产稀贵金属新技术，实现了金、银、铂、钯、硒的绿色高效提炼，开辟了绿色高效短流程生产稀贵金属新途径。

（二）在新材料产品与工艺方面

1. 金属材料变形与损伤的微观起源及其演化机理

西安交通大学项目团队历经十四年的潜心研究，建立了独具特色的原位定量多场耦合力学测试系统，研究并揭示了典型金属晶体和非晶体材料在外力和气氛作用下变形与损伤的微观起源及其演化机理，为创制性能指标优异且稳定的高品质金属材料提供了新思路和新方法。

2. 高性能高温稀土永磁材料及应用

北京航空航天大学等单位为解决我国高技术领域对耐300℃以上的高性能高温稀土永磁材料的迫切需求，提出了高温稀土永磁材料矫顽力“形核机制”

设计新原理，发明了高磁能积高温稀土永磁材料、高温稀土永磁材料抗氧化技术、高温热退磁预测与服役寿命快速评估技术，突破了传统矫顽力“钉扎机制”下剩磁与矫顽力倒置困境，攻克了微结构与微成分可控关键制备技术，发明了高磁能积高温稀土永磁材料。

3. 高效低成本太阳能单晶硅片制造关键技术创新与应用

隆基绿能科技股份有限公司等单位率先攻克了高温真空下超长周期硅单晶循环生长成套技术、米级热场传热传质精细化控制技术、高效氩气纯化回收全流程关键技术、复合场力作用下多轨并行金刚线精镀技术、高效薄片化单晶硅材料切割技术，实现了单晶硅棒和硅片制造核心技术的系统性突破，解决了光伏经济性和配套氩气、高纯石英砂资源供应瓶颈问题。

4. 高性能铜及贵金属丝线材关键制备加工技术与应用

河南科技大学等单位针对微细丝加工中杆坯制备、连续变形、表面涂镀等关键环节存在的共性技术难题，经多年协同攻关，突破了单晶和轴向柱状晶连续生长控制、超细超精连续变形控制、贵金属镀层附着性能稳定控制等技术瓶颈，开发出高性能微细丝全流程制备加工技术，生产的系列高性能微细丝，满足了我国集成电路键合线、高保真音视频线、高端数据传输线等领域对高性能微细丝的需求，保障了国家重大工程关键材料战略安全。

（三）在高端装备与制造方面

1. 地下金属矿智能开采关键技术与装备

矿冶科技集团有限公司等单位针对我国地下金属矿深部开采存在的技术难题，研发出具有自主行驶及智能作业功能的 7 类智能采矿装备，攻克了高精度定位与导航、多装备集群管控及生产实时调度、高可靠无线通信和数据传输、多采区集群连续智能开采等关键技术难题。项目成果在国内数十家矿山企业得到广泛应用，为地下金属矿绿色、低碳、智能、安全、高效开采提供技术支撑，极大推动了地下金属矿智能开采技术与装备的科技进步。

2. “海牛”系列深海海底钻机系统与取芯技术

湖南科技大学项目团队持续研发“海牛”系列钻机系统，首创了具备全过程智能感知与控制的高效可靠深海海底钻机系统、海底钻机大孔深全孔全程保压取芯原理与机具、海底钻机海底复杂地层智能化高取芯率原理与机具、海底钻机深海海底高品质低扰动工程地质勘探取芯技术，发明了“海牛”系列深海海底钻机系统及取芯技术，解决了我国深海海底固体矿产资源钻探、深海海底工程地质勘察、海底天然气水合物大孔深全孔全程保压取芯等难题。

3. 极端服役环境用高压断路器触头制备技术及产品应用

西安理工大学等单位围绕极端服役环境用高压断路器触头制备技术及系列产品研制，开展了触头材料研发—应用验证—产品迭代的系统性研究，攻克了特高压输电大容量/高寒高海拔、长寿命/高频次投切、强冲击/高速碰撞及水电（抽水蓄能）、核电超大容量发电机断路器等极端服役环境对高压断路器触头的苛刻需求，开发了超强耐烧、超高耐磨、极端耐热、耐高速冲击等系列触头产品，项目产品在特高压输电工程及大型水力、核能发电工程稳定运行。

4. 有色冶金高效转化精准调控与智能自动化系统

中南大学等单位研发了火法冶金炉窑反应气氛精准控制、湿法冶金多反应器协同调控、全流程高效协同运行等关键核心技术，创建了有色冶金高效转化精准调控技术体系，建成国际首个有色冶金智能模型库和自主可控的有色冶金智能制造系统架构，牵头制定有色冶金自动控制首个国家标准和智能冶炼工厂建设指南。牵头组建了国内首家铜冶炼智能工厂和锌冶炼智能工厂，项目技术应用于江铜贵冶、株冶有色等龙头企业，并出口“一带一路”共建国家。

（四）在新能源锂电技术与应用方面

1. 全过程优化的锂电固废高效低碳处理技术与应用

中国科学院过程工程研究所等单位基于锂电固废有价组分短程循环利用与全过程综合控污的创新思路，实现“多组元精准分离—多金属梯级提取与短流程材料再造—介质循环与伴生组分综合利用—多单元集成优化”系统创新，构建了全过程优化的锂电固废高效低碳处理技术与标准体系，为解决大量锂电池新型城市固废作出了重要贡献。

2. 锂电前驱体反应结晶新装备开发及高端正极材料智能制造

中国科学院过程工程研究所等单位历经多年研究，发明了曲面斜叶圆盘涡轮桨等高效搅拌新构型，创建了径向有序高端三元和高压实磷酸铁锂前驱体可控连续生产工艺和三元正极材料低能耗短流程生产新工艺，发明了国际首台远心照相三相测量仪和高端前驱体及正极材料生产的智能测控技术，项目成果覆盖全球超50%的三元前驱体厂家。

3. 大容量锂离子电池精准制造核心技术与装备

华中科技大学等单位针对大容量锂离子电池高性能电芯设计、宽幅高速制造、长程精确调控的共性技术难题，创立了大容量电池的异构电芯设计方法，突破了涂布—辊压—卷叠的宽幅高速制造工艺，攻克了液-固长程制造的智能联动精确调控技术，研制出自主可控的系列装备，形成了大容量锂离子电池精准设计、制造、检测与应用技术体系。

八、有色金属行业一批重大科技成果获表彰

2024年，有色金属行业科技成果实现了多点突破，中国有色金属工业协会、中国有色金属学会组织开展科技成果评价300余项，登记科技成果80余项，组织开展科技奖的提名和评审。

（一）组织开展国家科学技术奖励遴选和提名

中国有色金属工业协会面向全行业征集项目，经遴选和评审，向国家科技奖励工作办公室提名15项科技成果项目。6月，国家科技奖励大会在京隆重召开，中国有色金属工业协会提名的4个项目荣获2023年度国家科技进步奖二等奖。经统计，有色金属行业共计15个项目获得国家科学技术奖（见表2），其中，国家自然科学奖二等奖2项、国家技术发明奖二等奖2项、国家科技进步奖二等奖11项。

表2　有色金属行业获2023年度国家科学技术奖项目

序号	项目名称	获奖等级	提名渠道
1	极端服役环境用高压断路器触头制备技术及产品应用	国家科技进步奖二等奖	中国有色金属工业协会
2	有色冶金高效转化精准调控与智能自动化系统	国家科技进步奖二等奖	
3	金属氧化矿高效浮选分离多维度精准调控创新技术及应用	国家科技进步奖二等奖	
4	地下金属矿智能开采关键技术与装备	国家科技进步奖二等奖	
5	金属材料变形与损伤的微观起源及其演化机理	国家自然科学奖二等奖	其他渠道
6	岩石动静组合加载破裂理论与方法	国家自然科学奖二等奖	
7	“海牛”系列深海海底钻机系统与取芯技术	国家技术发明奖二等奖	
8	高性能高温稀土永磁材料及应用	国家技术发明奖二等奖	
9	锂电前驱体反应结晶新装备开发及高端正极材料智能制造	国家科技进步奖二等奖	
10	高效低成本太阳能单晶硅片制造关键技术创新与应用	国家科技进步奖二等奖	
11	高性能铜及贵金属丝线材关键制备加工技术与应用	国家科技进步奖二等奖	
12	大型金属坯料制备电磁调控关键共性技术开发和应用	国家科技进步奖二等奖	

续表2

序号	项目名称	获奖等级	提名渠道
13	新一代绿色高效提炼稀贵金属技术及应用	国家科技进步奖二等奖	其他渠道
14	大容量锂离子电池精准制造核心技术与装备	国家科技进步奖二等奖	
15	全过程优化的锂电固废高效低碳处理技术与应用	国家科技进步奖二等奖	

（二）组织开展行业科技奖励评审工作

2024年7—9月，中国有色金属工业协会、中国有色金属学会组织开展2024年度有色金属工业科学技术奖申报工作，共计收到申报项目454项，涉及完成单位共计1060家，同比新增115家，其中中央企业及国有企业446家、民营企业238家、高校100家、科研院所59家、事业单位88家、合资企业及其他单位129家；项目参与完成人共5937人，同比新增236人。10月21—24日，召开2024年度有色金属工业科学技术奖评审会，经形式审查、网评、各专业组评审、公示等程序，共有204个项目获奖。

九、有色金属行业科技人才竞相涌现

2024年1月，党中央、国务院发布《关于表彰国家卓越工程师和国家卓越工程师团队的决定》，湖南科技大学万步炎、紫金矿业集团股份有限公司蒋开喜、赣州金环磁选科技装备股份有限公司熊大和获“国家卓越工程师”殊荣；昆明理工大学“云南省三江成矿系统与评价创新团队”、西部超导材料科技股份有限公司“超导材料制备及应用技术创新团队”被评为国家卓越工程师团队。

2024年4月，第六届“杰出工程师”推荐工作启动，中国有色金属工业协会作为推荐单位共计收到39名候选人申报。经形式审查、综合评议，推荐了15位候选人。11月，第六届杰出工程师获奖名单揭晓，矿冶科技集团有限公司战凯、西北有色金属研究院刘向宏、中南大学李红英获杰出工程师，北矿智能科技有限公司李元生获杰出工程师青年奖。

2024年6月，第十五届光华工程科技奖名单在京揭晓，41位获奖专家名单中，有色金属行业专家中南大学李红英荣膺上榜。

2024年7月，全国总工会公布入选2024年大国工匠培育对象名单，有色金属行业共计8人入榜。

2024年8月，第八届“全国有色金属行业工程勘察设计大师”公布，2人获评工程勘察大师，5人获评工程设计大师。

2024年12月，何梁何利基金2024年度颁奖大会暨成立30周年总结会在京召开，56位获奖科技工作者中，有色金属行业专家上榜2位。

撰稿人：王怀国、赵婧琳、刘　华
审稿人：贾明星

参考文献

［1］国家统计局社会科技和文化产业统计司，科学技术部战略规划司．中国科技统计年鉴2024［M］．北京：中国统计出版社，2024.

2024年有色金属国际交流与合作报告

2024年是实现“十四五”规划目标任务的关键一年。中国有色金属工业协会（以下简称“协会”）全面贯彻习近平外交思想，全面落实党的二十届三中全会精神，紧扣协会四届六次理事会的工作安排，坚持稳中求进工作总基调，有力有序地推进国际合作事务。

一、提升国际影响力

国际会议是全球有色金属行业开展对话交流、凝聚共识的重要平台和渠道。协会在海外持续打造行业品牌会议活动，提供促交流、增互信的平台，树立中国有色金属形象，提升中国有色金属行业影响力。

（一）第七届中国有色金属报告会在英国召开

10月1日，“2024中国有色金属报告会”在英国伦敦成功举办，这也是协会第七次在伦敦金属交易所LME WEEK期间举办此会议。会议以“新质生产力赋能中国有色金属工业发展”为主题，围绕有色金属产业链，介绍中国有色行业发展新进展、新亮点，在国际舞台讲好中国有色金属故事，吸引了来自全球有色金属企业、金融机构及产业链上下游的260余名代表参会。

（二）2024赤泥综合利用国际论坛在法国召开

11月1日，由中国有色金属工业协会、国际铝业协会主办，中国铝业集团、力拓集团支持的“2024赤泥综合利用国际论坛”在法国里昂举行。论坛以绿色、创新、合作为主题，围绕国内外赤泥综合利用产业最新趋势、技术成果、项目进展及各国政策标准等内容开展交流研讨。论坛吸引了来自20多个国家的氧化铝和赤泥利用企业、高校等单位共计100多位代表参加。

葛红林会长致开幕辞，并作题为《创新引领，合作赋能　推进全球赤泥综合利用再上新台阶》主旨报告。报告介绍了赤泥综合利用的基本情况，并从近年来全球赤泥综合利用取得积极进展、创新推动赤泥综合利用再上新台阶，携全球之手加快破解赤泥综合利用世界难题等三个方面进行了详细阐述。

此次论坛形成五点共识：一是氧化铝企业应加强源头管理。从源头减少赤泥产生，并稳定赤泥成分，为赤泥应用创造更好的应用条件。二是多固废协同处理。利用各种固废的不同化学和矿物特性，提高赤泥掺配率，创造固废更多经济性应用场景。三是加快赤泥综合利用标准建设。加快形成一套赤泥产品应用系统化、规范化、可复制的标准规范体系；探索筹建赤泥综合利用国际标准委员会，推动国际标准互认。四是深化跨界交流互动。鼓励欢迎其他行业跨领域跨国别交流互访、协同联动、合作攻关等，构建国际赤泥综合利用全球发展共同体，继续搭建好国际交流平台，推动赤泥综合利用。五是积极争取社会支持。解决赤泥综合利用涵盖科学技术、经济学问题，更有社会学问题。最复杂最重要的是社会学问题，应积极争取社会支持。

（三）2024年再生金属东南亚国际论坛在泰国召开

6月18日，“2024年再生金属东南亚国际论坛”在泰国曼谷举行，论坛从全球合作的视角共同探讨产业的使命和未来，帮助各国再生有色金属企业了解政策和市场环境，拓展贸易和投资渠道，促进再生有色金属产业高质量协同发展。来自泰国政府、国际行业协会、全球再生金属园区的24个国家和地区的近600人参会参展。论坛设中国再生金属产业发展与国际合作专场、发掘东南亚市场机遇专场及欧美中东地区产业现状与发展专场，并在圆桌论坛期间召开了中泰再生金属产业投资对话会，中泰政企双方代表集中探讨了市场准入策略、产业支持政策、人才引进等企业实际运营中最关心的问题和诉求。

（四）中国有色金属国际产能合作企业联盟年会首次海外召开

8月13日，“中国–老挝矿产资源可持续开发及综合利用论坛暨中国有色金属国际产能合作企业联盟年会”（以下简称“会议”）在老挝万象召开。会议由中国有色金属工业协会、老挝能源与矿产部指导，中国有色金属国际产能合作企业联盟（以下简称“联盟”）与老挝国家能源与矿业研究院、昆明理工大学共同主办。会议以“绿色、低碳、可持续发展”为主题，旨在为有色金属行业企业搭建沟通桥梁，促进中国、老挝两国在有色金属领域的国际合作。老挝能源与矿产部、老挝计划投资部、老挝自然资源与环境部、老挝老中合作委员会、老挝国家能源与矿业研究院领导，老挝有色金属矿业相关企业、在老挝投资中方企业代表出席会议，来自中国有色金属行业企业、高校、机构的100余名代表赴万象参会，会议总人数240余人。

老挝能源与矿产部副部长通帕·尹塔翁，老挝计划投资部副部长、老挝老中合作委员会常务副主席赛萨纳·西提蓬，中国驻老挝大使馆经商处参赞赵文宇出席会议并致辞。

协会葛红林会长作题为《继往开来，共绘中老有色金属合作新篇章》主题报告，报告围绕中国有色金属工业的运行情况、中国有色金属工业海外合作发展、中老有色金属双边合作及高质量推动中老有色金属合作等进行了阐述和分析。

这是联盟首次在境外召开会议，会议全面展示了中国有色金属行业企业在海外投资发展、社会责任及可持续发展方面所取得的成绩，探讨行业发展前景与机遇，增进双方了解与互信，为中老两国企业在矿产资源开发、技术装备合作、绿色矿业建设等领域的合作开辟前景。

（五）合作举办国际活动

11 月 13—15 日，中国有色金属工业协会和智利铜与矿业研究中心（CESCO）共同主办的“亚洲铜业周”在上海举办。活动包括世界铜业大会、CEO 首脑会议及亚洲铜晚宴。葛红林会长出席世界铜业大会，作题为《推动全球铜产业健康发展的考量》的主旨报告，并在亚洲铜晚宴致辞。亚洲铜业周是全球铜行业重要盛事之一，在行业内具有较高影响力，核心活动之一的铜晚宴吸引了来自全球铜行业 2300 多名代表参加。

（六）系列品牌国际会议在华举行

2024 年协会顺利在华主办 10 个国际会议，旨在为行业搭建沟通合作的平台，分别是 2024 国际锂电新能源产业大会暨成渝地区产业链供应链对接活动、2024 年中国国际铝业大会、2024 年（第二十二届）中国国际铜业论坛、2024 年中国国际白银年会、2024 年中国国际镍钴工业年会、2024 年中国国际稀散金属年会、2024 年中国国际铅锌年会、第二十四届再生金属国际论坛、亚洲铜业周 CEO 圆桌会议和 2024 年中国国际锂业大会。

二、国际交流迈上新台阶

2024 年，协会积极发挥行业民间外交作用，与国外有色金属行业相关政府部门、机构及全球同仁开展交流，拓展互通渠道，共同为行业可持续发展贡献力量。

（一）外事交流增进互信

1. 高层会谈

与沙特阿拉伯矿业部部长，老挝副总理兼外交部长、老挝能矿部部长、老挝计划投资部部长，智利矿业部部长，法国参议员代表团，伊朗驻华大使等国外政要会谈，共谋国际合作新篇章。

2. 国际组织交流

与国际铜研究组、国际铅锌研究组、国际镍研究组紧密联系与合作，同时与德国原材料署、摩洛哥企业联合总会、摩洛哥化学联合会建立联系，携手国际铜协、国际铝协、国际锡协、国际镍协、国际镁协、国际锌协、国际铅协等全球行业组织，共同探讨行业发展趋势。

3. 跨国企业互动

与伊朗 GIC 集团、巴西淡水河谷、阿联酋铝业、托克集团、力拓集团等全球知名跨国企业高层进行高层会晤，聚焦能源转型、绿色发展、矿业投资与贸易合作等议题，推动务实合作与共赢发展。

此外，协会还参与了全球发展倡议新工业革命伙伴关系网络成员与秘鲁商业协会代表团座谈会、金砖国家冶金矿业工作组工作层共同会议及沙特未来矿业论坛关键矿物框架协调小组等相关会议。

（二）行业企业外事会谈

2024 年，有色金属行业企业积极开展国际交流，部分企业高层重要会谈会见如下。

4 月 26 日，中铝国际旗下长沙有色院接待到访交流的几内亚政府官员代表团。

6 月 11 日，中矿资源董事长、总裁王平卫在北京总部会见纳米比亚驻华大使伊莱亚·乔治·凯亚莫。

7 月 1 日，中铝集团董事长段向东在集团总部会见国际铝协秘书长迈尔斯·珀瑟。

7 月 11 日，中矿资源董事长、总裁王平卫在北京总部会见津巴布韦外交与国际贸易部副部长谢依拉·奇科莫。

7 月 12 日，中铝集团董事长段向东在集团总部与几内亚比绍总统乌马罗·西索科·恩巴洛举行会谈。

8 月 7 日，铜陵有色集团党委书记、董事长龚华东接待来访的厄瓜多尔国家税务总局局长达米安·拉科。

8 月 14 日，中铝集团董事长段向东在集团总部会见力拓集团董事长鲍达民。

9 月 6 日，山东魏桥创业集团董事长张波与党委书记、总经理张红霞接待来访的几内亚总统马马迪·敦布亚和夫人洛里亚娜·敦布亚。

10 月 15 日，中矿资源董事长、总裁王平卫在北京总部会见赞比亚矿业和矿产发展部部长保罗·卡布斯韦。

10 月 18 日，金诚信集团董事长王先成、金诚信股份总裁黄海根在集团总部会见赞比亚矿业和矿产发展部部长 Paul Kabuswe。

11 月 2 日，中铝集团董事长段向东在集团总部会见力拓集团首席执行官石道成。

11 月 4 日，中国–塞拉利昂经济发展领域治国理政研修班到中国恩菲交流。该研修班由国家发改委牵头组织，由塞拉利昂相关部门司局级及以上官员组成。

（三）合作协议深化国际合作

2024 年，协会分别与国际锌协、国际锡协及摩洛哥化学联合会签署《合作谅解备忘录》，旨在加强行业信息、技术、人才培养、回收、扩大应用等领域的合作，发挥各自作用，积极开展业内交流，推进技术创新和产业升级，共同努力维护行业的可持续发展。

（四）积极参与国际组织相关工作

协会认真履行国际铜研究组、国际铅锌研究组成员国相关职责，完成铜研究组副主席、统计委员会副主席、国际铅锌研究组主席审议研究组相关事项、行业预测、信息交流等工作。协会相关人员分别在 4 月国际铜研究组会议和 10 月国际铅锌研究组会议上作《中国铜产业》和《中国铅锌工业回顾与展望》主题报告。

（五）搭建合作平台，发挥协会作用

协会配合相关部委召开中智铜冶炼技术交流会，组织相关企业与智利国家矿业公司代表就 HVL 冶炼厂现代化改造项目合作交流，并推进合作意向；与俄罗斯铝业协会共同举办铝表面处理网络研讨会，中俄双方专家作报告并与俄方就铝表面处理问题探讨交流；参加俄罗斯铝业协会组织的金砖国家铝业圆桌会议（线上），会领导出席并作《中国铝工业基本情况及发展思路》报告。

三、三服务水平有提升

以中国有色金属国际产能合作企业联盟及贸促会有色金属行业委员会为双平台，服务政府决策、助力行业发展。

持续做好国别研究。跟踪中资企业在印度尼西亚、韩国、智利、秘鲁、马来西亚、越南、乌兹别克斯坦、哈萨克斯坦、塔吉克斯坦、吉尔吉斯斯坦、赞比亚、刚果（金）、巴基斯坦及伊朗等 19 个国别有色金属行业海外投资进展，做好刚果（金）、印度尼西亚、几内亚、俄罗斯、哈萨克斯坦等五个有色金属重点投资国家国别研究。

参加专题会议。参加“推动重点非洲国家矿产资源产业合作”“碳减排方法”“金砖国家冶金矿业工作组”“2024 年共建‘一带一路’境外项目建设和风险防控”等系列专题会议。

召开有色金属行业海外投资合作舆论形势与风险座谈会。了解企业海外项目面临舆情情况、应对方式及海外投资遇到的困难和建议，共同分享优秀经验。

召开有色金属行业海外投资座谈会。了解我国有色金属行业企业海外投资近况，发现企业在海外投资经营进程中所面临的问题与诉求。研讨行业及跨行业间携手合作，共同让有色金属行业海外投资之路走稳、走深、走实。

召开有色金属行业在华投资外商企业座谈会。聚焦外商企业在华投资发展情况、中外合作情况、未来发展前景、发展建议等内容进行了交流，既让企业及时了解国内产业政策动态，又助力企业更深入地融入中国有色金属行业发展。

四、中资有色金属行业企业2024年海外投资进展

全球经济一体化背景下，中资企业积极拓展海外市场，提升国际竞争力。近年来，企业全产业链布局，开展规模化、多元化投资，在非洲、南美洲等资源富集地区扎实稳健推进项目，2024年，行业企业海外投资取得显著进展。

（一）新增项目

1. 紫金矿业厄瓜多尔瓦林查铜矿项目

1月，紫金矿业集团股份有限公司（以下简称“紫金矿业”）新加坡全资子公司金龙（新加坡）矿业有限公司（以下简称“金龙公司”）以约合人民币6.9亿元价格，与索拉里斯资源公司（以下简称“索拉里斯”）签署股份认购协议。认购完成后，紫金矿业将通过金龙公司持有索拉里斯15%的股份，成为其第二大股东。项目位于安第斯成矿带，由西区、中心区和东区三个矿床组成，共有9个勘探许可证，主要矿种为铜矿并伴生金、钼。索拉里斯公开资料显示，截至2022年4月1日，瓦林查项目估算矿石量约14.66亿吨，含铜约618万吨、含钼约28万吨、含金约63吨。

2. 中伟印度尼西亚北莫罗瓦利产业基地

1月，中伟全球第三个海外产业基地——印度尼西亚北莫罗瓦利产业基地纳德思科镍业公司（NNI）首条冰镍产线投产。北莫罗瓦利产业基地位于印度尼西亚中苏拉威西省北莫罗瓦利县，规划建设8条RKEF产线，设计年产能8万吨镍金属当量低冰镍。

3. 中矿资源赞比亚卡通巴铜矿项目

3月，中矿资源集团股份有限公司（以下简称“中矿资源”）全资下属公司African Minerals Limited以合计基准对价5850万美元现金收购Momentum

Ventures Limited持有的Junction Mining Limited（以下简称“Junction”）50%股权和Chifupu Resources Limited持有的Junction 15%股权。Junction主要资产是位于赞比亚的卡通巴铜矿项目。此次交易完成后，中矿资源将合计持有Junction 65%的股权，拥有卡通巴铜矿项目65%的权益。该矿位于赞比亚卢萨卡以西偏北约240千米，矿权面积248平方千米，根据2015年7月29日第三方独立机构MSA Group（Pty）Ltd.出具的符合澳大利亚JORC规范（2012版）的资源量估算报告，矿区累计探获的保有铜矿产资源量为2790万吨，铜金属量61.4万吨。8月，项目开工建设。

4. 南山铝业印度尼西亚氧化铝项目

4月，山东南山铝业股份有限公司计划通过子公司PT. Bintan Alumina Indonesia在印度尼西亚工业园内分两期扩建年产200万吨氧化铝及其他配套公辅设施，投资金额约63.32亿元人民币。建成后该公司将在印度尼西亚拥有400万吨/年的氧化铝产能，25万吨/年的电解铝产能。目前项目正在建设中。

5. 厦钨新能与法国ORANO公司签署全面战略伙伴关系协议

5月，厦门钨业控股子公司厦钨新能与法国ORANOSA公司签署《建立电池产业全面战略伙伴关系的协议》，旨在加强双方在生产电动车电池正极材料方面的合作伙伴关系。该协议自签字之日起生效，有效期为5年，主要内容为双方将合力推进双方的合资项目建设，分别建成由厦钨新能控股的CAM工厂（电池正极合资公司）和由ORANO公司控股的P-CAM工厂（前驱体合资公司）。

6. 盛新锂能印度尼西亚盛拓锂盐项目

6月，盛新锂能子公司印度尼西亚盛拓年产6万吨锂盐项目回转窑成功投料，这也是盛新锂能第一个海外锂盐生产基地。该项目位于印度尼西亚中苏拉威西省莫罗瓦利县莫罗瓦利工业园（IMIP）内，项目的顺利实施将增加该公司锂盐产能规模至13.7万吨。

7. 中矿资源纳米比亚楚梅布冶炼厂项目

8月，中矿资源旗下的中矿（香港）稀有金属资源有限公司正式完成对纳米比亚楚梅布冶炼厂98%股权的收购交割工作。楚梅布冶炼厂是全球为数不多的能够处理高砷铜精矿等复杂精矿的特种冶炼厂之一，通过铁路与大西洋港口鲸鱼湾相连。目前，该冶炼厂精矿处理能力为26万吨/年，主要产品为粗铜和硫酸。

8. 紫金矿业加纳Akyem金矿项目

10月，紫金矿业境外全资子公司金源国际控股有限公司（以下简称“金源国际"）与 Newmont Corporation（以下简称"纽蒙特"）、纽蒙特全资子公司 Newmont Golden Ridge Ltd（以下简称"标的公司"）签署《股份收购协议》，金源国际拟出资 10 亿美元，收购纽蒙特所持有的标的公司 100%股权，进而持有加纳 Akyem 金矿项目 100%权益。Akyem 金矿是加纳最大金矿之一，截至 2023 年 12 月 31 日，项目金金属资源量 37.8 吨，2013 年 10 月开始商业化生产，采用常规炭浸工艺，选厂设计处理能力 850 万吨/年。

9. 紫金矿业秘鲁 La Arena 铜金矿项目

11 月，紫金矿业发布公告，拟收购泛美白银旗下秘鲁 La Arena 铜金矿项目 100%权益，其中核心的二期项目保有铜资源量 278.5 万吨，金资源量 196.5 吨。La Arena 项目位于南美洲安第斯山脉秘鲁北部 La Libertad 大区的斑岩型 Cu-Mo-Au 成矿带上，海拔为 3000~3600 米之间。根据截至 2024 年 6 月 30 日储量报告，一期为露天开采金矿堆浸项目，目前日处理矿石量 3.6 万吨，年产金约 3 吨，剩余服务年限 3 年，后续有望通过二期采出的金矿石延长服务年限。二期为处于研究阶段的东北部斑岩型铜金矿床，保有铜资源量 278.5 万吨、金资源量 196.5 吨。

10. 白银有色收购巴西 Serrote 铜矿项目

11 月，白银有色发布公告，拟通过下属全资子公司白银贵金属投资有限公司收购 Appian Capital Advisory LLP 管理的子基金 BM Brazil 1 Fundo De Investimento EM Participacoes Multistrategia 所持有的 Serrote Participações S. A. 的 100%股权，从而间接拥有巴西 Serrote 铜矿项目公司 Mineração Vale Verde do Brasil Ltda. 的 100%权益；同时，收购 AMH 2（Jersey）Limited（与 Serrote 公司合称"标的公司"）的 100%股权，并偿还标的公司外部贷款。本次交易对价为 4.2 亿美元，后续还将为项目运营提供 1000 万美元流动资金。Serrote 矿山项目于 2019 年开始建设，2021 年 6 月建成投产，2022 年 9 月达产并进入稳定生产期。项目设计采选规模 410 万吨/年，平均年产精矿含铜 1.9 万吨、含金 7300 盎司。

（二）部分现有项目更新

1. 中矿资源津巴布韦 Bikita 矿山项目

2 月，中矿资源津巴布韦 Bikita 矿山配套光伏发电项目主体工程建设完成，成功并网发电。该项目建设周期 4 个月，投资 9088 万元，设计发电量 2100 万千瓦时/年。目前，最大单日发电量 8 万千瓦时、平均 5.75 万千瓦时，所发电量占矿山每日用电量的 20%以上，大大降低了使用柴油发电机的用电成本（每千瓦时光伏发电成本是每千瓦时柴油发电成本的近 1/20）。该项目是津巴布韦第一个带储能的光伏发电站，也是第一个市电+柴油发电站+光伏+储能的能源系统。

2. 中国有色集团赞比亚卢安夏28号竖井项目

4月，中国有色集团举行卢安夏28号竖井抽排水水泵安装下潜仪式。该项目总投资5亿美元，其中，约1亿美元用于抽排水，预计抽排水时间为18~21个月，所用水泵为大功率大流量高扬程特殊设计，属全球首次运用于工程实践。项目整体建成后，设计铜金属产能为4万吨/年，矿山服务年限超20年，在提供资源保障的同时，将为当地创造3000多个就业岗位。

3. 盛新锂能萨比星矿山项目

5月，盛新锂能萨比星矿山实现达产，年产锂精矿约20万吨。目前已建成矿石提锂的锂盐产能7.2万吨；下属奥伊诺矿山已建成锂精矿生产规模约为7.5万吨/年（折合碳酸锂约1万吨）。

4. 中铝集团特罗莫克铜矿二期项目

6月，中铝集团特罗莫克铜矿二期二步建设完成，项目形成年产精矿含铜20万吨以上，是全球前三十大在产铜矿山之一。该项目二期一步于2020年投产；2023年10月，二期二步开工建设。

5. 五矿资源博茨瓦纳科马考铜矿项目

2024年上半年，五矿资源有限公司完成科马考铜矿的交割。该矿位于非洲南部卡拉哈里铜矿带上，矿权面积超过4000平方千米，项目于2021年6月建成投产，设计年产铜6万吨、银160万盎司，矿山寿命超过20年，扩产后铜产能可提升至13.5万~15.5万吨/年。6月，五矿资源与国新国际投资有限公司签订股份认购协议，双方成立合资公司。根据协议，国新国际将获得科马考铜矿45%的权益，五矿资源则持有剩余55%的权益。

6. 江西铜业集团哈萨克斯坦巴库塔钨矿项目

江西铜业集团哈萨克斯坦巴库塔钨矿项目11月投产，建成投产后形成矿石年处理量330万吨。

（三）ESG实践

作为“一带一路”倡议的积极践行者，中国有色金属行业企业在非洲多个领域展现了深厚的社会责任感。在基础设施、能源资源开发、制造业等多个重要领域持续发力，恪守依法合规经营要求，积极履行海外社会责任，在支持项目所在国工业化和社会经济现代化的同时，也为当地人民带来了实实在在的福祉。

1. 中铝几内亚开展斋月慰问活动

3月，在穆斯林斋月到来之际，中铝几内亚先后深入博法项目周边的松布雅迪、福贡、米西拉等 11 个社区开展慰问活动，并为当地社区居民送去了大量的农机具及大米、食品油等生活物资。

2. 中冶瑞木紧急救援巴布亚新几内亚洪水受灾村民

3 月，巴布亚新几内亚马当省的瑞木镍钴项目矿山所在地区遭遇历史罕见洪水，通往外界的道路全部被洪水淹没，矿山成为一座孤岛，周边的社区和村民受灾严重。中冶瑞木深入周边社区，查看村民受灾情况，多次运送救灾物资，对当地受灾群众进行搜救，为其搭建临时住所，开展义诊等，帮助当地渡过难关。

3. 中铝秘鲁矿业组织驻地居民开展烹饪培训

自 2023 年 11 月至 2024 年 2 月，中铝秘鲁矿业组织莫罗科查当地居民开展了为期 3 个月，共 236 小时的烹饪、面包及糕点培训。

4. 五矿资源金塞维尔矿山积极履行社会责任

6 月，五矿资源金塞维尔矿山社会发展团队召开 2024 年《社会责任书》项目首次季度评估会议。来自金塞维尔矿山周边地区的 65 名社区领袖参加了为期两天的活动，实地考察了正在建设中的 Kilongo 中学及卫生中心，金塞维尔矿山组织周边 7 个村庄约 300 名农民召开会议，共同评估农业季节播种情况。

5. 北方矿业多项社会责任成果亮相中非经贸合作论坛

7 月，在湖南省长沙市举行的中非经贸合作和企业社会责任论坛上，北方矿业有限责任公司分享了其在刚果（金）庞比项目中的创新举措——开设蔬菜种植培训示范基地。该项目已累计培训 200 余名村民，从土壤培育到蔬果采摘全程指导，不仅传授了先进的中国农业技术，还极大地提升了当地民众的生活水平，实现了“授人以渔”的目标。

6. 华刚矿业开展农业扶植项目

2022 年起，华刚矿业将扶持当地村民种植玉米纳入履行社会责任的规划之中，计划利用 3 年时间，帮助当地 5 个村庄完成 7500 余亩玉米种植任务。截至 2024 年 8 月，累计捐赠了优质玉米种子 1.25 万公斤、尿素等化肥 20 万公斤，以及拖拉机、播种机、农药喷雾器等各类农业机具。

7. 五矿邦巴斯项目助力秘鲁阿普里马克大区转型脱困

随着邦巴斯项目在阿普里马克大区的建设启动，该地区在秘鲁国内的贫困排名已从 2012 年的首位骤降至 2023 年的第 16 位。根据秘鲁能源与矿业部发布的《矿业统计公报》数据，截至 2024 年 6 月，阿普里马克大区在秘鲁矿业领域就业人数位列第九，共计提供了 1.3 万个工作岗位。同时，该大区通过矿业活动获得的财政收入显著增长：2015 年，阿普里马克大区与矿业活动相关的财政收入仅为 1300 万索尔（约 340 万美元）；2024 年上半年已达到 2.75 亿索尔（约 7200 万美元），其中，矿业税收入达到 1.58 亿索尔（约 4100 万美元）。

8. 米拉多铜矿助力厄方学生实现留学中国梦想

6 月，米拉多铜矿选拔优秀的厄瓜多尔学生赴铜陵学院留学。7 名高中毕业生入学期间，前往铜陵有色集团、金冠铜业、铜冠铜箔、犁桥水镇、永泉小镇等处参观，了解中国文化、历史和传统，帮助这些留学生开启在中国的生活和学习。

9. 金诚信在赞比亚 Chililabombwe 市积极践行社会责任

自从金诚信接管 Lubambe 铜矿以来，Lubambe 致力于在健康、农业、教育和基础设施等 4 个领域积极回馈所在社区。目前，正在为 Miyanda 小学和 Golden Eagle 社区学校建造教室、卫生间和围墙。同时，Lubambe 也通过从社区招聘员工，实施教育支持、环境保护和社区赋能计划，如帮助居民学会养鱼、缝纫技能等积极回馈社区。

9 月，Lubambe 向当地孤儿院捐赠了食品、生活用品和洗衣机。金诚信还延续了与赞比亚大学合作实施奖学金的计划。目前，该项目主要面向采矿、技术和选矿工程领域的员工开展培训。9 月，共有 36 名员工取得了培训证书。2024 年底，40 名员工在攻读证书类课程，9 名员工攻读文凭类课程。

10. 中矿资源比基塔矿业有限公司荣获 2024 年度津巴布韦 ESG 奖项

12 月，中矿资源比基塔矿业有限公司荣获津巴布韦“2024 年度 ESG 绿色冠军奖”和“2024 年度负责任的采矿和清洁能源冠军奖”两项企业奖项。自 2022 年 1 月中矿资源集团收购比基塔矿业以来，该公司为改善本地社区人文居住条件，推动当地经济发展、就业、员工福利、基础设施建设、社区教育、体育及卫生等企业社会责任方面作出贡献，累计捐赠、援助金额约 1250 万美元。

撰稿人：刘　睿、曹明玥、刘　斌、黄雪娇、尹　然

审稿人：贾明星

2024年有色金属质量、标准、知识产权工作发展报告

2024年有色金属行业以习近平新时代中国特色社会主义思想为指导，全面贯彻党的二十大和二十届三中全会精神，认真贯彻落实中共中央、国务院《质量强国建设纲要》和《国家标准化发展纲要》等精神，以满足国家战略需求、行业企业诉求、市场需求为使命，强化质量意识，深化标准引领，行业质量、标准、知识产权工作取得成效，为推动行业高质量发展提供了有力支撑。

一、2024年有色金属质量工作

（一）参与第八届中国工业大奖项目推荐和评选

按照第八届中国工业大奖申报工作要求，中国有色金属工业协会（以下简称“有色协会”）推荐广东坚美铝业有限公司等7家企业和中国恩菲工程技术有限公司印尼力勤OBI镍钴项目等2个项目参与评审，已通过综合评审、工作委员会工作会议、实地考察、审定委员会会议、公示等环节，授奖结果待公布。

（二）组织开展质量提升与品牌建设典型案例遴选

按照工信部的要求，有色协会组织开展质量提升与品牌建设典型案例征集工作。经遴选，推荐行业18家单位参加2024年度工业和信息化质量提升与品牌建设典型案例评选，其中朝阳金达钛业股份有限公司等3家企业的典型案例入选（见表1）；编制《2024全国有色金属行业质量提升和品牌建设案例集》，分享推广行业优秀案例经验，在有色金属行业质量品牌交流会上发布。

表1　有色金属行业入选工信部2024年度质量提升与品牌建设典型案例名单

序号	企业名称	案例名称
1	朝阳金达钛业股份有限公司	数字化赋能航空航天级海绵钛精细化质量管理模式
2	西北稀有金属材料研究院宁夏有限公司	薄壁复杂结构铸造铍铝合金结构件创新技术突破装备关键零部件技术瓶颈

续表 1

序号	企业名称	案例名称
3	金川集团股份有限公司	以做精传统优势产业、大力发展新材料产业为核心方向践行“技术立本”品牌认知

（三）开展有色金属行业工业产品质量控制和技术评价实验室复核工作

工业产品质量控制和技术评价实验室是围绕国家重大战略任务和产业发展迫切需求，依托公信力高的科研院所和企事业单位建设，面向工业产品全生命周期、产业链全链条开展工业产品质量控制和技术评价的综合性服务机构和专业化技术平台。2024 年 9 月，工信部组织开展实验室评估复核工作，有色协会对有色金属领域的实验室复核材料进行了初审。经专家评审、征求意见、公示等环节，工信部公布通过复核的实验室名单，其中有色金属领域共有 7 家实验室通过复核（见表 2）。

表 2　有色金属领域通过复核的工业产品质量控制和技术评价实验室名单

序号	实验室名称	依托单位名称	地区
1	工业（有色金属及半导体材料）产品质量控制和技术评价实验室	国标（北京）检验认证有限公司	北京市
2	工业（常用有色金属矿冶）产品质量控制和技术评价实验室	矿冶科技集团有限公司	北京市
3	工业（轻金属）产品质量控制和技术评价实验室	中铝检测科技（郑州）有限公司	河南省
4	工业（硬质合金及钨制品）产品质量控制和技术评价实验室	株洲硬质合金集团有限公司	湖南省
5	工业（有色金属及再生有色金属）产品质量控制和技术评价实验室	广东省科学院工业分析检测中心	广东省
6	工业（贵金属及再生贵金属）产品质量控制和技术评价实验室	云南省贵金属新材料控股集团股份有限公司	云南省
7	工业（稀有金属）产品质量控制和技术评价实验室	西安汉唐分析检测有限公司	陕西省

（四）深入开展有色金属行业质量管理小组及质量信得过班组活动

2024 年有色协会围绕“数字驱动，创新变革，激发活力”主题，深入推进群众性质量管理活动。组织召开 2024 年度有色金属行业 QC 小组成果及班组经验交流大会，325 个班小组 600 余名代表参会，交流分享活动成果。经专家组评审，安徽铜冠有色金属（池州）有限责任公司“螺丝钉”QC 小组等 243

个 QC 小组获有色金属行业优秀质量管理小组、包头铝业有限公司质检中心品质职能班等 67 个班组获有色金属行业质量信得过班组、刚果东方国际矿业简易股份有限公司郭明泽等 58 人获有色金属行业质量管理小组活动优秀推进者称号、中铝广西分公司雷玉华等 27 人获有色金属行业质量信得过班组建设先进个人荣誉称号。

经行业推荐，共有 5 个 QC 小组及 11 个质量信得过班组分别荣获全国优秀质量管理小组及全国质量信得过班组荣誉称号。在中国质量协会召开的第 49 届国际质量管理小组会议上，中铝广西分公司、广西华磊新材料有限公司、广西华锡有色金属股份有限公司、中铝山东有限公司等所属的 5 个小组荣获大会金奖。

（五）组织开展全国有色金属产品质量品牌培育活动

2024 年，有色协会发布《全国有色金属产品质量品牌培育活动管理办法（试行）》，将“有色金属产品实物质量认定活动”优化升级为“全国有色金属产品质量品牌培育活动”。活动旨在推动有色金属产品质量持续改进，加快产品升级换代，提升企业质量管理水平，帮助企业提升产品品牌价值和市场竞争力，形成具有较大影响力的行业卓越品牌产品和优质品牌产品。2024—2025 年度共有 50 余家企业的百余个产品参与活动，现已完成申报材料初审，进入现场核查阶段。

（六）参与有色金属行业“三品”典型案例征集遴选工作

根据工信部《原材料工业“三品”实施方案》，有色协会围绕增品种、提品质、创品牌，构建具备行业特色的产品质量体系，丰富行业质量管理活动，引导企业强化质量品牌意识。有色协会多次参与工信部组织开展三品实施成效评价的指标制定工作研讨，征集并推荐一批典型案例参与评价。经工信部评审，宁夏东方智造科技有限公司等 7 家单位的典型案例入选有色金属行业“三品”典型案例名单（见表 3）。

表 3　有色金属行业“三品”典型案例名单

序号	类别	企业名称	产品/品牌	案例名称
1	增品种	宁夏东方智造科技有限公司	产品	耐高温高承载航空航天领域钽钨合金精密复杂构件增材制造技术突破
2	提品质	洛阳栾川钼业集团钨业有限公司	产品	高钼低品位白钨矿碱性萃取高效清洁冶金生产高纯仲钨酸铵工艺及工程示范

续表 3

序号	类别	企业名称	产品/品牌	案例名称
3	提品质	宁夏中色新材料有限公司	产品	高导电低铍合金带材的研发及产业化
4	提品质	西安西部新锆科技股份有限公司	产品	核级锆包壳管质量可靠性保障模式
5	提品质	甘肃厂坝有色金属有限责任公司成州锌冶炼厂	产品	创新引领锌锭产品质量提升
6	创品牌	河南豫光金铅集团有限责任公司	品牌	豫光品牌典型案例
7	创品牌	广东坚美铝型材厂（集团）有限公司	品牌	“坚持追求完美”品牌典型案例

（七）推进行业市场质量信用等级评价工作

为贯彻落实《进一步提高产品、工程和服务质量行动方案（2022—2025年)》等文件精神，有色协会在行业内持续稳步实施用户满意工程，开展用户满意等级评价工作。2024 年度，河南豫光金铅集团有限责任公司铅锭、云南锡业股份有限公司锡锭、河南豫光锌业有限公司锌锭、宁夏东方钽业股份有限公司钽粉获得用户满意四星级产品荣誉称号；云南锡业股份有限公司阴极铜、云锡交山锌铟冶炼有限公司锌锭、西北稀有金属材料研究院宁夏有限公司铍铜合金带材获得用户满意三星级产品荣誉称号。

（八）稳步推进有色金属行业计量工作

2024 年有色金属行业计量技术委员会着重从计量技术规范质量提升、人才培养和项目储备等方面开展计量工作。

1. 持续提升计量技术规范质量

按照《有色金属行业计量技术规范制修订工作流程（草案)》要求，完成项目的任务落实、讨论、预审到审定的各环节内容，并形成行业计量技术规范报批材料模板，为编制工作规范化打好基础。通过两审两阅，确保报批材料规范和准确。

2024 年有序推进有色金属行业计量技术规范研制任务，共计下达计量技术规范项目制定计划 15 项、组织完成审定项目 21 项、报批发布 15 项（见附表 1)。截至 2024 年底，有色金属领域计量技术规范项目共发布 38 项。

2. 加强行业计量人才培养和储备

围绕计量技术规范编制流程、文件编写、立项申报指南，开展专题培训，邀请相关专家作《铝冶炼行业碳排放计量》《计量支撑铝产业新质生产力发展》等专题报告。在2024年计量规范项目的全流程管理中，认真落实主审专家负责制度，充分发挥主审专家的专业技能水平，同时培养一批主审专家，扩充了行业计量专家队伍。对成绩突出的优秀个人，授予“有色金属行业计量先进工作者”荣誉称号，鼓励行业先进，激发行业参与计量工作的积极性。

3. 规范行业计量认证评审

2024年，国家级资质认定（计量认证）有色金属行业评审组调研行业检验检测机构，并首次组织召开行业检验检测机构培训及座谈会，开展检验检测机构资质认定政策解读、《检验检测机构资质认定评审准则》解读、现场评审常见问题及分析、CNAS与CMA二合一评审注意事项和实验室建设典型经验交流等。

2024年有色金属行业评审组共审核完成11家检验检测机构的19项行业机构复查换证、能力扩项评审等工作，并扩充1家机构进行国家证书初次申请；推荐2名主任评审员、12名评审员进入国家级资质认定评审员库；组织有色金属行业国家级资质认定评审员参加继续教育培训，并推荐1名评审员参加国家市场监管总局组织的检验检测机构师资培训。

二、2024年有色金属标准化工作（非工程建设类）

有色金属行业全面贯彻落实《国家标准化发展纲要》《“十四五”推动高质量发展的国家标准体系建设规划》等精神，紧盯《全国标准化工作要点》和《工业和信息化标准工作要点》中的发展目标、重点工程和主要任务，全面做好行业标准化工作。

（一）围绕新形势、新要求，全面开展标准制（修）订工作

2024年，全国有色金属标准化技术委员会（以下简称“有色标委会”）全力落实《以标准升级助力经济高质量发展工作方案》《以标准提升牵引设备更新和消费品以旧换新行动方案》《2024年标准稳链项目实施方案》中有色金属领域的10项重点国家标准项目，一月一督办，按期保质完成相应研制工作。

2024年，共下达241项标准制（修）订计划，其中国家标准计划80项（含10项外文版计划），行业标准计划99项（含6项外文版计划），协会标准计划62项；共审定完成293项标准，其中国家标准64项，行业标准195项，协会标准34项；共报批320项标准，其中国家标准66项（含12项外文

版），行业标准 224 项（含 4 项外文版），协会标准 30 项；共发布 299 项标准（见附表 2 和附表 3），其中国家标准 93 项（含 31 项外文版），行业标准 173 项（含 4 项外文版），协会标准 33 项。

1. 标准计划下达情况

2024 年共下达《产品碳足迹　产品种类规则　电解铝》《再生钛锭》等 80 项国家标准计划；下达《航空用铝合金折弯型材　第 1 部分：Al-Cu-Mg 系型材》《导电和屏蔽材料用镍粉》等 99 项行业标准计划；下达《铝加工企业碳排放核算与报告要求》《有色金属行业硫酸智能转运系统技术规范》等 62 项协会标准计划（见图 1）。

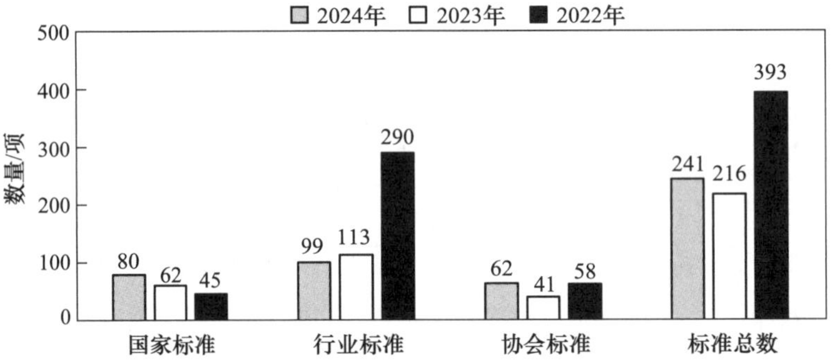

图 1　2022—2024 年下达标准制（修）订计划数量对比图

2. 标准审查讨论情况

2024 年共审定完成 293 项标准，其中国家标准 64 项，包括《温室气体排放核算与报告要求　第 41 部分：工业硅生产企业》《再生铜及铜合金棒线材》等；行业标准 195 项，包括《航空用铝及铝合金拉（轧）制管材》《温室气体产品碳足迹量化方法与要求　铅锭》等；协会标准 34 项，包括《绿色低碳铝评价导则及追溯指南》《有色重金属行业固体废物分类》等（见图 2）。

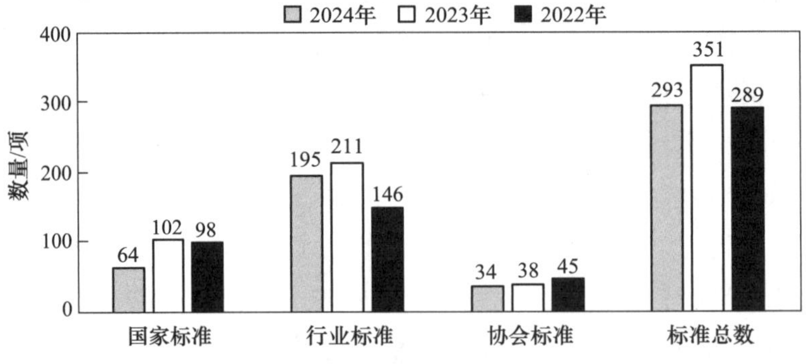

图 2　2022—2024 年审定标准数量对比图

3. 标准项目报批情况

2024 年共报批 320 项标准，其中国家标准 66 项（含 12 项外文版），包括《氧化铟锡靶材》《钛及钛合金产品力学性能试验取样方法》等；行业标准 224 项（含 4 项外文版），包括《车身覆盖件用铝合金板、带材》《铜镍钴硅合金带箔材》等；协会标准 30 项，包括《铝加工行业清洁生产评价指标体系》《绿色低碳铝评价导则及追溯指南》等（见图 3）。

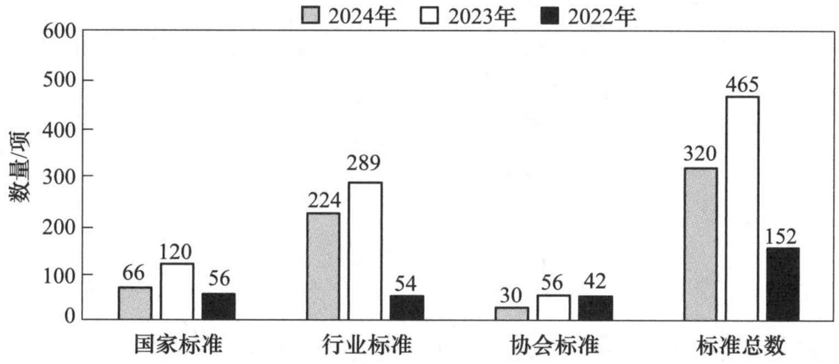

图 3　2022—2024 年报批标准数量对比图

4. 标准批准发布情况

2024 年共发布 299 项标准，其中国家标准 93 项（含 31 项外文版），包括《温室气体　产品碳足迹量化方法与要求　电解铝》《温室气体排放核算与报告要求　第 42 部分：铜冶炼企业》等；行业标准 173 项（含 4 项外文版），包括《重熔用精铝锭》《高强高导铜铁合金棒线材》等；协会标准 33 项，包括《有色金属企业环境、社会及治理（ESG）信息披露指南》《绿色低碳铝评价导则及追溯指南》等（见图 4 和图 5）。

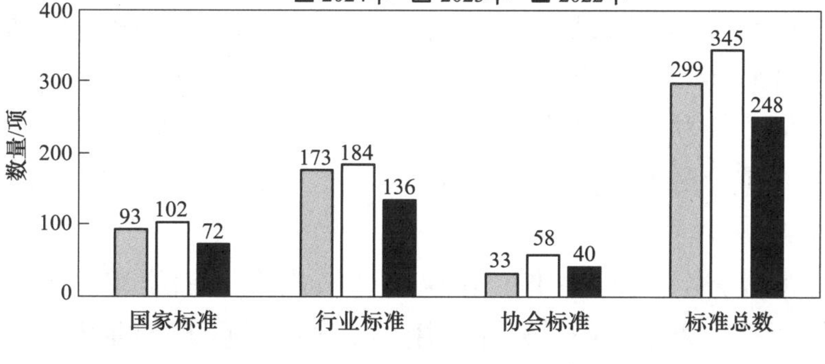

图 4　2022—2024 年发布标准数量对比图

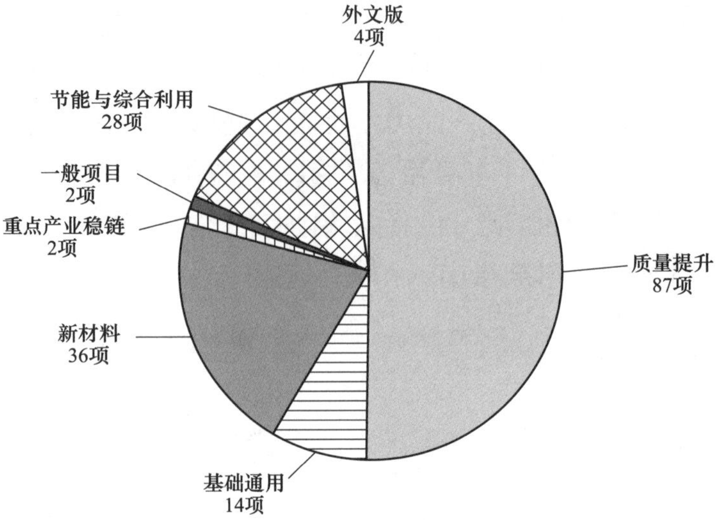

图 5　2024 年发布行业标准分布领域图

(二）围绕产业补链稳链强链，加大新材料标准供给

从航空航天领域的神舟飞船、国产大飞机，再到引领国际产业潮流的新能源汽车、锂电池、光伏等新产业，均需提升有色金属战略材料的保障能力。有色金属标准化工作围绕产业链新需求，加强在先进结构材料、新型功能材料等新材料领域的标准化配套工作，持续在先进基础材料、关键战略材料和前沿新材料领域进行布局。一方面紧盯需求端重大工程对新材料标准的需求，如大飞机、高铁、核电、大规模集成电路等；另一方面及时了解生产端新材料企业生产和贸易的迫切需求。2024 年共报批 52 项新材料行业标准，这些标准的制定和应用，有效满足了国民经济和社会发展中对新材料的需求，为保障我国产业链安全可控提供了坚实的技术标准支撑。

(三）围绕高质量发展，不断拓展有色金属新型标准体系的内涵

2024 年，有色标委会开展了国家标准体系优化试点工作，在构建新型标准体系方面，密切关注国家战略规划，紧跟有色金属行业技术进步，将新材料、节能与综合利用、绿色评价、智能制造、双碳等及时纳入标准体系，拓展标准化工作领域，重构了标准体系，建立了一套涵盖国家标准、行业标准、团体标准，覆盖有色金属行业内各个领域和各类产品，并且与国际接轨的有色金属新型标准体系。

原材料标准体系：从产品生产和应用环节出发，围绕单个品种、单个或系列产品的质量提升、新材料开发与应用，合理规划配套的基础标准、产品标准、成分分析标准、性能检测标准、原辅材料标准、管理标准、专用设备标准等，建立原材料标准体系。

绿色低碳标准体系：从生产的全产业链视角出发，按照“源头预防、过程控制、末端治理、绿色引导”的原则，围绕资源节约、能源节约、清洁生产、资源综合利用、绿色产品（工厂、园区和供应链）评价等，在原有的节能与综合利用体系、绿色评价标准体系的基础上，进一步构建完善碳达峰碳中和标准体系。

智能制造标准体系：从生产的全流程出发，以实现有色金属行业资源要素的数字化汇聚、网络化共享、平台化协同和智能化管控为主线，围绕有色金属行业采选的本质安全与资源集约、冶炼的清洁环保与节能降耗、加工的质量稳定与柔性生产等实际需求，建立涵盖基础综合、数字化平台、智能工厂、设计建设及评价的智能制造标准体系。

（四）围绕全球竞争，扎实推进标准国际化跃升工程

作为最早与国际接轨的行业之一，有色金属行业始终把“引进来”“走出去”“实质参与”和“承担 ISO 秘书处”作为扎实推进“标准国际化”的核心内容，在国际竞争中实现了从跟跑、并跑到领跑的转变。

加速推进“国际标准引进来”方面，2024 年有色标委会继续开展国际标准跟踪研究，加快转化先进适用国际标准，特别是针对近年来 ISO/TC 79、ISO/TC 119、ISO/TC 155 和 ISO/TC 183 等几个活跃的技术委员会发布的标准，及时申报采标计划。截至 2024 年 12 月，有色金属领域的采标率已由 2020 年的 72.9%上升到 92.8%，提前完成《国家标准化发展纲要》中“到 2025 年国际标准转化率达到 85%以上”的目标。

持续推动优势领域“标准走出去”方面，2024 年完成《重有色金属精矿产品中有害元素的限量规范》《镓基液态金属热界面材料》等 13 项重点国家标准英文版、《镍钴铝三元素复合氧化物》《钴精矿》等 4 项行业标准英文版的制定，为实现标准带动中国优势产品走出去奠定了基础，有效支撑了“一带一路”倡议和“双循环”战略的实施。

实质性参与国际标准研制方面，2024 年，有效运行承担的 ISO/TC 333“锂”、ISO/TC 26“铜及铜合金”、ISO/TC 79/SC 12“铝土矿”、ISO/TC 79/SC 5“镁”等 4 个国际标准秘书处，推动 7 项我国牵头的国际标准项目立项，成立涵盖 270 人次的 10 个国际标准化组织国内对口专家工作组，打造了一支高水平的国际标准化专家队伍，为下一步国际标准化工作奠定坚实基础。

（五）围绕工业和信息化标准工作要点，推进有色金属团体标准应用示范

按照工信部的要求，有色协会组织开展有色金属领域团体标准应用推广典型案例申报和遴选工作，向工信部推荐了 8 项团体标准示范项目。经评审，《绿电铝评价及交易导则》等 4 项有色金属团体标准入选（见表 4）。

表 4　2024 年团体标准应用推广典型案例名单（有色金属行业）

序号	团体标准项目名称	标准编号及名称	发布单位
1	绿电铝评价及交易导则	T/CNIA 0168—2022 绿电铝评价及交易导则	中国有色金属工业协会/中国有色金属学会
2	有色金属加工产品质量分级评价	T/CNIA 0134—2022 有色金属加工产品质量分级评价通则	中国有色金属工业协会/中国有色金属学会
3	锂盐加工行业绿色工厂评价要求	T/CNIA 0159—2022 锂盐加工行业绿色工厂评价要求	中国有色金属工业协会/中国有色金属学会
4	制造业企业质量管理能力评估规范	T/CESA 1281— 2023 丨 T/CCSA 458— 2023 丨 T/CITIF 007— 2023 丨 T/CMIF 900— 2023 丨 T/CISA 341— 2023 丨 T/CPCIF 0286— 2023 丨 T/CNLIC 0111— 2023 丨 T/CNTAC 175— 2023 丨 T/CBMF 231— 2023 丨 T/CNIA 0219— 2023 制造业企业质量管理能力评估规范	中国电子工业标准化技术协会/中国通信标准化协会/中国电子信息行业联合会/中国机械工业联合会/中国钢铁工业协会/中国石油和化学工业联合会/中国轻工业联合会/中国纺织工业联合会/中国建筑材料联合会/中国有色金属工业协会

（六）围绕工业绿色低碳转型，推进有色金属行业碳足迹核算标准体系建设

经行业推荐、专家评审、公示等程序，工信部、生态环境部、国家发改委、国家市场监督管理总局公布第一批 15 项工业产品碳足迹核算规则团体标准推荐清单。有色协会推荐的《温室气体　产品碳足迹量化方法与要求　工业硅》等 4 项团体标准入选（见表 5）。有色协会将加强清单标准的宣贯实施，加快建立健全有色金属行业碳足迹核算规则标准体系。

表 5　第一批工业产品碳足迹核算规则团体标准推荐清单（有色金属行业）

序号	标准编号	标准名称
1	T/CNIA 0257—2024	温室气体　产品碳足迹量化方法与要求　工业硅
2	T/CNIA 0258—2024	温室气体　产品碳足迹量化方法与要求　阴极铜
3	T/CNIA 0259—2024	温室气体　产品碳足迹量化方法与要求　铅锭
4	T/CNIA 0260—2024	温室气体　产品碳足迹量化方法与要求　锌锭

（七）围绕标准实施应用，持续强化标准解读和宣贯

2024年，有色标委会继续加大标准宣贯力度，召开多场标准宣贯会，邀请起草人对标准进行宣贯解读，对于重要标准，通过多种形式在产业论坛、行业峰会等场合进行宣贯解读，持续扩大标准影响，提升标准实施效果。在《中国标准化》《世界有色金属》《标准科学》等行业权威刊物、国家标准委标准解读专栏、有色标准计量质量微信公众号上发表解读文章、细分领域标准体系建设类文章100余篇。录制标准云课、能耗标准宣贯视频等，全方位宣传标准，促进标准实施应用。

（八）围绕标准队伍建设，加强标准化人才培养和储备

有色标委会组织开展多场国际标准化专题培训，邀请专家对《国际标准化政策及形势》《ISO国内技术对口工作内容及考核要点》《有色金属领域国际标准总体情况及工作重点》《ISO国际标准制修订程序》等内容授课；组织召开标准化知识培训会，由国家标准审评中心和有色标委会秘书处的专家授课。课程内容涵盖标准化政策、标准体系建设、标准制（修）订程序和不同类型标准编写要求，以及科技创新与标准化、科技成果转化等相关专题。

三、2024年有色金属标准化工作（工程建设类）

有色金属行业工程建设标准化工作坚持以习近平新时代中国特色社会主义思想为指导，全面贯彻落实党的二十大和二十届二中、三中全会精神，深入贯彻工程建设标准化改革要求，认真落实住房和城乡建设部、工信部工作部署，不断完善工程建设标准体系，在工程建设国家规范制定、标准复审暨整合精简、国家行业团体标准制（修）订、推动国际标准化等方面取得新进展。

（一）工程建设标准总体情况

1. 现行工程建设标准数量

截至2024年底，现行工程建设国家标准80项、行业标准79项、团体标准11项（见表6）。

表6　现行工程建设标准数量　（项）

专业类别	现行国家标准	现行行业标准	现行团体标准
测量与工程勘察	5	28	0
矿山工程	22	7	4
有色金属冶炼与加工工程	28	8	4
公用工程	25	36	3
合计	80	79	11

2. 2024 年批准发布的工程建设标准

2024 年共发布工程建设标准 8 项。其中行业标准 4 项：YS/T 5040—2024《有色金属矿山工程项目可行性研究报告编制标准》、YS/T 5041—2024《重有色金属冶炼工程防渗技术标准》、YS/T 5231—2024《赤泥堆场岩土工程勘察标准》、YS/T 5042—2024《有色金属矿山边坡地质环境治理工程技术标准》；团体标准 4 项：T/CNIA 0227—2024《金属非金属矿山地下水灾害危险性评估标准》、T/CNIA 0248—2024《城镇有机固废协同焚烧处置工程技术标准》、T/CNIA 0249—2024《垃圾焚烧炉内干法脱酸工程技术标准》、T/CNIA 0250—2024《垃圾焚烧飞灰二噁英低温分解工程技术标准》。

3. 2024 年报批的工程建设标准

2024 年共报批工程建设标准 20 项。其中国家标准 6 项：《有色金属冶炼厂电力设计规范》（局部修订）、《铅锌冶炼厂工艺设计规范》（局部修订）、《赤泥堆场技术标准》（修订）、《铜及再生铜冶炼厂工艺设计标准》（修订）、《尾矿设施技术标准》（修订）和《金属非金属矿山工程通用规范》；行业标准 10 项：《有色金属矿山工程项目可行性研究报告编制标准》《赤泥堆场岩土工程勘察标准》《有色金属矿山边坡地质环境治理工程技术标准》《金属矿深部采矿岩石力学工程技术标准》《锌冶炼废水处理及回用工程技术标准》《活性炭干法脱硫脱硝安装工程施工及验收规范》《金属矿山关闭工程技术规范》《金属矿山井巷工程注浆技术规范》《铜冶炼炉渣选矿工程技术规范》和《再生铝厂工艺设计规范》；团体标准 4 项：《金属非金属矿山有轨运输无人驾驶控制系统技术标准》《城镇有机固废协同焚烧处置工程技术标准》《垃圾焚烧炉内干法脱酸工程技术标准》和《垃圾焚烧飞灰二噁英低温分解工程技术标准》。

（二）工程建设标准编制及管理工作有序开展

1. 工程建设标准立项工作

2024 年，有色金属行业根据住房和城乡建设部标准化工作方向，重点制定工程建设国家规范，以及促进产业结构调整和优化升级的社会公益属性行业标准项目，积极引导制定能够促进技术成果转化的团体标准。

国家标准方面，住房和城乡建设部下达 6 项有色金属工程建设标准修订计划，为《有色金属冶炼厂收尘系统设计规范》《冶炼烟气制酸工艺设计规范》《有色金属矿山井巷工程设计规范》《有色金属矿山工程建设项目设计文件编制标准》《有色金属矿山工程测控设计规范》和《铝加工厂工艺设计规范》。

行业标准方面，工信部下达 2 项有色金属工程建设标准制（修）订计划，为《有色金属选矿厂试验室、化验室及技术检查站工艺设计规范》和《盐湖提锂工艺设计规范》。

团体标准方面，有色协会下达6项标准计划，为《金属矿深部厚大矿体充填法回采技术标准》《金属非金属地下矿山油料管道输送工程设计标准》《中线法尾矿坝工程技术标准》《红土镍矿高压酸浸工艺高压釜系统技术标准》《有色金属矿山TBM应用技术规程》《露天坑尾砂胶结固化充填工程技术标准》。

2. 重点工程建设标准制（修）订工作

截至2024年底，有色金属在编工程建设标准51项。

在编国家标准（不含全文强制规范）20项，其中6项已报批，1项已通过审查，1项已完成征求意见，2项正在征求意见，另有10项在初稿编制阶段。重点标准包括《有色金属工业工程术语标准》《有色金属工程设计防火规范》《有色金属矿山井巷工程设计规范》等。

在编全文强制规范10项，其中1项已报批，1项已通过审查，5项已完成征求意见，另有3项在初稿编制阶段。

在编行业标准10项，其中6项已报批，另有4项在初稿编制阶段。重点标准包括《盐湖提锂工艺设计规范》《有色金属加工废水处理及回用工程技术规范》等。

在编团体标准11项，其中2项已完成征求意见。重点标准包括《有色金属工程数字化交付标准》《中线法尾矿坝工程技术标准》《钪冶炼回收工艺设计标准》等。

3. 工程建设标准复审情况

根据住房和城乡建设部要求，有色金属行业对2023年12月31日以前批准发布的现行60项工程建设国家标准，组织18家主编单位进行了逐项复审。审议结论为继续有效52项，修订8项。

根据工信部要求，按照《关于深化工程建设标准化工作改革的意见》，结合有色金属工程质量安全行政监管和技术管理需求，标准处对标龄5年以上的13项行业标准组织了复审，审议结论为13项继续有效。

4. 工程建设标准国际化方面工作

有色金属行业不断加强工程建设标准外文版翻译工作，积极参与国际标准制（修）订，推动工程建设标准“走出去”，逐步提高中国标准的国际影响力。结合海外项目建设需求，2024年申报下达10项国家标准翻译计划，涵盖了镍、锂、锡、氧化铝等冶炼厂工艺设计标准，以及烟气脱硫等公用工程通用标准。

中国工程建设标准推广应用方面，有色金属行业结合海外工程承包、重大装备设备出口和对外援建，推广中国标准，以中国标准“走出去”带动我国产品、技术、装备、服务“走出去”。如洛钼 KFM 铜钴矿等多个海外工程项目，除环保、安全和职业健康方面采用项目所在国的标准或国际标准外，在工程整体设计中积极推广采用中国标准，有力推动了中国标准国际化。

2024 年 9 月，作为国际标准化组织固体回收材料含固体回收燃料技术委员会（ISO/TC 300）国内技术对口单位，有色金属行业企业组织承办了该技术委员会第十届年会，来自中国、英国、瑞典、芬兰、德国等国近 60 名专家学者通过线下线上结合的方式参加了全体会议，促进了中外在固废资源化、能源化方面的标准化合作，搭建了国际对话的平台。

四、2024 年有色金属知识产权工作

（一）主要工作开展情况

1. 设立“中国有色金属工业协会知识产权中心”

为进一步提升有色金属行业整体知识产权水平，更好地对接政府政策导向与企业实际需求，有色协会于 2024 年 3 月正式设立“中国有色金属工业协会知识产权中心”。旨在通过加强行业知识产权工作的顶层设计和统筹协调，促进知识产权创造质量提升，强化知识产权转化运用和保护能力，推动全行业实现知识产权赋能高质量发展。中心设立后，努力打造“1+1+N”知识产权服务体系，即 1 个公共服务平台（有色金属行业知识产权公共服务平台）、1 个行业专业化服务机构（中国有色金属工业专利中心）及 N 个外部合作机构，为有色金属企业提供涵盖公共服务和专业化服务的综合知识产权服务。

2. 首次举办有色金属行业“4·26 知识产权活动”

4 月 26 日，首次举办有色金属行业“4·26 知识产权活动”，正式发布“有色金属行业知识产权公共服务平台”，该平台提供专利信息检索分析、专题库分类导航、专利成果推广等公益性服务。此外，会议围绕企业知识产权管理实践与行业发展诉求，深入探讨了行业知识产权创造、运用、保护、管理和服务能力提升的具体路径。通过此次交流，凝聚了行业发展共识，进一步激发了行业创新活力。

3. 组织开展行业知识产权培训

12 月 3—6 日，组织召开有色金属行业知识产权培训会，来自企业、高校等单位的 70 余名代表参会。培训内容涵盖高价值专利培育、专利转化运用、商业秘密保护、PCT 专利申请、国防专利申请、中国专利奖评选及专利侵权纠

纷处理途径等内容。通过此次培训，参会代表在知识产权管理、保护、运用等方面的专业能力和操作技能上均得到显著提升，有助于进一步规范企业知识产权工作，并为企业在创新发展中更好地运用知识产权工具提供了支持。

4. 行业知识产权公共服务能力得到进一步加强

有色协会于2021年成为国家知识产权信息公共服务网点，是首批入选该网点的行业协会。为有效整合行业优质智力资源，构建高水平专家支持体系，有色金属行业建立了涵盖企业、高校和科研院所的知识产权专家库，为行业知识产权发展提供专业指导。4月26日，有色金属行业知识产权公共服务平台（www.youseip.com）正式上线。12月，有色协会成功入选第二期第二批技术与创新支持中心（TISC）筹建机构，未来将为行业提供更加专业和多元化的知识产权公共服务。

（二）有色金属行业专利申请情况

1. 发明专利申请量继续增长

根据已公开专利数据统计❶，2024年有色金属行业公开的专利总量为169190件（见图6），与2023年相比增加10743件，同比上升6.8%。其中，发明专利87038件，比2023年增加10218件，占比从48.5%提高到51.5%；实用新型专利72275件，比2023年增加2295件，占比从44.2%降低到42.7%；外观设计专利9877件，比2023年减少1770件，占比从7.3%降低到5.8%。从上述数据看出，有色金属行业的发明专利申请量和占比仍在增长，实用新型和外观设计专利数量占比下降，反映行业专利布局焦点在向高价值专利方向优化，同时也可能与国家知识产权局对实用新型专利的审查标准趋严有关。

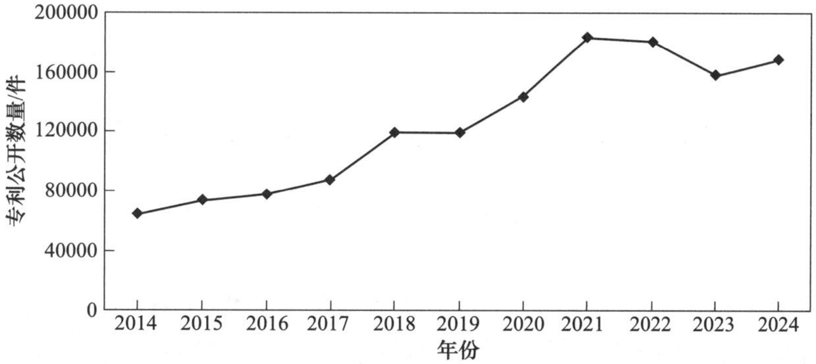

图6　有色金属行业中国专利申请趋势图

❶ 本报告专利数据统计自incopat和万象云数据库，且与时间相关的数据均以公开日进行统计。

从创新主体来看，有色金属行业创新主力军以企业为主，高校为辅。其中，企业占比71.91%，高校占比14.37%，个人占比10.06%，科研单位占比3.30%，机关团体占比0.31%，其他占比0.05%（见图7）。

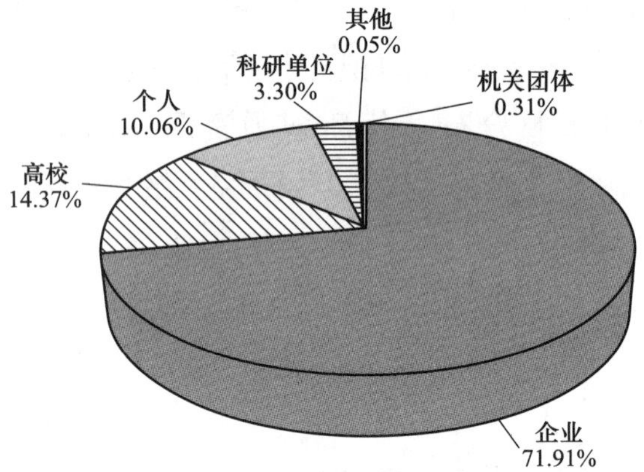

图7　创新主体占比情况

2. 发明专利授权量继续增长

2024年有色金属行业专利授权总量为122403件（见图8），其中发明专利授权量为40251件，比2023年增长0.7%，连续五年实现增长。

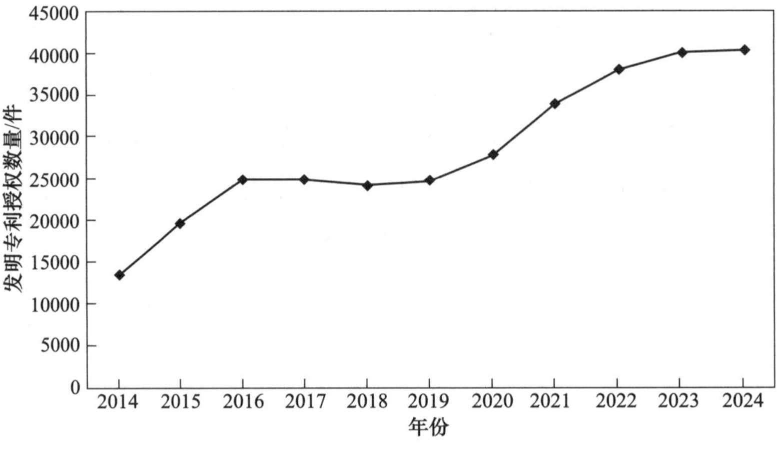

图8　有色金属行业中国发明专利趋势图

2017—2018年有色金属行业发明专利授权率❶略高于40%；2019—2020年，有色金属行业发明专利授权率提升至约50%；2021年，有色金属行业发

❶　有色行业某一申请年的发明专利授权率是指，截至2024年底，该年的已审结发明专利总量除已授权发明专利量。

明专利授权率达 56.76%（见表 7），略高于《国家知识产权局 2021 年度报告》中发布的 2021 年度授权发明/审结发明比例 54.97%。

表 7　2017—2021 年中国发明专利授权率情况

申请年	有色金属行业结案量/件	有色金属行业授权率/%
2017 年	55553	40.15
2018 年	60813	42.69
2019 年	53953	50.38
2020 年	55383	49.90
2021 年	52652	56.76

注：2021 年以前的绝大多数专利申请已结案，故选取 2021 年以前的数据进行分析。

3. 技术领域覆盖面较广

2024 年公开的有色金属行业专利热点技术领域分别是有色金属合金，占比 6.45%；其次为有色金属加工，占比 4.20%；此外，焊接技术、分析检测方法、分离技术、粉末冶金和加工设备等领域也有大量申请（见表 8）。

表 8　有色金属行业 2024 年排名前十的专利技术领域

序号	分类号	专利数量	分类号含义
1	C22C	10920	合金（合金的处理入 C21D、C22F）
2	B21D	7108	金属板或管、棒或型材的基本无切削加工或处理；冲压金属（线材的加工或处理入 B21F）
3	G01N	6833	借助于测定材料的化学或物理性质来测试或分析材料（除免疫测定法以外包括酶或微生物的测量或试验入 C12M，C12Q）
4	B23K	6668	钎焊或脱焊；焊接；用钎焊或焊接方法包覆或镀敷；局部加热切割，如火焰切割；用激光束加工（用金属的挤压来制造金属包覆产品入 B21C23/22；用铸造方法制造衬套或包覆层入 B22D19/08；用浸入方式的铸造入 B22D23/04；用烧结金属粉末制造复合层入 B22F7/00；机床上的仿形加工或控制装置入 B23Q；不包含在其他类目中的包覆金属或金属包覆材料入 C23C；燃烧器入 F23D）
5	B01D	6541	分离（用湿法从固体中分离固体入 B03B、B03D，用风力跳汰机或摇床入 B03B，用其他干法入 B07；固体物料从固体物料或流体中的磁或静电分离，利用高压电场的分离入 B03C；离心机、涡旋装置入 B04B；涡旋装置入 B04C；用于从含液物料中挤出液体的压力机本身入 B30B9/02）

续表 8

序号	分类号	专利数量	分类号含义
6	C22B	6325	金属的生产或精炼（金属粉末或其悬浮物的制取入 B22F9/00；电解法或电泳法生产金属入 C25）；原材料的预处理
7	C23C	6186	对金属材料的镀覆；用金属材料对材料的镀覆；表面扩散法，化学转化或置换法的金属材料表面处理；真空蒸发法、溅射法、离子注入法或化学气相沉积法的一般镀覆（挤压法制造包覆金属的产品入 B21C23/22；通过将预先存在的薄层连接到制品上的方法用金属进行镀覆处理的见各有关位置，例如 B21D39/00，B23K；玻璃的金属化入 C03C；砂浆、混凝土、人造石、陶瓷或天然石的金属化入 C04B41/00；金属的搪瓷或向金属上镀覆玻璃体层入 C23D；用电解法或电泳法处理金属表面或镀覆金属入 C25D；单晶膜生长入 C30B；纺织品的金属化入 D06M11/83；用局部金属化法装饰纺织品入 D06Q1/04）
8	B01J	6077	化学或物理方法，例如催化作用或胶体化学；其有关设备
9	B08B	6043	一般清洁；一般污垢的防除（刷子入 A46；家庭或类似清洁装置入 A47L；从液体或气体中分离颗粒入 B01D；固体分离入 B03，B07；一般对表面喷射或涂敷液体或其他流体材料入 B05；用于输送机的清洗装置入 B65G45/10；对瓶子同时进行清洗、灌注和封装的入 B67C7/00；一般腐蚀或积垢的防止入 C23；街道、永久性道路、海滨或陆地的清洗入 E01H；专门用于游泳池或仿海滨浴场浅水池或池子的部件、零件或辅助设备清洁的入 E04H4/16；防止或清除静电荷入 H05F）
10	B22F	5787	金属粉末的加工；由金属粉末制造制品；金属粉末的制造（用粉末冶金法制造合金入 C22C）；金属粉末的专用装置或设备

4. 海外专利申请量稳步上升

有色金属企业通过 PCT 条约向海外申请的专利数量持续上涨，2023 年有色金属行业公开的 PCT 国际专利申请达到 1780 件，同比增长 15.0%。

（三）有色金属行业专利转让、许可情况[1]

1. 海外专利申请量稳步上升

有色金属企业通过 PCT 条约向海外申请的专利数量持续上涨，2024 年有色金属行业公开的 PCT 国际专利申请达到 1960 件，同比增长 8.05%。

---

[1] 基于已在国家知识产权局备案的数据，未备案专利转让或许可未统计在内。

2. 专利转让量不断攀升

近年来，有色金属行业专利转让件数不断攀升。2024 年专利转让量达到 17434 件，同比增长 18.3%（见图 9）。从专利转让涉及的专利类型占比情况来看，发生转让的发明专利件数最多，占专利转让总量的 49.3%，实用新型和外观设计占比分别为 47.8%和 2.9%。

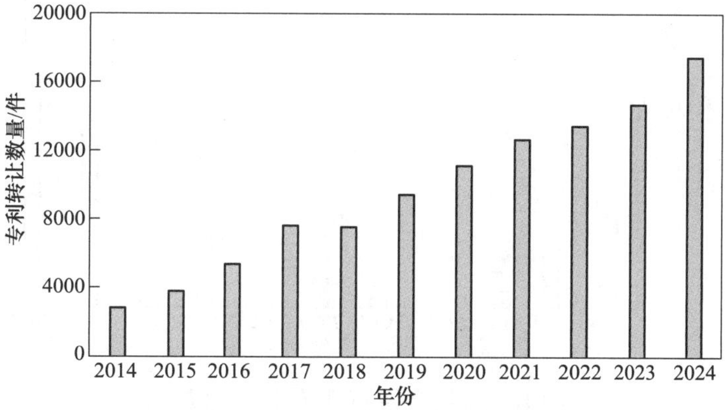

图 9　有色金属行业专利转让趋势

近三年，有色金属行业专利转让最活跃的技术领域主要为有色金属合金、金属材加工、金属材料镀覆和表面处理等领域，主要对应的国际专利分类号分别是 C22C、B21D、B22F（见图 10）。

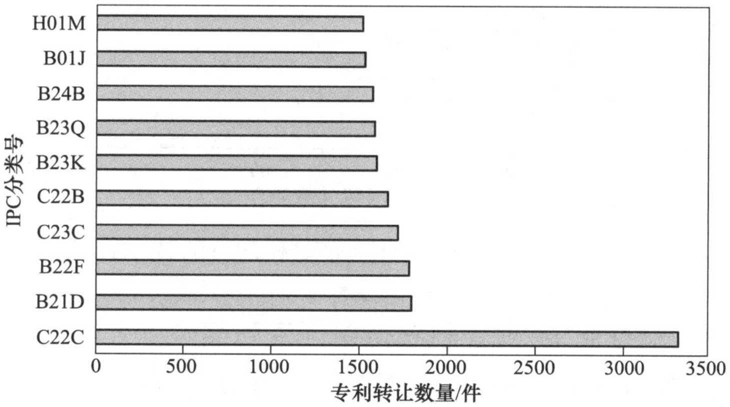

图 10　近三年有色金属行业专利转让的技术领域

3. 专利许可量保持增长❶

近三年，有色金属行业专利许可数量持续增长。2024 年，有色金属行业

❶ 基于已在国家知识产权局备案的数据，未备案的专利许可未统计在内。

专利许可数量为2317件，比2023年增长31.9%（见图11），有色金属行业专利的运营和成果转化能力在持续提升。许可专利主要集中在有色金属合金、金属粉末加工、金属材料镀覆和表面处理等领域，主要对应的国际专利分类号分别为C22C、B22F、C23C（见图12）。

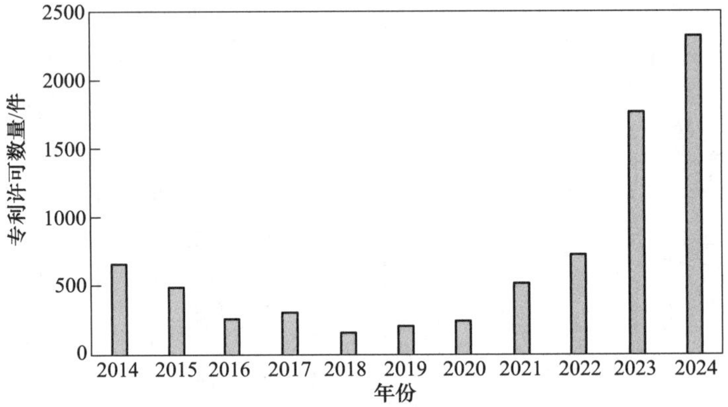

图11 有色金属行业专利许可趋势

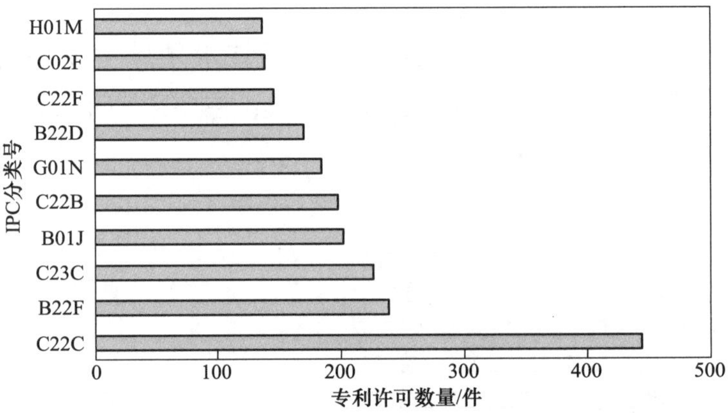

图12 近三年有色金属行业专利许可的技术领域

（四）有色金属行业24项专利获得中国专利奖

2024年有色金属行业共有24项专利获得中国专利奖，其中中国专利金奖1项、银奖1项、优秀奖22项（见附表4）。获得中国专利金奖的项目是：有研稀土新材料股份有限公司的“稀土矿的冶炼分离方法”。获得中国专利银奖的项目是：九江天赐高新材料有限公司、广州天赐高新材料股份有限公司的“废旧磷酸铁锂正极粉料的回收利用方法”。有色金属行业的创新成果已涵盖稀土冶炼分离、资源循环利用、新能源材料、先进金属材料等多个技术方向，不仅展示了有色金属行业的创新活力，更凸显了行业在推动产业升级、实现绿色发展方面的努力。

撰稿人： 杨　鹏、赵永善、李　兵、李子健、杨　健、吴艳华、杨素心、张　蕴、贾志杰、李　攀、闫雁楠

审稿人： 贾明星、刘　华

附表

附表 1　2024 年有色金属行业计量技术规范发布情况

附表 2　2024 年有色金属国家标准、行业标准发布情况

附表 3　2024 年中国有色金属工业协会、中国有色金属学会联合发布的团体标准

附表 4　2024 年有色金属行业获中国专利奖名单

附表 1　2024 年有色金属行业计量技术规范发布情况

序号	规范编号	规范名称
1	JJF（有色金属）0024—2024	落球冲击试验机校准规范
2	JJF（有色金属）0025—2024	摩擦、磨损和磨耗试验机校准规范
3	JJF（有色金属）0026—2024	金属裂纹超声试块校准规范
4	JJF（有色金属）0027—2024	叉式热电偶校准规范
5	JJF（有色金属）0028—2024	铝板带箔在线测厚仪校准规范
6	JJF（有色金属）0029—2024	油膜测厚仪校准规范
7	JJF（有色金属）0030—2024	支辊式弯曲试验机校准规范
8	JJF（有色金属）0031—2024	磁粉提升力试块校准规范
9	JJF（有色金属）0032—2024	光学显微镜畸变校准规范
10	JJF（有色金属）0033—2024	激光标距刻线机校准规范
11	JJF（有色金属）0034—2024	金属线材反复弯曲试验机校准规范
12	JJF（有色金属）0035—2024	空气热老化箱校准规范
13	JJF（有色金属）0036—2024	霍尔流速计校准规范
14	JJF（有色金属）0037—2024	塑料容量瓶校准规范
15	JJF（有色金属）0038—2024	相控阵超声试块校准规范

附表 2　2024 年有色金属国家标准、行业标准发布情况

序号	标准编号	标准名称
有色金属国家标准		
1	GB/T 3246. 1—2024	变形铝及铝合金制品组织检验方法　第 1 部分：显微组织检验方法
2	GB/T 3260. 1—2024	锡化学分析方法　第 1 部分：铜、铅、锌、镉、银、镍和钴含量的测定　火焰原子吸收光谱法
3	GB/T 3488. 1—2024	硬质合金　显微组织的金相测定　第 1 部分：金相照片和描述
4	GB/T 3880. 2—2024	一般工业用铝及铝合金板、带材　第 2 部分：力学性能
5	GB/T 3880. 3—2024	一般工业用铝及铝合金板、带材　第 3 部分：尺寸偏差
6	GB/T 4103. 18—2024	铅及铅合金化学分析方法　第 18 部分：银、铜、铋、砷、锑、锡、锌、铁、镉、镍、镁、铝、钙、硒和碲含量的测定　电感耦合等离子体质谱法
7	GB/T 4698. 26—2024	海绵钛、钛及钛合金化学分析方法　第 26 部分：钽和钨含量的测定　电感耦合等离子体原子发射光谱法
8	GB/T 4698. 29—2024	海绵钛、钛及钛合金化学分析方法　第 29 部分：铝、碳、铬、铜、铁、锰、钼、镍、硅、锡、钒、锆含量的测定　光电直读光谱法
9	GB/T 5121. 8—2024	铜及铜合金化学分析方法　第 8 部分：氧、氮、氢含量的测定
10	GB/T 5124. 5—2024	硬质合金化学分析方法　第 5 部分：钽、铌含量的测定　电感耦合等离子体发射光谱法
11	GB/T 6519—2024	变形铝、镁合金产品超声波检验方法
12	GB/T 8545—2024	铝合金锻件
13	GB/T 11064. 1—2024	碳酸锂、单水氢氧化锂、氯化锂化学分析方法　第 1 部分：碳酸锂含量的测定　滴定法
14	GB/T 11066. 12—2024	金化学分析方法　第 12 部分：银、铜、铁、铅、铋、锑、镁、镍、锰、钯、铬、铂、铑、钛、锌、砷、锡、硅、钴、钙、钾、锂、钠、碲、钒、锆、镉、钼、铱、铝含量的测定　电感耦合等离子体原子发射光谱法
15	GB/T 11067. 7—2024	银化学分析方法　第 7 部分：金、钯量的测定　电感耦合等离子体发射光谱法
16	GB/T 11091—2024	电缆用铜带箔材
17	GB/T 13748. 20—2024	镁及镁合金化学分析方法　第 20 部分：元素含量的测定　电感耦合等离子体原子发射光谱法

续附表 2

序号	标准编号	标准名称
18	GB/T 13748. 23—2024	镁及镁合金化学分析方法　第 23 部分：元素含量的测定　波长色散 X 射线荧光光谱法
19	GB/T 18376. 2—2024	硬质合金牌号　第 2 部分：凿岩及工程用硬质合金牌号
20	GB/T 20510—2024	氧化铟锡靶材
21	GB/T 23276—2024	钯化合物分析方法　钯含量的测定　二甲基乙二醛肟析出 EDTA 络合滴定法和重量法
22	GB/T 23603—2024	钛及钛合金表面污染层检测方法
23	GB/T 23604—2024	钛及钛合金产品力学性能试验取样方法
24	GB/T 23367. 1—2024	钴酸锂化学分析方法　第 1 部分：钴含量的测定　EDTA 滴定法和电位滴定法
25	GB/T 26027—2024	高损伤容限铝合金型材
26	GB/T 26050—2024	硬质合金　金属元素含量的测定　X 射线荧光光谱法
27	GB/T 26288—2024	二氯二氨钯
28	GB/T 26311—2024	再生铜及铜合金棒线材
29	GB/T 32151. 41—2024	温室气体排放核算与报告要求　第 41 部分：工业硅生产企业
30	GB/T 32151. 42—2024	温室气体排放核算与报告要求　第 42 部分：铜冶炼企业
31	GB/T 32151. 43—2024	温室气体排放核算与报告要求　第 43 部分：铅冶炼企业
32	GB/T 32151. 44—2024	温室气体排放核算与报告要求　第 44 部分：锌冶炼企业
33	GB/T 41079. 3—2024	液态金属物理性能测定方法　第 3 部分：黏度的测定
34	GB/T 42513. 6—2024	镍合金化学分析方法　第 6 部分：钼含量的测定　电感耦合等离子体原子发射光谱法
35	GB/T 42513. 7—2024	镍合金化学分析方法　第 7 部分：钴、铬、铜、铁和锰含量的测定　火焰原子吸收光谱法
36	GB/T 42791—2024	航空用铝合金锻件通用技术规范
37	GB/T 42792—2024	航空用铝合金管、棒、型材及线材通用技术规范
38	GB/T 42793—2024	航空用铝合金板材通用技术规范
39	GB/T 43603. 2—2024	镍铂靶材合金化学分析方法　第 2 部分：镁、铝、钛、钒、铬、锰、铁、钴、铜、锌、锆、银、钯、锡、钐、铅、硅含量的测定　电感耦合等离子体质谱法
40	GB/T 43603. 3—2024	镍铂靶材合金化学分析方法　第 3 部分：碳含量的测定　高频红外检测法
41	GB/T 43660—2024	增材制造用铂及铂合金粉

续附表 2

序号	标准编号	标准名称
42	GB/T 43753.1—2024	贵金属合金电镀废水化学分析方法　第1部分：金、银、铂、钯、铱含量的测定　电感耦合等离子体原子发射光谱法
43	GB/T 43753.2—2024	贵金属合金电镀废水化学分析方法　第2部分：锌、锰、铬、镉、铅、铁、铝、镍、铜、铍含量的测定　电感耦合等离子体原子发射光谱法
44	GB/T 43753.3—2024	贵金属合金电镀废水化学分析方法　第3部分：硫酸盐含量的测定　硫酸钡重量法
45	GB/T 43753.4—2024	贵金属合金电镀废水化学分析方法　第4部分：氯离子含量的测定　氯化银浊度法
46	GB/T 44151—2024	增材制造用镁及镁合金粉
47	GB/T 44236—2024	增材制造用镍钛合金粉
48	GB/T 44237—2024	增材制造用金属粉末的包装、标志、运输和贮存
49	GB/T 44239—2024	增材制造用铝合金粉
50	GB/T 44327—2024	锆及锆合金焊管
51	GB/T 44330—2024	锂离子电池正极材料　粉末压实密度的测定
52	GB/T 44331—2024	高纯硼酸锂
53	GB/T 44757—2024	钛及钛合金阳极氧化膜
54	GB/T 44758—2024	工业用硝酸银
55	GB/T 44759—2024	高纯镍靶材
56	GB/T 44760—2024	锆及锆合金管材超声检测方法
57	GB/T 44905—2024	温室气体　产品碳足迹量化方法与要求　电解铝
58	GB/T 45020—2024	铌铪合金化学分析方法　痕量杂质元素的测定　电感耦合等离子体质谱法
59	GB/T 45056—2024	再生锂原料
60	GB/T 45057—2024	再生钛锭
61	GB/T 45108—2024	再生铂族金属原料
62	GB/T 45203—2024	锂离子电池用再生黑粉
63	GB/T 728—2020（EN）	锡锭 Tin ingot
64	GB/T 1196—2023（EN）	重熔用铝锭 Unalloyed aluminium ingots for remelting
65	GB/T 2054—2023（EN）	镍及镍合金板 Nickel and nickel alloy plate and sheet
66	GB/T 2882—2023（EN）	镍及镍合金管 Nickel and nickel alloys tube
67	GB/T 3459—2022（EN）	钨条 Tungsten bars

续附表 2

序号	标准编号	标准名称
68	GB/T 5121.8—2024（EN）	铜及铜合金化学分析方法　第 8 部分：氧、氮、氢含量的测定 Methods for chemical analysis of copper and copper alloys—Part 8: Determination of oxygen, nitrogen and hydrogen contents
69	GB/T 8005.4—2022（EN）	铝及铝合金术语　第 4 部分：回收铝 Aluminium and aluminium alloy terms and definitions — Part 4: Recycled aluminium
70	GB/T 8151.25—2023（EN）	锌精矿化学分析方法　第 25 部分：铟含量的测定　火焰原子吸收光谱法 Methods for chemical analysis of zinc concentrates—Part 25: Determination of indium content—Flame atomic absorption spectrometry
71	GB/T 8152.17—2023（EN）	铅精矿化学分析方法　第 17 部分：铝、镁、铁、铜、锌、镉、砷、锑、铋、钙含量的测定　电感耦合等离子体原子发射光谱法 Methods for chemical analysis of lead concentrates—Part 17: Determination of aluminum, magnesium, iron, copper, zinc, cadmium, arsenic, antimony, bismuth and calcium contents—Inductively coupled plasma atomic emission spectrometry
72	GB/T 11091—2024（EN）	电缆用铜带箔材　Copper strip and foil for cables
73	GB/T 13748.20—2024（EN）	镁及镁合金化学分析方法　第 20 部分：元素含量的测定　电感耦合等离子体原子发射光谱法 Methods for chemical analysis of magnesium and magnesium alloys—Part 20: Determination of elements content—Inductively coupled plasma atomic emission spectrometric method
74	GB/T 13810—2017（EN）	外科植入物用钛及钛合金加工材 Wrought titanium and titanium alloy for surgical implants
75	GB/T 23365—2023（EN）	钴酸锂电化学性能测试　首次放电比容量及首次充放电效率测试方法 Electrochemical performance test of lithium cobalt oxide—Test method for the initial specific discharge capacity and the initial efficiency
76	GB/T 26029—2023（EN）	镍钴锰三元素复合氧化物 Nickel cobalt manganese ternary composite oxide
77	GB/T 34497—2023（EN）	端子连接器用铜及铜合金带箔材 Copper and copper alloy strip and foil for terminal connectors
78	GB/T 38384—2019（EN）	球形钼粉 Spherical molybdenum powder
79	GB/T 38470—2023（EN）	再生铜合金原料 Recycling material for copper alloy
80	GB/T 38471—2023（EN）	再生铜原料 Recycling material for copper
81	GB/T 38913—2020（EN）	核级锆及锆合金管材氢化物取向因子检测方法 Test methods for hydride orientation fraction of nuclear grade zirconium and zirconium alloy tubes

续附表 2

序号	标准编号	标准名称
82	GB/T 39152—2020（EN）	铜及铜合金弯曲应力松弛试验方法 Test method of the bending stress relaxation for copper and copper alloy
83	GB/T 39859—2021（EN）	镓基液态金属 Gallium-based liquid metal
84	GB/T 40319—2021（EN）	拉深罐用铝合金板、带、箔材 Wrought aluminum alloy sheets, strips and foils for drawn cans
85	GB/T 40382—2021（EN）	再生变形铝合金原料 Recycling materials for wrought aluminum alloys
86	GB/T 41882—2022（EN）	增材制造用铜及铜合金粉 Copper and copper alloy powders for additive manufacturing
87	GB/T 42512—2023（EN）	铜合金护套无缝盘管 Copper alloy seamless coil tube for sheath
88	GB/T 42654—2023（EN）	铜及铜合金海水冲刷腐蚀试验方法 Test method for erosion corrosion of marine water for copper and copper alloys
89	GB/T 42787—2023（EN）	增材制造用高熵合金粉 High - entropy alloy powders for additive manufacturing
90	GB/T 42914—2023（EN）	铝合金产品断裂韧度试验方法 Test method for fracture toughness of aluminium alloy products
91	GB/T 42915—2023（EN）	铜精矿及主要含铜物料鉴别规范 Specification for identification of copper concentrates and main copper-bearing materials
92	GB/T 43354—2023（EN）	铜合金弹性带材平面弯曲疲劳试验方法 Methods for plane bending fatigue of copper alloy elastic strip
93	GB/T 43611—2023（EN）	镓基液态金属热界面材料 Gallium - based liquid metal thermal interface materials
有色金属行业标准		
1	YS/T 17—2024	回转式铜精炼炉
2	YS/T 18—2024	铜阳极板定量圆盘浇铸机
3	YS/T 28—2024	硅片包装和标志
4	YS/T 63. 7—2024	铝用炭素材料检测方法　第 7 部分：表观密度的测定　尺寸法
5	YS/T 63. 11—2024	铝用炭素材料检测方法　第 11 部分：空气反应性的测定
6	YS/T 63. 12—2024	铝用炭素材料检测方法　第 12 部分：预焙阳极 CO_2 反应性的测定
7	YS/T 63. 27—2024	铝用炭素材料检测方法　第 27 部分：预焙阳极断裂能量的测定
8	YS/T 80—2024	硬质合金拉伸模坯
9	YS/T 207—2024	导电环用贵金属及其合金管材

续附表 2

序号	标准编号	标准名称
10	YS/T 208—2024	氢气净化用钯合金箔材
11	YS/T 240.1—2024	铋精矿化学分析方法　第 1 部分：铋含量的测定　Na_2EDTA 滴定法
12	YS/T 240.2—2024	铋精矿化学分析方法　第 2 部分：铅含量的测定　Na_2EDTA 滴定法、Na_2EDTA 返滴定法和火焰原子吸收光谱法
13	YS/T 240.3—2024	铋精矿化学分析方法　第 3 部分：二氧化硅含量的测定　硅钼蓝分光光度法和重量法
14	YS/T 240.4—2024	铋精矿化学分析方法　第 4 部分：三氧化钨含量的测定　硫氰酸盐分光光度法
15	YS/T 240.5—2024	铋精矿化学分析方法　第 5 部分：钼含量的测定　硫氰酸盐分光光度法
16	YS/T 240.6—2024	铋精矿化学分析方法　第 6 部分：铁含量的测定　重铬酸钾滴定法
17	YS/T 240.7—2024	铋精矿化学分析方法　第 7 部分：硫含量的测定　燃烧-中和滴定法
18	YS/T 240.8—2024	铋精矿化学分析方法　第 8 部分：砷含量的测定　DDTC-Ag 分光光度法和硫酸亚铁铵滴定法
19	YS/T 240.9—2024	铋精矿化学分析方法　第 9 部分：铜含量的测定　碘量法和火焰原子吸收光谱法
20	YS/T 240.10—2024	铋精矿化学分析方法　第 10 部分：三氧化二铝含量的测定　铬天青 S 光度法和 Na_2EDTA 滴定法
21	YS/T 240.11—2024	铋精矿化学分析方法　第 11 部分：银含量和金含量的测定　火焰原子吸收光谱法和火试金-火焰原子吸收光谱法
22	YS/T 240.12—2024	铋精矿化学分析方法　第 12 部分：铅、锌、铜、砷、锑和镉含量的测定　电感耦合等离子体原子发射光谱法
23	YS/T 264—2024	高纯铟
24	YS/T 273.7—2024	冰晶石化学分析方法和物理性能测定方法　第 7 部分：三氧化二铁含量的测定　邻二氮杂菲分光光度法
25	YS/T 273.12—2024	冰晶石化学分析方法和物理性能测定方法　第 12 部分：氧化钙含量的测定　火焰原子吸收光谱法
26	YS/T 275—2024	高纯铝锭
27	YS/T 295—2024	建材加工工具用硬质合金制品
28	YS/T 298—2024	高钛渣

续附表 2

序号	标准编号	标准名称
29	YS/T 360. 6—2024	钛铁矿精矿化学分析方法　第 6 部分：杂质元素含量的测定　电感耦合等离子体原子发射光谱法
30	YS/T 371—2024	贵金属合金化学分析方法总则
31	YS/T 408. 4—2024	贵金属器皿制品　第 4 部分：铱坩埚
32	YS/T 422. 1—2024	碳化铬化学分析方法　第 1 部分：铬含量的测定　硫酸亚铁铵滴定法
33	YS/T 422. 2—2024	碳化铬化学分析方法　第 2 部分：总碳含量的测定　气体容量法和高频燃烧红外吸收法
34	YS/T 422. 3—2024	碳化铬化学分析方法　第 3 部分：铁含量的测定　邻菲罗啉分光光度法
35	YS/T 422. 4—2024	碳化铬化学分析方法　第 4 部分：硅含量的测定　钼蓝分光光度法
36	YS/T 426. 1—2024	锑铍芯块化学分析方法　第 1 部分：铍含量的测定　氟化钾滴定法
37	YS/T 426. 4—2024	锑铍芯块化学分析方法　第 4 部分：铝、铅、铁、锰、镁含量的测定　电感耦合等离子体原子发射光谱法
38	YS/T 444—2024	铝加工检验、测量和试验设备配备规范
39	YS/T 461. 4—2024	混合铅锌精矿化学分析方法　第 4 部分：砷含量的测定　碘滴定法和原子荧光光谱法
40	YS/T 461. 6—2024	混合铅锌精矿化学分析方法　第 6 部分：汞含量的测定　原子荧光光谱法和固体进样直接法
41	YS/T 470. 1—2024	铜铍合金化学分析方法　第 1 部分：铍、钴、镍、钛、铁、铝、硅、铅、镁、磷含量的测定　电感耦合等离子体原子发射光谱法
42	YS/T 493—2024	内燃机用 4××× 系铝合金挤压棒材
43	YS/T 495—2024	镁合金热挤压有缝管材
44	YS/T 496—2024	钎焊式热交换器用铝合金箔
45	YS/T 502. 1—2024	钨铼合金化学分析方法　第 1 部分：铼含量的测定　分光光度法和电感耦合等离子体原子发射光谱法
46	YS/T 502. 2—2024	钨铼合金化学分析方法　第 2 部分：钨含量的测定　辛可宁重量法
47	YS/T 502. 3—2024	钨铼合金化学分析方法　第 3 部分：钾含量的测定　火焰原子吸收光谱法

续附表 2

序号	标准编号	标准名称
48	YS/T 514. 9—2024	高钛渣、金红石化学分析方法　第 9 部分：杂质元素含量的测定　电感耦合等离子体原子发射光谱法
49	YS/T 517—2024	氟化钠
50	YS/T 521. 1—2024	粗铜、黑铜、阳极铜化学分析方法　第 1 部分：铜含量的测定
51	YS/T 535. 3—2024	氟化钠化学分析方法　第 3 部分：二氧化硅含量的测定　钼蓝分光光度法
52	YS/T 539. 1—2024	镍基合金粉化学分析方法　第 1 部分：硼含量的测定　酸碱滴定法
53	YS/T 539. 2—2024	镍基合金粉化学分析方法　第 2 部分：钨含量的测定　辛可宁称量法
54	YS/T 539. 3—2024	镍基合金粉化学分析方法　第 3 部分：硅含量的测定　钼蓝分光光度法
55	YS/T 539. 4—2024	镍基合金粉化学分析方法　第 4 部分：铬含量的测定　过硫酸铵氧化滴定法
56	YS/T 539. 5—2024	镍基合金粉化学分析方法　第 5 部分：铜含量的测定　硫代硫酸钠碘量法
57	YS/T 539. 6—2024	镍基合金粉化学分析方法　第 6 部分：铁含量的测定　三氯化钛-重铬酸钾滴定法
58	YS/T 539. 7—2024	镍基合金粉化学分析方法　第 7 部分：磷含量的测定　正丁醇-三氯甲烷萃取分光光度法
59	YS/T 539. 8—2024	镍基合金粉化学分析方法　第 8 部分：氧含量的测定　脉冲加热惰气熔融-红外线吸收法
60	YS/T 539. 9—2024	镍基合金粉化学分析方法　第 9 部分：杂质元素含量的测定　电感耦合等离子体原子发射光谱法
61	YS/T 567—2024	照相制版用铜板
62	YS/T 572—2024	工业氧化铍
63	YS/T 581. 1—2024	氟化铝化学分析方法和物理性能测定方法　第 1 部分：湿存水含量和灼减量的测定　重量法
64	YS/T 581. 4—2024	氟化铝化学分析方法和物理性能测定方法　第 4 部分：铝含量的测定　EDTA 滴定法
65	YS/T 587. 5—2024	炭阳极用煅后石油焦检测方法　第 5 部分：微量元素含量的测定　电感耦合等离子体原子发射光谱法

续附表 2

序号	标准编号	标准名称
66	YS/T 587.13—2024	炭阳极用煅后石油焦检测方法　第 13 部分：L_c（微晶尺寸）值的测定
67	YS/T 616—2024	陶瓷过滤机
68	YS/T 627—2024	变形镁及镁合金圆铸锭
69	YS/T 633—2024	四氧化三钴
70	YS/T 636—2024	铅及铅锑合金棒和线材
71	YS/T 641—2024	半导体封装用键合铝丝
72	YS/T 659—2024	钨及钨合金加工产品牌号和化学成分
73	YS/T 665—2024	重熔用精铝锭
74	YS/T 673—2024	还原钴粉
75	YS/T 678—2024	半导体封装用键合铜丝
76	YS/T 688—2024	深冲用铝及铝合金板、带材
77	YS/T 697—2024	镁合金热挤压无缝圆管
78	YS/T 751—2024	钽及钽合金牌号和化学成分
79	YS/T 784—2024	铝电解槽技术参数测量方法
80	YS/T 796—2024	钨坩埚
81	YS/T 823—2024	烧结钨板坯
82	YS/T 827—2024	钽锭
83	YS/T 835—2024	尾气净化用金属载体催化剂中铂、钯和铑含量的测定　火焰原子吸收光谱法和电感耦合等离子体原子发射光谱法
84	YS/T 843—2024	预焙阳极用石油焦原料技术要求
85	YS/T 850—2024	铝-钢复合过渡接头
86	YS/T 864—2024	铜及铜合金板带箔材表面清洁度检验方法
87	YS/T 865—2024	铜及铜合金无缝高翅片管
88	YS/T 866—2024	电容器端面用无铅锡基及锌基喷金线
89	YS/T 888—2024	废电线电缆回收技术规范
90	YS/T 890—2024	粉末冶金用再生钴粉
91	YS/T 891—2024	高纯钛化学分析方法　痕量元素含量的测定　辉光放电质谱法
92	YS/T 892—2024	高纯钛化学分析方法　痕量杂质元素含量的测定　电感耦合等离子体质谱法

续附表 2

序号	标准编号	标准名称
93	YS/T 896—2024	高纯铌化学分析方法　痕量杂质元素含量的测定　电感耦合等离子体质谱法
94	YS/T 897—2024	高纯铌化学分析方法　痕量元素含量的测定　辉光放电质谱法
95	YS/T 898—2024	高纯钽化学分析方法　痕量杂质元素含量的测定　电感耦合等离子体质谱法
96	YS/T 899—2024	高纯钽化学分析方法　痕量元素含量的测定　辉光放电质谱法
97	YS/T 900—2024	高纯钨化学分析方法　痕量杂质元素含量的测定　电感耦合等离子体质谱法
98	YS/T 901—2024	高纯钨化学分析方法　痕量元素含量的测定　辉光放电质谱法
99	YS/T 908—2024	电真空器件阴极材料用镍及镍合金板带箔材和棒材
100	YS/T 914—2024	动力锂电池用铝壳
101	YS/T 923. 2—2024	高纯铋化学分析方法　第 2 部分：痕量杂质元素含量的测定　辉光放电质谱法
102	YS/T 929—2024	醋酸钯
103	YS/T 930—2024	二氯四氨钯
104	YS/T 931—2024	硝酸钯
105	YS/T 943—2024	硫酸钯
106	YS/T 955. 2—2024	粗银化学分析方法　第 2 部分：钯含量的测定　火焰原子吸收光谱法和电感耦合等离子体原子发射光谱法
107	YS/T 962—2024	铜合金连铸管
108	YS/T 970—2024	镍钛形状记忆合金相变温度测定方法
109	YS/T 981. 1—2024	高纯铟化学分析方法　第 1 部分：痕量杂质元素含量的测定　辉光放电质谱法
110	YS/T 983—2024	硅多晶还原炉尾气成分的测定　气相色谱法
111	YS/T 995—2024	湿法冶金锌电积用阳极板
112	YS/T 999—2024	铜及铜合金毛细管涡流检测方法
113	YS/T 1008—2024	包覆钴粉
114	YS/T 1027—2024	磷酸铁锂
115	YS/T 1061—2024	硅多晶用硅芯
116	YS/T 1070—2024	真空断路器用银及其合金钎料环
117	YS/T 1071—2024	双氧水用废催化剂化学分析方法　钯含量的测定　分光光度法和电感耦合等离子体原子发射光谱法

续附表 2

序号	标准编号	标准名称
118	YS/T 1074—2024	无焊料贵金属饰品化学分析方法　镁、钛、铬、锰、铁、钴、镍、铜、锌、锗、砷、钌、铑、钯、银、镉、锡、锑、钡、钨、铼、铱、铂、铅和铋含量的测定　电感耦合等离子体质谱法
119	YS/T 1084.4—2024	粗硒化学分析方法　第 4 部分：碲含量的测定　重量法
120	YS/T 1084.5—2024	粗硒化学分析方法　第 5 部分：铂和钯含量的测定　电感耦合等离子体原子发射光谱法
121	YS/T 1088—2024	湿法冶金锌电积用阴极板
122	YS/T 1089—2024	湿法冶金铜电积用阳极板
123	YS/T 1090—2024	湿法冶金铜电积用阴极板
124	YS/T 1093—2024	回收锌原料
125	YS/T 1096—2024	电子元器件用镉铜棒
126	YS/T 1105—2024	半导体封装用键合银丝
127	YS/T 1110—2024	连续挤压铜带坯
128	YS/T 1111—2024	磁极线圈用铜型材
129	YS/T 1178—2024	铝灰渣物相分析 X 射线衍射法
130	YS/T 1415.2—2024	湿法炼锌浸出液化学分析方法　第 2 部分：杂质元素含量的测定　电感耦合等离子体原子发射光谱法
131	YS/T 1682—2024	镁冶炼行业绿色工厂评价要求
132	YS/T 1683—2024	磁记录用铬钛合金溅射靶材
133	YS/T 1684—2024	双程钛镍形状记忆合金丝材
134	YS/T 1685—2024	航空航天热等静压用球形钛合金粉末
135	YS/T 1686.1—2024	乙二醇锑化学分析方法　第 1 部分：锑含量的测定　溴酸钾滴定法
136	YS/T 1686.2—2024	乙二醇锑化学分析方法　第 2 部分：砷含量的测定　DDTC-Ag 分光光度法
137	YS/T 1687—2024	铝合金建筑型材行业绿色工厂评价要求
138	YS/T 1688—2024	变形铝及铝合金板、带材行业绿色工厂评价要求
139	YS/T 1689—2024	变形铝及铝合金管、棒、型材行业绿色工厂评价要求
140	YS/T 1690—2024	镁及镁合金板、带材行业绿色工厂评价要求
141	YS/T 1691—2024	铝用预焙阳极行业绿色工厂评价要求
142	YS/T 1692—2024	铝用阴极行业绿色工厂评价要求
143	YS/T 1693—2024	铜冶炼企业节能诊断技术规范

续附表 2

序号	标准编号	标准名称
144	YS/T 1694—2024	铅冶炼企业节能诊断技术规范
145	YS/T 1695—2024	锌冶炼企业节能诊断技术规范
146	YS/T 1696—2024	取水定额　铅锌选矿
147	YS/T 1697—2024	锡及锡合金生产绿色工厂评价要求
148	YS/T 1698—2024	锌合金行业绿色工厂评价要求
149	YS/T 1699—2024	钛锭熔炼行业绿色工厂评价要求
150	YS/T 1700—2024	银矿采选业绿色工厂评价要求
151	YS/T 1701—2024	贵金属冶炼绿色工厂评价要求
152	YS/T 1702—2024	锗行业绿色工厂评价要求
153	YS/T 1703—2024	晶片包装片盒表面颗粒的测试　液体颗粒计数法
154	YS/T 1704—2024	再生钨原料
155	YS/T 1705—2024	废空调器中有色金属回收技术规范
156	YS/T 1706—2024	冶炼副产品铅铋合金锭
157	YS/T 1708—2024	温室气体排放核算与报告要求　硅多晶生产企业
158	YS/T 1709—2024	硅多晶企业能源管理中心技术规范
159	YS/T 1710—2024	硅多晶行业能源管理体系实施指南
160	YS/T 1711—2024	氧化铟锡靶材绑定技术规范
161	YS/T 1712—2024	紧固件用铜合金空心型材
162	YS/T 1713—2024	矿物绝缘电缆用铜棒、线坯
163	YS/T 1714—2024	连接器用铍铜丝
164	YS/T 1715—2024	铟及铟合金带、箔材
165	YS/T 1716—2024	高强高导铜铁合金棒线材
166	YS/T 1717—2024	铜基精密电阻合金　牌号和化学成分
167	YS/T 1718—2024	铜铁合金精炼铸锭
168	YS/T 1719—2024	铜及铜合金带、箔材弹性弯曲极限试验方法
169	YS/T 1771—2024	铜冶炼废水循环利用技术规范
170	YS/T 491—2020	铝及铝合金用熔剂 Flux for aluminium and aluminium alloy
171	YS/T 633—2024	四氧化三钴 Cobaltosic oxide
172	YS/T 1374—2020	超细钼粉 Ultrafine molybdenum powder
173	YS/T 1552—2022	粗碳酸锂 Crude lithium carbonate
174	YS/T 5040—2024	有色金属矿山工程项目可行性研究报告编制标准

续附表 2

序号	标准编号	标准名称
175	YS/T 5041—2024	重有色金属冶炼工程防渗技术标准
176	YS/T 5042—2024	有色金属矿山边坡地质环境治理工程技术标准
177	YS/T 5231—2024	赤泥堆场岩土工程勘察标准

附表 3　2024 年中国有色金属工业协会、中国有色金属学会联合发布的团体标准

序号	标准编号	标准名称	实施日期
1	T/CNIA 0227—2024	金属非金属矿山地下水灾害危险性评估标准	2024-03-01
2	T/CNIA 0228—2024	再生锆原料	2024-06-01
3	T/CNIA 0229—2024	绿色设计产品评价技术规范　有色重金属湿法冶金电积用阴阳极板	2024-06-01
4	T/CNIA 0230—2024	铝电解槽智能打壳控制系统技术规范	2024-06-01
5	T/CNIA 0231—2024	铝加工行业清洁生产评价指标体系	2024-08-01
6	T/CNIA 0232—2024	变形铝及铝合金铸锭行业清洁生产评价指标体系	2024-08-01
7	T/CNIA 0233—2024	锌冶炼污酸资源化回收利用技术规范	2024-08-01
8	T/CNIA 0234—2024	火法炼铅系统入炉湿法炼锌渣物料预处理工艺技术规范	2024-08-01
9	T/CNIA 0235—2024	清洁生产评价指标体系　硅多晶行业	2024-08-01
10	T/CNIA 0236—2024	压缩空气管道用铝合金热挤压圆管	2024-08-01
11	T/CNIA 0237—2024	锡酸锌	2024-12-01
12	T/CNIA 0238—2024	绿色设计产品评价技术规范　钴酸锂	2024-12-01
13	T/CNIA 0239—2024	绿色设计产品评价技术规范　锰酸锂	2024-12-01
14	T/CNIA 0240—2024	绿色设计产品评价技术规范　磷酸铁锂	2024-12-01
15	T/CNIA 0241—2024	有色金属矿井提升机智能控制系统技术规范	2024-12-01
16	T/CNIA 0242—2024	全湿法炼锌浸出渣提硫技术规范	2024-12-01
17	T/CNIA 0243. 1—2024	锡酸锌化学分析方法　第 1 部分：锡含量的测定　碘酸钾滴定法	2024-12-01
18	T/CNIA 0243. 2—2024	锡酸锌化学分析方法　第 2 部分：锌含量的测定　Na_2EDTA 滴定法	2024-12-01
19	T/CNIA 0243. 3—2024	锡酸锌化学分析方法　第 3 部分：氯含量的测定　氯化银比浊法	2024-12-01
20	T/CNIA 0244—2024	冶炼烟气制酸低温余热回收技术规范	2024-12-01
21	T/CNIA 0245—2024	绿色低碳铝评价导则及追溯指南	2024-09-01
22	T/CNIA 0246—2024	有色金属企业环境、社会及治理（ESG）信息披露指南	2024-09-01
23	T/CNIA 0247—2024	镁及镁合金化学分析方法　铍、铝、钙、钛、铬、锰、铁、镍、铜、锌、砷、镉、锡、汞、铅含量的测定　电感耦合等离子体质谱法	2024-12-01
24	T/CNIA 0248—2024	城镇有机固废协同处置工程技术标准	2024-09-01

续附表 3

序号	标准编号	标准名称	实施日期
25	T/CNIA 0249—2024	垃圾焚烧炉内干法脱酸工程技术标准	2024-09-01
26	T/CNIA 0250—2024	垃圾焚烧飞灰二噁英低温热分解工程技术标准	2024-09-01
27	T/CNIA 0251—2024	铝及铝合金薄板变形量及残余应力测试方法　切缝翘曲法	2024-12-01
28	T/CNIA 0252—2024	铝及铝合金厚板残余应力测试方法　切缝翘曲法	2024-12-01
29	T/CNIA 0253—2024	有色金属加工行业二氧化碳灭火智能管理系统通用技术规范	2024-12-01
30	T/CNIA 0254—2024	有色金属地采矿井智能通风系统通用技术规范	2024-12-01
31	T/CNIA 0255—2024	绿色设计产品评价技术规范　稀土荧光粉	2024-12-01
32	T/CNIA 0256—2024	绿色设计产品评价技术规范　稀土系储氢合金粉	2024-12-01
33	T/CNIA 0257—2024	温室气体　产品碳足迹量化方法与要求　工业硅	2024-12-31
34	T/CNIA 0258—2024	温室气体　产品碳足迹量化方法与要求　阴极铜	2024-12-31
35	T/CNIA 0259—2024	温室气体　产品碳足迹量化方法与要求　铅锭	2024-12-31
36	T/CNIA 0260—2024	温室气体　产品碳足迹量化方法与要求　锌锭	2024-12-31
37	T/CNIA 0261—2024	温室气体　产品碳足迹量化方法与要求　锂离子电池正极材料	2024-12-31

附表4　2024年有色金属行业获中国专利奖名单

序号	专利号	专利名称	专利权人	发明人
有色金属行业中国专利奖金奖获奖项目（1项）				
1	ZL201510276646.7	稀土矿的冶炼分离方法	有研稀土新材料股份有限公司	黄小卫、冯宗玉、徐旸、王猛、崔大立、孙旭、王良士、魏煜青、彭新林
有色金属行业中国专利奖银奖获奖项目（1项）				
1	ZL202011640432.0	废旧磷酸铁锂正极粉料的回收利用方法	九江天赐高新材料有限公司、广州天赐高新材料股份有限公司	程光生、李安国、刘雅婷、陈传林、江文波、韩恒
有色金属行业中国专利奖优秀奖获奖项目（22项）				
1	ZL202011167593.2	一种协同高效氧化铝土矿溶出浆液中硫和有机物的方法	中国铝业股份有限公司	尹中林、武国宝、齐利娟、路晓涛
2	ZL200910235984.0	一种判定热处理程度的热工窑炉终温测定方法	中国铝业股份有限公司	罗英涛、赵淋、苏自伟、黄华
3	ZL201810098770.2	一种镜面状阳极氧化铝合金压延板及其制备方法	中铝瑞闽股份有限公司、中铝材料应用研究院有限公司	高崇、江钟宇、黄瑞银、吴建新、赵经纬、赵丕植
4	ZL201810613406.5	一种用于制备锂电铜箔的电解液及生产工艺	九江德福科技股份有限公司	罗佳、马科、江泱、范远朋
5	ZL202010053832.5	一种普强型锂离子电池用极薄电解铜箔的制备方法	广东嘉元科技股份有限公司	王俊锋、钟孟捷、叶敬敏、王崇华、王洪杰、温丙台、叶冬萌、刘焕添、廖平元、刘少华、杨剑文、郑衍年、温秋霞、张小玲、黄勇

续附表4

序号	专利号	专利名称	专利权人	发明人
6	ZL201710124155. X	一种超高强耐高温镁合金	湖南镁宇科技有限公司	刘楚明、万迎春、高永浩、蒋树农
7	ZL201810537865. X	一种用于汽车板的6181铝合金及其制备方法	乳源东阳光优艾希杰精箔有限公司	池国明、杜新伟
8	ZL202010787499. 0	一种覆层合金线的制备方法	江苏中天科技股份有限公司、中天电力光缆有限公司、上海中天铝线有限公司	王文辉、李发才、戴志成、吴明埝、郭宸轩、何仓平、谢书鸿、薛济萍
9	ZL202110821011. 6	一种高强度高导电率的变形铝合金及其制备方法	广东华昌集团有限公司、华南理工大学	杜军、黄嘉俊、郭加林、周明君、曾阳阳
10	ZL201510340112. 6	一种从锌置换渣硫酸浸出液中选择性萃取回收镓锗铟的方法	中南大学、深圳市中金岭南有色金属股份有限公司丹霞冶炼厂	曾理、徐毅、刘野平、张登凯、周科华、张伟、胡东风、李玉虎
11	ZL201610828245. 2	利用铝工业表面处理固体废弃物制备活性氧化铝的方法	广州煌垅生物科技有限公司、广东嘉德乐科技股份有限公司、佛山科学技术学院	陈东初、叶秀芳、张敏
12	ZL202011540292. X	双层结构的锂离子电池用前驱体、正极材料及制备方法	荆门市格林美新材料有限公司	许开华、张坤、陈康、李聪、杨幸、薛晓斐、黎俊、孙海波、范亮姣
13	ZL202111134279. 9	一种正极材料及其制备方法和锂离子电池	蜂巢能源科技（马鞍山）有限公司	潘海龙、李子郯、杨红新
14	ZL201810990504. 0	由磷矿制备磷酸锂的方法、磷酸锰铁锂及磷酸铁锂正极材料的制备方法	深圳市德方纳米科技股份有限公司	黄少真、孔令涌、尚伟丽、任望保、龚昊
15	ZL201610381625. 6	一种高倍率型钴酸锂正极材料及其制备方法	巴斯夫杉杉电池材料有限公司	董虹、胡旭尧、蒋湘康、谭欣欣、李旭

续附表4

序号	专利号	专利名称	专利权人	发明人
16	ZL201611241935.4	片式电阻用面电极银浆及其制备方法	广东羚光新材料股份有限公司	王惠敏、冯辉、谭汝泉、宋先刚、娄红涛、梁炳联
17	ZL202210141190.3	一种超高纯多晶硅及硅衍生物生产工艺及生产系统	中国恩菲工程技术有限公司、洛阳中硅高科技有限公司	万烨、刘见华、严大洲、赵宇、陈辉、郭树虎、赵雄、常欣、张园园
18	ZL201611259281.8	多晶硅铸锭用坩埚及其制备方法和多晶硅锭及其制备方法	江西赛维 LDK 太阳能高科技有限公司	罗鸿志、刘海、胡动力、何亮
19	ZL202210292143.9	一种硅片切割中砂浆喷射控制方法及控制系统	高景太阳能股份有限公司、广东金湾高景太阳能科技有限公司	徐志群、付明全、孙彬、杨振忠、马伟萍、毕喜行
20	ZL202210561604.8	一种双 Sn 来源式 Nb3Sn 超导线材的制备方法	西部超导材料科技股份有限公司	郭强、陈建亚、武博、于宣、李建峰、刘向宏、冯勇、张平祥
21	ZL202011574907.0	一种多重致密包覆的动力用高镍正极材料及制备方法	天津巴莫科技有限责任公司	王春梅、吕菲、徐宁、吴孟涛
22	ZL202110423608.5	具有功能基元序构的超高超弹性钛镍形状记忆合金及其4D打印制备方法与应用	华南理工大学、广东华艺卫浴实业有限公司	杨超、卢海洲、马宏伟、王智、李小强、屈盛官

2024 年有色金属工业绿色低碳发展报告

2024 年有色金属行业深入践行习近平生态文明思想，认真贯彻落实党中央、国务院决策部署，以“让有色更绿色，让世界更有色”为目标，在绿色低碳发展方面持续发力，通过技术创新、优化管理等多种手段，协同推进降碳减污扩绿，取得显著成效，为推动有色金属工业高质量发展奠定了坚实基础。

一、有色金属工业绿色低碳发展取得新进展

（一）低碳冶炼技术引领全球发展

2024 年有色金属行业在《大规模设备更新和消费品以旧换新行动方案》等一系列政策推动下，聚焦最大化的节能减污降碳目标，积极进行技术改造，推动行业绿色低碳发展。淘汰能耗高、“三废”排放量大、生产成本高的落后电解铝产能，取而代之的 600 千安电解槽、新型稳流保温铝电解技术、低碳长龄复合阴极技术、铝电解余热回收技术、无炭渣预焙阳极技术等一批先进绿色低碳技术与装备，实现能耗和污染物排放达到世界领先水平。国内 95%以上的铜、铅、锌冶炼实现了当今世界最先进的生产工艺。同时，铜冶炼侧吹+顶吹技术、大型化电解槽、红土镍矿湿法冶炼工艺技术均实现“走出去”，引领全球行业的技术进步。中国瑞林工程技术股份有限公司与广西南国铜业有限责任公司研发的绿色低碳短流程连续炼铜关键技术，建成了国内最大的单套系统年产能 40 万吨阴极铜的“侧吹+顶吹”生产装置。

（二）主要产品技术经济指标达到领先水平

2024 年我国十种常用有色金属冶炼产量 7918. 8 万吨，同比增长 4. 3%。2024 年有色金属行业主要产品的能耗指标达到世界领先水平，电解铝综合交流电耗为 13262 千瓦时/吨，同比下降 0. 46%；铜冶炼综合能耗（以标准煤计）196. 4 千克/吨，同比下降 2%；铅冶炼综合能耗（以标准煤计）达到 316. 2 千克/吨；电解锌冶炼综合能耗（以标准煤计）882. 9 千克/吨。2020—2024 年主要有色金属产品能耗指标见表 1。

表1　2020—2024年主要有色金属产品能耗指标

指标	单位	2020年	2021年	2022年	2023年	2024年
铜冶炼综合能耗	千克/吨	270.8	267.0	266.9	254.5	196.4
氧化铝综合能耗	千克/吨	370.4	369.4	357.3	343.4	302.7
电解铝综合交流电耗	千瓦时/吨	13518	13518	13443	13336	13262
铅冶炼综合能耗	千克/吨	331	326.7	316.1	311.6	316.2
电解锌综合能耗	千克/吨	818.8	845.2	846.4	845.4	882.9
锡冶炼综合能耗	千克/吨	1318.5	1528.9	1448.8	1278.0	1262.7
铜加工材综合能耗	千克/吨	179.1	178.0	150.1	145.6	
铝加工材综合能耗	千克/吨	203.2	207.9	195.1	196.2	

数据来源：中国有色金属工业协会。

注：2024年数据为初步统计数。

2024年5月，国务院印发《2024—2025年节能降碳行动方案》，国家发改委、工信部等五部委联合印发《电解铝行业节能降碳专项行动计划要求》，深入推进电解铝行业节能降碳改造和用能设备更新。按照文件要求，到2025年，电解铝能效标杆水平以上产能占比达到30%，基准水平以下产能完成技术改造或淘汰退出。电解铝行业实施大规模节能降碳改造，通过技术改造，目前电解铝能效标杆水平以上产能占比达到30%，行业提前完成指标要求。

2024年有色金属工业主要技术经济指标进一步提升，部分关键指标再创最好水平，铜选矿回收率已接近或达到世界先进水平。2020—2024年有色金属工业主要技术经济指标见表2。

表2　2020—2024年有色金属工业主要技术经济指标

技术经济指标		单位	2020年	2021年	2022年	2023年	2024年
选矿回收率	铜选矿回收率	%	86.2	86.7	86.5	86.2	85.6
	铅选矿回收率	%	86.5	86.4	87.0	87.2	85.8
	锌选矿回收率	%	91.0	90.9	89.7	90.7	89.9
	镍选矿回收率	%	83.3	82.7	82.7	83.4	83.4
	锡选矿回收率	%	68.6	69.7	70.5	70.0	70.7
	锑选矿回收率	%	87.1	86.3	87.0	87.6	87.1
	钨选矿回收率	%	80.1	79.5	80.2	79.0	78.6
	钼选矿回收率	%	85.8	87.6	87.0	87.3	87.8
铜冶炼回收率		%	98.6	98.5	98.7	98.8	98.8

续表2

技术经济指标		单位	2020年	2021年	2022年	2023年	2024年
铝冶炼	氧化铝碱耗	千克/吨	141.9	136.6	133.1	132.0	135.4
	氧化铝总回收率	%	80.2	79.0	80.5	80.1	78.7
	原铝氧化铝单耗	千克/吨	1914.1	1914.6	1906.4	1906.3	1908.1
	原铝消耗炭阳极（毛耗）	千克/吨	475.2	472.9	470.1	—	—
	原铝氟化盐单耗	千克/吨	17.51	17.3	16.7	—	—
铅冶炼总回收率		%	97.2	97.3	97.5	97.3	96.7
电锌冶炼总回收率		%	97.0	96.4	96.8	97.0	96.8
镍冶炼总回收率		%	94.4	94.2	94.3	94.2	94.3
锡冶炼总回收率		%	97.6	97.8	98.5	97.4	97.3
铜材综合成品率		%	78.2	80.4	82.8	82.3	82.7
铝材综合成品率		%	75.9	75.5	76.7	67.3	67.3

数据来源：中国有色金属工业协会。

注：2024年数据为初步统计数。

（三）可再生能源消纳比例进一步提升

按照《电解铝行业节能降碳专项行动计划》文件要求，到2025年，有色金属行业可再生能源利用比例达到25%以上。有色金属行业全力推进能源结构绿色转型，可再生能源消纳比例进一步提高，2024年可再生能源利用已达到25%，提前完成指标要求。2024年中铝集团电解铝绿色能源占比达45.5%，结合区域绿电资源，推动电解铝与新能源协同发展，新增新能源装机容量374.42兆瓦，总规模超3400兆瓦。其中，包头达茂旗1200兆瓦源网荷储一体化工程将每年减少碳排放301万吨。云南铝业股份有限公司分布式光伏直流接入铝电解槽关键技术，研发了柔性直流装备及集成，构建独立运行的光伏直流+微电网，解决了大容量新能源不稳定电源的就地消纳途径，实现了新能源直流电能直供电解生产的多电源供电模式。

（四）数智化转型促进绿色低碳发展成效显著

2024年工信部等9部门联合印发《有色金属行业数字化转型实施指南》，有色金属行业企业利用数字化手段赋能行业碳减排，积极推进数字化及智能制造转型步伐。江西铜业股份有限公司贵溪冶炼厂通过5G智能工厂建设，以物联网赋能数采、智能巡检、设备智能诊断等智能场景，利用大数据分析提升工艺技术，单位产品综合能耗降低14%；云南文山铝业有限公司电解铝数字化创新场景将智能传感、在线监测、人工智能、数字孪生等技术用于生产管控、设备运维、安全管理等环节，电流效率提升0.75%、铝液交流电耗降低268千瓦时/吨、阳极毛耗降低24.86千克/吨、氟化铝单耗降低4.45千克/吨。山东魏桥集团构建智慧铝电解工厂，实现生产全流程智能化，将传统工艺经验转化为数据模型，构建智慧大脑，提升电解槽电耗，电解铝交流电耗下降8%，年节电超过1亿千瓦时，数智化转型促进行业绿色低碳转型成效显著。

（五）碳足迹管理建设助力行业碳减排

按照国家发改委等部门联合印发《关于加快建立产品碳足迹管理体系的意见》文件要求，有色金属行业积极建立绿色供应链管理，推动建设产品碳足迹管理体系。依托有色金属工业双碳公共服务平台，建设有色金属行业EPD平台，重点推进碳足迹数据库建设，此举对行业绿色供应链管理、应对欧美涉碳贸易壁垒冲击具有重要意义。在标准方面，有色金属行业初步构建了碳足迹标准建设体系，包含有色金属冶炼产品、压延加工产品、精深加工产品三个子体系，可满足汽车、航空、船舶用有色金属、电池用有色金属、光伏用有色金属、其他先进有色金属等下游领域需求。2024年9月我国首个碳足迹国家标准《温室气体　产品碳足迹量化方法和要求　电解铝》正式发布，标志着我国产品碳足迹管理进入正式实施阶段。产品碳足迹量化，有助于企业识别碳排放量大的环节，从产品生命周期角度实施降碳措施，加强供应链、价值链中的碳排放管理，促进绿色低碳消费，助力绿色低碳转型。

二、有色金属工业绿色低碳工作扎实推进

（一）推动有色金属行业环境污染治理

6月5日，2024年全国有色金属生态环境保护大会暨节能减污降碳工作会成功召开。会议总结了有色金属生态环境保护领域取得的成效，深入分析面临的主要问题，科学提出有色金属行业生态环境保护领域重点任务，积极推动有色金属行业绿色低碳高质量发展。

针对重金属冶炼烟气脱硝、高含砷废物资源化利用和安全处置等行业环保面临的问题，组织召开重金属冶炼烟气脱硝、高含砷物料资源化利用及安全处置专题研讨会，开展铜冶炼行业含砷废物资源化利用和安全处置现状与发展趋势项目研究。

组织行业开展污染物排放标准修订工作，其中铅锌工业污染物排放标准已形成征求意见稿，组织申报铜镍钴工业污染物排放标准修订、锡锑汞工业污染防治最佳可行性技术指南。

（二）推动有色金属行业绿色低碳技术攻关示范和推广

与国家节能中心共同发布2024年有色金属行业绿色低碳技术。组织开展有色金属行业绿色低碳先进技术征集，中国有色金属工业协会和国家节能中心分别组织两轮技术评审，遴选新型稳流铝电解槽等十大有色金属行业绿色低碳先进适用技术，并正式发布。

受工信部委托，与工业重点行业协会共同开展原材料工业“二十大”绿色低碳技术征集遴选工作。结合2024年有色金属行业绿色低碳技术，面向行业征集原材料工业“二十大”绿色低碳技术，组织技术申报、遴选，有色金属行业4项技术入选。

受国家发改委委托，推进绿色低碳技术攻关工程项目实施。积极推进新型稳流保温铝电解槽节能技术优化及产业化应用等绿色低碳攻关项目落地实施。配合科技部，编制“十五五”有色金属行业重点研发技术规划方向。

（三）推动电解铝纳入全国碳市场

组织开展电解铝纳入全国碳市场关键问题研讨会；组织骨干电解铝企业召开了电解铝纳入全国碳市场关键问题研讨会，邀请国家气候变化战略中心专家对碳市场政策进行解读，对电解铝核算核查技术指南关键参数、配额分配等关键问题研讨，相关政策建议形成书面材料报送生态环境部。

组织开展铝冶炼企业纳入全国碳市场能力建设培训。11月20日与国家气候变化战略中心共同举办铝冶炼行业参与全国碳排放权交易市场培训会，作铝冶炼行业参与全国碳排放权交易市场重点工作汇报交流。地方生态环境主管部门及中铝股份等铝冶炼企业参加培训。

（四）积极推动国家温室气体数据库平台及行业绿色低碳公共服务平台项目建设

基于有色碳达峰碳中和公共服务平台项目，建设有色金属行业EPD平台；中国有色金属行业环境产品声明平台于2024年6月5日上线，发布有色金属行业重点产品碳足迹报告。组织开展“有色金属行业绿色低碳公共服务平台建设”项目进度汇报、任务组织实施、年度与中期检查等工作。按照有色碳达峰碳中和公共服务平台项目要求，组织开展重点企业碳达峰解剖麻雀工作，研究制定有色金属采矿、冶炼、加工产品碳足迹因子。

配合生态环境部开展国家温室气体排放因子数据库建设；为落实《关于加快建立统一规范的碳排放统计核算体系实施方案》中“建立国家温室气体排放因子数据库”的相关要求，生态环境部组织开展国家温室气体排放因数据库建设工作，重点开展有色金属行业温室气体排放因子的收集、调研和分析等工作。

（五）积极开展绿色低碳相关项目和课题研究

受科技部委托，组织开展国家重点研发计划“战略性科技创新合作”重点专项“‘双高’工业集聚区低碳零碳技术比较与应用联合研究”项目相关工作。目前正开展低碳零碳技术路径的应用示范，形成了有色金属集聚区等低碳零碳技术清单和技术遴选指南。承担“铝行业绿色低碳转型路径研究”课题。赴包头铝业、山东魏桥、广西平果等企业开展调研，撰写《双碳背景下中国铝工业的绿色低碳转型路径研究》研究报告。

（六）配合相关部委开展行业双碳工作

受国家发改委委托，组织开展欧盟碳边境调节机制数据申报情况调查，开展问卷调研，形成并上报铝工业应对欧盟碳关税研究报告。参加欧盟碳关税研讨会，为行业企业反馈有关意见和建议。参加节能形势分析会，按季度撰写有色金属行业节能形势分析报告，反馈行业节能低碳发展面临的问题，提出政策意见和建议。配合环资司组织征集节能降碳先进经验和典型案例。受工信部委托，组织开展“十五五”有色金属行业绿色发展规划预研；配合节能司开展2024年工业废水循环利用典型案例征集，云铝海鑫铝业等6家行业企业被列入。

三、当前有色金属行业绿色低碳发展面临的问题

（一）以煤炭为主的能源结构导致碳排放量高

近年来，电解铝经历从“煤电铝”逐步向“水电铝”“风光铝”转移的历程，行业企业提高可再生能源消纳占比路径主要通过产业转移、绿电交易、与绿电供应商签订长期购电协议（PPA）、建设分布式光伏等方式实现，在积极优化电解铝行业电力结构的过程中存在一定的挑战。首先，国内新能源分布具有明显的区域特点，例如水电主要集中在云南、四川等地；风能和太阳能主要分布在新疆、青海、甘肃等地区，电解铝产能集中在山东、河南地区，电解铝产能分布与可再生能源分布不匹配，可再生能源的可获得性差，导致短时间难以大幅度提高可再生能源的比例。其次，电解铝生产需要持续稳定电力供应，而风电、光伏等受天气、季节和地理因素影响，发电波动较大。此外，电网消纳能力不足、储能技术不成熟及电力调峰能力有限，进一步加剧了绿电供应的不稳定性，难以满足连续生产需求。

（二）低碳技术发展瓶颈制约了技术减碳

近年来，我国主要有色金属产品通过技术攻关及改造取得显著的节能降碳成效，单位产品综合能耗达到或接近世界领先水平。当前，铝电解电流效率已

临近理论极限值（约 95%），在未出现重大技术突破之前，受基础研究投入、技术创新约束，难以大幅度降低单位产品能耗强度，技术降碳进入瓶颈期。对于惰性阳极等前瞻性、颠覆性、基础共性研究投资不足，技术升级进入瓶颈，绿色低碳技术突破缓慢。同时，矿产资源品位逐年下降，势必造成冶炼过程中能源消耗增加；环保要求逐步提高，重点区域大气、水污染物执行特别排放标准，同时强化了对无组织废气的管控，新增大量的污染治理设施，风机、水泵等动力设备用电大幅度攀升，增加了降低单位产品能耗的难度。

（三）再生资源综合利用水平限制了结构降碳

当前国内铝消费主要以原铝为主，占到铝消费总量的 80%以上，而再生铝占比不到 20%，明显低于欧美、日本等地区的再生铝占比。再生铝的能源消耗和碳排放仅为原铝的 5%左右，提高再生铝的比例可以较大程度地降低铝行业的碳排放。因原料供应受限，废铝回收体系不健全，回收渠道分散，废铝来源广泛，导致废铝回收效率低、成分复杂，增加了再生铝生产成本和生产难度；与发达国家相比，中国的再生铝技术水平较低。目前，再生铝产品结构单一，几乎全部是普通的铸造铝合金，尚未实现保级循环利用。低水平的再生铝保级利用使得铝产品的生产流程变得更为复杂和冗长。

（四）固废资源安全处置利用制约了绿色转型

《关于加快推动工业资源综合利用的实施方案》中明确要求：到 2025 年，力争大宗工业固废综合利用率达到 57%，赤泥综合利用水平有效提高。然而，有色金属行业固废的安全处理与资源化利用仍面临多重挑战：一是赤泥资源化利用面临规模化（数十万吨级）和经济性的双重难题，需要与钢铁、化工等大工业体系等结合以降低成本；随着国内铝土矿资源的减少和品位的下降，以及进口铝土矿的逐年增加，赤泥成分日趋复杂，亟需分类协同利用；赤泥强碱性对建筑、耐火材料生产构成挑战，其脱（固）碱技术有待突破。二是铝灰渣和铝灰来源分散，种类多样、成分特性复杂，难以大规模工业化处理。三是铜冶炼高砷渣安全处置主要以固化稳定化为主，成本高、资源处理二次风险等问题亟待解决。

四、有色金属行业绿色低碳发展政策建议

有色金属行业需在资源安全、低碳转型、循环经济、环境披露等构建中寻求平衡和发展。

一是强化矿产资源保障。国内要加大勘查力度，优化国内资源布局，为资源安全提供基础支撑。同时推进“城市矿山”开发，加强再生资源，如废旧

金属回收，以补充原生矿产不足，降低对外依赖。国际上要积极拓展海外资源合作，聚焦“一带一路”共建国家，加强与资源丰富但开发不足的国家合作，通过政府引导、企业参与的模式，实现资源互补。

二是优化有色金属行业产能布局。建议从严控制氧化铝产能总量，适时出台氧化铝产能天花板相关政策，防止氧化铝行业产能进一步过剩。统筹兼顾国内产能退出和海外项目建设，综合运用环保、节能、安全、技术、质量等手段，依法依规退出和处置国内铝土矿供应不足、生产成本高地区的氧化铝产能。鼓励有条件的氧化铝企业向沿海港口及海外资源地有序转移。稳妥推进建设海外氧化铝项目，到2035年境外氧化铝权益产能达到国内氧化铝需求量10%左右。鼓励适量氧化铝进口，进口规模与海外氧化铝权益产能相匹配。

三是推进能源结构进一步优化。推动电解铝行业使用自备电向网电转化，逐步减少使用火电的电解铝产能，支持企业参与光伏、风电等可再生能源和氢能、储能系统开发建设，鼓励采用“全部自发自用”并网方式，将新能源电量全部用于电解铝厂消纳，利用电解铝生产用电量大、负荷低等特点，支持企业参与以消纳可再生能源为主的微电网建设，直流微电网技术与电解铝结合，支持具备条件的园区开展新能源电力专线供电，提高消纳能力。鼓励和引导有色金属企业通过绿色电力交易、购买绿电力证书等方式积极消纳可再生能源，确保可再生能源电力消纳责任权重高于本区域最低消纳责任权重。

四是创新发展绿色低碳技术。加快推进有色金属行业节能环保改造升级，推广节能低碳数智化电解槽关键技术、连续炼铜等先进适用技术；重点围绕铝电解槽余热回收、惰性阳极、铜铅锌等火法冶炼中低位余热利用等低碳创新技术开展研究，加快建设一批示范项目。按照国务院印发《推动大规模设备更新和消费品以旧换新设备行动方案》文件要求，以节能降碳和超低排放为主要方向，有序推进有色金属行业设备升级改造，深入挖掘有色金属行业节能降碳潜力，推广一批共性关键节能提效技术装备，加快提升行业能效和环保水平。

五是健全有色金属绿色低碳标准体系。按照《工业领域碳达峰碳中和标准体系建设指南》文件要求，加快制定有色金属行业碳排放核算、产品碳足迹、产品限额和低碳评价等标准，全面提升我国在国际碳排放核算、产品碳足迹核算标准话语权。

撰稿人： 李　丹、王建雷、刘　华、王怀国
审稿人： 贾明星

2024 年再生有色金属工业发展报告

2024 年，我国再生有色金属产业坚决贯彻党中央、国务院决策部署，完整、准确、全面贯彻新发展理念，认真落实党的二十大和二十届三中全会精神，紧抓政策机遇，加快培育新质生产力，克服内外部环境不确定性加剧、全球经济增长动能不足、原料供应紧张等挑战，产业运行稳中有进，为有色金属工业绿色低碳转型贡献了再生力量。

一、2024 年中国再生有色金属产业发展现状

（一）再生产量不断攀升，战略金属再生兴起

产量多年稳步增长，大国地位更加巩固。2024 年，再生铜、铝、铅、锌产量达到 1915 万吨，同比增长 7.10%。其中，再生铜产量 445 万吨，同比增长 8.54%；再生铝产量 1055 万吨，同比增长 11.05%；再生铅产量 290 万吨，同比下降 2.68%；再生锌产量 125 万吨，同比下降 3.85%。2015—2024 年我国再生有色金属产量持续增长（见图 1），已连续 15 年产量稳居全球第一，约占全球再生有色金属产量的 1/3，是推动全球再生有色金属产业发展的关键力量。

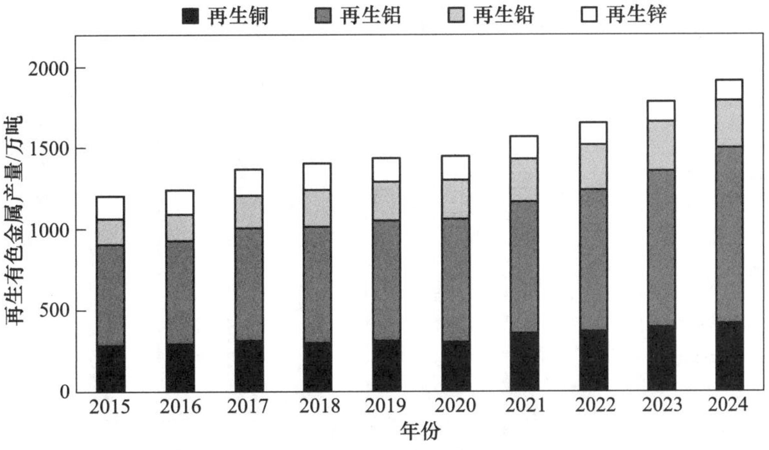

图 1　2015—2024 年中国再生有色金属产量

数据来源：中国有色金属工业协会再生金属分会（以下简称“再生金属分会”）

战略金属再生利用发展迅速，有力支持新兴产业发展。2024 年，镍、钴、锂、稀土、铂族金属、钨、铟、钽、钛等战略稀有金属的回收量不断丰富、规模不断扩大，利用体系不断完善。特别是废旧新能源电池及极片报废量达到 50 万吨，报废的钕铁硼磁体加工废料和拆解废料回收量约 10 万吨，国内企业销售的高纯靶材年报废量达 3000 吨以上（包括国内、国外）；废旧铂族金属年回收利用量保持在 25 吨以上，均呈快速增长态势，极大减少新能源产业对稀有矿产资源的依赖。

（二）原料增强创新涌现，进口多元智慧提效

1. “两新”政策促进国内报废明显增长

2024 年，随着“两新”行动方案的深入实施，汽车、家电、设备等领域展现出强劲的换新活力，全年汽车报废和置换更新超过 650 万辆，家电换新超过 5600 万台，重点领域设备更新总量超过 2000 万台（套），直接促进了有色金属再生资源回收量的增长。据统计，2024 年国内废旧有色金属回收量（金属量）稳步增至 1565 万吨，同比增长 8.08%。其中废铜回收量 260 万吨（金属量），同比增长 8.33%，占再生铜原料供应的 58.43%；废铝回收量 890 万吨（金属量），同比增长 14.10%，占国内再生铝原料供应的 84.36%；废铅回收量 290 万吨，同比下降 2.68%；废锌回收量 125 万吨（金属量），同比下降 3.85%，见图 2。大型废金属交易市场废铜铝回收量较去年同期基本持平，河南大周循环园年废铜铝交易量约 180 万吨，山东临沂华东有色金属城废铜铝交易量约 160 万吨。

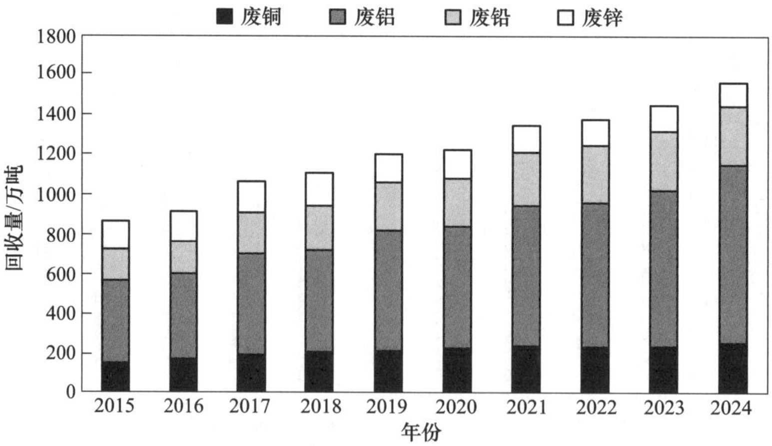

图 2　2015—2024 年国内原料情况

数据来源：再生金属分会

2. 回收模式更加丰富

2024 年 11 月，“再生金属绿色供应链合作伙伴计划”在第二十四届再生金属国际论坛上正式启动，携手国内外 30 余家产业链企业和机构构建绿色、高效、可持续的再生金属供应链生态。此外，互联网回收、逆向回收等不断普及，丰富了回收模式，提高了回收效率。

3. 进口原料再创新高

据海关统计数据，2024 年中国进口再生铜铝原料 402.95 万吨，同比增长 7.80%。其中再生铜原料 224.75 万吨，同比增长 13.17%；再生铝原料 178.2 万吨，同比微增 3 万吨。近五年再生铜铝原料进口量见图 3。东南亚及日韩、美国、欧洲仍是我国再生铜铝原料的主要来源地，2024 年从东南亚及日韩进口的再生铜铝原料分别为 79.88 万吨和 76.28 万吨，同比持平，占比分别为 35.54%和 42.82%，同比分别下降 4.3 个百分点和 1.8 个百分点。从美国直接进口的再生铜铝原料分别为 43.89 万吨和 13.53 万吨，占比分别为 19.53%和 7.59%，再生铜原料增长 7.7 万吨，而再生铝原料减少约 3 万吨。从欧洲直接进口的再生铜铝原料分别为 48.99 万吨和 50.42 万吨，占比分别为 21.80%和 28.30%，再生铜原料增长约 9 万吨，再生铝原料持平。

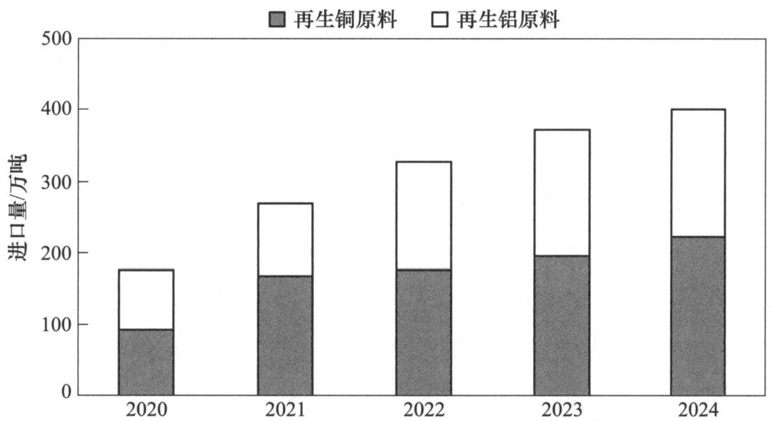

图 3　2020—2024 年进口原料情况

数据来源：海关总署

4. 进口方式多元便捷

江西鹰潭、浙江台州通过数字化改造，获批为进口再生金属原料转关试点。鹰潭国际陆港通过“进口再生金属智慧检验监管”系统，实现“源头+口岸+目的地”全链条智慧检验监管和高效通关，原料从入境到进厂的周期压缩至2~3天，有效降低物流和仓储成本。此外，青岛海关、阿拉山口海关、舟山海关进口量明显增加。

（三）科技创新不断发力，多项成果获得肯定

1. 科技创新活力迸发

2024年，立中集团成功提升一体化压铸用“低碳再生免热处理铝合金”中再生铝比例；天齐锂业实现从锂渣中提取硅铝微粉和钽铌精矿；国内新增20条以上废铜铝精细化分选线，AI智能识别精准度高达97%；广东邦普开发出从废旧动力锂电池混合废料中高效分离回收多种金属元素的技术工艺等。

2. 高值产品不断开发

2024年，再生铜直接利用品种结构持续优化，传统的铜杆、铜棒占比下滑，板带和管材占比提升；江铜铜箔、九江德福、龙电华鑫开发出电子电路铜箔系列产品，并通过UL再生铜含量100%认证。再生变形铝合金产量占比达到42%，同比增长3个百分点。

3. 企业重视科技创新

2024年，再生有色金属产业获授权专利超过600项，同比增长80%以上。立中集团与吉利集团携手建立了“联合创新实验室”，帅翼驰与美国铝业合作成立了“先进铝合金材料联合研究院”，安徽省成立了“锂电全元素回收及循环再生电池的特色产业创新研究院”，新金洋与桂卫华院士团队共建了院士工作站。

4. 科技创新成果丰硕

2024年，“全过程优化的锂电固废高效低碳处理技术与应用”获得国家科技进步奖二等奖，“铝合金一体化压铸成形及智能检测关键技术开发与应用”“退役磷酸铁锂电池高质化回收再生关键技术”等10余项再生有色金属相关成果荣获2024年度有色金属工业科学技术奖，“废旧锂离子电池综合回收利用技术”“废旧动力电池有价组分清洁回收技术”被纳入《绿色技术推广目录（2024年版）》。此外，河南明泰、安徽南都华铂新材料等10家企业入选工信部2024年度绿色制造名单，江西保太“再生金属产业链一体化管控的智能工厂”、金田铜业“基于AI+大数据的精密铜合金新材料智能工厂”入选工信部卓越级智能工厂（第一批）项目公示名单。

（四）资源保障贡献突出，节能降碳效果明显

1. 再生有色金属资源保障成效显著

2024年，再生有色金属总产量占全国十种有色金属产量的24%，其中再生铜达到精炼铜产量的32.62%，再生铝达到电解铝产量的23.98%，再生铅占铅产量的48.33%，再生锌占锌产量的18.28%，共节约矿产资源开采10亿吨。同时，新兴报废循环利用量快速增长，再生碳酸锂和再生钴分别占全年产量的8%和17%以上，使用后的稀土磁体、高纯靶材、硬质合金等进行再生利用，有效节约锂、钴、稀土、钽、铟、钼等矿产资源。

2. 再生有色金属节能减排效益突出

与生产等量的原生金属相比，2024年再生有色金属主要品种实现节能4300万吨标准煤，减少二氧化碳排放约1.6亿吨，其中再生铝是减排的关键品种，减排14060万吨，此外，再生铜减排1245万吨，再生铅减排510万吨，其他再生金属减排1000吨。预计到2025年，再生有色金属减排达到1.7亿吨，是有色金属工业碳达峰的重要支撑。同时，越来越多企业参与到碳足迹、碳标签的认证、评价和相关研究，如明泰铝业几十种产品完成SGS碳足迹排查。

3. 企业加大再生利用占比

2024年，金田铜业年再生铜利用量超过60万吨；立中集团再生铝利用量超过100万吨，且部分车型轮毂中再生铝使用比例已突破75%；鑫铂股份、永臻股份扩大光伏边框组件中再生铝用量。

（五）再生发展共识凝聚，区域布局更加均衡

1. 传统集聚区产业升级势头强劲

江西贵溪经济开发区由省级开发区升级为国家级经济技术开发区，正着力实施国家级铜基新材料集群培育提升三年行动，2024年新引入投资300余亿元，其中铜基新材料项目占70%以上。河南长葛循环经济产业园正加快培育再生金属千亿级集群，引进铝幕墙、铝箔、铜杆等延链项目，园区再生金属高值化利用实践入选国家发改委编写的《碳达峰碳中和案例选》。江西丰城已经形成年产再生铜、再生铝各50万吨的规模。阜阳首太新能源产业园确定“提升铅、发展锂”的思路，华铂新材料、鲁控环保等都实现了铅、锂的协同布局和发展。

2. 更多区域加快培育再生产业

湖南、广西依托产业基础，推进“原生+再生”融合发展；四川、云南、内蒙古凭借能源优势及政策优惠，吸引再生有色金属项目；安徽、山西抢抓产业转移契机，大力发展再生配套产业。新建项目从传统的珠三角、长三角向中西部省份转移，产业从规模扩张向质量效益提升，区域布局进一步合理与优化。

（六）海外布局明显提速，双循环成效显现

再生有色金属作为产业链低碳转型的关键原料及落实生产者责任延伸的关

键环节，随着我国制造业全球化步伐，加快在泰国、老挝、印尼、巴基斯坦等亚洲国家，以及匈牙利、墨西哥、摩洛哥等有政策优势和区位优势的地区投资，与当地产业链形成配套。2024 年，海亮股份摩洛哥工业园、大正铝业泰国项目、立中集团墨西哥工厂等纷纷建设或投产，宁德时代、华友循环加快动力电池回收利用全球布局。

高性价比成套装备受到国际市场青睐。江苏华宏科技、浙江天力等的废铜铝预处理装备在东南亚市场广泛应用。博萃循环、格林美、众迈科技的动力电池再生利用技术装备已进入海外市场。

二、2024 年中国再生有色金属产业经济运行状况

（一）总体经营形势

2024 年，再生有色金属产业发展和国家经济一致，呈现“前高、中低、后扬”的走势。5 月前，有色金属价格持续上行，处于年内相对高位，企业生产经营状况良好。二、三季度，“两新”行动方案、“反向开票”公告、公平竞争审查条例等政策密集出台实施，企业阶段性观望情绪浓厚，同时各地区存在对政策理解不同、执行情况不一等情况，对再生有色金属生产经营造成影响。9 月下旬以来，随着国家一揽子增量政策出台，前期存量政策效果的持续释放，极大提振了市场信心，叠加再生有色金属传统消费旺季，下游消费增长，有色金属价格上行，再生企业订单和开工率明显上升。总的来说，全年新增再生利用产能近 500 万吨，原料竞争非常激烈，企业经营压力较大。面对原料供应波动和市场需求变化，大型企业积极调整经营策略，如再生铝板块受益于新能源汽车和包装行业需求增长，产量突破 1000 万吨，创历史新高；再生铜企业加大技术创新力度，开发高附加值产品；再生铅、再生锌龙头企业通过有价金属综合提取，保持了稳定经营；新能源电池再生利用企业通过产业链协同，优化运营。但中小企业因产品单一，订单受限，面临更大压力。

（二）市场与价格

2024 年，再生有色金属原料价格和产品价格趋势一致，铜、铝、铅、锌大宗有色金属价格同比上升明显，而锂、钴等新能源金属价格仍持续下跌。

1. 铜及再生铜原料市场

2024 年，废铜价格冲高回落然后震荡运行（见图 4）。1 号铜均价 74917 元/吨，同比上涨 9.70%；再生铜原料价格以佛山地区为例，2024 年光亮铜均价 68481 元/吨，同比上涨 9.44%；2 号废铜均价 63694 元/吨，同比上涨 9.11%；紫杂铜和破碎黄铜均价分别为 55385 元/吨和 46176 元/吨，同比分别

上涨 11.60%和 9.45%。原料价格涨幅与产品价格涨幅持平。

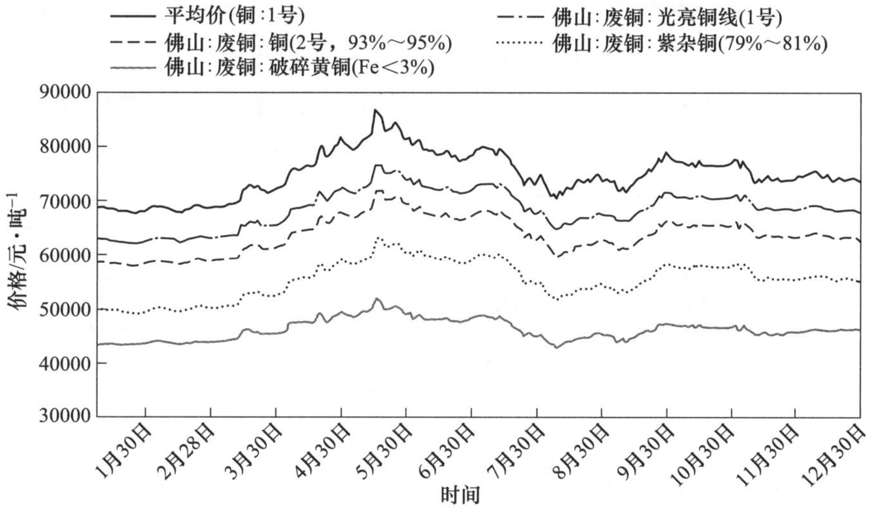

图 4　2024 年铜及再生铜原料价格

数据来源：万得数据

2. 铝及再生铝原料市场

2024 年，再生铝价格及原料价格以震荡上涨为主（见图 5）。铝 A00 年均价 19922 元/吨，同比增长 6.53%；再生铝原料价格以佛山地区为例，2024 年破碎生铝（91%～93%）均价 16193 元/吨，同比增长 7.06%；破碎熟铝（90%～92%）均价 15195 元/吨，同比增长 7.70%。

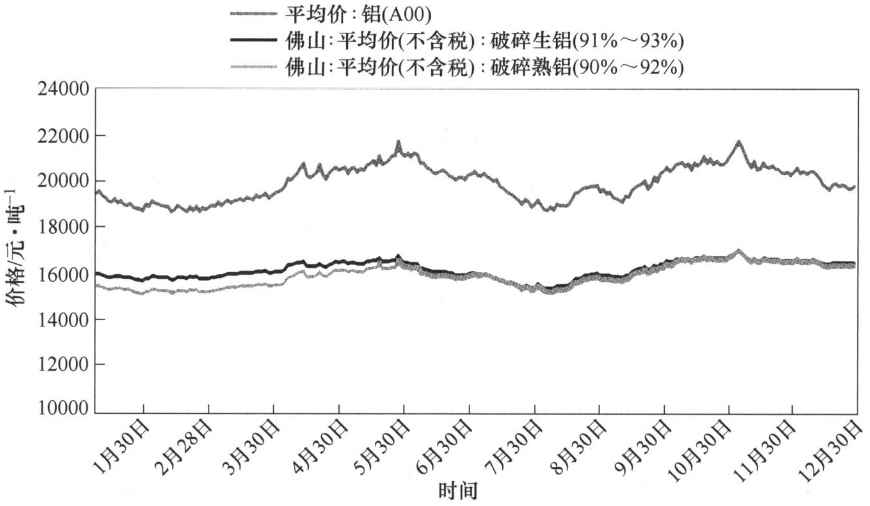

图 5　2024 年铝及再生铝原料价格

数据来源：万得数据

3. 再生铅及废铅蓄电池市场

2024 年，再生铅及废铅蓄电池价格位于近几年高位。年再生铅均价 17014 元/吨，同比增长 11.17%（见图 6）。但废旧铅蓄电池全年价格高企，废电动自行车电池均价首次超过万元，年均价 10272 元/吨，同比增长 9.75%；废起动型汽车电池白壳和黑壳均价分别为 9686 元/吨和 10112 元/吨，分别同比增长 11.54%和 9.21%。原料价格涨幅和产品涨幅基本一致。

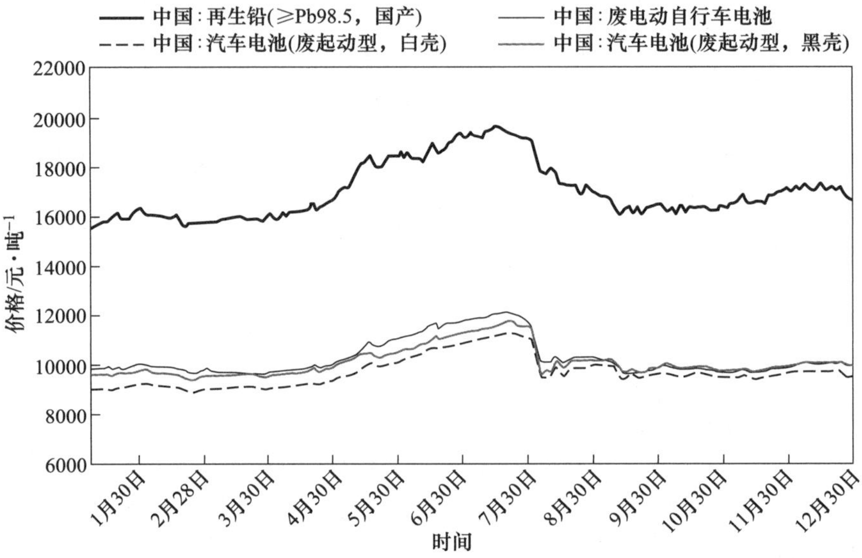

图 6　2024 年铅及废铅蓄电池价格

数据来源：万得数据

4. 锌及再生锌原料市场

2024 年，再生锌及原料价格呈现震荡上行态势（见图 7）。2024 年 1 号锌均价 23350 元/吨，同比增长 8.42%；再生锌原料价格以浙江为例，2024 年 5 号锌合金的均价为 24304 元/吨，同比增长 18.90%。原料价格涨幅大幅高于产品价格涨幅，再生锌企业经营压力增大。

5. 废旧新能源电池市场

2024 年，碳酸锂等新能源电池原料价格和废电池价格总体处于下行周期（见图 8）。至年末，电池级碳酸锂下跌至 7.5 万元/吨，全年平均价格约 9.33 万元/吨，同比下降 25.92%。废旧新能源电池价格跌幅和原材料价格基本一致，废旧钴酸锂铝壳电池从年初的 4.2 万元/吨跌至年末 3.2 万元/吨，废旧磷酸铁锂铝壳和钢壳电池均价分别约 8912 元/吨和 7299 元/吨。

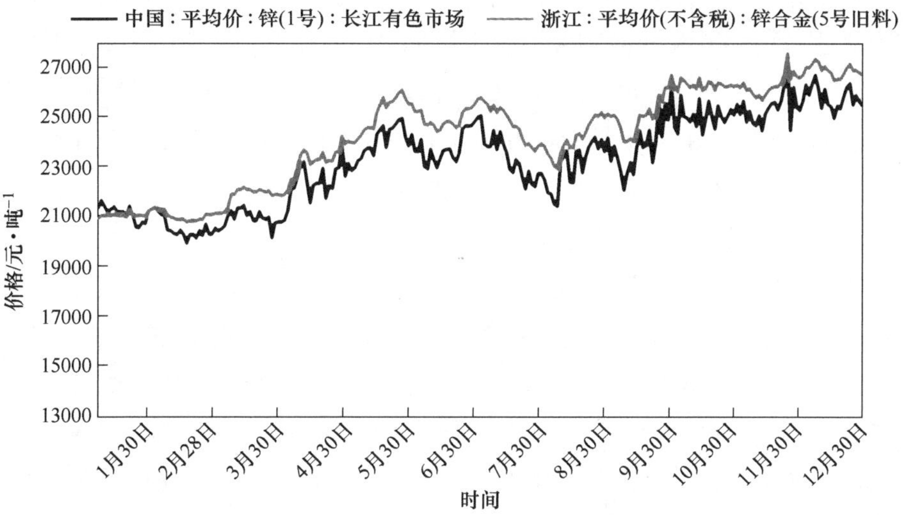

图 7　2024 年锌及再生锌原料价格

数据来源：万得数据

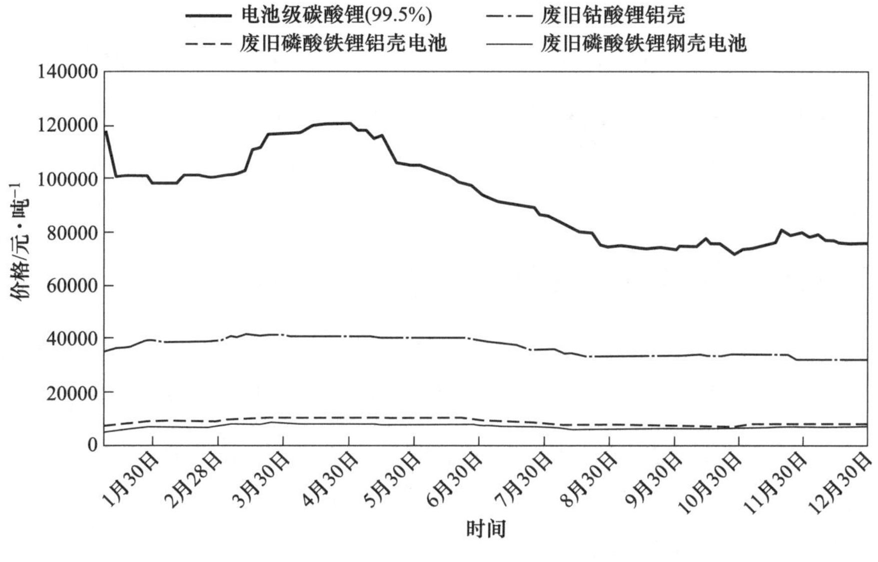

图 8　2024 年废旧锂离子电池及极片价格

数据来源：上海有色网

（三）典型企业情况

2024 年，再生有色金属产业承压较大，各企业具体经营情况不一。金田铜业 2025 年营业收入 1241.61 亿元，同比增长 12.36%，净利润 4.62 亿元，同比减少 12.29%；楚江新材 2025 年营业收入 537.51 亿元，同比增长 16.06%；净利润 2.30 亿元，同比下跌 56.57%；立中集团 2025 年营业收入和净利润分别为272.46亿元和7.07亿元，同比分别增长16.61%和16.77%；永茂泰年2025年营业收入和净利润分别为41亿元和3750.96万元，同比分别增长15.93%和21.35%；南都电源再生铅板块产量和营业收入分别为20.5万吨和33.77亿元，同比分别下降51.65%和46.63%；格林美2025年回收拆解动力电池3.59万吨（4.31吉瓦时），同比增长47.35%。

（四）消费情况

2024年，“两新”政策成效显著，有力推动了设备制造、汽车、家电等行业生产较快增长，进而推动了有色金属消费的提升。据相关数据，2024年我国汽车产量3128.2万辆，同比增长3.7%；全年空调产量26598.4万台，同比增长9.7%；冰箱产量10395.7万台，同比增长8.3%；洗衣机产量11736.5万台，同比增长8.8%；彩电产量20745.4万台，同比增长4.6%。同时，电力工业持续增长，全国主要发电企业电源工程完成投资11687亿元，同比增长12.1%；电网工程完成投资6083亿元，同比增长15.3%；全年累计发电装机容量约33.5亿千瓦，同比增长14.6%。带动铜铝消费保持较高水平。

尤其是“新三样”（新能源汽车、太阳能电池、汽车用锂离子动力电池）表现亮眼，新能源汽车产销突破1000万辆，产量1288.8万辆，同比增长34.4%；太阳能电池（光伏电池）68495.3万千瓦，同比增长15.7%；新能源电池产量1096.8吉瓦时，同比增长41.0%，对铜、铝、镍、钴、锂的需求快速增加。

三、2024年中国再生有色金属产业政策环境

2024年，资源循环利用提升至国家战略高度。全国两会、二十届三中全会及中央经济工作会议均将加强生态文明建设，推进经济社会全面绿色转型作为推进美丽中国建设的重要方式。《国务院办公厅关于加速构建废弃物循环利用体系的指导意见》《中共中央 国务院关于加快经济社会发展全面绿色转型的意见》部署建立废弃物循环利用体系，《2024—2025年节能降碳行动方案》明确要求大力发展再生金属产业。尤为振奋的是，10月18日，首家循环经济央企——中国资源循环集团有限公司正式成立，习近平总书记作出重要指示，打造全国性、功能性的资源回收再利用平台，推动国民经济循环质量和水平持续提升。彰显党中央对资源循环利用的高度重视，再生有色金属产业迎来前所未有的“政策机遇期”。

（一）“两新”行动

《推动大规模设备更新和消费品以旧换新行动方案》明确到2027年，重点

行业主要用能设备能效基本达到节能水平，环保绩效达到A级水平的产能比例大幅提升，规模以上工业企业数字化研发设计工具普及率、关键工序数控化率分别超过90%、75%；报废汽车回收量较2023年增加约一倍，二手车交易量较2023年增长45%，废旧家电回收量较2023年增长30%，再生材料在资源供给中的占比进一步提升。《关于加力支持大规模设备更新和消费品以旧换新的若干措施》统筹安排3000亿元左右超长期特别国债资金，加力支持大规模设备更新和消费品以旧换新。同期，《关于进一步做好老旧营运货车报废更新工作的通知》《推动工业领域设备更新实施方案》《推动消费品以旧换新行动方案》《关于下达2024年汽车以旧换新补贴中央财政预拨资金预算的通知》《废弃电器电子产品处理专项资金管理办法》《推动电动自行车以旧换新实施方案》《交通运输大规模设备更新行动方案》等细化政策相继出台，都提振消费，促进有色金属报废量的增长。

（二）反向开票

《关于资源回收企业向自然人报废产品出售者“反向开票”有关事项的公告》（2024年5号），明确符合条件的资源回收企业可以向出售者开具发票（即“反向开票”），并规定了“反向开票”的具体措施和操作办法，为资源回收利用行业全产业链加快发展营造良好的税收环境，助力提升国民经济循环质量和水平。

（三）进口政策

《关于规范再生铜及铜合金原料、再生铝及铝合金原料进口管理有关事项的公告》（公告2024年第23号）于11月15日实施。公告将再生铜原料类别由原来的五类（铜线、铜加工材、铜米、破碎铜、镀白紫铜）调整为三类（铜线、混合铜料、铜米），将“再生黄铜原料”更改为“再生铜合金原料”，类别由原来的四类（普通黄铜料、镀白黄铜料、黄铜管料、混合黄铜料）调整为两类（块料、屑料），并增加了再生青铜原料、再生白铜原料、再生高铜原料名称；在再生铸造铝合金原料基础上新增再生变形铝合金原料、再生纯铝原料两个种类。11月海关总署发布的《进口再生铜原料检验规程》等5项行业标准（公告2024年第157号）明确了检验方法。年末，《关于2025年关税调整方案的公告》（税委会公告2024年第12号）明确，再生铜及铜合金原料、再生铝及铝合金原料2025年进口暂定税率都为零，预计2025年再生铜铝原料进口量将实现增长。

（四）规范条件

12月20日，工信部公告符合《废铜铝加工利用行业规范条件》企业名单（第一批）（2024 年第 43 号），共有 27 家废铜铝预处理企业及再生铜直接利用企业进入名单。

《新能源汽车废旧动力电池综合利用行业规范条件（2024 年本）》（2024 年　第 42 号）对企业布局与项目选址、综合利用能力、产品质量、环境保护、安全生产和人身健康、社会责任和职业教育、监督管理都提出了新要求和指标。再生利用方面明确，破碎分离后的电极粉料回收率不低于 98%，杂质铝含量低于 1.5%，杂质铜含量低于 1.5%；冶炼过程锂回收率应不低于 90%，镍、钴、锰回收率不低于 98%，碳酸锂生产单位产品综合能耗（以标准煤计）低于 2200 千克/吨；并要求企业注册资本不少于 1000 万元，再生利用企业产能原则上不低于 5000 吨/年，每年用于研发及工艺改进的费用不低于废旧动力电池综合利用业务收入的 3%等。同时，公告企业将进行动态管理，企业申报时应投产 1 年及以上，建成投用的企业应进入产业园区，已取得公告的综合利用企业应在 1 年内达到新政策要求，以积极推动行业技术进步和综合利用能力提升。

《电动自行车锂离子电池回收和综合利用管理办法（征求意见稿）》提出电动自行车生产企业应承担废锂电池回收主体责任。并应在有产品销售的省（自治区、直辖市）行政区域内设立专门机构或安排专人专岗，负责本地区废锂电池回收工作；回收服务网点建设由电动自行车生产企业自建或合作共建，鼓励中华全国供销合作总社、有关中央企业等参与回收服务网点建设等。

（五）标准政策

《关于进一步强化碳达峰碳中和标准计量体系建设行动方案（2024—2025 年）的通知》（发改环资〔2024〕1046 号）提出：2024 年，发布 70 项碳核算、碳足迹、碳减排、能效能耗、碳捕集利用与封存等国家标准；2025 年，面向企业、项目、产品的三位一体碳排放核算和评价标准体系基本形成，重点行业和产品能耗能效技术指标基本达到国际先进水平，建设 100 家企业和园区碳排放管理标准化试点。《标准提升引领原材料工业优化升级行动方案（2025—2027 年）》（工信部联科〔2024〕235 号）主要工作包括开展标准体系优化建设、开展标准体系优化建设、推进绿色低碳标准建设、加强新材料产品标准培育、夯实行业标准化安全质量基础、强化标准实施应用共六方面。提出重点制（修）订有色金属、稀土及黄金领域绿色高效开采、再生原料、工业固废或副产品资源化利用等标准。《国家锂电池产业标准体系建设指南（2024 版）》（工信部联科〔2024〕155 号）回收利用标准主要涵盖梯次利用、再生利用。

（六）相关标准

2024 年，国家发改委、工信部等对铜冶炼、铅冶炼行业清洁生产指标体系进行了修订。修订后的指标体系分为 9 大类指标，分别为生产工艺及装备、能源消耗、水资源消耗、原/辅料消耗、资源综合利用、污染物产生与排放、温室气体排放、产品特征和清洁生产管理。将原“资源能源消耗”调整为能源、水资源和原/辅料消耗三项指标，进一步体现我国全面节约战略，突出资源节约集约高效利用，同时新增碳排放指标。

年末，《锂离子电池用再生黑粉》（GB/T 45203—2024）发布，规范了产品的化学组分等指标项目和参数，将有助于产品的贸易与进口。

（七）地方政策

地方政策愈发精准。《河南省支持再生资源循环利用产业发展若干措施》提出了八大举措，《安徽省汽车办等关于印发支持新能源汽车动力电池回收利用产业发展工作方案的通知》要求打造全国有影响力的新能源汽车动力电池回收利用产业集群，《江苏省“两高”项目管理目录（2024 年版）》明确将再生资源冶炼排除在外，《内蒙古自治区促进铝产业高质量发展的若干意见》要求加快再生铝循环利用体系建设，《中国（浙江）自由贸易试验区大宗商品资源配置枢纽建设方案》支持开展进口粗铜、再生铜打包、破碎、铸轧等加工业务，江西省《关于支持打造国家级铜基新材料集群促进铜产业高质量发展的若干措施》明确引导再生铜资源高值化综合利用、打造全国进口铜原料集散中心，《四川省鼓励发展的硫酸法锂渣综合利用技术目录（2024 年版）》提出了锂渣的 5 项综合利用技术，广西壮族自治区《关于组织申报 2025 年自治区铝产业高质量发展专项资金的通知》给予符合条件的再生铝企业最高不超过 500 万元一次性奖励。

四、中国再生有色金属产业发展趋势

（一）原料保障持续增强，产业规范显著提升

2025 年初，“两新”政策加力扩围，相关部门及时出台了汽车、家电、手机、家装消费品等领域更新换新实施细则，预计将进一步促进有色金属二次资源的增长。同时，再生铜铝原料进口管理公告实现了重要品种全覆盖，2025 年优质再生铜铝进口规模有望增长；其他品种进口可行性正在积极研究，更多高品质的再生原料合法合规进口有望突破，实现供应链多元化。初步预测 2025 年我国年废有色金属回收量达 1700 万吨，再生铜铝原料进口量保持在 400 万吨以上，再生有色金属供应链韧性显著增强。

随着《废铜铝加工利用行业规范条件》《新能源汽车废旧动力电池综合利用行业规范条件（2024年本）》等的持续实施，一批规模化的加工配送企业、回收利用企业将脱颖而出，促进规模化、集约化经营，引导产业规范发展。

（二）关键技术有望突破，新质生产力快速发展

生产、装备、应用等企业与科研单位正加速携手合作，开展联合攻关，更多的创新平台将组建，科技成果转化提速。智能化原料分拣识别，再生铜、铝合金熔炼过程有害元素去除，一体化再生铸造铝合金成型，再生金属保级高值利用，废旧新能源电池全组分、短流程再生利用，锂渣资源化利用等共性技术有望实现突破。而汽车轮毂、建筑铝模板、易拉罐、光伏边框组件、电池壳体等典型产品正加快推进闭路循环。

企业数字化转型与智能化发展步伐加快。部分园区和企业已成为转型升级的“先锋队”，形成了个性化定制、网络化协同的新模式。鹰潭市80%的铜企业开展了数字化改造，获批国家级智能制造示范8个。金田铜业入选省级人工智能应用标杆企业、未来工厂，立中集团5G全连接智慧工业平台打通工业互联网各个应用场景，格林美5G全连接智慧工厂入选全省示范项目。智能化、数字化、高效化已成为再生企业可持续发展的“必答题”，未来更多企业将在回收、运输、存储、交易、加工、管理、服务等环节加快数字化智能化应用，推动传统制造向现代制造转变，提升竞争力。

国有企业加快进入再生产业，不断激发市场活力和潜力。2024年，河南、广西、山东、湖北等省区已陆续成立省级循环集团或平台，四川、湖南等地也在加快筹备，均瞄准资源循环利用产业。此外，中铝集团、魏桥集团等大型企业扩大再生规模。预计未来将有更多地方资源循环集团成立，大型企业加速布局再生产业，市场化并购重组将更加灵活高效。新变革将带来新的技术、管理理念和市场策略，有望提升整个产业链的运营效率，同时行业的竞争更加多元化和复杂化。

（三）产品矩阵更加多元，新兴领域有增长空间

再生产品不断推陈出新。金田铜业开发出的低碳再生铜带、铜线、低电磁线、铜管等多款再生产品已广泛应用于各大经济领域。广东辉煌利用废铝生产出5G散热器部件，创新集团为知名手机公司生产了100%再生铝材，实美科技、华博科技等则推出了再生铝制家具新品，湖北新金洋成为宜家家居（IKEA）在全球低碳铝棒供应商之一。同时随着再生材料标准体系、再生材料认证制度的不断完善和构建，预计更多的再生有色金属的产品将不断开发并得到应用。

扩大再生材料的使用比例已成为行业共识。更多企业为实现自身碳减排目标增加再生有色金属使用占比，大部分国内外车企都公布了碳达峰碳中和时间；2025 年苹果设计的电池、磁体和印刷电路中将使用 100%再生钴、再生稀土、再生锡焊料和再生镀金；可口可乐到 2030 年 100%使用再生铝生产易拉罐；韩国三星 Galaxy S24 系列也首次将回收金属元素应用于关键部件；立中集团计划到 2028 年再生铝利用比例提高到 80%。特别是我国产业结构、能源结构、交通运输结构的加快调整优化，新三样发展迅速，再生有色金属产业正逐步从市场需求驱动，转变到需求牵引供给和供给创造需求的双向互动。

（四）国际合作步伐加快，机遇与风险并存

再生有色金属产业是一个高度国际化和市场化的产业。欧美地区作为废旧金属的主要产地，在回收和分选方面拥有先进的技术和经验；东南亚凭借区位优势，成为原料的重要集散地；中国在冶炼和加工方面拥有强大的生产能力及超大规模市场优势，与全球再生金属产业合作空间较大。特别是我国新能源汽车、锂离子电池、家电、光伏等产业海外布局正持续加速，对有色金属原材料及制品的需求快速增长，更多的再生企业为服务全球产业链将继续加快出海步伐。各经济体之间的合作与交流不仅可以促进资源的有效配置、形成优势互补、降低生产成本，还可以推动技术创新和产业升级。

另外，近年全球政治经济格局深刻调整，大国竞争和博弈日益加剧，主要经济体更加重视本土供应链安全与韧性，同时印度及东南亚等新兴区域对再生原料的需求也不断增长，全球再生原料供应链面临重组，对产业发展带来挑战。此外，海外政策的变化为国际合作带来诸多不确定性，如欧盟《废物运输法规》及关于废弃物清单修改的授权决策，将限制再生有色金属原料的跨国流动；从北美到东南亚，至欧盟到中东，以关税为手段的贸易壁垒正不断升级，不仅增加了企业海外投资的成本和风险，还可能对再生有色金属相关产业链造成连锁反应，给全球一体化资源循环利用带来不确定性。

当前，再生有色金属正迎来历史性发展机遇，成为推动经济绿色低碳发展的重要方式。产业将以科技创新助发展，以开放共赢促合作，以应用拓展增市场，为我国有色金属工业高质量发展贡献更大力量。

撰稿人：张　华、刘　龙、乔　晔、
李　航、于昱龙
审稿人：王吉位、刘　巍、杨树生

2024 年赤泥综合利用发展报告

赤泥是氧化铝生产产生的主要固体副产物，也是铝工业排量最大的固体副产物。我国作为氧化铝生产和消费大国，加快推动赤泥综合利用是贯彻习近平生态文明思想、引领全球铝工业高质量发展的责任和担当。

近几年来，在社会各界的共同努力和推动下，我国赤泥综合利用率打破多年的低位徘徊，屡创新高，2024 年综合利用率实现 12%，全球领先，政策支持力度不断加大，利用路径更加清晰，联合攻关、科技创新、标准专利、社会关注等方面都取得显著成效。

一、2024 年我国赤泥综合利用取得新突破

（一）综合利用率持续增长

我国赤泥综合利用率在产出增加下保持持续增长。2024 年，我国氧化铝产量 8552 万吨，同比增加 3.65%；全年赤泥产生量 11500 万吨，同比增长 7.47%；产出率（产出率=赤泥产生量/氧化铝产量）1.345，高于 2022 年的 1.28、2023 年的 1.30，持续提升。

2021—2024 年我国氧化铝产量和赤泥产生量见图 1。

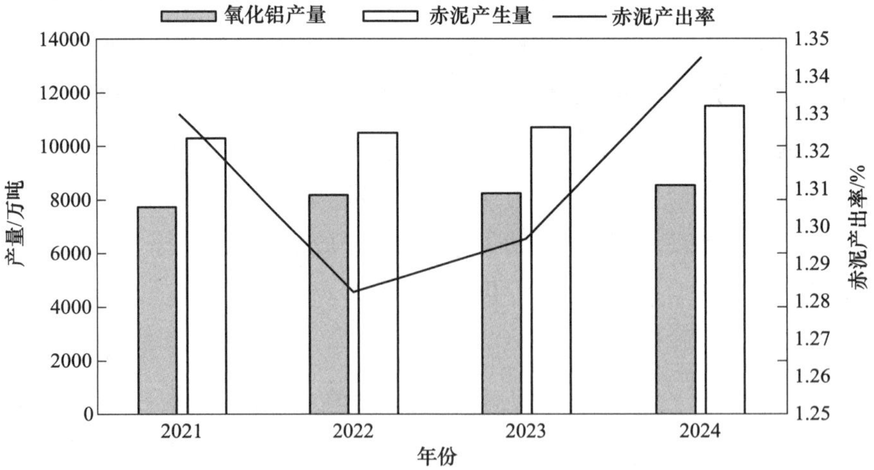

图 1　2021—2024 年中国氧化铝产量和赤泥产生量

2024年，我国赤泥利用量1380万吨，利用率12%，首次达到2位数。2010—2024年，我国赤泥综合利用情况见图2。

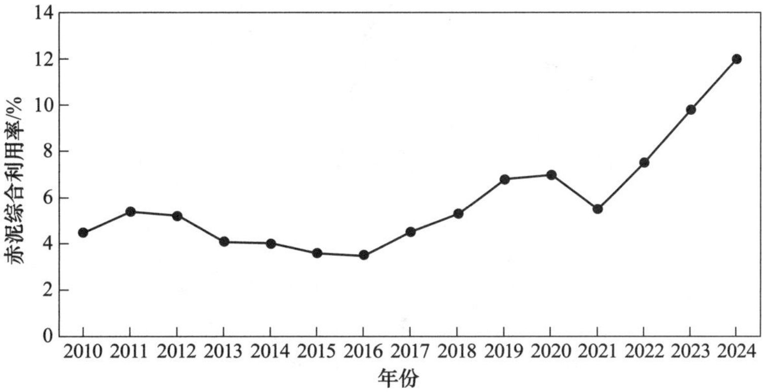

图2　2010—2024年中国赤泥综合利用情况

截至2024年底，我国赤泥累计堆存量达到15亿吨。

（二）赤泥选铁实现大幅增长

2024年，利用赤泥回收氧化铁粉976万吨（矿物回收），占总利用量1380万吨的71%，同比增长77.45%。回收氧化铁粉占比大幅提升的原因主要是进口铝土矿比例提高，几内亚、澳大利亚是主要进口国，特别是几内亚的铝土矿含铁量高，其产出的赤泥氧化铁含量高达50%~60%，有效补充了国内铁矿石资源，同时赤泥在钢铁领域应用白皮书的发布，有力推动了赤泥选铁技术的推广，推动了赤泥回收氧化铁粉的广泛应用。另外，赤泥生产胶凝材料168万吨，占比12%；粉体材料116万吨，占比8%；建陶材料、路用材料及其他应用合计120万吨，占比9%（见图3）。

（三）重点区域贡献突出

按省（区、市）来看，全国有9个省（区、市）产出赤泥，排名前5的省（区、市）利用量合计占比94%。2024年开展了赤泥综合利用的有8个省（区、市），赤泥综合利用量超百万吨级的有5个，分别是山东省利用量592万吨、广西壮族自治区303万吨、河南省155万吨、河北省145万吨、山西省103万吨，5省（区）合计利用量1298万吨，全国占比94%。赤泥综合利用率超12%（全国平均值）的有4个省（区），分别是河北省27.9%、云南省25.0%、山东省18.8%、广西壮族自治区15.3%。各省份的利用情况见表1。

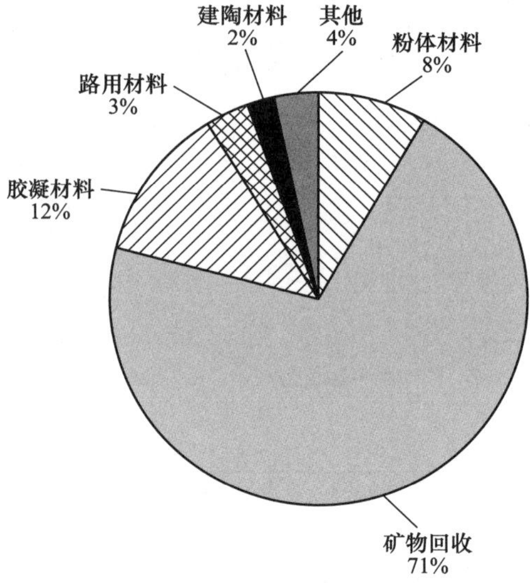

图3　2024 年中国赤泥综合利用结构

表1　2024 年 9 省（区、市）赤泥利用情况

省（区、市）	产生量/万吨	利用量/万吨	利用量排名	利用率/%	利用率排名
山东省	3148	592	1	18.8	3
广西壮族自治区	1984	303	2	15.3	4
河南省	1338	155	3	11.6	5
河北省	519	145	4	27.9	1
山西省	2907	103	5	3.5	7
云南省	200	50	6	25.0	2
重庆市	473	20	7	4.2	6
贵州省	851	16	8	1.8	8
内蒙古自治区	50	—	9	—	9

按地级市（区）来看，全国有 21 个地级市（区）产生赤泥，排名前 5 的利用量合计占比 78%。2024 年开展了赤泥综合利用的有 14 个地级市（区），赤泥综合利用量超百万吨级的有 5 个，分别是山东滨州利用量 485 万吨、广西百色 224 万吨、河北唐山 145 万吨、河南焦作 120 万吨，山东淄博 106 万吨，5 个地级市（区）合计利用量 1080 万吨，全国占比 78%。利用率超 12%（全国平均值）的有 8 个地级市（区），分别是河南焦作 38.5%、山东淄博 37.3%、广西防城港 31.5%、河北唐山 27.9%、云南文山 25.0%、山东滨州 21.4%、河南郑州 17.8%、广西百色 12.9%。具体利用情况见表 2。

表 2　2024 年赤泥利用率 12%以上地市情况

序号	地市	产生量/万吨	利用量/万吨	利用率/%
1	河南焦作市	312	120	38.5
2	山东淄博市	285	106	37.3
3	广西防城港市	251	79	31.5
4	河北唐山市	519	145	27.9
5	云南文山州	200	50	25.0
6	山东滨州市	2268	485	21.4
7	河南郑州市	196	35	17.8
8	广西百色市	1733	224	12.9

（四）头部企业引领带动

从氧化铝集团来看，2024 年氧化铝产量排名前 5 的集团公司氧化铝产量全国占比 68%、赤泥利用量全国占比已超 90%，这 5 家分别是中铝集团、魏桥集团、文丰集团、锦江集团、信发集团。

从单体氧化铝企业来看，利用量超百万吨的有 5 家企业，分别是山东魏桥 485 万吨、河北文丰 145 万吨、中铝中州 120 万吨、中铝山东 106 万吨、中铝广西分公司 105 万吨。利用率排名前 5 的企业分别为中铝中州 38.5%、中铝山东 37.3%、中铝广西分公司 33.0%、广西华昇 31.5%、河北文丰 27.9%。利用率排名前 10 的企业名单见表 3。

表 3　2024 年赤泥综合利用率排名前 10 的氧化铝企业名单

利用率排名	企业	产生量/万吨	利用量/万吨	利用率/%
1	中铝中州铝业有限公司	312	120	38.5
2	中铝山东有限公司	285	106	37.3
3	中国铝业股份有限公司广西分公司	318	105	33.0
4	广西华昇新材料有限公司	251	79	31.5
5	河北文丰新材料有限公司	519	145	27.9
6	山东魏桥集团	1805	485	26.9
7	云南文山铝业有限公司	200	50	25.0
8	中铝（郑州）铝业有限公司	177	35	20.0
9	中铝山西新材料有限公司	188	34	18.1
10	广西华银铝业有限公司	405	47	11.5

（五）一批关键技术取得突破

北京科技大学、中国环科院与文丰集团联合实施的攻关项目之一——赤泥基复合水稳材料技术和环境风险实验通过推进办组织的专家评审，可实现赤泥配比45%，该项目的实验结果对赤泥大规模低成本生态化应用有重大意义；中南大学牵头的国家重点专项——赤泥源头减量化技术，已经工业化试验成功，可在氧化铝生产环节减排赤泥20%；东方电气自主研发项目——新型磁化离析热反应及弧场分离工艺技术，完成了100吨/日中试实验。

（六）一批重点科技成果获奖

“拜耳法赤泥高效生产新型粉体材料绿色技术及工程示范”和“赤泥低碳低钙高效回收有价元素及尾渣资源化利用技术”两项成果获省部级奖励。

“堆积型铝土矿赤泥铝钢协同关键技术研究及应用”和“广西堆积型铝土矿赤泥路用技术研究及示范应用”两个项目分别被以院士为组长的专家组评为“国际领先水平”；“红土型高铁低硅几内亚铝土矿三段溶出全量化利用工艺技术开发及应用”被中国有色金属工业协会鉴定为“国际领先水平”。

“拜耳法赤泥高效生产新型粉体材料绿色技术及工程示范”项目获中华环保联合会科学技术奖一等奖；“高铁赤泥综合利用技术研究与应用”获第十八届“振兴杯”全国青年职业技能大赛职工组优胜奖；“赤泥磁-重-浮联选回收赤泥中铝钙有价组分技术”技术获中铝集团2023年度“金点子”合理化建议奖。

（七）一批重点项目建成投产

2024年新投产赤泥综合利用生产线7条，河北、山西、山东、河南、广西等省（区、市）赤泥综合利用项目陆续建成投产，其中粉体材料产线2条，产能每年90万吨；选铁生产线5条，合计产能380万吨/年；另有闭库赤泥堆场18.9兆瓦光伏发电项目建成运行。

截至2024年底，全国已建成赤泥利用生产线47条，其中赤泥选铁22条，路用材料5条，胶凝材料3条，粉体材料2条，造渣剂、净水剂、高钙铝、建筑砖等其他15条。

（八）标准不断丰富

2024年，新发布团体标准11项（见表4）。截至2024年底，已发布行业标准3项、地方标准3项、团体标准17项。另有《赤泥回收硅铁粉》等5项标准已经立项，正在编制。

表 4　2024 年新发布的 11 项团体标准

序号	标准编号	标准名称
1	T/JCJJ 092—2024	赤泥基胶凝材料
2	T/JCJJ 093—2024	赤泥基轻质土生产与应用技术规范
3	T/HNNMIA 13—2024	赤泥化学分析方法　二氧化钛含量的测定　分光光度法
4	T/HNNMIA 48—2024	铝土矿选矿脱硅精矿
5	T/HNNMIA 52—2024	赤泥物相分析　X 射线衍射法
6	T/HNNMIA 58—2024	赤泥化学分析方法　三氧化二铁含量的测定　重铬酸钾滴定法
7	T/HNNMIA 59—2024	赤泥化学分析方法　三氧化二铝含量的测定　EDTA 滴定法
8	T/HNNMIA 60—2024	赤泥化学分析方法　Al_2O_3、SiO_2、Fe_2O_3、TiO_2、K_2O、Na_2O、CaO、MgO 含量的测定　波长色散 X 射线荧光光谱法
9	T/HNNMIA 61—2024	钢铁用赤泥铁粉
10	T/HNNMIA 62—2024	水泥用赤泥钙料
11	T/HNNMIA 63—2024	水泥用赤泥铁质料

（九）专利大幅涌现

2024 年，中国赤泥综合利用直接相关授权专利新增 101 件，同比增长 71.2%（见图 4）。

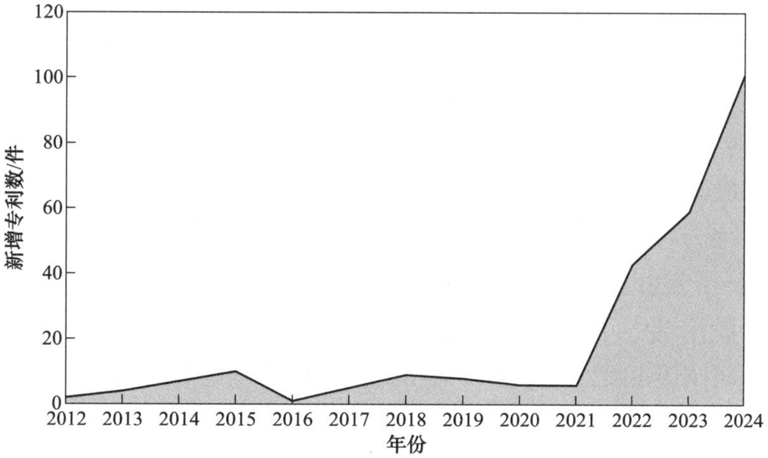

图 4　2012—2024 年各年度新增专利数

二、2024 年赤泥综合利用工作“卷”出新高度

2024 年，赤泥综合利用以习近平生态文明思想为指导，以推动铝工业高质量发展为使命，按照“减量化、清洁化、资源化”的总思路，遵循“大规

模、低成本、生态化”利用原则，多措并举，“首”字当头，敢于尝试，创新突破，“卷”出新高度。

（一）赤泥利用“国字号”方案出台

2024 年 12 月，工信部等六部门联合出台了《赤泥综合利用行动方案》，该方案是十八大以来国家第一个专门针对赤泥的政策性指导文件。方案发布后，中国有色金属工业协会葛红林会长第一时间接受了记者专访，中铝集团段向东董事长、中国工程院院士姜涛、中国环境科学研究院席北斗院长等进行了政策解读；中国有色金属工业协会在淄博组织了现场交流会，进行了政策宣贯和行业交流，统一思想，凝聚共识。方案提出“到 2027 年，新增赤泥综合利用率达到 15%；到 2030 年，新增赤泥综合利用率达到 25%”的两阶段目标，指明了利用路径和任务，提出了重点示范工程，明确了保障措施，将为推动赤泥综合利用起到积极作用。

另外，生态环境部发布了《赤泥利用污染控制技术规范（征求意见稿）》；交通运输部《公路工程工业废渣应用技术规范（征求意见稿）》专设了“赤泥路基和基层”章节。

（二）首次在境外组织了赤泥综合利用国际论坛

2024 年 11 月，首次在境外——法国里昂召开了“2024 赤泥综合利用国际论坛”，论坛由中国有色金属工业协会与国际铝协共同主办，中铝集团、力拓集团等大力支持。论坛每年举办，是目前全球唯一专题研究赤泥的国际化交流平台。2024 年论坛以“绿色、创新、合作”为主题，邀请了 10 多位来自国内外高等院校、企业及行业专家，围绕赤泥价值利用、中高铁赤泥的综合利用、多固废协同材料应用、赤泥绿色低碳增值资源利用等作了专题演讲。论坛吸引了全球 17 个国家和地区的 100 多名代表参会，得到全球高度关注。

（三）展开了首批赤泥综合利用联合攻关项目

从应用场景出发，以“揭榜挂帅”方式，中国有色金属工业协会组织开展了赤泥综合利用关键技术攻关，通过宣传发动、组织申报、专家评审等，层层筛选，最终选出 7 项有代表性的项目进行了立项研究，与项目单位签订了“联合攻关任务书”，明确了研究方向、成果及进度目标，正式展开了第一批联合攻关项目。

这也是中国有色金属工业协会第一次采用联合攻关方式推进关键技术突破。推进办在过程中密切跟踪、加强协调，赤泥基回填材料制备关键技术与环境评估等完成阶段目标项目及时组织了专家验收。3 月在广西百色与 7 个项目牵头单位签订了任务书，7 月在山东淄博召开了联合攻关项目现场交流会，年底对所有项目进行了阶段性总结。

（四）首次发布了赤泥在钢铁行业应用白皮书

2024 年 3 月，中国有色金属工业协会组织在广西百色召开了“赤泥综合利用现场交流会”，会议邀请了来自政府、行业协会、研究机构和院所、产生利用企业等，会议公开发布了《赤泥绿色利用百色实践及钢铁行业应用前景》白皮书，白皮书结合大量行业调研、国家和企业数据，重点回顾了全国赤泥综合利用现状，列举了赤泥选铁工艺，梳理了赤泥氧化铁粉在钢铁行业的应用方向，分析了赤泥氧化铁粉的应用潜力及应用优势，提出了钢铝融合未来的发展展望等。

（五）首次确立了赤泥大规模低成本综合应用路径

推进办成立以来，梳理了全球范围内经典案例和研究成果。欧洲从 19 世纪 60 年代开始研究赤泥利用，研究赤泥回收铁、用赤泥修筑厂区道路和堤坝、生产水泥及赤泥胶凝材料，制备了赤泥地聚物等；中国山东铝 1958 年就建成了以赤泥为原料的水泥厂，后续各氧化铝企业也因地制宜开展了赤泥利用。

根据典型案例研究，结合关键技术成果，进一步提炼出推动赤泥综合利用的“三大体系”建设，分别为产品体系、产业体系和服务体系。更加清晰了赤泥综合利用的路径和发力方向。

产品体系方面“5+N”，中国有色金属工业协会根据大量调查研究成果，首次总结提出赤泥大规模低成本综合利用的五大领域，包括矿物提取、胶凝材料、建陶材料、路用材料、粉体材料及其他。

产业体系方面“赤泥+”，从赤泥应用场景出发，重点是“赤泥+钢铁”“赤泥+建材”“赤泥+交通”“赤泥+粉体”及“赤泥+其他”。

服务体系建设，指政府引导、行业推动、媒体发动及社会各界协同等，破解世界性难题，需社会各界形成合力，久久为功。

（六）持续发布了年度赤泥综合利用发展报告

发布了《2023 年赤泥综合利用发展报告》，报告在全面总结赤泥综合利用发展概况的基础上，从更全面的视角，系统阐述了产品体系、产业体系、服务体系的基本情况、发展现状、发展特点和典型案例，针对三大体系建设提出了发展建议。同时，报告对赤泥综合利用的典型示范企业进行了展示，以供交流和借鉴。

自 2021 年首次发布赤泥综合利用发展报告以来，目前已连续三年发布。

（七）首次公开了赤泥综合利用行业排名

结合中国有色金属工业协会建立的赤泥数据库信息，配合《赤泥综合利用行动方案》指标落实，中国有色金属工业协会首次公开发布了各地区、各企业赤泥综合利用量、综合利用率的行业排名，得到各地热烈反响，同时极大地促进了各氧化铝企业、各地区赤泥综合利用的积极性和主动性。

（八）重点地区和企业亮点突出

山东省工信部门牵头抓总，坚持“统筹联动、政策带动、项目推动、创新驱动”四位一体同步推进，建立了问题和措施台账、政策清单。

广西壮族自治区构建了“政府推动、政策驱动、资金撬动”的多维支持体系，通过“政、企、技、研”多方协作，开展了特色化赤泥综合利用。

河南省公布了由中铝中州为依托的“河南省赤泥高值化综合利用工业性试验验证平台”，要求聚焦“应用验证”环节，搭建研制与产业化之间桥梁，打通创新到应用瓶颈，加快科技成果产业化应用。

中铝集团组织所属郑州研究院和氧化铝企业、中铝环保等持续推进赤泥利用攻关，成立了赤泥综合利用领导小组，出台《赤泥综合利用行动方案》，组织所属11家大型氧化铝骨干企业，“一企一策”开展赤泥综合利用。

魏桥集团“因地制宜”开展了赤泥选铁，选铁规模全国第一；联合中南大学等高等院校，开展氧化铝源头减量化工业试验，给赤泥综合利用企业创造有利条件，鼓励各种技术的利用试验。

云南九州深耕赤泥领域，拥有多项独创技术与装备，深挖赤泥减排方案，首创研究出赤泥提取铁、铝等多元素回收新方案。

山西创泽致力于打造赤泥利用综合体，开展了金属钛、高钙铝、水泥矫正剂、高精度铁粉、赤泥预制建材等系列赤泥综合利用项目。

北京建工修复依托多年利用固废修复矿山经验，主动开发研究“赤泥利用+矿山修复”的大规模应用新场景，实现固废资源化利用和矿山生态修复有机结合。

山东海逸持续科技攻关，形成了一系列特色鲜明的系统性科研成果，已在山东济南、滨州、淄博、烟台及贵州等地布局多条赤泥综合利用生产线。

（九）新闻媒体热度飙升

“中国赤泥综合利用”微信公众号，重点传播赤泥综合利用知识、介绍国内外赤泥综合利用先进技术及应用示范及典型案例、宣贯国家政策法规和标准规范等，2024年公众号发文89篇，已得到超2700人关注。

2024年，赤泥综合利用也得到新华社、《经济日报》、人民网、新浪财经、《中国环境报》《中国有色报》《中国冶金报》等新闻媒体的时效专题报道16篇，多家网络平台进行了转载，话题热度不断提升。

三、我国赤泥综合利用当前存在的问题

我国赤泥综合利用虽然取得了显著成效，但综合利用率仍偏低，目前存量15亿吨，每年仍有超1亿吨增量。在推动赤泥综合利用过程中，仍面临一些突出问题。

一是区域发展不均衡。各省区对赤泥综合利用的重视程度不一，工作力度不同，总体发展水平差异较大。一些赤泥产量大的省份重视程度不够，赤泥利用率较低。

二是企业利用情况差异大。2024年，全国有赤泥利用任务的企业54家，有新增赤泥的43家，大规模开展综合利用的企业只有24家。不同生产企业对赤泥利用的紧迫程度和危机意识不同，落实主体责任还有大量工作要做。

三是跨行业利用还不够畅通。赤泥虽然产生在铝行业，但综合利用领域主要在其他行业，需要跨行业密切合作，上下游产业相互支持。

四是赤泥“滚雪球”增长态势不减。存量持续增加，增量存在大幅提升态势。新建氧化铝陆续投产，新增氧化铝项目没有同步建设赤泥综合利用项目。

五是赤泥利用路径较单一。从利用结构看，赤泥选铁“一枝独秀”，2023年赤泥选铁占比58%，2024年占比超过了70%，铁矿石市场变化有可能对赤泥综合利用产生较大影响。相反，胶凝、路用及建陶等利用量不增反降。

四、我国赤泥综合利用发展相关建议

为实现《赤泥综合利用行动方案》确定的两阶段目标，全行业需进一步提高政治站位，不负使命，勇于担当，采取更加得力措施，攻坚克难，久久为功，推动赤泥综合利用再上新台阶。

一是“因地制宜、一企一策”细化实施方案。特别是重点区域和重点企业，应结合当地实际，制定有措施、有计划、有保障、可操作的方案，健全体制机制，全方位支持，包括政策、资金、人才等保障，精准到位。

二是压实氧化铝企业主体责任。控存量，对于存量氧化铝企业，应研究倒逼激励政策，推动“减量化、清洁化、资源化”；优增量，对于新建氧化铝项目，应明确规范条件，要求配套建设赤泥综合利用项目，提出利用率指标门槛。

三是加大创新力度。鼓励跨国、跨界、跨区域联合攻关，推动关键技术装备突破，加快产业化转化进程；鼓励企业管理创新、技术创新和模式创新，把

赤泥作为产品经营，为扩大应用规模和场景创造条件；提供政策性支持资金，加大基础理论研究，激发创新潜力，扶持产业推广期利用项目。

四是深化国际国内交流。搭建好国际交流平台，加强技术成果交流、应用场景示范、典型案例推荐等，推动国内技术“走出去”。

五是推动跨界合作。合力破除障碍，完善规范标准，创新合作模式。

总之，开展赤泥综合利用是一项复杂的系统工程，需要集全社会之力，高位谋划，合力攻坚，“梦虽遥，追则能达；愿虽艰，持则可圆”。

撰稿人：李秀云、孟跃辉
审稿人：曾庆猛、王吉位

2024 年铜加工工业发展报告

一、2024 年中国铜加工发展现状

（一）经济运行情况概述

1. 铜加工材及各分品种产量增长情况

2024 年，我国全年实现铜加工材综合产量（包括铜排板、铜带、铜管、铜棒、铜箔、铜线、铸造铜合金、其他）2125 万吨，同比增长 1.9%。图 1 为 2006—2024 年中国铜加工材产量及增幅图，从图中可以看出，2024 年我国铜加工材产量增长率较 2023 年有所下降，但总体仍呈现稳中有进的高质量发展趋势。

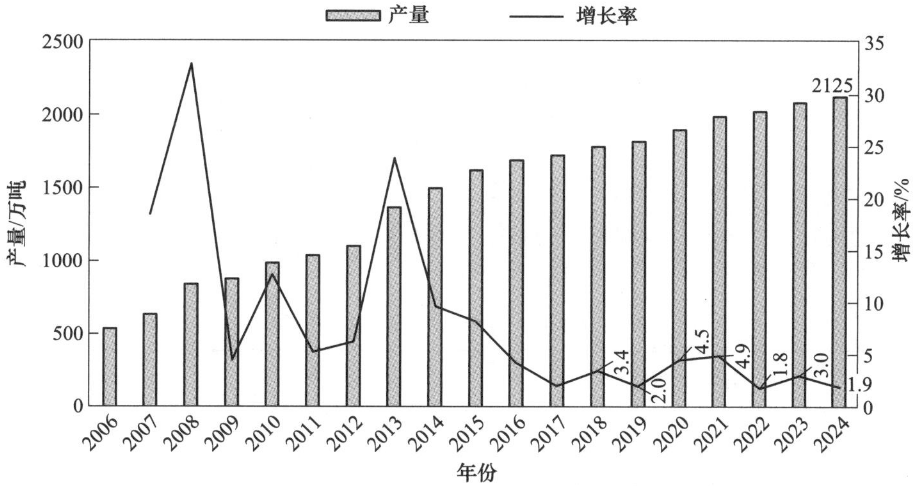

图 1　2006—2024 年中国铜加工材产量及增幅图

数据来源：中国有色金属工业协会，中国有色金属加工工业协会

表 1 为 2024 年中国铜加工材分品种产量，其中铜排板 135 万吨，同比增长 2.3%；铜带材 242 万吨，同比增长 2.1%；铜管材 236 万吨，同比增长 5.4%；铜棒材 198 万吨，同比减少 1.5%；铜箔材 105 万吨，同比增长 18.0%；铜线材 1055 万吨，同比增长 0.6%；铸造铜合金 82 万吨，保持不变；其他 72 万吨，同比增长 1.4%。

表1　2024年中国铜加工材分品种产量

品种	铜排板	铜带材	铜管材	铜棒材	铜箔材	铜线材	铸造铜合金	其他	合计
产量/万吨	135	242	236	198	105	1055	82	72	2125
增幅/%	2.3	2.1	5.4	−1.5	18.0	0.6	0	1.4	1.9

数据来源：中国有色金属加工工业协会。

2. 铜加工产业资产、利润情况

据中国有色金属工业协会统计，2024年中国铜加工行业规模以上企业主营业务收入18066.9亿元，实现利润333.5亿元，利润率为1.85%；固定资产总额5945.4亿元，负债总额4540.0亿元，资产负债率为76.4%，比2023年的增长3.5个百分点，见表2。

表2　2016—2024年中国铜加工规模以上企业资产、利润情况

项目	2016年	2017年	2018年	2019年	2020年	2021年	2022年	2023年	2024年
总资产/亿元	3753	3730	3203	3626.5	3658.6	4459.9	4596.0	5296.8	5945.4
主营业务收入/亿元	8201	9554	8548	10686.4	10726.8	14456.3	14972.0	15283.4	18066.9
利润/亿元	244	288	193	194.6	188.6	236.4	221.0	234.2	333.5
利润率/%	2.98	3.01	2.26	1.98	1.76	1.64	1.48	1.53	1.85
负债/亿元	2306	2248	1986	2360.4	2415.4	3077.1	3432.6	3860.6	4540.0
资产负债率/%	61.4	60.3	62.0	65.1	66.0	67.0	74.7	72.9	76.4

数据来源：中国有色金属工业协会。

（二）产业结构

中国铜加工材生产仍主要以江西、浙江、江苏、广东、安徽等五个省份为引领，2024年，五大主要铜加工材生产省份产量总和占全国产量的70%以上，是中国铜加工材生产的主要供应基地，未来若干年还将继续主导中国铜加工材的生产格局。除此五大省外，在产量上超过50万吨的省（市）分别有：河南95.4万吨，湖北94.4万吨，天津66.0万吨，甘肃62.5万吨，山东51.1万吨。图2为2013—2024年五个铜加工材大省产量的变化情况，从图中可以看出，江西省作为全国铜加工材产量第一大省，2024年产量大幅增长，首次突破600万吨，浙江产量反超江苏来到第二，江苏、广东、安徽产量同比都有所下降。

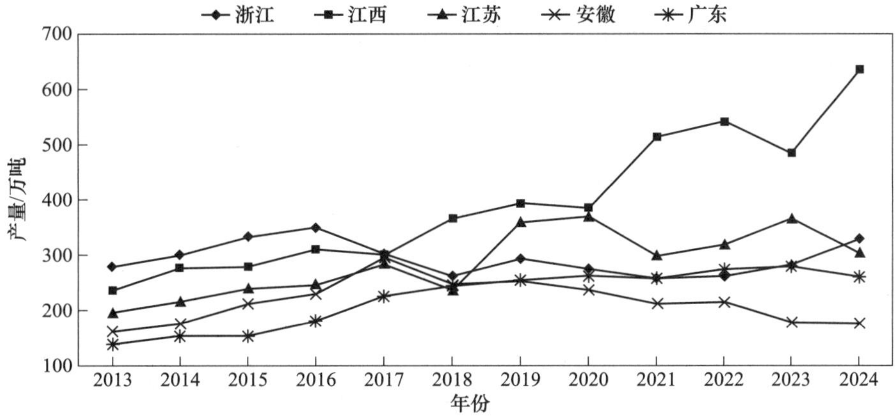

图 2　2013—2024 年中国五个主要铜加工材大省铜材产量对比

数据来源：中国有色金属工业协会，中国有色金属加工工业协会

(三) 进出口贸易

图 3 为 2006—2024 年中国铜材进出口情况，表 3 为 2024 年铜加工材各分品种进出口情况。2024 年中国铜材进口 36.47 万吨，同比增长 1.96%；出口 82.81 万吨，同比增长 22.12%，实现净出口 46.34 万吨，创历史新高，实现连续 6 年净出口。其中铜丝净出口 6.64 万吨，首次实现净出口。铜板带、铜箔（含覆铜板）净出口量分别达到 3.54 万吨、1.78 万吨，净出口局面保持稳定。分品种中，目前只有铜条杆型材、铜粉还未实现净出口，但净进口量也继续减小。

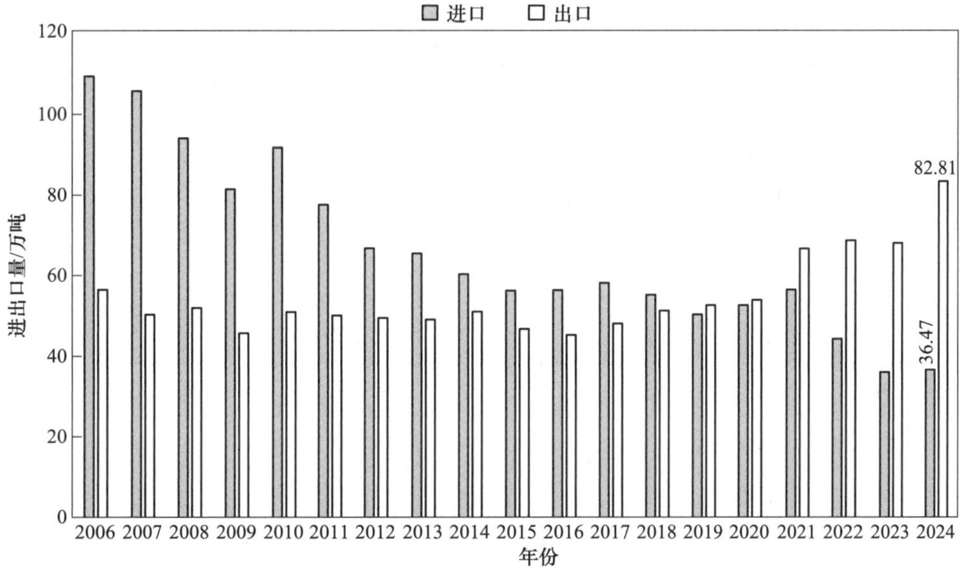

图 3　2006—2024 年中国铜材进出口情况

数据来源：海关总署，中国有色金属加工工业协会

表 3　2024 年铜加工材各分品种进出口情况

品种	2024 年				2023 年	
	进口/万吨	同比/%	出口/万吨	同比/%	进口/万吨	出口/万吨
铜粉	0.31	14.81	0.27	22.73	0.27	0.22
铜条杆型材	3.66	5.48	2.58	10.26	3.47	2.34
铜丝	8.40	-17.97	15.04	63.12	10.24	9.22
铜板带	8.90	14.54	12.44	20.78	7.77	10.30
铜箔	13.16	4.94	14.94	10.91	12.54	13.47
铜管	1.67	42.74	24.51	10.90	1.17	22.10
管子附件	0.37	19.35	13.02	28.15	0.31	10.16
合计	36.47	1.96	82.81	22.12	35.77	67.81

数据来源：海关总署，中国有色金属加工工业协会。

(四) 投建项目情况

1. 电解铜箔投资

表 4 给出了 2024 年间国内新建电解铜箔项目投建情况。2024 年电解铜箔新增年产能 67.56 万吨，其中锂电池铜箔年产能 46.11 万吨，电子电路铜箔年产能 21.45 万吨。因产能远大于需求，2024 年，铜箔行业全面亏损，造成新建产能只有不到一半实际投产。

表 4　2024 年间国内新建电解铜箔项目投建情况

序号	投建单位	项目地点	总项目规模/万吨·年$^{-1}$	项目品种产能/万吨·年$^{-1}$		开工建设时间	2024 年投产产能统计/万吨·年$^{-1}$		
				锂电	电子电路		产能规模	锂电箔	电子电路箔
1	江西诺德	江西贵溪	10	5	5	2022 年 12 月	5	2.5	2.5
2	湖北诺德	湖北黄石	10	5	5	2022 年 6 月	5	2.5	2.5
3	铜冠铜箔	安徽池州	1.5	1.5		2023 年 1 月	1.5	1.5	
4	铜陵铜冠	安徽铜陵	2	2		2022 年 8 月	1	1	
5	江铜铜箔	江西南昌	4		4	2021 年 12 月	1		1
6	江铜华东	江西上饶	10	10		2022 年 3 月	4	4	
7	华创新材	江西南昌	10	10		2023 年 3 月	5	5	
8	江东电子	江苏如东	1.5	0.3	1.2		1.5	0.3	1.2

续表 4

序号	投建单位	项目地点	总项目规模/万吨·年$^{-1}$	项目品种产能/万吨·年$^{-1}$		开工建设时间	2024 年投产产能统计/万吨·年$^{-1}$		
				锂电	电子电路		产能规模	锂电箔	电子电路箔
9	广东超华	广东梅州	2	2		2023 年	1	1	
10	广西超华	广西玉林	10	5	5	2021 年 2 月	5	2	3
11	亨通铜箔	四川德阳	5	2.5	2.5	2022 年 6 月	0.5	0.2	0.3
12	灵宝宝鑫	河南灵宝	5	5		2023 年 6 月	0.5	0.5	
13	南宁宁鑫	广西南宁	10	10		2023 年 7 月	1.25	1.25	
14	南京龙鑫	江苏南京	5.8	5.8		2023 年 12 月	2.8	2.8	
15	广东盈华	广东梅州	3.66	2.16	1.5	2022 年 9 月	3.66	2.16	1.5
16	湖北中一	湖北云梦	4	2	2	2022 年 9 月	1.3	0.65	0.65
17	鑫铂瑞	江西鹰潭	5	5		2024 年 3 月	3	3	
18	赣州逸豪	江西赣州	2	1	1	2022 年 10 月	0.3		0.3
19	长春化工	辽宁盘锦	4	4		2023 年	2	2	
20	甘肃海亮	甘肃兰州	15			2022 年 8 月	2.75	1.25	1.5
21	四川铭丰	四川长宁	8	6	2	2022 年 10 月	2	2	
22	九江琥珀	江西九江	15	13.5	1.5		2.5	1	1.5
23	嘉元科技	福建宁德	1.5	1.5			1.5	1.5	
24	江西嘉元	江西龙南	3.5		3.5	2022 年	1.5		1.5
25	广东嘉元	广东梅州	10	10			4	4	
26	江西杭电	江西南昌	5	3	2	2022 年 9 月	1	0.5	0.5
27	太原惠科	山西太原	20	10	10		7	3.5	3.5
合计							67.56	46.11	21.45

数据来源：中国有色金属加工工业协会，中国电子材料行业协会电子铜箔分会。

2. 海外投资

随着国外市场需求不断增长，头部企业凭借其资金实力、全球化经营经验及先进的生产工艺，加速推进海外投资建设，逐步提高我国铜加工国际竞争力（见表 5）。

表 5　2024 年中国铜加工企业海外投资建设情况

序号	企业	地点	时间	明细
1	海亮股份	摩洛哥	2024 年 5 月	投资 2.88 亿美元建设海亮（摩洛哥）新材料科技工业园，新建年产 5 万吨无锻轧铜及铜合金材生产线、年产 3.5 万吨铜管生产线、年产 4 万吨精密黄铜棒生产线、年产 1.5 亿只精密铜合金管件、年产 2.5 万吨锂电铜箔等新能源材料生产线
2	海亮股份	印尼	2024 年 9 月	正式完成国家发改委、商务部备案登记事宜，年产 10 万吨高性能电解铜箔项目已试生产，2025 年将实现批量生产供货
3	金田集团	泰国	2024 年 11 月	年产 8 万吨精密铜管生产项目，另布局了年产 7 万吨精密铜合金棒材项目
4	博威合金	越南	2024 年 12 月	拟投资 1.5 亿美元在越南投资建设生产基地，并设立全资子公司博威合金板带（越南）有限公司
5	斯瑞新材	泰国	2024 年	拟投资 3000 万美元建设泰国分公司，生产光模块散热基板、散热基板零件、合金压铸、铜合金零件等产品，目前建设顺利
6	有研粉材	泰国	2024 年	正式供货，标志着公司海外基地建设项目成功运行

数据来源：中国有色金属加工工业协会。

（五）下游消费情况

根据中国有色金属加工工业协会数据，2024 年，考虑到进出口贸易的中国铜加工材表观消费量为 2078.66 万吨，同比增长 1.3%（见图 4）。自 2019

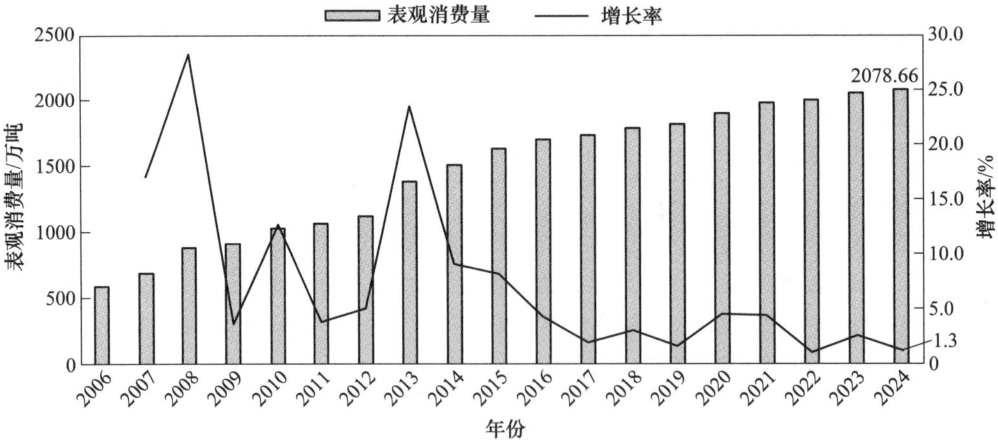

图 4　2006—2024 年中国铜材表观消费量及增速

数据来源：中国有色金属加工工业协会

年以来，由于中国铜加工材实现净出口，导致铜材的表观消费量增速呈放缓趋势，尤其是近三年，增长率均在3%以下。

从铜加工消费领域来看，目前可将铜材下游需求分为三类：一是电力、建筑家装、家用电器、电子信息等传统消费领域，2024年电力、家用电器、电子信息等传统铜加工下游产业均有所增长，建筑行业下降明显；二是新能源汽车、光伏和锂电池等“新三样”产业已成为铜材消费的中坚力量，2024年继续保持快速增长，已成为拉动铜消费的主要引擎；三是人工智能、机器人、低空经济、商业航天等新兴领域又为铜材消费开辟了新市场，为行业发展持续注入新动能。2024年三类消费行业主要完成指标见表6~表8。

表6 2024年中国传统铜消费行业主要指标完成情况

领域	指标	单位	数值	同比/%
电力	全国发电装机容量	万千瓦	334862	14.6
	其中：水电	万千瓦	43595	3.2
	火电	万千瓦	144445	3.8
	核电	万千瓦	6083	6.9
	风电	万千瓦	52068	18.0
	太阳能发电	万千瓦	88666	45.2
	电源工程建设投资完成额	亿元	11687	12.1
	电网工程建设投资完成额	亿元	6083	15.3
电子通信	集成电路	亿块	4514	22.2
	微型计算机设备	亿台	3.4	2.7
	手机	亿台	16.7	7.8
家电	冰箱	万台	10395.7	8.3
	空调	万台	26598.4	9.7
	洗衣机	万台	11736.5	8.8
	彩电	万台	20745.4	4.6
建筑	房屋施工面积	万平方米	733247	-12.7
	房屋新开工面积	万平方米	73893	-23.0
	房屋竣工面积	万平方米	73743	-27.7

数据来源：国家统计局。

表 7　2024 年中国“新三样”产品产量

项目	产量	同比/%
新能源汽车	1316.82 万辆	37.4
锂电池	1175 吉瓦时	32.6
太阳能电池	685.0 吉瓦时	15.7

数据来源：国家统计局。

表 8　2024 年中国“新兴产业”指标

项目	指标	同比/%
工业机器人	55.6 万套	14.2
服务机器人	871.2 万套	18.0
低空经济	产值 6702.5 亿元	32.5
智能算力	产值 190 亿美元	86.9
商业航天	市场规模 2.3 万亿元	21.1

数据来源：国家统计局、相关研报数据。

二、2024 年中国铜加工工业经济运行情况分析

（一）政策环境分析

1. 2024 年中国经济运行稳中有进，主要发展目标顺利实现

2024 年，面对外部压力加大、内部困难增多的复杂严峻形势，在以习近平同志为核心的党中央坚强领导下，各地区各部门深入贯彻落实党中央、国务院决策部署，坚持稳中求进工作总基调，完整准确全面贯彻新发展理念，加快构建新发展格局，扎实推动高质量发展，国民经济运行总体平稳、稳中有进，高质量发展取得新进展，特别是及时部署出台一揽子增量政策，推动社会信心有效提振、经济明显回升，经济社会发展主要目标任务顺利完成。

2. 国家税务总局发布“反向开票”新规

2024 年 4 月，国家税务总局发布《国家税务总局关于资源回收企业向自然人报废产品出售者“反向开票”有关事项的公告》，目的在于运用好政策工具，通过“反向开票”促进上下游协同联动、形成合力，为大规模设备更新和消费品以旧换新提供强有力支撑，持续增强资源回收企业、自然人报废产品出售者的获得感，为资源回收利用行业全产业链加快发展营造良好的税收环境。

3. 国务院推出《公平竞争审查条例》

2024 年 6 月，国务院推出《公平竞争审查条例》，要求加快建设全国统一大市场，提升公平竞争审查制度的法治化水平和权威性，进一步明确政府相关行为边界，有利于充分发挥市场在资源配置中的决定性作用，激发经营主体内生动力和创造合理，强化企业科技创新主体地位，保障各类经营主体依法平等使用生产要素，公平参与市场竞争。

4. 铜加工材全面取消出口退税

2024 年 11 月，财政部、国家税务总局联合发布《关于调整出口退税政策的公告》（2024 年第 15 号），宣布自 2024 年 12 月 1 日起，全面取消铜材 34 个税号和铝材 24 个税号的出口退税政策。面对政策调整，铜加工企业要积极调整出口策略，一方面，与海外终端客户协商上调加工费；另一方面，将产品出口方式从一般贸易向加工贸易方式转变，以应对市场变化。

（二）产业结构调整情况和经营形势分析

1. 铜加工行业总体稳中有进，下游需求分化明显

2024 年中国铜加工产业总体稳中有进。从下游需求看：一是除建筑家装下降外，电力、家用电器、电子信息等传统铜加工下游产业保持稳定发展的态势，稳住了铜材消费的基本盘；二是“新三样”继续快速增长，新能源汽车、光伏、风电、储能等产业快速发展，持续带动紫铜类产品快速增长，已成为拉动铜消费的主要引擎，“黄减紫增”现象明显；三是人工智能、机器人、低空经济、卫星互联网等新兴领域消费为铜材使用开辟新赛道，为铜材消费带来了新增量。

2. 电解铜箔行业全面亏损，投资热度骤减

根据铜加工上市公司 2024 年前三季度扣非净利润来看，电磁线及特种铜加工利润同比上涨，其他领域铜加工企业有增有减。值得注意的是铜箔企业，呈现了全线亏损的局面（见表 9）。

表 9　铜加工上市公司 2021 年至 2024 年 1—9 月扣非净利润情况

类别	企业名称	2021 年扣非净利润/亿元	2022 年扣非净利润/亿元	同比/%	2023 年扣非净利润/亿元	同比/%	2024 年 1—9 月扣非净利润/亿元	同比/%
综合性铜加工	海亮股份	7.645	11.22	46.73	13.08	16.56	6.79	-39.50
	金田股份	6.897	1.839	-73.33	3.77	104.93	1.31	-55.93
	楚江新材	3.842	-0.6349	-116.5	3.74	688.89	-0.17449	-125.50
	博威合金	2.483	5.523	122.5	11.40	106.27	10.58	33.19

续表 9

类别	企业名称	2021 年扣非净利润/亿元	2022 年扣非净利润/亿元	同比/%	2023 年扣非净利润/亿元	同比/%	2024 年 1—9 月扣非净利润/亿元	同比/%
铜板带	兴业合金	2.770	2.166	−21.8	1.876	−13.44		
	众源新材	1.299	1.279	−1.56	1.06	−17.05	0.72316	−10.13
	鑫科材料	0.5721	0.3300	−42.31	−0.7551	−328.8	0.30424	168.01
铜管	精艺股份	0.4526	0.1336	−70.49	0.1547	11.32	0.22799	−4.53
铜箔	嘉元科技	4.972	5.156	3.69	−0.2782	−105.4	−1.74	−2022
	中一科技	3.751	3.594	−4.19	0.057	−98.42	−1.04	−5013
	诺德股份	3.751	3.318	−11.53	−1.34	−140.4	−2.65	−238
	铜冠铜箔	3.495	2.106	−39.75	−0.2625	−112.5	−1.17	−906
	超华科技	1.003	−3.316	−430.6	−4.24	−27.79	—	—
	逸豪新材	1.538	0.5403	−64.87	−0.3594	−166.6	−0.1549	10.94
	德福科技	4.628	4.476	−3.29	0.6903	−84.58	−2.11	−427
铜粉	有研粉材	0.5508	0.5544	−28.86	0.2396	−38.85	0.27637	20.02
电线电缆	金杯电工	2.974	3.335	12.15	4.89	46.47	3.79	11.75
电磁线	精达股份	5.080	3.383	−33.4	3.98	17.64	3.86	31.00
	长城科技	2.745	1.306	−52.42	2.01	49.53	1.84	98.58
接触线承力索	电工合金	1.046	1.149	9.91	1.35	17.68	0.87293	−22.21
特种加工	斯瑞新材	0.5003	0.5264	23.13	0.8119	54.21	0.72006	30.34
水暖阀门	永和智控	0.1471	−0.2324	−258	−1.54	−578.72	−0.75913	−133.91

2024 年，电解铜箔行业遭遇了前所未有的困境。由于产能快速扩张和下游需求不及预期，行业供大于求的现象日益严重，产品价格持续走低，远低于行业平均成本。从铜箔上市公司的扣非净利润数据来看，2024 年一季度开始，已全面进入亏损状态，且亏损额逐季扩大。这一趋势导致行业投资热度骤减，新增和拟建产能大幅缩减，新开工或签约的项目也变得稀少。未来两年，预计产能扩张速度将继续放缓，行业的主要任务将集中在消化过剩产能和优化升级上。

根据调研，2024 年主流 6 微米普通抗拉强度锂电铜箔成本区间为 20000~22000 元/吨，加工费区间为 14000~18000 元/吨，吨亏损 5000 元左右；35 微米普通 THE 电子电路铜箔成本区间为 16000~18000 元/吨，加工费区间为

10000~15000 元/吨，吨亏损 4000 元左右。

3. 高质量发展成果丰硕

2024 年 6 月 24 日，2023 年度国家科学技术奖在京揭晓。河南科技大学宋克兴教授团队主持完成的“高性能铜及贵金属丝线材关键制备加工技术与应用”、西安理工大学梁淑华教授团队主持完成的“极端服役环境用高压断路器触头制备技术及产品应用”成果获 2023 年度国家科学技术进步奖二等奖。

江苏富威科技股份有限公司（热水器耐蚀热交换器用铜带）、西安泰金新能科技股份有限公司（电解铜箔成套装备）获评第八批国家级制造业单项冠军企业。

9 项铜加工行业项目获 2024 年度中国有色金属工业科学技术奖，其中一等奖 6 项、二等奖 2 项、三等奖 1 项（见表 10）。

表 10　铜加工项目获 2024 年度中国有色金属工业科学技术奖情况

序号	题目	获奖单位
一等奖 6 项		
1	超细晶超低氧高均匀无氧铜材料制备及应用	铜陵有色金属集团股份有限公司铜陵金威铜业分公司、上海大学、中铝洛阳铜加工有限公司、铜陵学院、上海万生合金材料有限公司、上海上大众鑫科技发展有限公司
2	高端端子用细晶锡磷青铜关键制备技术	中铝科学技术研究院有限公司、中铜华中铜业有限公司、绍兴智淳冶金科技有限公司
3	宽幅细晶无氧铜带坯连挤连展短流程低能耗制造技术与装备	大连交通大学、大连康丰科技有限公司
4	电子信息用高品质铜及铜合金开发、智造技术与装备	江西理工大学、江西中臻通讯科技有限公司、江西广信新材料股份有限公司、鹰潭市众鑫成铜业有限公司、鹰潭毅鹏智能科技有限公司
5	新能源用高性能铜板带材形性一体化控制技术及关键装备开发与应用	中色科技股份有限公司、中南大学、宁波金田铜业（集团）股份有限公司
6	铜板带生产全流程工艺模型库开发及应用	河南科技大学、铜陵有色金属集团股份有限公司、中铝洛阳铜加工有限公司、宁波博威合金板带有限公司、河南省科学院
二等奖 2 项		
1	新能源汽车用高表面质量铜及铜合金板带材关键控制技术	中铜华中铜业有限公司、中铝科学技术研究院有限公司

续表 10

序号	题目	获奖单位
2	电子铜合金板带材关键制备技术研发及产业化	中铝洛阳铜加工有限公司、河南科技大学、河南省科学院、中铝科学技术研究院有限公司
三等奖 1 项		
1	高精度高可靠银铜熔体材料及精确制备	郑州机械研究所有限公司、西安中熔电气股份有限公司、中国机械总院集团宁波智能机床研究院有限公司、太原理工大学、太原科技大学、河南省科学院材料研究所

高端产品研发有硬实力。兴业盛泰自主研发的“引线框架铜合金带材”成功入选“国内首批次新材料”；斯瑞新材为“天鹊”改进型号发动机提供了高强高导耐高温铜合金材料零组件，为中国商业航天在可重复使用运载火箭技术上取得重大突破保驾护航；鑫海高导推出新产品通信用屏蔽编织锡并线满足高端线缆需求；铜冠铜箔研发的电解高阶通信用极低轮廓电子铜箔实现 5G 通信关键材料技术新突破，HVLP2 等级高端铜箔首次实现出口；中铝科学院（未来研究院）攻克了细晶锡磷青铜制备难题，开发基于晶界工程的形变热处理控制技术，制备出平均晶粒尺寸小于 1.6 微米、弯曲加工性优异的细晶锡磷青铜带材。

国产装备取得新突破。中色科技 800 毫米六辊铜箔轧机、洛阳盈创极光 ϕ125/300×750 毫米六辊可逆高精度铜箔轧机被成功认定为 2024 年河南省首台（套）重大技术装备；中国重型院高端精密铜板带冷轧机组实现高端化、绿色化、智能化、高效化，在板厚、板形、表面质量、生产效率等核心工艺技术指标均达到世界一流水平；大连康丰细晶无氧铜带坯 U 形连续挤压技术与装备取得突破性进展，总体技术达到国际领先水平；太重滨海公司成功签单一台国内公称吨位最大的 6000 美吨正向双动铜挤压机。

八家铜加工企业获工信部 2024 年国家级绿色工厂称号：安徽鑫科铜业有限公司、江西凯安新材料集团股份有限公司、河南新昌电工科技有限公司、江西耐乐铜业有限公司、江东合金技术有限公司、深圳龙电华鑫控股集团股份有限公司、贵溪市正鑫铜业有限公司、湖南龙智新材料科技有限公司。

智能制造和数字化取得新进展。海亮股份与华为技术有限公司共同发布《有色金属材料（铜基材料）行业大模型创新应用蓝皮书》，共同研发、应用和推广全球领先的有色金属材料行业垂直大模型；金田铜业（基于 AI+大数据的精密铜合金新材料智能工厂）、中易微连（特种电磁线全产业链协同管控智能工厂）、保太集团（再生金属产业链一体化管控的智能工厂）获评工信部卓越级智能工厂（第一批）项目名单；金田铜业、博威合金等四家企业获评2024年国家级5G工厂；金田精密铜合金棒线工厂获评浙江省智能工厂；中铜华中铜获评湖北省先进级智能工厂；广西鑫科铜业获批广西数字化车间；航天源动力首个铜箔智能控制项目试产成功。

4. 企业并购重组有新进展

12月29日，海亮股份发布公告，公司与万州经开集团、金龙集团签署框架协议，拟以现金方式受让万州经开集团所持金龙集团部分股份，受让完成后，海亮股份持有金龙集团股份比例不低于20%。与此同时，海亮股份与金龙集团将开展合作经营，并承诺在交易完成且未来进一步增持金龙集团并达到控股地位后，仍将实施双品牌运营。

11月29日，海亮股份拟将持有的金川集团股份有限公司（简称“金川集团”）1.12%股权以10.39亿元转让给金川集团，交易完成后，公司不再持有金川集团股份。

厦门市国资委全资收购江阴电工合金控股股东100%股权，8月正式成为江阴电工合金实际控制人。

深圳市中金岭南科技有限公司与东营市东凯有色金属产业发展集团有限公司、东营鲁辰金属科技有限公司共同持股中金山东新材料合作项目，其中，中金科技占比64%。该公司专注于高精度铜合金板带的研发与制造，拥有高精板带生产线三条，主要生产锡磷青铜带、锌白铜带等系列产品，年产能约3万吨。

三、当前中国铜加工工业发展中存在的突出问题和对策建议

（一）存在的突出问题

1. 行业内卷严重，产能相对过剩

2023年12月，中央经济工作会议对内部形势的判断出现一些变化，即2021—2022年连续两年提及的“三重压力”没有再提（需求收缩、供给冲击、预期转弱），而是变成了“四重压力”（有效需求不足、部分行业产能过剩、社会预期偏弱、风险隐患仍然较多）。从铜加工行业来看，具体来说，铜箔方面，国内铜箔产能扩张增速远大于需求增速，行业竞争加剧，内卷严重，导致加工费大幅下滑，相关企业利润均有不同程度的降低，部分企业甚至发生亏损；铜板带方面，面对传统铜板带产品市场行情减弱，高端板带产品尚有空间的现状，主流企业主动扩充高端铜板带产能，楚江新材、兴业盛泰、江铜高精铜板带等纷纷扩建产能，但铜板带项目总体没有铜箔热度高。

下游需求不足，价格竞争激烈。一些领域市场需求下滑，增长领域新进入者多：房地产、水暖卫浴、服辅装饰行业有所下滑，市场需求偏弱，电力、新能源行业需求增长，但很多企业转型，如黄铜转紫铜，造成增长行业供给增多，加剧竞争。

“价格战”再起：低价恶性竞争的土壤犹在。下游“低价中标”采购的思想根深蒂固，下游大型企业招标中尤其普遍；行业加工费几乎全面下滑：铜加工材加工费几乎全面下降，黄铜、电解铜箔表现尤其突出，企业间竞争加剧，许多企业在订单大幅减少的情况下，微利运营。

2. 铜消费趋顶

预计2030年以前，国内铜消费有望继续保持增长趋势，但增长速度将大幅减慢。一方面是宏观经济调整及社会发展所处阶段，发展速度下降成为必然；另一方面，一些产业增长失速甚至衰退，对铜消费增长形成拖累；此外，市场激烈竞争引发的以降成本为目的的材料替代，也减缓了铜消费的增速。据安泰科预计，国内铜消费的峰值正在逐步临近，峰值的时间节点在2030年前后。需要重点跟踪观察的是出口形势及制造业产能的变迁。

3. 高端产品技术攻关和市场推广任重道远

高端产品关键性能仍有差距。铜板带如半蚀刻引线框架带材（194、7025、64T为主）国外进口量占70%左右，国产材料在表面质量及板型、残余应力低上还有差距；HVLP3、HVLP4级别的极低轮廓铜箔、芯片封装用3微米及以下载体铜箔、高频用埋阻铜箔、高频高速电解铜箔、9微米及以下附载体铜箔、二层法挠性覆铜板用电解（压延）铜箔、HDI板用高档高性能电解铜箔等有差距；极细线所用的合金材料与日本等国有差异；易切削黄铜棒线材微观组织的均匀性，如铅分布均匀性、双相合金相分布的均匀性还有改善空间；铜镍合金管材与欧洲KME金属有差距。

发达国家高端产品供应链难以进入。目前欧美、日韩高端市场的供应链上下游协同机制完整，且对供应链设置了门槛和壁垒，我们很难进入其供应链系统。现在，即使已经进入国外高端供应链的部分企业，也被要求去海外建厂。

在高端应用领域，我们仍与国外存在明显差距。作为后发者，我国在多个高端制造业领域，如数控机床、芯片、光刻机、医疗器械、高端传感器、折叠屏、OLED等方面，整体实力仍落后于国际先进水平。只有实现我国高端制造业的全面赶超，铜加工产业才能随之实现质的飞跃。然而，构建高端产业链并非一蹴而就，需要更多像华为、比亚迪这样的领军企业崛起，才能全面带动铜加工业及其他新型高端材料的发展。即便在技术上取得突破并开发出新产品，国内仍缺乏相应的高端应用场景。例如，铜铁合金带材在国外已广泛应用于韩国、日本的 OLED 屏幕，铜合金丝材也在电磁屏蔽领域得到广泛应用。然而，由于我国在 OLED 和电磁屏蔽等领域的发展相对滞后，这些新材料的应用进程较为缓慢。因此，推动高端制造业的全面发展，不仅是技术突破的关键，更是铜加工产业迈向高端化的必经之路。

原始创新能力不足，产学研用协作仍不完善。原创新合金匮乏：仍处于对国外先进合金的模仿和追踪阶段，个别企业提高到了成分微调和特性改良阶段；材料间相互协作仍不完善：如电子电路铜箔需要与其他材料相互配合，相关材料协作的问题也导致关键性能攻关慢；产学研用有脱节的情况。

我国铜加工行业高端装备仍依赖进口，如板带箔精轧设备、检测设备等仍依赖进口。

4. 高铜价和以铝代铜值得关注

2024 年铜价经历了大幅波动。受海外铜矿供应问题持续发酵及资金看涨情绪的影响，沪铜主力合约从 2 月 8 日运行至年内低点 67630 元/吨，涨至 5 月 20 日的最高点 88940 元/吨，创下 1993 年上市以来的最高，较年初上涨 29%，同期伦铜涨至 11104.5 美元的纪录新高。随后由于铜价涨幅过大脱离基本面迎来快速下跌，并在累库的情况下阶段性回落，但整体运行仍保持高位。对于以加工费为主要利润来源的铜加工企业，铜价大幅波动和期现价差大给企业在资金占用、套期保值、订单稳定性等方面的生产经营带来较大困扰。

近年来，铜价上涨幅度大，长期处于高位运行，市场上越来越多企业提出了“以铝节铜、以铝代铜”的想法，尤其是铜管企业压力较大，一些企业已经开始做相关研究，如空调制冷铝管、电磁铝线、铜铝复合材料等已经开始在下游领域使用，对此铜加工企业需密切关注，早做应对。

（二）对策建议

1. 政府的引导和支持

政府出台的各项政策，从发展的总体纲领、严控新建政府投资项目、加快建设全国统一大市场、再生资源管理、出口退税等方面对行业做出了指导和调控。铜加工企业要充分遵守，并就相关政策积极建言献策。

2. 以海外知名企业为标杆，全面对表对标

建议国内综合性铜加工企业要学习全球先进性标杆企业维兰德；专精特新企业要学习日本铜加工企业，如神户制钢、三菱金属、同和、JX 金属、古河电工、NGK（株）、三井住友、日立等。

3. 坚持自主创新

首先持续加大科技创新投入，打造高水平创新平台，加强与高校等科研院所合作，推动科技创新和产业创新深度融合，加快科技成果转化；其次坚持开展原创性和基础性创新，加强合金牌号和熔铸、塑性加工、热处理、焊接等理论和技术研究，强化标准引领，加强知识产权保护；再有聚焦国防军工、航空航天等领域关键材料制造技术，解决“卡脖子”难题，推进全面进口替代，实现科技自立自强；最后聚焦人民群众美好生活需要，为“新三样”等战略新兴产业和未来产业提供坚强材料支撑，不断拓宽铜材应用领域，开发满足不同消费群体个性化需求的优质产品。

4. 坚持推进绿色化智能化发展

绿色化方面，要提升再生铜应用比例，发展循环经济；努力提升能源、资源利用效率，提高环保等级；推动能源结构绿色转型；加快绿色科技创新和低碳技术推广运用。

智能化方面，要主动开展装备升级改造，坚持智能化方向。首先是优化熔铸产能，从源头上保证原材料质量，尤其是铜板带箔和高端铜棒企业要重视；再有是提高装备智能化和专业化水平，对标先进，打造智能制造示范工厂和专业化工厂，推动生产效率、安全水平和质量稳定性显著提升；最后是装备更新、升级，主动适应铜材消费结构变化，巩固优势产品市场领先地位，打造特色主导产品，争做单项冠军和隐形冠军，坚持专精特新发展路径，坚定不移向深加工延伸不动摇。

5. 坚定不移做好铜加工材进口替代和高水平出口

要坚持进口替代不动摇。我国高端产品关键性能仍存在差距，要加强工艺研究改进，与其他材料配套协作，产学研用进一步深入合作，实现替代进口：坚持实现高铜合金带、白铜带等产品进口替代；推动紫铜带、无氧铜带、锡青铜带、黄铜带产品高水平出口；逐步实现关键电子电路铜箔进口替代；白铜管工艺改进，性能突破；铜浆用铜粉积极替代进口；实现极细丝进口替代。

要坚持高水平出口。我国铜加工材规模大、品种全、质量优，在世界上有很强的竞争能力，具备了高水平出口的条件：要坚持铜管和管子附件高水平出口；推动紫铜带、无氧铜带、锡青铜带、黄铜带、锂电铜箔产品高水平出口；积极扩大铜粉、铜条杆型材、铜丝出口；同时要积极应对贸易摩擦，发挥政府、行业协会、企业和国外用户四方机制作用。

要稳慎推进海外投资。随着国内需求趋向饱和、竞争加剧，许多企业在海外布局生产基地或开设销售公司。近两年，海亮、博威、金田、斯瑞相继海外投资新建。企业要稳慎推进海外项目建设，行稳致远，具体而言要从以下几方面入手：密切关注国际贸易规则的变化和政策调整，及时调整企业的海外布局策略，避免因政策变化带来的风险；国家外交及政府有关部门应给予海外中资企业更大的支持力度；企业应注意加强知识产权保护，避免关键技术窃取流失；关注海外布局前的当地政策、融资环境、环保政策，这些会影响投资和正常开展生产业务。

6. 向深加工和新应用领域发展

铜加工传统领域需求下滑，企业要主动识变求变，向下游深加工延伸。目前向新应用领域布局的企业越来越多，如金田铜业加快新能源汽车、风电、光伏、5G 通信、轨道交通、IGBT 半导体材料、精密机械制造等领域产品布局；陕西斯瑞做成品零部件（电触头，液体火箭发动机推力室材料、零件、组件，医疗影像装备等电真空用材料、零组件）；博威合金加大新能源业务投入力度，形成“新材料+新能源”双驱动模式；宁波兴业瞄准新能源汽车和新一代连接器开发新产品；众源新材积极拓展储能相关业务，并做动力电池金属结构件项目；浙江力博向下游电缆和铜精深加工延伸等。

7. 防控风险，活着比发展更重要

确保现金流安全。坚决拒收商业承兑汇票，拒绝不合理的付款账期；加强存货和应收账款管理，做好回款；及时优化客户结构，调整去除潜在风险客户；做好铜期货套保，防范铜价波动风险。慎新投资。铜加工产能已全面过剩，除填平补齐外，原则上不建议新建投资项目，高投资项目尤其要慎重，建议加强产能合作。做好供应链管理。稳定可靠的供应链是企业可持续发展的必要条件，装备、辅料优劣深刻影响产品质量。守住安全生产底线。要把安全生产内化于心、外化于行，以“时时放心不下”的责任感落实好安全生产。

8. 做好行业自律，勇担社会责任

中共中央政治局 7 月 30 日召开会议，分析研究当前经济形势，部署下半年经济工作，审议《整治形式主义为基层减负若干规定》。会议强调，要强化行业自律，防止“内卷式”恶性竞争。

作为行业协会，防范“内卷”任重道远。一方面要引导企业加强创新，差异化发展，避免恶性竞争；另一方面要充分发挥桥梁纽带作用，积极组织协调，规范会员经营行为，强化行业自律。

勇于承担社会责任，是企业家精神的重要内容。习近平总书记在企业家座谈会上指出：“企业既有经济责任、法律责任，也有社会责任、道德责任。”

企业质量和生命力是一个经济体竞争力的微观基础，企业家才能及企业家精神是影响企业成长的重要因素。铜加工企业，尤其上市公司、大中型企业，要积极编制并发布 ESG 相关报告，做好 ESG 管理。

撰稿人：吴　琼、胡　亮、袁　帅
审稿人：范顺科

2024 年铝加工工业发展报告

一、2024 年中国铝加工工业发展现状

（一）行业运行平稳

1. 产量持续增长

根据国家统计局初步统计，2024 年我国铝材产量为 6783 万吨，比上年增长 7.7%，增速较 2023 年提高了 2 个百分点。图 1 为 2000—2024 年我国铝加工材产量及增幅图，从图中可看出，我国铝材产量总体保持增长态势，2019—2024 年年均复合增长率为 5.2%。

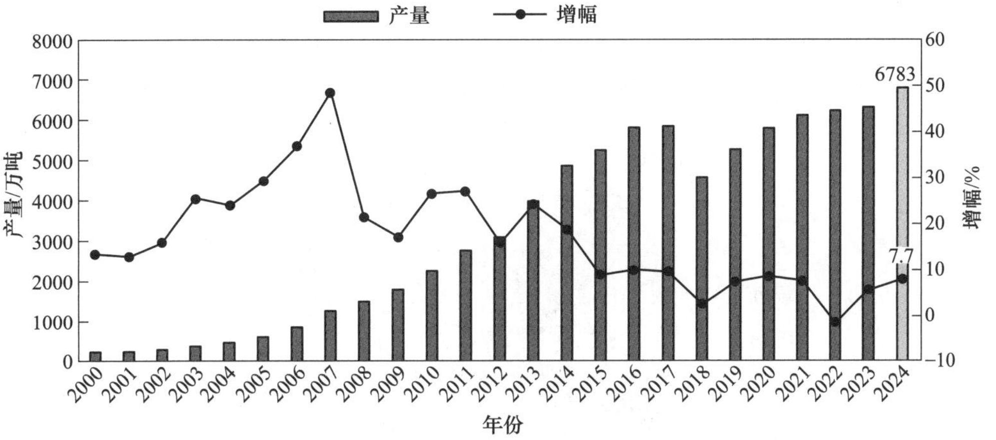

图 1　2000—2024 年中国铝加工材产量及增幅图

数据来源：国家统计局，中国有色金属工业协会

2. 行业营收增长，但利润下滑

根据国家统计局数据，截至 2024 年年底，我国铝加工工业规模以上企业数量为 4067 家，比上年增加 414 家；全年实现营业收入 17643 亿元，比上年增长 10.9%；利润总额 371 亿元，比上年下降 25.9%；销售利润率 2.1%，比上年下降 1 个百分点；资产负债率 58.8%，比上年下降 3.3 个百分点。2013 年以来我国铝加工业销售利润额和利润率情况见图 2。

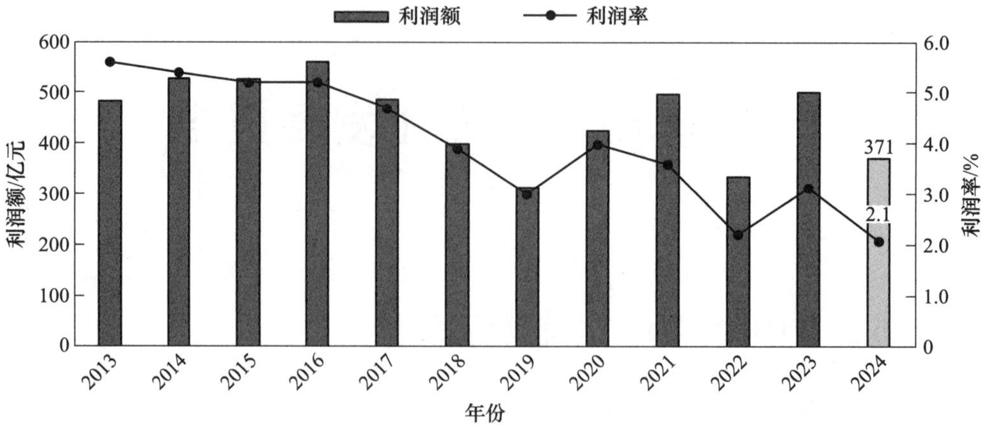

图 2　2013—2024 年中国铝加工业销售利润额和利润率

数据来源：国家统计局，中国有色金属工业协会

（二）产业分布广泛

产业分布方面，2024 年我国共有 29 个省（区、市）生产铝材，产量排名前十位的省（区、市）依次是山东、河南、广东、广西、江苏、江西、内蒙古、浙江、四川和重庆，合计产量占全国的 80%，比上年提高 1.7 个百分点。其中，山东与河南铝材产量超过 1000 万吨（见图 3）。

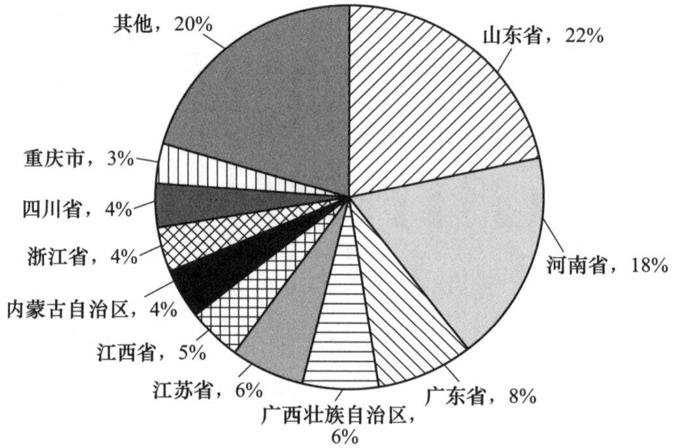

图 3　2024 年中国铝材产量分布

数据来源：国家统计局，中国有色金属工业协会

（三）国内铝材表观消费增速放缓

据中国有色金属加工工业协会数据，2024 年，剔除铝箔坯料并考虑铝材进出口后的我国国内铝材表观消费量为 3696 万吨，比上年增长 2.0%，增速明显放缓。2004—2024 年中国铝材表观消费量及增幅详见图 4。

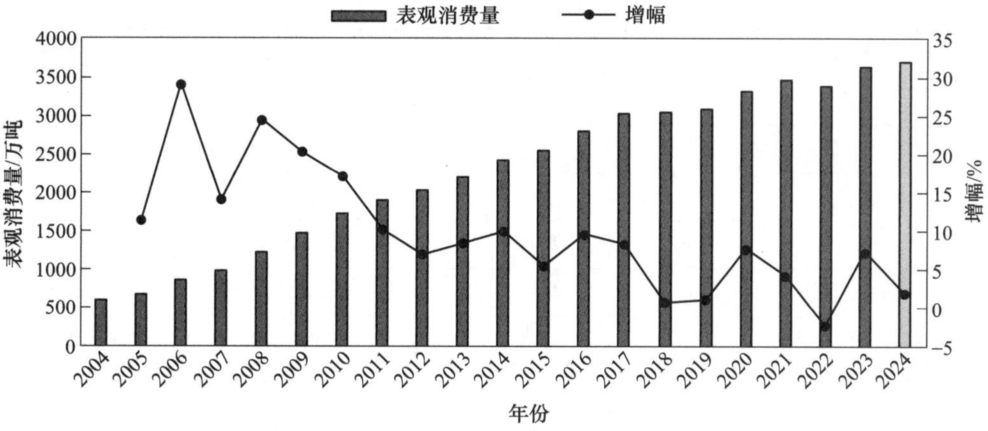

图 4　2004—2024 年中国铝材表观消费量及增幅

数据来源：中国有色金属加工工业协会

从下游消费行业来看：（1）我国新能源汽车、光伏电池和锂电池等“新三样”继续保持两位数增速，持续带动新能源汽车型材、汽车板、光伏型材、电池箔等细分品种快速发展，依然是拉动国内铝材消费增长的中坚力量。（2）房地产行业领域持续低迷，房地产投资、新开工施工面积、竣工面积等分别同比下滑 10.6%、23.0%、27.7%，建筑型材消费依旧疲软；但得益于“两新”“两重”政策，电网、汽车、家电、包装和 3C 等其他传统消费领域，全年完成量都有不同幅度增长，一定程度上弥补了建材市场的低迷。（3）人工智能、低空经济、商业航天等新兴领域开辟了铝材应用新赛道，工业机器人、无人机、民营火箭等加速发展，为铝材消费带来新增量、新亮点。2024 年重点铝消费行业主要指标完成情况见表 1。

表 1　2024 年重点铝消费行业主要指标完成情况

指标	单位	数值	增幅/%
新能源汽车产量	万辆	1316.8	38.7
锂电池产量	吉瓦时	1096.8	41.0
太阳能电池产量	万千瓦	68495.3	15.7
房屋竣工面积	万平方米	73743.21	−27.7
房地产新开工施工面积	万平方米	73892.84	−23.0
房地产投资	亿元	100280.21	−10.6
电网工程建设投资完成额	亿元	6083	15.3
汽车产量	万辆	3155.9	4.8

续表 1

指标	单位	数值	增幅/%
空调产量	万台	26598. 4	9. 7
洗衣机产量	万台	11736. 5	8. 8
冰箱产量	万台	10395. 7	8. 3
彩电产量	万台	20745. 4	4. 6
手机产量	万部	166952. 9	7. 8
微型计算机产量	万台	33912. 9	2. 7
集成电路产量	亿块	4514. 2	22. 2
动车组产量	辆	1868	50. 6
工业机器人产量	套	556369	14. 2
智能车载设备制造行业增加值	—	—	25. 1
智能无人飞行器行业增加值	—	—	53. 5

数据来源：国家统计局，中国汽车动力电池产业创新联盟。

（四）铝材进口和出口双增长

1. 进口量微增

2024 年，我国进口铝材 39. 8 万吨，比上年增长 3. 6%。其中，铝板带材进口 27. 9 万吨，比上年增长 0. 2%，占进口铝材总量的 70. 0%；铝箔进口 5. 2 万吨，比上年下降 13. 9%，占进口铝材总量的 13. 1%；铝挤压材进口 4. 6 万吨，比上年增长 26. 3%，占进口铝材总量的 11. 5%。图 5 为 2001—2024 年我国铝材进口情况。

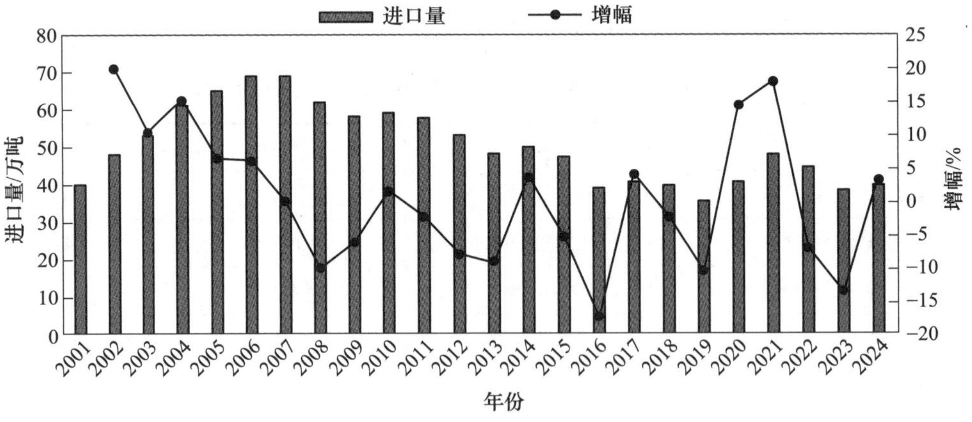

图 5　2001—2024 年中国铝材进口情况

数据来源：海关总署

2024 年，我国铝材进口来源地国家和地区共有 84 个，其中自韩国进口 20.4 万吨，占 51.3%；自日本进口 7.9 万吨，占 19.8%。进口量超过 1 万吨的国家和地区还包括中国台湾、法国、美国、越南和德国。

2. 出口再创新高

2024 年，我国出口铝材 630.1 万吨，比上年增长 19.3%，创历史新高。其中，铝板带材出口 342.5 万吨，比上年增长 23.5%，占出口铝材总量的 54.4%；铝箔材出口 155.6 万吨，比上年增长 18.9%，占出口铝材总量的 24.7%；铝挤压材出口 123.4 万吨，比上年增长 9.5%，占出口铝材总量的 19.6%。图 6 为 2001—2024 年我国铝材出口情况。

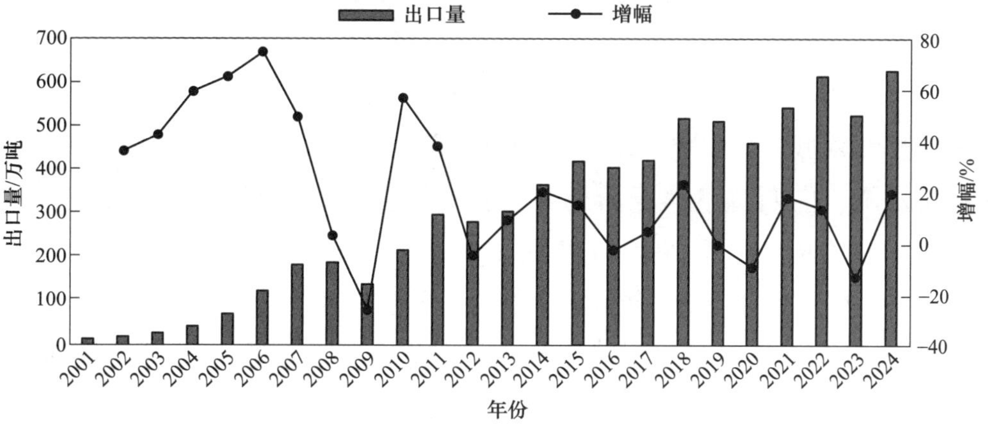

图 6　2001—2024 年中国铝材出口情况

数据来源：海关总署

2024 年，我国铝材出口目的地国家和地区共有 222 个，其中墨西哥居第一位，出口量 63.3 万吨，占铝材出口总量的 10.0%；越南、韩国、泰国、印度、美国、加拿大、印度尼西亚、马来西亚和阿联酋分别位列第二至第十位。合计向前十位国家出口铝材 333.8 万吨，占出口总量的 53.0%。2024 年我国铝材前十大出口目的地国家和地区详见表 2。

表 2　2024 年中国铝材前十大出口目的地国家和地区

排名	国家和地区	2024 年出口量/万吨	2023 年出口量/万吨	增幅/%
1	墨西哥	63.3	50.9	24.3
2	越南	41.0	31.7	29.4
3	韩国	38.8	33.0	17.7
4	泰国	35.2	28.8	22.2

续表 2

排名	国家和地区	2024 年出口量/万吨	2023 年出口量/万吨	增幅/%
5	印度	35.0	28.0	25.0
6	美国	25.9	24.2	7.3
7	加拿大	25.3	20.3	24.7
8	印度尼西亚	24.6	18.1	35.8
9	马来西亚	23.6	18.3	28.9
10	阿联酋	21.1	15.6	34.9
其他国家和地区		296.4	259.6	14.2

数据来源：海关总署。

（五）新增项目依然较多

在铝板带领域，尤其热连轧，新增投资项目依然火热。目前，云南智铝新材料有限公司、广西智慧鑫源新材料科技有限公司、华峰铝业有限公司、西南铝业（集团）有限责任公司均在建设（1+4）热连轧项目，宝武铝业科技有限公司（1+3）热连轧于 2024 年 11 月 15 日成功升级改造为（1+4）。在铝箔领域，中铝铝箔（云南）有限公司年产 17 万吨新能源高精铝板带箔项目开工建设，包头常铝北方铝业有限责任公司年产 10 万吨再生铝板带箔项目建设中，洛阳龙鼎铝业有限公司年产 10 万吨电池箔/双零箔项目一期主体设备完成安装调试。在铝挤压领域，西南铝业（集团）有限责任公司规划建设 250 兆牛世界最大双动铝挤压机项目，广东华昌集团有限公司年产 20 万吨铝型材项目试运行，微科（内蒙古）新材料科技有限责任公司年产 20 万吨绿色轻量化高端铝合金精深加工项目试生产……当前，铝加工行业投资热情依然不减，产能增长较快，产能过剩压力将进一步加大。

（六）科技创新持续强化

2024 年，东北轻合金有限责任公司、山东南山铝业股份有限公司、佛山市三水凤铝铝业有限公司、中色科技股份有限公司等完成的“大规格航空铝合金板材残余应力调控关键技术及工程应用”“绿色再生高端铝合金产业化成套技术装备及应用（发明）”“新能源汽车用铝型材研发与产业化应用”“2800 毫米宽幅高精度铝合金板带六辊冷轧装备研制及应用”等六个铝加工项目获得 2024 年度中国有色金属工业科学技术奖一等奖，详见表 3。

表3　2024年中国有色金属工业科学技术奖一等奖名单（铝加工行业）

序号	项目名称	完成单位
1	新能源汽车用铝型材研发与产业化应用	佛山市三水凤铝铝业有限公司、佛山大学等
2	高性能铝合金焊材成型与焊接界面冶金调控关键技术及应用	上海交通大学、郑州机械研究所有限公司等
3	大规格航空铝合金板材残余应力调控关键技术及工程应用	有研工程技术研究院有限公司、东北轻合金有限责任公司等
4	绿色再生高端铝合金产业化成套技术装备及应用（发明）	北京科技大学、山东南山铝业股份有限公司等
5	铝加工大数据治理与质量控制技术研究与应用	汉江丹江口铝业有限责任公司、中铝郑州有色金属研究院有限公司等
6	2800毫米宽幅高精度铝合金板带六辊冷轧装备研制及应用	中色科技股份有限公司、中铝材料应用研究院有限公司等

数据来源：中国有色金属工业协会。

截至2024年底，我国铝加工行业专利拥有量达到52030件，增长24.0%。其中发明专利13592件，占比26.1%；实用新型专利35117件，占比67.5%；外观设计专利3321件，占比6.4%。此外，中铝瑞闽股份有限公司、乳源东阳光优艾希杰精箔有限公司、广东华昌集团有限公司等完成的“一种镜面状阳极氧化铝合金压延板及其制备方法”“一种用于汽车板的6181铝合金及其制备方法”“一种高强度高导电率的变形铝合金及其制备方法”等三个铝加工相关专利获得第二十五届中国专利优秀奖。

（七）绿色智能发展扎实推进

绿色化水平进一步提高。内蒙古创源金属有限公司、格朗吉斯铝业（上海）有限公司、河南明泰科技发展有限公司、河南明晟新材料科技有限公司、浙江永杰铝业有限公司、山东创新精密科技有限公司、高科建材（西安）新材料科技有限公司、宁波科诺精工科技有限公司、内蒙古天硕铝业有限公司等14家铝加工企业荣获“2024年度国家级绿色工厂”称号。截至目前，全行业共有70余家企业获得“国家级绿色工厂”称号。

智能制造进一步发展。福建省南平铝业股份有限公司获评“2023—2024年度两化融合管理体系升级版贯标AAA级优秀企业”、中铝瑞闽股份有限公司成功入选2024年国家级5G工厂名录。此外，自2021年以来，中铝特种铝材（重庆）有限公司、河南明泰铝业股份有限公司、广西南南铝加工有限公司、福建省闽发铝业股份有限公司也先后上榜国家级智能制造示范工厂。

二、2024年中国铝加工业经济运行情况分析

（一）政策环境分析

国家统计局初步核算，2024年我国生产总值1349084亿元，按不变价格计算，比上年增长5.0%。面对经济下行压力加大的不利局面，党中央聚焦突出问题精准施策，加力实施存量政策，果断部署一揽子增量政策，极大地增强了市场信心，改善了预期，增强了市场活力，全年经济运行呈现“前低、中高、后稳”态势。尤其是在“两新”“两重”政策加持下，全方位扩内需迎来积极信号，经济企稳回升的有利条件在增加。

数字化绿色化转型协同发展。2024年1月16日，工信部等九部门印发《原材料工业数字化转型工作方案（2024—2026年）》，提出到2026年，有色金属行业数字化基础和网络化支撑明显增强、智能化应用水平显著提高，绿色发展与安全生产水平大幅提升、技术供给与公共服务持续强化，初步建成技术先进、体系完备、安全高效的数字化转型生态。8月11日，中共中央、国务院印发《关于加快经济社会发展全面绿色转型的意见》，提出大力推动钢铁、有色、石化等行业绿色低碳转型，优化产能规模和布局，合理提高新建、改扩建项目资源环境准入门槛等。

强化标准引领。2024年12月13日，工信部等四部门印发《标准提升引领原材料工业优化升级行动方案（2025—2027年）》，提出到2027年，引领原材料工业标准体系逐步完善，标准工作机制更加健全，推动传统产业深度转型升级、新材料产业创新发展的标准技术水平持续提升；要开展标准体系优化建设，加快数字化转型标准研制，推进绿色低碳标准建设，加强新材料产品标准培育，夯实行业标准化安全质量基础，强化标准实施应用。

（二）产业结构调整情况和经营形势分析

1. 细分领域分化加剧

2024年我国铝加工材产量保持持续增长，取得了非常了不起的成就，但近年来增速放缓趋势明显，2000—2019年产量年均增长率为18.2%，2019—2024年下降至5.2%。此外，虽然总产量仍持续增长，但细分行业之间的分化已经日益加剧，尤其近年来在“新三样”的带动下，相关新兴行业突飞猛进，2024年光伏型材、新能源汽车板、电池箔分别实现16.2%、42.9%、25.0%的增长；而以房地产为代表的传统细分行业则明显增长乏力，甚至出现下降，如建筑铝型材产量已经连续四年下降了，2024年降幅甚至达19.9%。

2. 中国铝加工产业发展仍处于重要战略机遇期

虽然面临消费趋顶、贸易摩擦等严峻挑战，但从宏观看，我国经济韧性强、潜力大、活力足，长期向好的基本面没有变；从行业看，铝消费趋顶是一段过程，平台期从几年到几十年都有可能；从细分领域看，我国城镇化仍有一定的提升空间，新农村建设孕育巨大需求，建筑装饰和旧房改造的盘面会越来越大，以新能源汽车、太阳能光伏电池、锂电池等“新三样”为代表的新兴消费不断繁荣，低空经济、商业航天等新增长引擎蓬勃发展，因此我们有理由坚定信心，当前和今后一个时期我国铝加工产业发展仍处于重要战略机遇期。未来中国铝加工行业将进一步朝着集团化、专业化、智能化、绿色化、国际化方向发展。

三、当前中国铝加工工业发展中需要关注的问题

（一）铝消费趋顶

2024 年，我国全口径国内铝消费量约 5000 万吨，人均铝消费量达到 35.5 千克，较 2024 年增长 4.3%，已经进入预测峰值平台，并超过 1999 年美国人均铝消费量最高值 35.2 千克，仅仅低于个别经济发达、人口总量相对较小的发达国家。

（二）出口面临更大挑战

贸易摩擦常态化。2024 年，印度、欧亚经济联盟、泰国、以色列、美国等分别对中国铝箔、铝挤压材、铝制餐具等铝材及制品启动反倾销和反补贴调查（见表 4）。截至 2024 年底，中国铝加工业已遭受 50 余起主要贸易救济案件，其中 2019 年以来新增案件约占一半，涉案产品范围从铝型材、铝板带和铝箔等铝加工材产品向铝制品蔓延。

表 4　2024 年中国铝材及制品领域新增贸易救济案件

序号	申诉主体	案件概要	原审立案时间
1	以色列	对中国铝产品反倾销案	2024 年 7 月 25 日
2	泰国	对华铝挤压材启动反倾销调查	2024 年 7 月 16 日
3	美国	对中国铝制餐具反倾销和反补贴案	2024 年 6 月 6 日
4	欧亚经济联盟	对华铝箔启动反倾销调查	2024 年 4 月 7 日
5	印度	对华铝箔启动反倾销调查	2024 年 3 月 21 日

数据来源：中国贸易救济信息网。

单边制裁不断升级。5 月 14 日，美国宣布在原有对华 301 关税基础上，进

一步提高对自华进口的电动汽车、锂电池、光伏电池、关键矿产、半导体及钢铝、港口起重机、个人防护装备等产品的加征关税。其中，对铝产品加征关税将由 7.5%提高至 25%。8 月 26 日，加拿大政府宣布从 2024 年 10 月 15 日起，对华部分铝产品加征 25%附加关税。

取消出口退税。11 月 15 日，财政部、税务总局发布《关于调整出口退税政策的公告》（2024 年第 15 号），自 12 月 1 日起取消铝材 24 个税号出口退税。

此外，欧盟碳边境调节机制、美国涉疆法案贸易壁垒新花样层出不穷。我国铝材出口承受的国内外压力持续加剧，出口面临的挑战更加严峻。

（三）行业内卷加剧

受产能过剩叠加产品同质化、下游消费品价格下滑等诸多因素影响，2024 年全行业价格竞争仍然相当激烈，内卷十分严重，主要铝材产品加工费继续下滑，甚至已经达到历史低点，直逼成本线。其中，建筑、易拉罐料、包装铝箔等传统铝材产品加工费继续下滑；与“新三样”相关的光伏型材、汽车车身薄板、电池箔等产品加工费跌幅也超过 10%，光伏型材降幅甚至超过 40%左右，详见图 7。

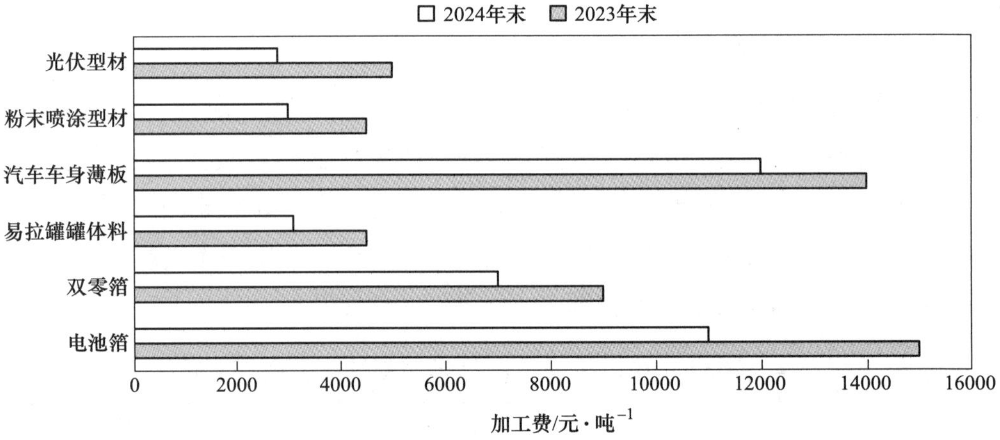

图 7　2024 年末与 2023 年末部分铝材加工费对比

数据来源：中国有色金属加工工业协会

（四）房企违约风险犹在，光伏企业违约阴霾浮现

在房地产领域，随着保交楼进入尾声，房地产开发投资、竣工面积等一系列相关指标持续下降；朗诗、东原、金辉、雅居乐、万科等房地产企业深陷债务危机，房企违约风险依然严峻，建筑型材企业面临的市场环境不容乐观。

在光伏领域，光伏行业将进入新一轮下行周期，企业亏损面持续扩大，行业现金流危机加剧。据部分光伏上市企业2024年业绩年报显示，隆基绿能、通威股份、TCL中环等头部企业亏损更为严重，最高亏损超98亿元。光伏型材企业要深刻吸取房地产企业爆雷教训，积极主动应对，充分做好预案。

（五）安全事故频发

2024年，铝加工深井铸造环节生产安全事故呈多发态势，先后发生亚太轻合金（南通）科技股份有限公司、奋安铝业股份有限公司、河南中瑞有色金属材料有限公司、山西东南精工科技有限公司4起爆炸事故，造成15人死亡、38人受伤，安全生产形势十分严峻。2018年以来，铝加工深井铸造领域共发生了10起安全生产事故，其中9起为较大事故，令人十分痛心。

12月27日，应急管理部执法工贸局颁发《铝加工（深井铸造）安全规范》强制性标准征求意见稿，旨在进一步落实安全生产。各企业一定要树牢安全发展理念，切实做到不安全不生产，隐患不整改不生产，关键设备不确认不生产，时刻把安全生产放在第一位，充分吸取事故教训。

四、对中国铝加工工业发展的建议

（一）推动科技创新与产业创新融合发展

一是持续加大科技创新投入，打造高水平创新平台，加强与高校等科研院所合作，推动科技创新和产业创新深度融合，加快科技成果转化。二是坚持开展原创性和基础性创新，加强合金牌号和熔铸、塑性加工、热处理、焊接等理论和技术研究，强化标准引领，加强知识产权保护。三是聚焦国防军工、航空航天等领域关键材料制造技术，解决“卡脖子”难题，推进全面进口替代，实现科技自立自强。四是聚焦人民群众美好生活需要，挖掘铝材在人工智能、低空经济、商业航天等新兴领域的应用，不断拓宽铝材应用领域。

（二）坚持推进装备升级改造

要利用国家这一轮推动大规模设备更新的机会，主动开展装备升级改造。一是优化熔铸产能，从源头上保证原材料质量，尤其是工业铝型材和高端铝板带箔企业要高度重视。二是提高装备智能化和专业化水平，对标先进，打造智能制造示范工厂和专业化工厂，推动生产效率、安全水平和质量稳定性显著提升。三是主动适应铝材消费结构变化，进行装备更新、升级。

（三）提高绿色化水平

一是加大绿电铝使用比例，提升产品的绿色环保属性，积极申请绿色产品认证，建立产品碳足迹追溯体系。二是积极使用再生铝，要以安全环保为前提，以质量达标为底线，以保级循环利用为方向，不断推动再生铝与铝加工融合发展。三是完善回收体系建设，构建闭环产业链，完善铝制品回收渠道，推动建立铝行业回收利用标准体系，规范回收市场秩序。四是推广使用清洁能源，在厂房屋顶、闲置场地等区域建设分布式光伏电站，提高清洁能源使用比例；推广应用余热回收、智能能源管理系统等节能技术，实施能源梯级利用。

（四）千方百计推动高水平出口

一方面要优化产品结构。开发高端铝材及制品，避免产品单一导致的市场风险；按照“差异化、特色化、高端化”的思路，打造特色产品，提升市场竞争力；向深加工和终端延伸，不断提升产品附加值。

另一方面要加强国际市场开发。对已有贸易保护措施的国家和地区，要聚集细分市场，同时开发替代市场；对没有贸易保护措施的国家和地区，更要加大市场开发力度，充分抓住市场机遇。

（五）加强风险防控

一要确保现金流安全，拒绝不合理的付款账期，做好应收账款和回款管理，及时优化客户结构，警惕潜在风险客户。二要做好电解铝期货套保，防范铝价波动风险。三要慎新投资，除填平补齐外，原则上不建议新建投资项目，尤其要慎重新建热连轧生产线、超大型挤压机等高投资项目。四要加安全生产管理，坚决守住安全生产底线，要把安全生产内化于心、外化于行。五要加强行业自律，树立命运共同体意识，加强交流合作，共同应对行业挑战。

撰稿人：靳海明、卢　建、李谦锋、周　飞、张　璐
审稿人：范顺科

品种篇

PINZHONG PIAN

2024年铜工业发展报告

2024年以来，铜行业、企业以习近平新时代中国特色社会主义思想为指导，认真贯彻落实习近平总书记在中央经济工作会议上的重要讲话精神，深刻把握经济工作会议的总体要求和政策取向，深入贯彻落实党中央关于经济工作的决策部署，进一步巩固和增强铜行业回升向好态势，延续了的良好发展态势，铜价创历史新高，经济效益稳步增加，但冶炼产能不断扩张、现货加工费持续低位等问题依然突出。

一、2024年世界铜工业发展概述

（一）生产

2024年世界铜产品生产保持平稳增长，全年铜矿产量增幅大于2023年。根据国际铜研究组（ICSG）统计，2024年世界矿产铜（含铜量，下同）产能为2861.8万吨，同比增长1.3%；产量为2291.3万吨，同比增长2.4%，增幅扩大，其中铜精矿产量1813.8万吨，同比增长2.4%，湿法铜产量477.5万吨，同比增长4.2%；产能利用率为80.1%。从产量分布来看，智利和秘鲁两国是最主要的铜矿生产国，2024年合计产量占全球产量的36%；前十国合计产量占全球产量的80.8%，铜矿生产维持了较高集中度；湿法铜主要集中在刚果（金）、智利和美国，合计产量占比达88.8%，详见表1。

表1　2024年世界矿产铜分国别产量（金属量）统计　　（万吨）

序号	国家	合计	铜精矿	湿法铜
1	智利	550.7	428.2	122.5
2	秘鲁	273.6	263.7	9.9
3	刚果（金）	312.5	56.7	255.8
4	中国	184.3	177.8	6.5
5	美国	105.6	59.9	45.7
6	印度尼西亚	106.2	104.8	1.4
7	俄罗斯	88.1	88.0	0.1

续表 1

序号	国家	合计	铜精矿	湿法铜
8	澳大利亚	77.4	76.0	1.4
9	哈萨克斯坦	76.4	73	3.4
10	赞比亚	75.6	65.1	10.5
前十小计		1850.4	1393.2	457.2
世界合计		2291.3	1813.8	477.5

数据来源：ICSG。

根据 ICSG 统计，2024 年全球精炼铜产能 3311.5 万吨，同比增长 3.0%；全球精炼铜产量 2763.3 万吨，同比增长 4.3%，增幅略有缩小，其中矿产精炼铜 2305.2 万吨，同比增长 4.7%，再生精炼铜 458.1 万吨，同比增长 2.0%，再生精炼铜占比 19.9%，较 2023 年略有增长；产能利用率 83.4%，较 2023 年下降 1 个百分点。从产量分布来看，中国是最大的精炼铜生产国，2024 年产量占全球的 45%，较 2023 年下降 0.7 个百分点。其他精炼铜主要生产国还有智利、刚果（金）、日本、俄罗斯等，其中刚果（金）精炼铜产量增长较快，超过日本跃居全球第三；前十国合计产量占全球产量的 82.8%，集中度进一步提高，详见表 2。

表 2　2024 年世界精炼铜分国别产量（金属量）统计　　（万吨）

序号	国家	合计	电积铜	电解铜	再生铜
1	中国	1242.9	6.5	949.2	287.2
2	智利	194.2	122.5	71.7	—
3	刚果（金）	255.8	255.8	—	—
4	日本	156.7	—	122.4	34.3
5	俄罗斯	95.3	0.2	80.1	15
6	美国	90.3	45.7	40.7	3.9
7	韩国	62.5	—	47.1	15.4
8	德国	59.7	—	35.3	24.4
9	波兰	58.9	—	42.3	16.6
10	印度	72.5	—	69.2	3.3
前十小计		2288.8	430.7	1458	400.1
世界合计		2763.3	477.5	1827.7	458.1

数据来源：ICSG。

（二）消费

2024 年铜产品消费继续保持低速增长。根据 ICSG 统计，2024 年全球精炼铜消费 2733.2 万吨，同比增长 2.9%。中国仍然是铜消费第一大国，2024 年精炼铜消费量为 1599.0 万吨，占比达 58.5%，较 2023 年持平；美国位居全球铜消费第二，精炼铜消费量 159.3 万吨，其他国家精炼铜消费均不超过百万吨，详见表 3。

表 3　2024 年世界铜消费（金属量）分国别统计　　（万吨）

序号	国家	消费量
1	中国	1599.0
2	美国	159.3
3	德国	96.7
4	日本	81.5
5	韩国	67.0
6	印度	63.2
7	土耳其	55.0
8	意大利	50.0
9	阿联酋	39.9
10	西班牙	41.0
前十小计		2252.6
世界合计		2733.2

数据来源：ICSG。

二、2024 年中国铜工业发展现状

（一）经济运行情况

1. 产量与经济效益

2024 年中国铜产品产量保持平稳增长，经济效益保持增长且整体好于 2023 年。根据中国有色金属工业协会初步统计数据显示，2024 年中国铜工业规模以上企业实现营业收入同比增长 15.8%，实现利润同比增长 26.4%。从产业链来看，采选环节，2024 年中国铜精矿含铜产量同比下增长 1.4%，实现营业收入同比增长 13.3%，实现利润同比增长 33%；冶炼环节，2024 年中国精炼铜产量达 1364.6 万吨，同比增长 4.1%，实现营业收入同比增长 17.5%，实现利润同比增长 10.2%；压延加工环节，2024 年中国铜材产量 2350.3 万吨，

同比增长 1.7%，实现营业收入同比增长 14.8%，实现利润同比增长 40.6%，详见图 1 和图 2。

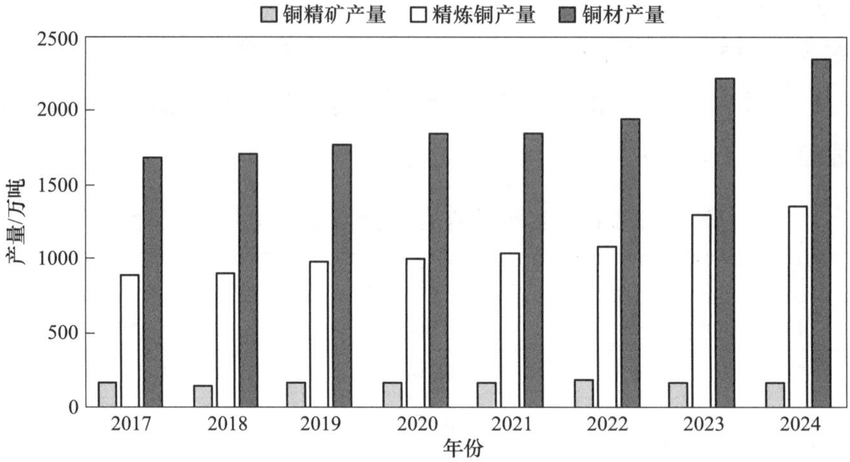

图 1　2017—2024 年中国铜产品产量变化图

数据来源：中国有色金属工业协会

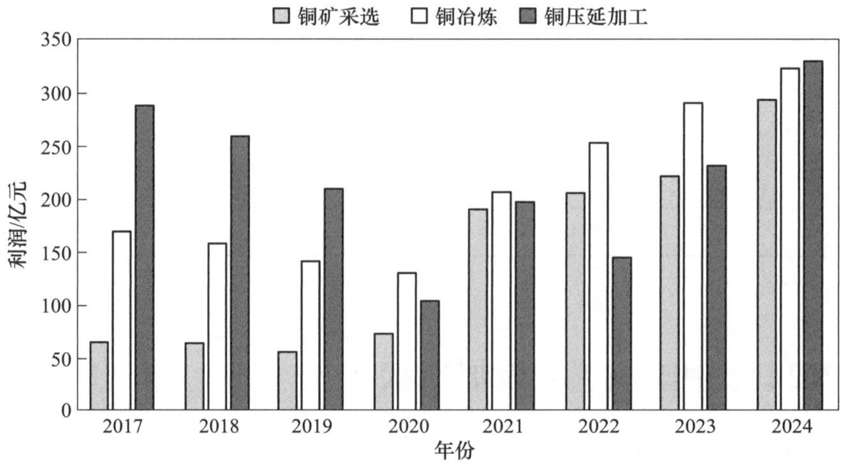

图 2　2017—2024 年中国铜工业实现利润变化图

数据来源：中国有色金属工业协会

2. 主要技术经济指标

2024 年铜矿出矿品位为 0.60%，较 2023 年有小幅提升。从近八年的数据来看，铜矿品位已下降了近 0.2 个百分点，优质资源不断减少，可开采的矿石品质下降明显。与此同时，有赖于选矿工艺技术的不断提高，选矿回收率和精矿品位等指标并没有明显下滑，详见表 4。

表 4　2016—2024 年中国铜矿采选主要技术经济指标统计

年份	出矿品位/%	精矿品位/%	选矿回收率/%
2016 年	0.79	21.84	87.02
2017 年	0.74	21.93	86.77
2018 年	0.74	21.88	86.10
2019 年	0.71	22.08	86.22
2020 年	0.67	21.93	86.35
2021 年	0.63	22.05	86.81
2022 年	0.57	22.06	86.97
2023 年	0.59	21.59	86.21
2024 年	0.60	21.26	85.62

数据来源：中国有色金属工业协会。

在“双碳”目标的背景下，中国各项环保政策不断加码，铜冶炼技术和装备也不断升级，铜冶炼相关技术指标不断提升。2024 年铜冶炼总回收率 98.77%、精炼铜回收率 99.58%，与 2023 年基本持平；铜冶炼综合能耗（以标准煤计）196.44 千克/吨，较 2023 年略有上升，详见表 5。

表 5　2019—2024 年中国铜冶炼主要技术经济指标统计

年份	铜冶炼总回收率/%	精炼铜回收率/%	粗铜回收率/%	电铜直流电耗/千瓦时·吨$^{-1}$	粗铜电耗/千瓦时·吨$^{-1}$	粗铜煤耗/千克·吨$^{-1}$	铜冶炼综合能耗（以标准煤计）/千克·吨$^{-1}$
2019 年	98.55	99.63	98.98	322.18	723.90	166.63	226.05
2020 年	98.72	99.66	99.09	322.32	715.02	140.89	211.59
2021 年	98.67	98.89	99.10	322.39	712.65	145.48	215.03
2022 年	98.75	99.60	99.25	322.64	698.90	104.69	205.13
2023 年	98.77	99.58	99.20	320.72	711.80	111.08	195.25
2024 年	98.77	99.58	99.12	328.91	641.95	108.69	196.44

数据来源：中国有色金属工业协会。

（二）产业结构

根据国家统计局初步统计数据，中国铜精矿产量主要集中在西藏、黑龙江、江西、云南、甘肃、内蒙古、新疆、安徽、福建和湖北等地（见图 3），2024 年上述十省（区）合计产量 147.1 万吨，占全国产量的 90%，生产相对集中。其中，西藏产量自2022年起跃居全国第一，2024年为38.1万吨，同比增长29%，全国占比达23.2%；其次，黑龙江和江西产量分别为19.99万吨和19.97万吨，基本持平；另外，山西铜精矿产量为5.7万吨，同比下降11.8%，排名全国第十一。

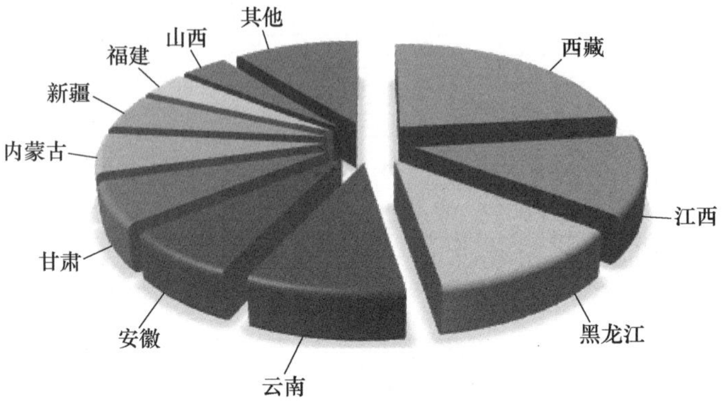

图3　2024年中国铜精矿产量分布图

数据来源：中国有色金属工业协会

根据国家统计局初步统计数据，中国精铜产量主要集中在江西、山东、广西、安徽、甘肃、福建、河北、内蒙古、河南、浙江等地，2024年前十省（区）合计产量为1143.6万吨，全国占比达83.8%，前五省（区）合计产量751.2万吨，全国占比达55.1%，集中度进一步提高。其中，江西继续领跑，产量达到218.3万吨，增幅为3.9%；山东和广西产量分布为165.7万吨和126.6万吨，增幅均超过10%；其他省份中，山西产量30.6万吨，同比增长115.3%，增量显著，详见表6。

表6　2024年中国精炼铜产量统计

序号	地区名称	精炼铜产量/万吨	同比/%	占比/%
1	江西	218.3	3.9	16.0
2	山东	165.7	10.6	12.1
3	广西	126.6	12.9	9.3
4	安徽	120.9	1.3	8.9
5	甘肃	119.7	3.6	8.8
6	福建	89.5	2.7	6.6
7	湖北	86.1	12.1	6.3
8	内蒙古	85.0	5.8	6.2

续表 6

序号	地区名称	精炼铜产量/万吨	同比/%	占比/%
9	河南	66.0	4.6	4.8
10	浙江	65.8	3.5	4.8
11	其他	220.8		16.2
合计		1364.4	5.1	100.0

数据来源：国家统计局。

根据国家统计局初步统计数据，中国铜加工材产量主要集中江西、浙江、江苏、广东和安徽等地，2024 年前五省合计产量为 1702.59 万吨，全国占比达 72.4%，集中度进一步提高。其中，江西产量 636.2 万吨，同比增长最高，达到 16.6%，浙江和江苏产量均超过 300 万吨，有小幅增长；广东和安徽产量则出现下降；其他省份中，山西产量 2.9 万吨，同比增长 72.9%，增幅明显，详见表 7。

表 7　2024 年中国铜加工材产量统计

序号	地区名称	铜材产量/万吨	同比/%	占比/%
1	江西	636.20	16.6	27.1
2	浙江	328.96	1.3	14.0
3	江苏	302.61	8.0	12.9
4	广东	259.57	6.3	11.0
5	安徽	175.25	23.2	7.5
6	河南	95.37	11.3	4.1
7	湖北	94.43	20.3	4.0
8	天津	66.00	6.0	2.8
9	甘肃	62.52	10.5	2.7
10	山东	51.05	6.3	2.2
11	其他	278.40		11.8
总计		2350.40	6.0	100.0

数据来源：国家统计局。

（三）市场与价格

2024 年铜价大致呈“M”形走势，上半年，铜价在铜矿供应短缺、全球显性铜库存处于历史低位、风险偏好资金大量涌入等多种因素的共同推动下强势上涨，于 5 月 20 日创下历史新高，其中伦铜最高涨至 11104.5 美元/吨，沪铜最高达到 88940 元/吨；下半年，在美国通胀反复、地缘政治风险扰动增加、铜精矿供应持续趋紧等因素的共同影响下，铜价呈现阶段性回落趋势，但整体运行仍保持高位，见图 4。

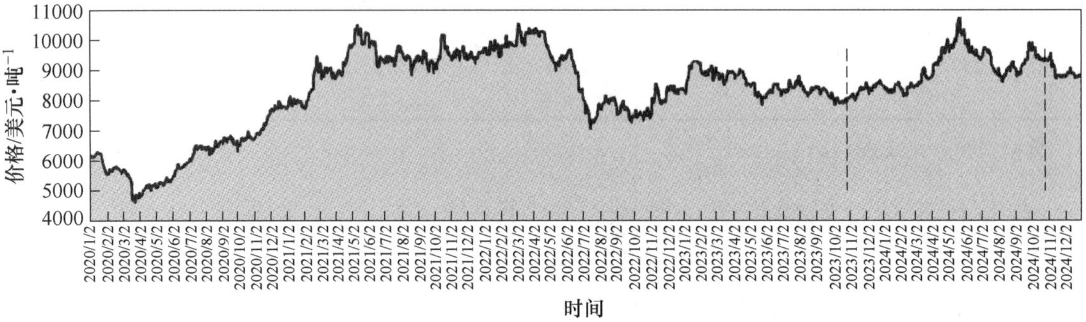

图 4　2020—2024 年 LME 铜价走势图

数据来源：LME

2024 年 LME 当月期铜和三月期铜均价分别 9151 美元/吨和 9271 美元/吨，同比分别上涨 7.95%和 8.87%；SHFE 当月期铜和三月期铜均价分别为 75019 元/吨和 75202 元/吨，同比分别上涨 10.34%和 10.98%，详见表 8。

表 8　2016—2024 年 LME、SHFE 铜价统计

年份	LME 铜价/美元·吨$^{-1}$		SHFE 铜价/元·吨$^{-1}$	
	当月期铜	三个月期铜	当月期铜	三个月期铜
2016 年	4863	4867	38152	38203
2017 年	6162	6190	49361	49309
2018 年	6525	6544	50531	50760
2019 年	6005	6019	47701	47735
2020 年	6168	6180	48742	48699
2021 年	9314	9290	68442	68512
2022 年	8805	8801	67030	66546
2023 年	8464	8514	67984	67750
2024 年	9151	9271	75019	75202

数据来源：LME、SHFE。

（四）市场消费

2024 年，我国精铜消费平稳增长，增速基本符合预期。据安泰科预测，2024 年中国精铜消费量达到 1495 万吨，同比增 2.8%。从消费结构看，电力行业是主要消费领域，2024 年 1—10 月中国电源和电网工程完成投资均有不同幅度增长，增幅分别为 8.3%和 20.3%；交通运输行业，2024 年 1—10 月新能源汽车产销分别完成 977.9 万辆和 975 万辆，同比分别增长 33%和 33.9%；建筑业，全国房地产开发投资 86309 亿元，同比下降 10.3%，新建商品房销售面积 77930 万平方米，同比下降 15.8%；家电业，受到国家“以旧换新”补贴政策的推动，家电业回暖向好，2024 年 1—10 月家用空调累计产量为 18849 万台，同比增长 6.52%。总体来看，2024 年电子信息行业相关产品增速远好于去年；汽车、家电整体增长相对稳定；电源投资增速明显放缓，电网投资有所发力；房地产继续疲软。

（五）进出口贸易

2024 年，中国铜产品进出口贸易额均大幅增长，进出口贸易总额 1524.8 亿美元，其中进口贸易额 1396.5 亿美元，同比增长 14.6%；出口贸易额 128.3 亿美元，同比增长 41.9%。贸易逆差 1268.3 亿美元。

2024 年中国进口铜原料仍呈增长态势，除粗铜外，其他产品均保持增长。根据海关总署统计数据，2024 年我国进口精炼铜 404.1 万吨，同比增长 7.96%；进口铜矿 2811.4 万吨，同比增长 2.13%；进口铜废碎料 224.7 万吨，同比增长 13.18%；进口粗铜 89.3 万吨，同比下降 10.15%。从出口看，铜产品出口主要以铜材为主，2024 年出口铜材 82.8 万吨，同比增长 22.25%，详见表 9。

表 9　2024 年中国铜产品进出口数据统计

品种	进口量/吨	同比/%	出口量/吨	同比/%
未锻轧铜	4421297	7.45	456239	63.33
其中：精炼铜	4040819	7.96	456199	63.35
铜合金	380478	2.37	40	-28.46
铜材	364710	1.97	828099	22.25
其中：铜粉	3106	15.00	2725	25.68
铜条杆型材	36589	5.47	25794	10.05
铜丝	84001	-17.97	150422	63.13
铜板带	89048	14.65	124390	21.43
铜箔	131573	4.92	149448	10.94
铜管	16735	43.50	266295	20.52

续表 9

品种	进口量/吨	同比/%	出口量/吨	同比/%
铜制管子附件	3658	16.70	109026	7.45
粗铜	892687	-10.15	91	-39.34
铜矿	28114452	2.13	114	-97.77
铜废碎料	2247454	13.18	11	4.50

数据来源：海关总署。

（六）投资情况

2024 年中国有色金属工业固定资产投资同比增长 24.7%，其中，铜工业各环节的投资均有所增长，铜矿采选环节投资增长 58.7%，铜冶炼环节投资增长 18.6%，铜压延加工投资增长 6.5%，见图 5。

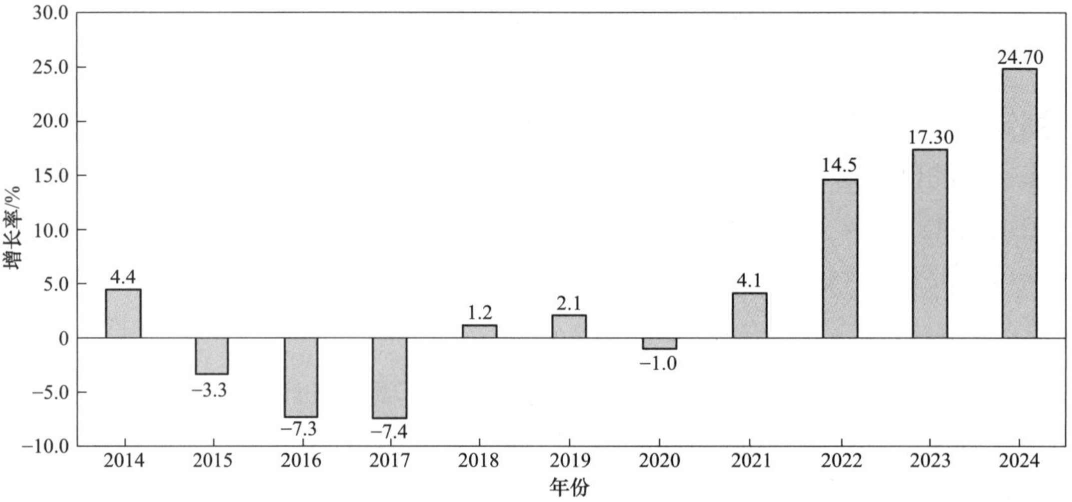

图 5　2014—2024 年中国有色金属工业固定资产投资变化图

数据来源：中国有色金属工业协会

从铜矿采选方面来看，2024 年主要建设项目集中在西藏地区，包括西部矿业玉龙铜矿、紫金巨龙铜矿和中铜金龙铜矿等新建和扩建项目；从铜冶炼方面来看，2024 年在建和建成投产项目包括铜陵铜基新材料产业园、金通铜业二期项目、金川本部永昌项目、防城港二期项目、西南铜业搬迁改造项目、富邦升级改造项目等；从铜加工方面来看，投资热门电解铜箔领域经过产能快速扩张后，加工费加速下滑，行业几乎进入全面亏损状态，高端合金产品竞争力尚好，其他普通铜加工材市场恶性竞争困局难改。

三、2024年中国铜工业经济运行状况分析

（一）政策环境分析

为推动铜行业的高质量发展，提升资源利用效率，减少环境污染，并促进新兴领域的应用需求。2024年国家有关部门围绕数字化转型、绿色生产、再生金属利用和产能控制等方面出台了一系列相关文件引导产业发展。

1.《原材料工业数字化转型工作方案（2024—2026年）》

2024年1月25日，工信部等九部门联合发布了《原材料工业数字化转型工作方案（2024—2026年）》，明确提出有色金属行业数字化转型的目标。到2026年，有色金属行业的数字化基础、网络化支撑和智能化应用水平将显著提高，绿色发展与安全生产水平也将大幅提升。铜行业作为有色金属的重要组成部分，被纳入该方案的实施范围。

2.《推动工业领域设备更新实施方案》

2024年4月9日，工信部等七部门联合发布了《推动工业领域设备更新实施方案》，提出加快有色金属行业高效稳定铝电解、绿色环保铜冶炼等设备的更新改造。该方案旨在通过设备更新提升行业的技术水平和环保能力。

3.《2024—2025年节能降碳行动方案》

2024年5月29日，国务院发布了《2024—2025年节能降碳行动方案》，要求优化有色金属产能布局，严格控制铜、氧化铝等冶炼新增产能，大力发展再生金属产业。到2025年底，再生金属供应占比目标为24%以上。

4.《关于加快推动制造业绿色化发展的指导意见》

2024年2月5日，工信部等七部门联合发布了《关于加快推动制造业绿色化发展的指导意见》，旨在推动制造业绿色化转型，重点包括提升资源利用效率、减少污染物排放、推广绿色制造技术等。铜行业作为制造业的重要组成部分，被纳入绿色化发展的重点领域，要求企业加快清洁生产技术的应用，推动绿色供应链建设。

5.《关于进一步加强绿色矿山建设的通知》

2024年4月15日，自然资源部、生态环境部、财政部等七部门联合印发了《关于进一步加强绿色矿山建设的通知》，旨在持续推动矿业领域生态文明建设，立足新阶段、聚焦新要求，进一步加强绿色矿山建设，规范指导地方更好开展相关工作。绿色矿山建设是推动矿业高质量发展的重要举措，是矿业领域生态文明建设的有力抓手，是实现人与自然和谐共生的必然要求。2022年10月，习近平总书记给山东省地矿局第六地质大队重要回信中明确要求“积

极践行绿色发展理念”。党的二十大明确要求“推进生态优先、节约集约、绿色低碳发展”。2023 年 12 月，国务院常务会议讨论并原则通过《中华人民共和国矿产资源法（修订草案)》，要求推进产业绿色化、智能化发展。为深入推进矿业领域生态文明建设和绿色低碳发展，立足新阶段、聚焦新要求，进一步加强绿色矿山建设，规范指导地方更好开展相关管理工作。

6.《铜冶炼行业清洁生产评价指标体系》

2024 年 2 月 22 日，国家发改委、生态环境部和工信部联合发布了《铜冶炼行业清洁生产评价指标体系》，该指标体系对铜冶炼行业的清洁生产提出了明确要求，并于 2024 年 3 月 1 日起正式实施。该指标体系旨在推动铜冶炼行业的绿色转型，减少环境污染。

7.《关于规范再生铜及铜合金原料、再生铝及铝合金原料进口管理有关事项的公告》

2024 年 10 月 23 日，生态环境部、海关总署等六部门联合发布了《关于规范再生铜及铜合金原料、再生铝及铝合金原料进口管理有关事项的公告》，自 2024 年 11 月 15 日起实施。该公告明确了再生铜及铜合金原料的进口类别、性能指标要求和海关检验方式，旨在规范再生金属原料的进口管理，推动再生金属产业的高质量发展。

8. 符合《废铜铝加工利用行业规范条件》企业名单发布

2024 年 12 月 24 日，工信部公告首批符合《废铜铝加工利用行业规范条件》的企业名单，27 家废铜铝加工利用企业入围，覆盖 10 个省份。工信部于 2023 年 12 月印发《废铜铝加工利用行业规范条件》，从企业布局与项目选址、规模装备和工艺、资源综合利用及能耗、环境保护、产品质量和职业教育等方面，明确行业规范管理要求，引导企业提高精细化处理和直接利用水平。此次公告的首批废铜铝加工利用企业为行业规范发展树立了标杆，在预处理分选等工序上均采用先进技术、设备，实现不同种类金属、不同系列合金高效分离，在技术创新、节能减排、环境保护等方面将发挥示范引领作用，有利于带动废铜铝加工利用行业规范健康发展。废铜铝作为重要战略性金属再生资源，其加工利用能够减轻矿产资源外部依赖、推动节能降碳、促进可持续发展。

9.《关于发布〈进口再生铜原料检验规程〉行业标准的公告》

2024 年 11 月 12 日，海关总署发布了《进口再生铜原料检验规程》行业标准的公告。该公告明确了再生铜原料的进口检验要求，包括性能指标、检验方法和海关监管流程。新标准自发布之日起实施，同时废止了 2022 年版的旧标准（SN/T 5416—2022）。旨在规范再生铜原料的进口管理，推动再生金属行业的高质量发展。

10.《关于调整出口退税政策的公告》

2024 年 11 月 15 日，财政部和税务总局发布了《关于调整出口退税政策的公告》，宣布自 2024 年 12 月 1 日起，取消部分产品的出口退税。这一政策调整主要涉及铜材主要产品相关 34 个税号，主要产品种类涵盖：铜条杆型材、铜丝、铜板带、铜箔、铜管等。细分产品涵盖：锂电池电极用铜箔、印刷电路用覆铜板、空调用铜管件、电线线缆用铜杆线丝等。

（二）产业结构调整情况分析

1. 原料供应结构

矿产精炼铜原料来源为国产铜矿、进口铜矿和进口粗铜，2024 年国产铜矿产量略有增长，尽管供应端原料紧缺，海外铜矿生产基本平稳，进口铜矿还是继续保持增长。再生铜原料来源为国产废杂铜和进口废杂铜，近年来，国内再生铜产业稳步发展，再生铜产量持续稳步增长，进口再生铜原料也较为平稳，有效地弥补国内对铜精矿原料的依赖，见图 6。

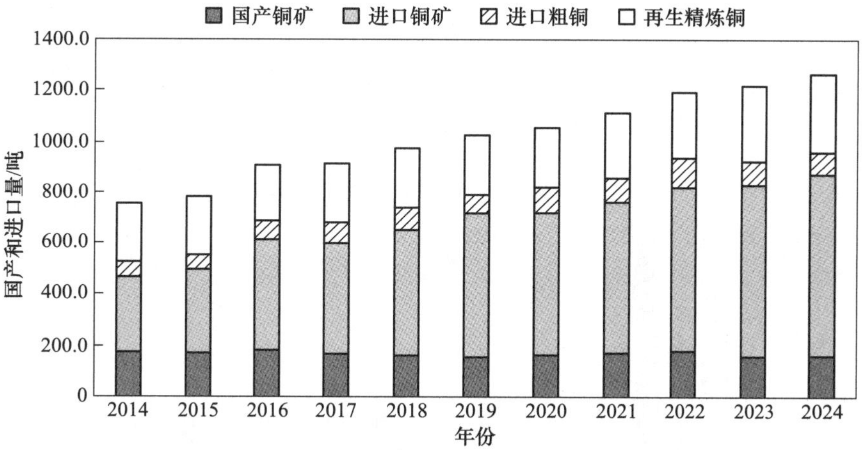

图 6　2014—2024 年中国铜冶炼原料结构

数据来源：海关总署、中国有色金属工业协会、中国有色金属工业协会铜业分会

2. 产业布局结构

近年来，中国铜冶炼产业布局在环保和原料的区位优势推动下，发生了较大变化，产能分布更加分散。2024 年仍有五个省份精炼铜产量超过 100 万吨，分别是江西、山东、广西、安徽和甘肃。其中江西始终处于龙头地位，山东则随着省内核心铜企业恢复生产，产量快速恢复，安徽、广西和甘肃新增产能较快。

从主要精铜生产省区看，大部分仍保持增长趋势，仅有少数几个省份出现下降，其中内蒙古、河南呈现小幅回落，见图7。

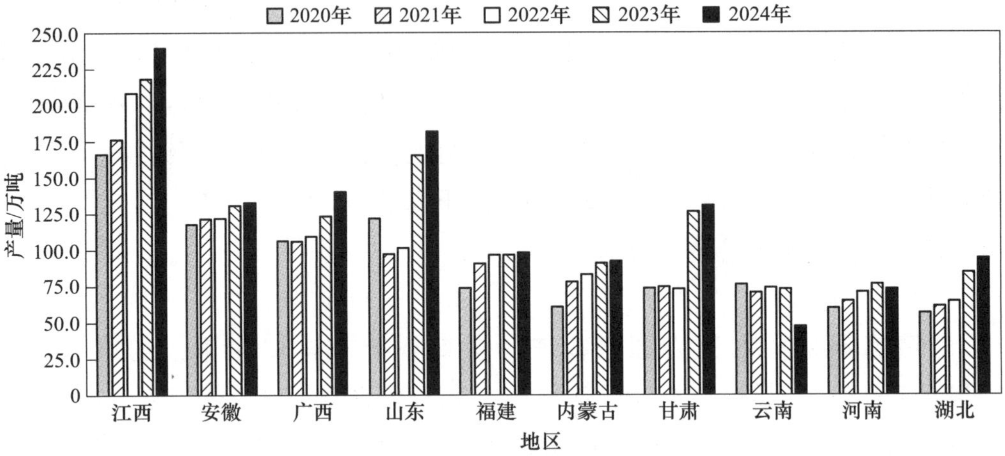

图7　2020—2024年中国铜冶炼产量分布

数据来源：中国有色金属工业协会铜业分会

中国铜加工产业呈现以江西、江苏、浙江、广东和安徽五省为龙头的集群化发展模式，五省产量占比保持在70%以上（见图8）。从产量来看，2024年仅有安徽、浙江和江西的铜加工产量出现了较大增长。

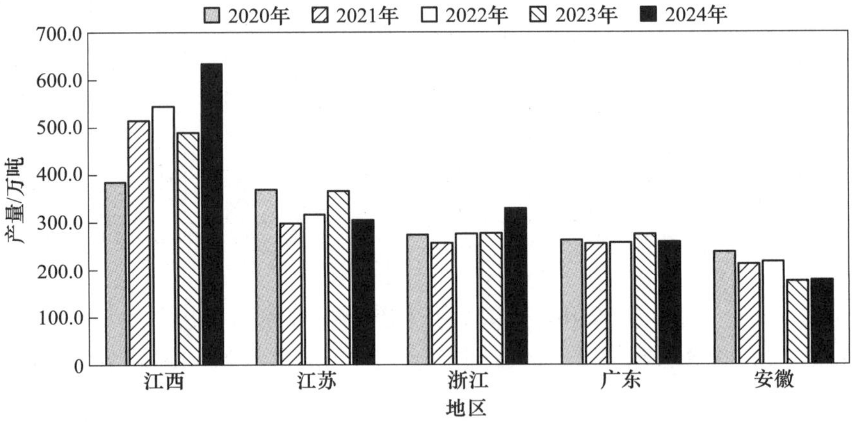

图8　2020—2024年中国铜加工产量分布

数据来源：中国有色金属工业协会铜业分会

（三）经营形势分析

2024年，由于铜价大幅上涨，铜矿企业盈利大幅增长。中国仍是全球精铜增长的主要贡献国，铜冶炼企业则得益于铜精矿长单加工费较高及副产品金、银、硫酸等收益较好，尽管铜精矿现货加工费暴跌，但盈利仍有所提升。

受年内原料供应紧张和加工费极低等因素影响，整体产量增幅不及往年。2024 年，全球铜精矿供应偏紧，虽然在上半年的实际供需格局还没有传导为非常紧格局，但是在对不断趋于短缺的预期下，以及需求端争夺原料的踩踏、部分贸易商更激进的低价抢货等行为下，现货加工费快速下行，3 月时已经从年初的接近 60 美元/吨下跌至 10 美元/吨以下，5—6 月更是曾出现过负值，下半年略有反弹，但直到年末也只是回升至 10 美元/吨左右。尽管部分企业长单比例较高，但低加工费还是对部分企业的生产积极性及 2025 年长单谈判都形成了不利影响，见图 9。

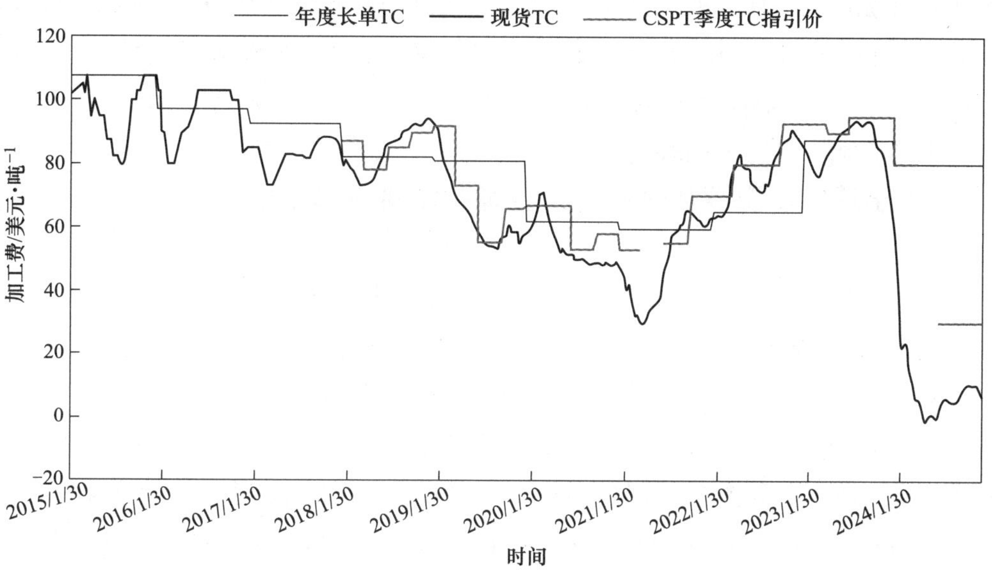

图 9　2015—2024 年中国进口铜精矿加工费变化图

数据来源：中国有色金属工业协会铜业分会

2024 年我国硫酸企业有较好的收益，市场价格涨幅明显，从 1 月硫酸均价 170 元/吨，一路震荡上行，至 12 月，月均价涨至 395 元/吨，每吨价格上涨 225 元。全年均价为 314 元/吨，较 2023 年的 190 元/吨均价，同比大幅上涨 64. 4%。

四、当前中国铜工业发展中需要关注的问题

（一）原料供应仍以进口为主，铜矿自给率进一步下跌

从整体来看，铜冶炼原料供应以进口为主的状态很难改变，经测算，2024 年中国进口铜金属含量（精炼铜、铜矿、粗铜和铜废碎料）超过 1300 万吨。根据中国有色金属工业协会统计部调整后数据，2024 年中国铜精矿产量 177 万

吨，精炼铜产量1302万吨，其中矿产精炼铜992万吨，再生精炼铜310万吨。由此测算，2024年铜精矿自给率仅为17.8%，较2023年20%下降明显。预计未来几年铜精矿对外依存度还将进一步提升。

（二）铜精矿加工费跌破成本线，铜冶炼企业经营环境进一步恶化

自2023年9月铜精矿现货加工费TC/RC创下近五年高点93美元/吨和9.3美分/磅后，随着市场对2024年铜冶炼产能集中投产的担忧，铜精矿加工费开始进入下跌通道。2024年一季度，加工费断崖式下跌，TC从年初的60美元/吨左右跌至10美元/吨以下，部分合同的加工费甚至跌至负值。铜精矿长单加工费也大幅下跌，2024年12月5日，Antofagasta率先与江西铜业达成2025年长单加工费TC/RC分别为21.25美元/吨和2.125美分/磅，创有记录以来新低，较2024年年度长单加工费的80美元/吨和8美分/磅大幅下跌73.4%。该加工费大幅低于铜冶炼企业的现金成本，意味着依赖外购原料的铜冶炼企业经营环境进一步恶化。

（三）全球铜矿资源加速并购，资源控制将更加集中

2024年，全球铜矿资源并购事件不断。必和必拓拟天价并购英美资源，被拒后联合加拿大伦丁矿业（Lundin）收购铜矿勘探公司费洛公司（Filo）；阿布扎比国际资源控股公司（IRH）完成对莫帕尼铜矿的控股权收购等。从国内企业来看，2024年中国企业仍在积极布局海外铜矿资源。金诚信完成了对赞比亚卢班比铜矿（Lubambe）80%权益的收购；五矿资源以18.75亿美元完成对博茨瓦纳科马考铜矿（Khoemacau）100%股权的收购；紫金矿业宣布收购秘鲁La Arena铜金矿项目100%权益；白银有色发布公告称拟收购巴西Serrote铜矿项目公司100%权益。铜作为能源转型的关键金属，预期未来的需求前景良好，加之铜价大幅走高，铜资源受到越来越多的关注，并购浪潮或正在掀起。

（四）铜材产能无序扩张依旧困扰铜加工行业

从铜材品种2024年开工率来看，主要品种全年月度开工率大都低于2023年同期，另外，开工率还显示出铜加工行业两极分化日趋严重，龙头企业和大型企业开工率高、订单良好，部分行业的部分企业甚至表示订单“做不过来”，但中小企业，特别是小型企业的订单情况普遍较差，开工率持续处于较低状态。

五、中国铜工业发展建议

（一）不断强化党建引领，树立行业发展正能量

2024年，党的二十届三中全会在京召开，会议通过的《中共中央关于进一步全面深化改革、推进中国式现代化的决定》，是新时代以全面深化改革推进中国式现代化的纲领性文件，对中国在新征程上改革创新谋发展进行了科学规划、总体部署，也为有色金属行业在新阶段筑牢高质量发展的坚实基础指明了方向。铜行业要坚持用习近平新时代中国特色社会主义思想武装头脑，把全面深化改革战略部署落到行业发展实处，充分发挥制度优势、充分用好政策空间，充分利用产业基础、充分挖掘市场潜力，进一步开创行业高质量发展新局面。

（二）把打造有韧性的铜产业链供应链作为行业高质量发展的主攻方向

有韧性的铜产业链供应链，是不断推进行业向高质量发展迈进的关键。当前我国铜产业健康发展面临的最大挑战是如何提高资源自给能力、如何防止内卷式恶性竞争、如何构建高端生产和应用的强大国内市场。铜行业企业在这些方面应发挥更大作用，积极探索新思路、新方法、新途径，坚持供给侧结构性改革，提高自治自律水平。

（三）把发展新质生产力作为行业高质量发展的内生动力

新质生产力是提升可持续发展能力，形成新的增长点和新发展动能的关键杠杆，要因地制宜发展以高技术、高效能、高质量为特征的生产力，主动把握行业新技术和新模式的发展，加强关键共性技术、前沿引领技术、颠覆性技术创新，以标准提升引领产业升级，推进数字化矿山、智能化工厂、智慧型企业建设，加快新旧动能转换，增创产业迭代竞争力。

（四）把绿色低碳转型发展作为行业高质量发展的必然要求

当前我国铜行业面临的污染防治形势和“双碳”任务依然严峻紧迫，企业要统筹好产业发展和生态环境保护的关系，更高水平治理“三废”，防范环境风险，筑牢生态底线，杜绝违规排污造成生态环境污染事件，妥善科学处置有毒有害的危险废物，进一步提升固体废物利用水平。

撰稿人：刘若曦、张　楠

审稿人：段绍甫

2024 年铝工业发展报告

2024 年，中国铝工业坚持以习近平新时代中国特色社会主义思想为指导，深入贯彻落实党的二十大及二十届二中、三中全会精神，坚定不移深化电解铝供给侧结构性改革，加强资源安全保供，加大自主创新和绿色化、数智化发展，坚持不懈扩大铝应用，努力推进铝材及制品高水平出口，高质量发展迈出坚实步伐，铝工业总体发展稳中向好。

一、2024 年全球铝工业发展状况

根据国际铝业协会数据，2024 年全球氧化铝产能为 18088 万吨/年，同比增长 10.7%，其中中国占比为 57.7%；全球电解铝产能为 7895 万吨/年，同比增长 0.6%，其中中国占比为 56.5%。2024 年全球氧化铝产量为 14567 万吨，同比增长 2.6%，其中中国占比为 58.7%；全球电解铝产量为 7296 万吨，同比增长 3.4%，其中中国占比为 60.3%。2020—2024 年全球氧化铝和电解铝产能及中国占比见图 1 和图 2。2020—2024 年全球氧化铝和电解铝产量及中国占比见图 3 和图 4。

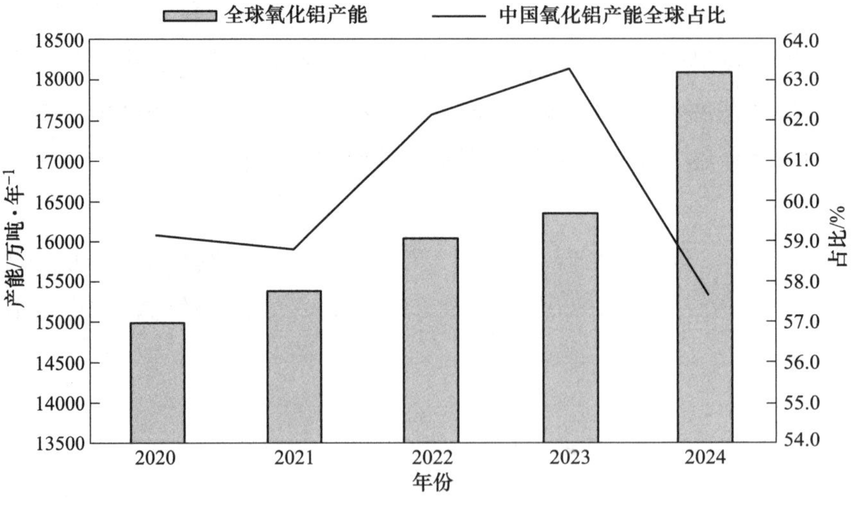

图 1　2020—2024 年全球氧化铝产能和中国占比

数据来源：国际铝业协会、中国有色金属工业协会

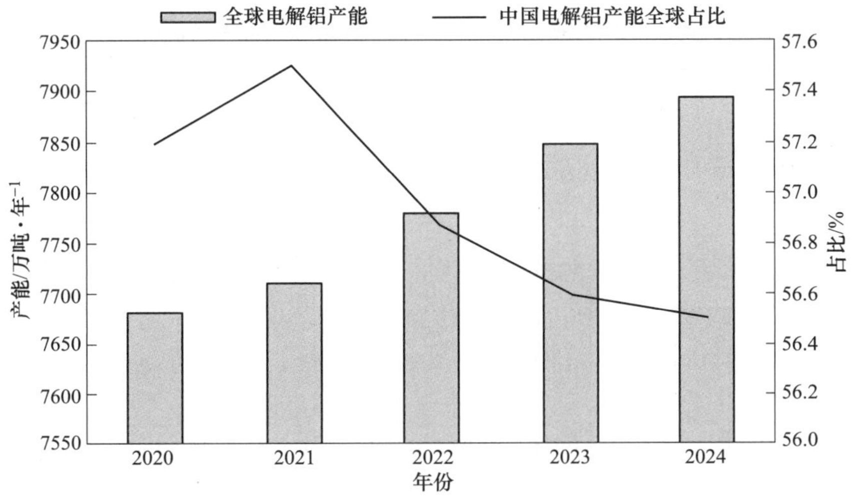

图 2　2020—2024 年全球电解铝产能和中国占比

数据来源：国际铝业协会、中国有色金属工业协会

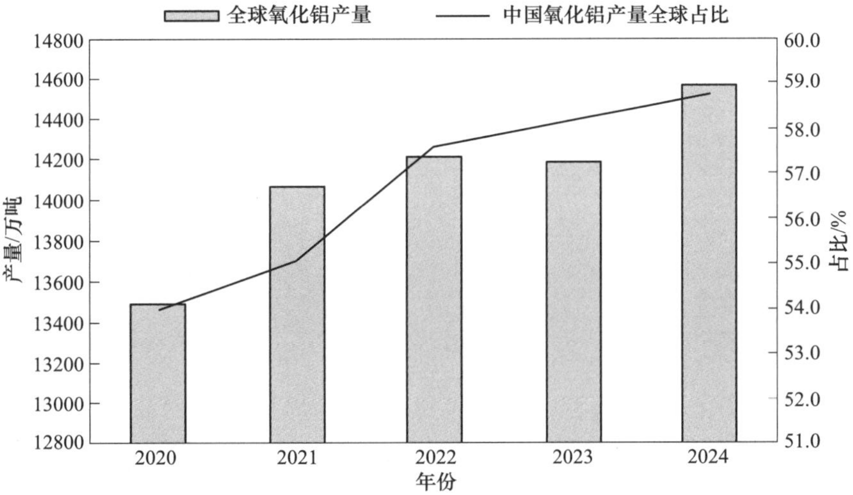

图 3　2020—2024 年全球氧化铝产量和中国占比

数据来源：国际铝业协会、中国有色金属工业协会

2024 年，全球原铝消费量为 7264 万吨，同比增长 3.6%，需求有所回暖。海外原铝消费 2746 万吨，同比增长 0.6%；中国原铝消费 4518 万吨，同比增长 5.5%，仍是全球铝消费的重要市场，占全球铝消费量比重约为 62%。

2024 年 LME 铝价重心有所上移，LME 三月期铝均价为 2458 美元/吨，同比上升 7.4%，年内最高价为 2794 美元/吨，最低价为 2155 美元/吨。2020—2024 年 LME 三月期铝均价见图 5。

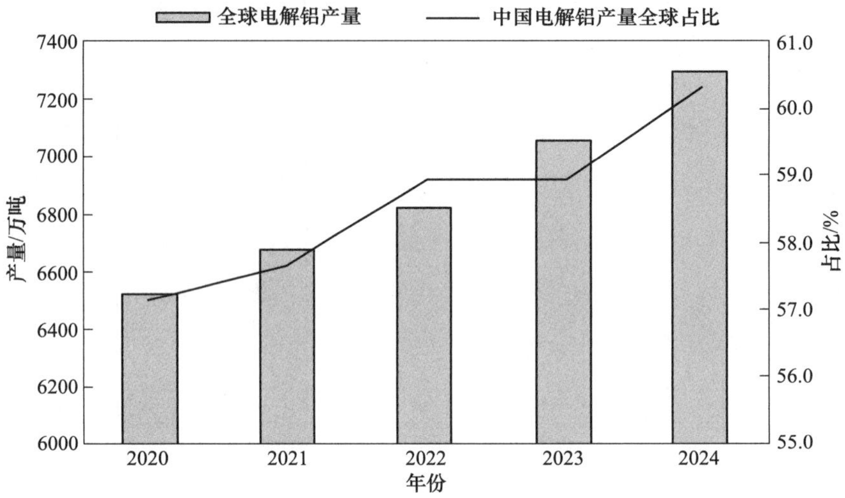

图 4　2020—2024 年全球电解铝产量和中国占比

数据来源：国际铝业协会、中国有色金属工业协会

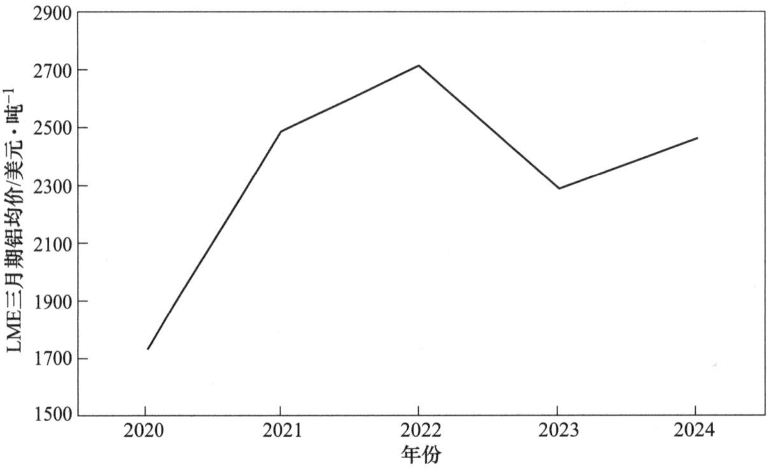

图 5　2020—2024 年 LME 三月期铝均价

数据来源：伦敦金属交易所

二、2024 年中国铝工业发展状况

（一）主要产品产量稳中有增

截至 2024 年底，中国氧化铝建成产能为 10435 万吨/年，同比增长 1.0%；电解铝建成产能为 4462 万吨/年，同比增长 0.4%。

2024 年，中国氧化铝、电解铝、铝材及再生铝产量分别为 8552 万吨、

4401 万吨、6783 万吨（中国有色金属加工工业协会联合北京安泰科信息股份有限公司（以下简称“安泰科”）发布产量 4900 万吨，同比增长 4.4%）和 1055 万吨，同比分别增长了 3.9%、4.6%、7.6% 和 11.1%。2014—2024 年中国氧化铝、电解铝、铝材及再生铝产量分别见图 6～图 9。

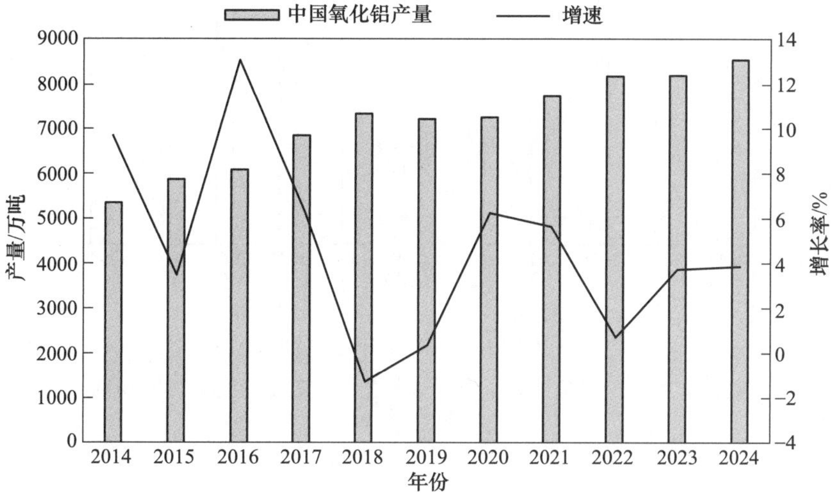

图 6　2014—2024 年中国氧化铝产量

数据来源：国家统计局

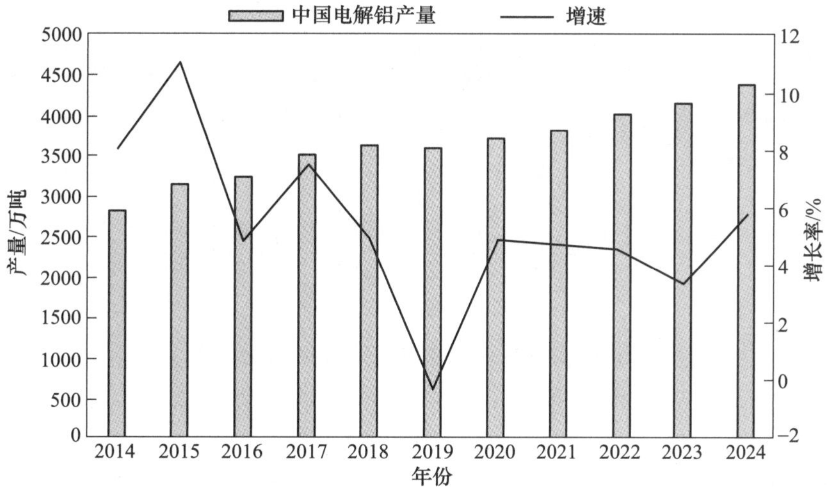

图 7　2014—2024 年中国电解铝产量

数据来源：国家统计局

（二）主要产品价格上涨

2024 年，沪铝三月期铝年内最高价为 22140 元/吨，最低价为 18595 元/

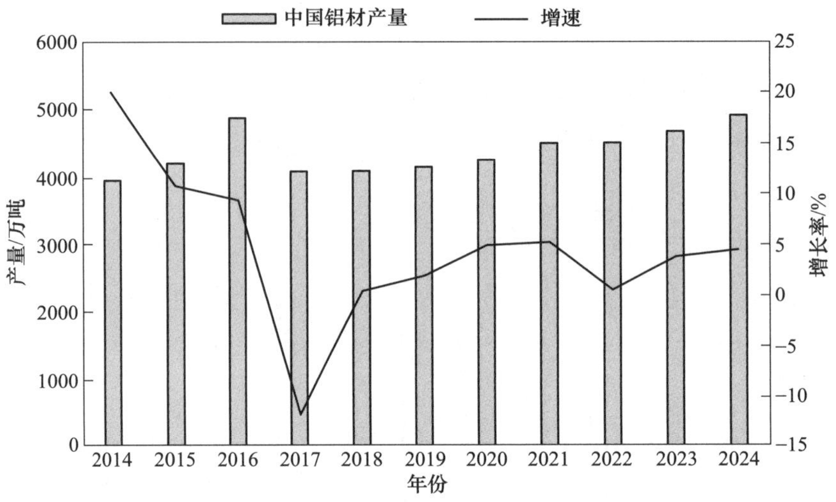

图 8　2014—2024 年中国铝材产量

数据来源：国家统计局、中国有色金属加工工业协会、安泰科

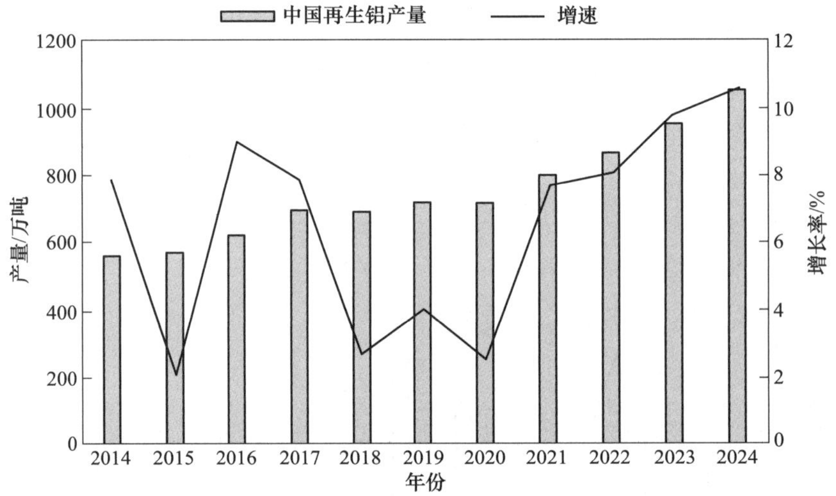

图 9　2014—2024 年中国再生铝产量

数据来源：中国有色金属工业协会

吨，均价为 19958 元/吨，同比增长 6.7%，全年价格重心上移。2014—2024 年沪铝三月期铝价见图 10。

2024 年，全年氧化铝现货均价为 4078 元/吨，同比增长 39.7%，年内最高价出现在 12 月为 5757 元/吨，创近十年新高。氧化铝期货均价 4028 元/吨，12 月初达到上市以来最高点 5540 元/吨。中国氧化铝价格走势见图 11。

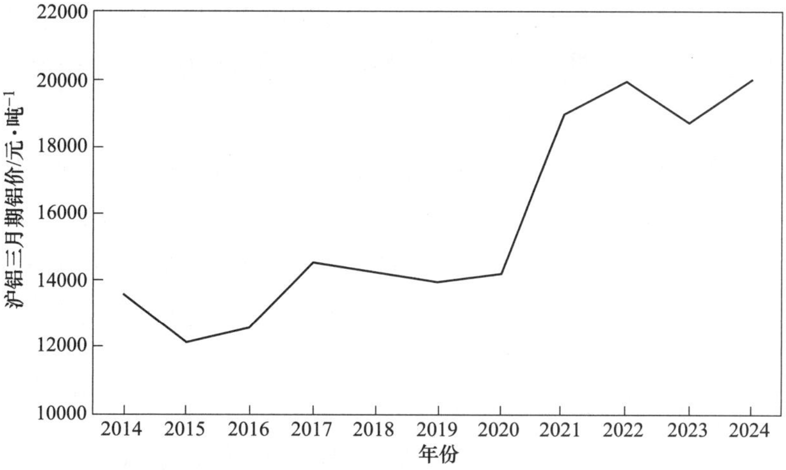

图 10　2014—2024 年沪铝三月期铝价

数据来源：上海期货商品交易所、伦敦金属交易所

图 11　中国氧化铝期现价格走势

数据来源：安泰科、上海期货交易所

（三）生产成本有所增长

据安泰科数据，2024 年，中国氧化铝加权平均完全成本（含税）为 2896 元/吨，同比增长 7.5%，其中铝土矿成本占 56%、烧碱成本占 13%、能源成本占 14%。截至 2024 年底，国产铝土矿均价为 614.7 元/吨，同比增长 31.7%。其中，河南地区铝硅比为 5 的矿石到厂价为 604 元/吨，同比增长 22.6%；山西地区铝硅比为 5 的矿石到厂价为 663 元/吨，同比增长 34.8%；广西地区铝硅比为 7 的矿石到厂价为 504 元/吨，同比增长 35.7%；贵州地区铝硅比为 6 的矿石到厂价为 575 元/吨，同比增长 16.1%。进口铝土矿均价为

66.4 美元/吨，同比增长 9.2%，其中，自几内亚进口铝土矿价格为 68.9 美元/吨，同比增长 6.8%；自澳大利亚进口铝土矿价格为 52.0 美元/吨，同比增长 6.7%。

中国电解铝加权平均完全成本（含税）为 17717 元/吨，同比增长 7.4%，尽管用电价格有所下降（2024 年电解铝行业全年加权平均电价为 0.436 元/千瓦时，同比下降 0.014 元/千瓦时），但氧化铝价格上涨导致电解铝成本增长，从 5 月开始，氧化铝成本超越电力成本成为电解铝生产的最大成本项，12 月氧化铝成本占比已超过 50%。

（四）行业盈利保持在较好水平

2024 年，4470 家规上铝工业企业实现营业收入 2.8 万亿元，同比增长 12.0%，其中铝矿采选企业同比下降 14.0%、铝冶炼企业同比增长 18.8%、铝加工企业同比增长 10.9%；共实现利润 1693 亿元，同比增长 51.4%，其中铝矿采选企业同比增长 147.9%，铝冶炼企业同比增长 104.1%，铝加工企业同比下降 25.9%；铝行业平均销售利润率为 5.9%，同比增长 0.9 个百分点；资产负债率为 54.8%，同比下降 4.0 个百分点。2020—2024 年中国铝矿采选、冶炼和加工行业盈利情况见图 12~图 14。

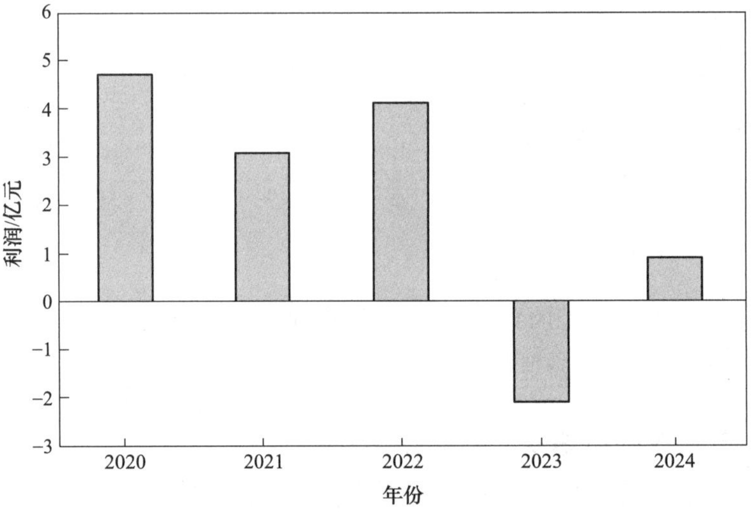

图 12　2020—2024 年中国铝矿采选行业盈利情况

数据来源：中国有色金属工业协会

（五）进出口贸易量显著增长

2024 年中国进口铝土矿 1.59 亿吨，同比增长 12.0%，其中，自几内亚进口 1.1 亿吨，同比增长 22.2%，占比 70%；自澳大利亚进口 0.4 亿吨，同比增

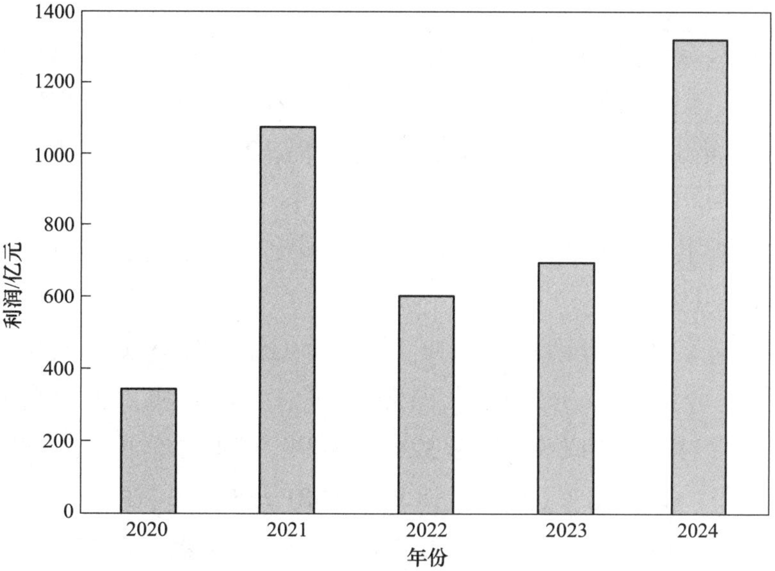

图 13　2020—2024 年中国铝冶炼行业盈利情况

数据来源：中国有色金属工业协会

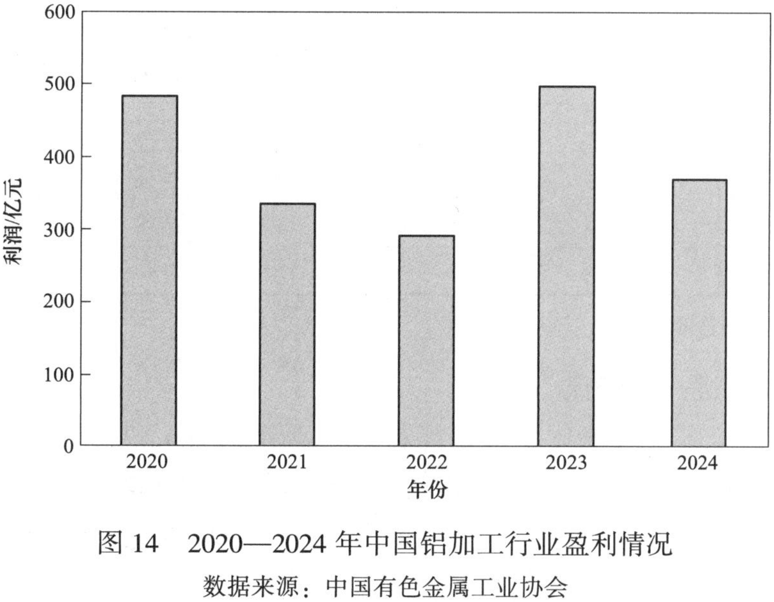

图 14　2020—2024 年中国铝加工行业盈利情况

数据来源：中国有色金属工业协会

长 15.7%，占比 25%。累计出口铝土矿 2.4 万吨，同比下降 7%。

2024 年中国累计进口氧化铝 141 万吨，同比下降 22.3%。主要进口来源国为澳大利亚和日本，分别进口 65 万吨和 17 万吨，合计占比 57.8%。累计出口氧化铝 178 万吨，同比增长 43%，其中向俄罗斯出口 149.9 万吨，占比 84%。

2024 年中国累计进口电解铝 214 万吨，同比增长 39%，处于历史最高水平，主要进口来源国家为俄罗斯，进口 112.8 万吨，占比 52.8%。全年净进口 202 万吨，同比增长 45.3%。累计出口电解铝 12.1 万吨，同比下降 20%，出口主要流向韩国、印尼。

2024 年中国累计出口铝合金 24 万吨，同比持平；累计进口铝合金 121 万吨，同比增长 7.1%。

2024 年中国累计出口铝材 630.1 万吨，同比增长 19%，其中，铝板带材、铝箔、铝挤压材分别出口 343 万吨、155 万吨、108 万吨，占比分别为 54.4%、24.6%、17.1%；累计出口铝制品 324.4 万吨，同比增长 15.4%；合计出口 954.5 万吨，同比增长 18%。累计进口铝材 40 万吨，同比增长 4%；累计进口铝制品 2.9 万吨，同比增长 7.4%。2024 年中国主要铝产品进出口情况见表 1。

表 1　2023 年中国主要铝产品进出口情况

产品	出口量/万吨	同比/%	进口量/万吨	同比/%
铝土矿	2.4	-7	15876.7	12
铝碎废料	0.08	10	178.2	2
氧化铝	178.6	43	141.9	22
电解铝	12.1	-19	213.7	39
铝合金	24.2	0	121.2	7
铝材	630.1	19	39.8	4
铝制品	324.4	16	2.9	14

数据来源：海关总署。

（六）能耗进一步降低

2024 年，全国平均氧化铝综合能耗（以标准煤计）为 284 千克/吨，同比下降 28 千克/吨。2024 年全国铝锭综合交流电耗为 13262 千瓦时/吨，同比下降 62 千瓦时/吨。2020—2024 年铝冶炼产品能耗指标变化见图 15。

三、2024 年中国铝工业经济运行情况分析

（一）政策环境分析

2024 年与氧化铝相关的新发布及正式实施的政策有：一是国家发改委发布的《产业结构调整指导目录（2024 年本）》将新建、扩建以一水硬铝石为原料的氧化铝项目被列入限制类。二是国务院印发《2024—2025 年节能降碳行

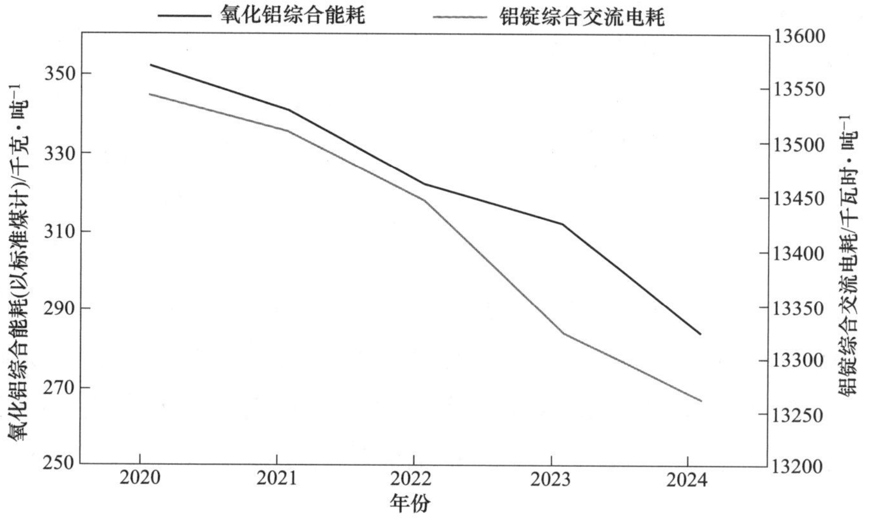

图 15　2020—2024 年铝冶炼产品能耗指标变化

数据来源：中国有色金属工业协会

动方案》（国发〔2024〕12 号），进一步明确从严控制氧化铝新增产能，新建和改扩建氧化铝项目能效须达到强制性能耗限额标准先进值。三是工信部等六部门发布《赤泥综合利用行动方案》，提出到 2027 年新增赤泥综合利用率达到 15%，到 2030 年新增赤泥综合利用率达到 25%的两阶段主要目标。上述政策将进一步防止氧化铝行业盲目扩张，促进产业高质量发展。

2024 年和电解铝相关的政策主要集中在节能降碳、消纳清洁能源等方面。2024 年 8 月，国家发改委、国家能源局联合印发《关于 2024 年可再生能源电力消纳责任权重及有关事项的通知》（发改办能源〔2024〕598 号），下达 2024 年各地总量消纳和非水电消纳责任权重指标及 2025 年预期值，并首次新设电解铝行业绿色电力消费比例。2024 年 9 月 9 日，生态环境部发布《全国碳排放权交易市场覆盖水泥、钢铁、电解铝行业工作方案（征求意见稿）》，积极稳妥推进电解铝行业全国碳排放权交易市场建设。该方案要求电解铝行业仅覆盖因使用化石能源等直接产生的温室气体排放，2024 年作为首个管控年度，2025 年底前完成首次履约工作。

2024 年和铝加工行业相关的政策主要是涉及进出口关税调整等。2024 年 11 月 15 日，财政部、国家税务总局发布《关于调整出口退税政策的公告》，自 2024 年 12 月 1 日起，铝材产品出口退税全部取消。受政策影响中国铝材出口量短期内有所下降，但中国铝加工行业在技术装备、经营管理、科技创新、产品种类等方面的比较优势未变，特别是出口的铝加工材，其综合成本较国外同类产品仍有较强的竞争力。

（二）产业结构调整情况分析

中国氧化铝生产规模不断扩大，产业继续向国内沿海和海外布局。截至2024年底，氧化铝前五大省（区、市）产能分别为山东3210万吨/年、山西2590万吨/年、广西1530万吨/年、河南1240万吨/年、重庆570万吨/年，占比分别为30.7%、25.8%、14.7%、11.9%、5.5%，其中山东、广西和重庆等沿海、沿江的省（区、市）产能均有所增长。中国利用进口矿生产氧化铝的产能为6991万吨/年，占比为67%。中国氧化铝在建产能约1000万吨/年，项目主要集中在广西、河北等地；中资企业已累计在海外布局氧化铝产能565万吨/年，2025年中资企业在国外新增氧化铝项目主要集中在印尼，预计新增产能200万吨/年。

中国电解铝产能继续向低成本、清洁能源丰富地区转移。2024年利用清洁能源生产电解铝的建成产能占全国总产能比例已达到25.2%，同比增长0.8%。2024年完成“绿电铝”评价的产品共计65万吨，截至2024年底已累计达到331万吨，分别来自38家企业。据统计，2024年中国电解铝产能置换指标约70万吨，分别来自伊电控股集团有限公司、中国铝业股份有限公司和焦作万方铝业股份有限公司。2024年新投产能43万吨/年，主要集中在内蒙古、新疆和贵州等地，均为产能置换后新建投产项目，且涉及部分在产产能的退出。

铝加工与再生铝融合发展趋势进一步加强。铝加工与再生铝融合发展有助于企业做到降本增效，再生铝长期以铸造铝合金为主，2024年再生铝在铸造领域占比为59%，在变形铝合金领域占41%。随着再生铝与铝加工融合发展，预计2025年，再生铝在变形铝合金领域用量将超过50%，加大再生铝保级回收不仅有节能减排、资源综合利用的社会效益，更能为企业带来经济效益。

四、当前行业发展需要关注的问题

（一）铝土矿资源保供

铝土矿资源保供问题突出。一是中国铝土矿资源禀赋不佳，品位不断下降，利用国产矿生产氧化铝成本不断提高，另外中国铝土矿资源储量难以支撑高消费量，资源保障程度低。二是海外铝土矿供应存在风险，我国的海外资源权益量高度集中在几内亚，占比约为88%。2024年铝土矿对外依存度已升至

67%，预计2025年上升至71%，且进口国别高度集中几内亚，2024年自几内亚进口铝土矿1.1亿吨，同比增长22.2%，占比70%。

（二）氧化铝产能投资过热

氧化铝存在产能过剩压力。截至2024年底，中国氧化铝建成产能为10435万吨/年，同比增长1.0%，其中2024年新增产能为100万吨/年，氧化铝产能过剩还有进一步加剧的风险。

（三）低碳发展要求趋严

电解铝碳足迹较大。目前自备电依然是中国电解铝企业的主要用电形式，截至2024年，中国电解铝运行产能中的自备电产能占比为57%，自备电厂几乎全部为煤炭火力发电，碳排放强度较高，中国吨铝碳排放处于全球高位。国内外对电解铝行业低碳发展的要求和压力不断增多，一是国内产业政策对电解铝能效要求日益提高，2024年7月10日，国家发改委、国家能源局联合印发《关于2024年可再生能源电力消纳责任权重及有关事项的通知》将电解铝行业纳入可再生能源电力消纳责任权重的考核体系，这是我国首次对特定行业试点配额，这将进一步有效刺激电解铝企业参与绿电交易的积极性；2024年9月9日，生态环境部办公厅发布关于公开征求《全国碳排放权交易市场覆盖水泥、钢铁、电解铝行业工作方案（征求意见稿）》意见的函，明确电解铝行业纳入全国碳排放权交易市场管理，积极稳妥推进全国碳排放权交易市场建设。二是产业链下游倒逼材料端减碳，国内外汽车、包装、电子等领域的知名企业提出供应链绿色低碳要求，旨在降低产品全生命周期碳足迹。

（四）贸易环境日趋严峻

铝材及制品出口一直是中国铝消费的重要组成部分。中国铝行业外贸环境日趋严峻，传统贸易摩擦常态化，以碳为名的贸易壁垒增多，其中欧盟CBAM于2023年10月1日启动实施，2026年征收碳费，英国CBAM将于2027年启动等。同时，西方国家单边贸易制裁不断，其中包括美国对华铝产品关税税率上调至25%，加拿大对华部分铝产品加征25%附加关税等。此外，自2024年12月1日起，铝材产品出口退税全部取消，短期内对出口量构成一定压力。面对复杂多变的国际贸易环境形势，行业需要多方面联动，多措并举应对挑战。

（五）促消费更加迫切

建筑领域作为铝行业传统消费领域，消费占比约为32%，房地产消费不及预期，2024年建筑铝型材产量985万吨，同比下降19.9%；新能源汽车、光伏、储能“新三样”消费领域有效拉动铝消费，2024 年中国新能源汽车型材产量 140 万吨，同比增长 42.9%；光伏铝型材产量为 395 万吨，同比增长 16.2%；电池箔产量为 45 万吨，同比增长 25.0%。行业亟需挖掘新型消费领域，培育新的消费增长点。

五、中国铝工业下一步发展重点

2025 年，中国铝工业要以习近平新时代中国特色社会主义思想为指导，坚持稳中求进、以进促稳、先立后破，加快转型升级步伐，稳步发展新质生产力，着力推动铝行业高质量发展。重点包括以下几方面。

一是强化国内资源保障，加强国际合作。在国家矿业权政策改革的大背景下，加大铝土矿资源普查与勘探力度，提升国内资源储备，特别是大力推动煤下铝、高铝粉煤灰等资源储备，保障我国铝产业链安全。鼓励最大限度利用好几内亚等重点国别资源，全力做好现有海外权益矿保供工作的同时，进一步拓展铝土矿供矿来源，加大与周边国家合作力度。

二是坚定不移深化供给侧结构性改革。确保电解铝产能“天花板”不动摇，优化电解铝产能布局，严格落实电解铝产能置换政策；科学谋划氧化铝产业发展，稳慎建设氧化铝项目，防止盲目投资和无序建设。

三是坚持自主创新和发展新质生产力。坚持产学研用融协同发展，坚持基础研究和产业应用创新相结合，合力打造高水平科研平台。推进重点领域攻关，在高端产品研制、智能化装备升级改造上下功夫，支撑传统产业迭代升级。

四是加快绿色发展，提高资源综合利用水平。加强节能降耗，进一步优化技术经济指标。增加清洁能源消纳，提高绿电铝比例。推进原铝、再生铝和铝加工融合发展，继续提高再生铝分类回收和保级循环利用水平。鼓励加大赤泥综合利用，推进电解铝大修渣等危废资源化利用。

五是坚持扩大铝应用，顺应消费升级趋势。随着中国经济结构转型和消费升级，铝的应用场景正从传统领域向高端化、绿色化、轻量化方向拓展。要充分把握当前全球铝消费迭代升级发展机遇，扩大铝在“新三样”等领域的应用，充分挖掘内需潜力，推动铝工业向高附加值方向转型，提升产业链竞争力。

六是坚持铝材及制品高水平出口。积极应对贸易壁垒，建立与国际接轨的碳足迹管理体系。优化出口产品结构，减少低附加值初级产品出口，扩大高端铝材及深加工制品出口占比。使中国铝产品出口实现从“规模领先”到“质量引领”的跨越。

撰稿人：王　浩、魏　力、李德峰、莫欣达、邓　洁、孟　杰、仵宇轩、张　银

审稿人：范顺科

2024 年铅锌工业发展报告

2024 年，面对宏观经济外部压力加大、内部困难增多的复杂严峻形势，在我国稳增长、调结构等一系列政策的部署下，中国铅锌行业运行总体呈现稳中有进的态势，产业结构布局优化和绿色低碳转型等取得较好进展。

一、2024 年世界铅锌工业发展概述

（一）生产

2024 年，全球铅锌生产总体呈现稳中趋降的态势。国内外矿山品位下滑、罢工及极端天气等不可抗力因素，导致铅锌矿山计划外减停产增多，原料供应紧张进而抑制了全球铅锌冶炼的开工率。

根据国际铅锌研究组（ILZSG）统计，2024 年世界铅精矿产量为 455.5 万吨，同比增长 1.9%（见表 1）。前十大生产国铅精矿产量为 400.7 万吨，占全球的 88%，其中产量最高的中国占比为 42.6%。近几年全球铅精矿产能增长有限，主要矿业公司铅精矿产能总体呈下降趋势。从海外产量分布来看，澳大利亚、美国、秘鲁、墨西哥、俄罗斯和玻利维亚等主产国产量有所增长，印度和土耳其产量下降。

表 1　2024 年世界主要国家和地区铅精矿产量

国家和地区	产量/万吨		同比/%
	2023 年	2024 年	
中国	196.0	194.1	-1.0
澳大利亚	47.2	50.2	6.2
美国	27.0	30.2	11.5
秘鲁	27.3	29.1	6.7
俄罗斯	21.8	22.5	3.2
印度	22.6	22.3	-1.3
墨西哥	18.3	19.8	8.3
玻利维亚	10.3	11.2	9.1

续表 1

国家和地区	产量/万吨		同比/%
	2023 年	2024 年	
瑞典	7. 3	8. 4	14. 9
土耳其	6. 8	6. 5	-5. 4
哈萨克斯坦	4. 5	6. 4	42. 5
其他国家和地区	57. 7	54. 9	-4. 9
世界合计	446. 9	455. 5	1. 9

数据来源：ILZSG。

根据 ILZSG 统计，2024 年世界锌精矿产量为 1188. 2 万吨，同比下降 2. 8%（见表 2）。前十大生产国锌精矿产量为 1007. 6 万吨，占全球的 84. 8%，其中产量最高的中国占比为 33. 7%。除中国外，海外国家锌精矿产量为 788. 2 万吨，同比下降 3. 5%。从海外产量分布来看，因部分矿山资源枯竭、品位下滑、劳动力紧缺、罢工等原因关闭或暂停生产，秘鲁、澳大利亚和美国等国均有不同程度下降，印度、墨西哥、玻利维亚和俄罗斯等国产量呈恢复性增长。

表 2　2024 年世界主要国家和地区锌精矿产量

国家和地区	产量/万吨		同比/%
	2023 年	2024 年	
中国	406. 0	400. 0	-1. 5
秘鲁	146. 8	127. 0	-13. 5
澳大利亚	109. 4	108. 0	-1. 3
印度	85. 5	86. 0	0. 6
美国	76. 7	74. 9	-2. 4
墨西哥	58. 4	68. 5	17. 4
玻利维亚	49. 2	51. 5	4. 8
哈萨克斯坦	35. 3	35. 3	-0. 1
俄罗斯	30. 5	32. 4	6. 2
伊朗	23. 5	24. 0	2. 1
其他国家和地区	201. 7	180. 7	-10. 4
世界合计	1223. 0	1188. 2	-2. 8

数据来源：ILZSG。

根据 ILZSG 统计，2024 年世界精炼铅产量为 1301. 3 万吨，同比下降

1.7%（见表3）。其中，原生铅产量422.3万吨，同比下降3.3%；再生铅产量879万吨，同比下降1.0%，再生铅占比达到67.5%。前十大生产国精炼铅产量为1113.2万吨，占全球的85.5%，其中产量最高的中国占比为40.5%。中国和美国产量下降是世界精炼铅下降的主要因素，欧洲整体的产量同比增加2.1%，印度、澳大利亚和韩国的产量同比均有不同程度增长。

表3　2024年世界主要国家和地区精炼铅产量

国家和地区	产量/万吨		同比/%
	2023年	2024年	
中国	568.7	527.7	−7.2
美国	216.2	214.9	−0.6
印度	103.8	110.0	6.0
韩国	77.6	79.7	2.7
墨西哥	43.5	43.2	−0.6
英国	31.0	32.5	4.8
德国	27.9	29.0	4.1
巴西	28.6	28.6	0
日本	28.5	27.6	−3.2
澳大利亚	18.6	20.0	7.5
其他国家和地区	179.7	188.1	4.7
世界合计	1324.1	1301.3	−1.7

数据来源：ILZSG。

根据ILZSG统计，2024年世界精炼锌产量为1354.5万吨，同比下降2.6%（见表4）。其中，原生锌产量1168.1万吨，同比下降3.4%；再生锌产量186.4万吨，同比增长2.9%，再生锌占比为13.8%。前十大生产国精炼锌产量为1119.2万吨，占全球的82.6%，其中产量最高的中国占比为48.9%。从主要国别来看，锌精矿供应紧张限制下，除印度、芬兰外，多数国家均呈减产态势，其中，韩国和加拿大降幅超过5%，泰克资源Trail冶炼厂火灾和嘉能可CEZ冶炼厂升级改造是海外减量主要影响因素。

表4　2024年世界主要国家和地区精炼锌产量

国家和地区	产量/万吨		同比/%
	2023年	2024年	
中国	685	662	−3.4
印度	83.6	85.7	2.5

续表 4

国家和地区	产量/万吨		同比/%
	2023 年	2024 年	
韩国	86.2	80	-7.2
西班牙	52.0	51.6	-0.7
加拿大	50.4	47.9	-5.1
日本	48.5	47.3	-2.3
澳大利亚	46.7	45.5	-2.6
墨西哥	36.3	35.1	-3.1
秘鲁	34.6	33.9	-2.1
芬兰	29.4	30.2	2.8
其他国家和地区	238.3	235.2	-1.3
世界合计	1390.9	1354.5	-2.6

数据来源：ILZSG。

（二）消费

2024 年，全球铅锌消费增长乏力的趋势并未改变。其中，中国、美国、欧洲等传统消费地区均呈下降态势，而印度、越南、墨西哥、土耳其等新兴国家消费显示出增长潜力。

根据 ILZSG 统计，2024 年世界精炼铅消费量为 1297.8 万吨，同比下降 0.8%（见表 5）。前十大消费国精炼铅消费量为 1028.5 万吨，占全球的 79.2%。中国仍是铅消费第一大国，2024 年精炼铅消费量为 539.0 万吨，占比达到 41.5%；美国位居世界铅消费第二位，精炼铅消费量为 139.3 万吨，占比为 10.7%，比重进一步下降；印度消费量同比增长 5.5%至接近百万吨，其他国家和地区精炼铅消费量均不超过百万吨。分地区来看，韩国、巴西和越南精炼铅消费量增幅较大，同比分别增长 14.2%、3.1%和 22.7%。

表 5　2024 年世界主要国家和地区精炼铅消费量

国家和地区	消费量/万吨		同比/%
	2023 年	2024 年	
中国	546.0	539.0	-1.3
美国	151.5	139.3	-8.1
印度	94.5	99.7	5.5
韩国	57.9	66.2	14.2

续表 5

国家和地区	消费量/万吨		同比/%
	2023 年	2024 年	
德国	35.9	35.9	0
巴西	34.5	35.5	3.1
墨西哥	33.4	33.0	-0.9
日本	30.7	29.2	-4.7
西班牙	26.3	26.1	-0.7
越南	20.0	24.6	22.7
其他国家和地区	278.2	269.2	-3.2
世界合计	1308.8	1297.8	-0.8

数据来源：ILZSG。

根据 ILZSG 统计，2024 年世界精炼锌消费量为 1360.7 万吨，同比增长 0.1%（见表 6）。前十大消费国精炼锌消费量为 1080 万吨，占全球的 79.4%。中国作为锌消费第一大国，2024 年精炼锌消费量为 685 万吨，占比达到 50.3%。美国位居世界锌消费第二位，精炼锌消费量为 84.8 万吨，占比为 6.2%。主要的消费地区中，美国和欧洲延续下滑，消费量同比分别减少了 7.9%和 0.1%。印度作为拉动锌消费的新兴动力，同比增长 9.7%。

表 6　2024 年世界主要国家和地区精炼锌消费量

国家和地区	消费量/万吨		同比/%
	2023 年	2024 年	
中国	698.0	685.0	-1.9
美国	92.1	84.8	-7.9
印度	75.0	82.3	9.7
韩国	39.4	49.6	26.1
日本	34.4	34.6	0.4
比利时	36.0	33.0	-8.3
土耳其	28.0	31.2	11.4
德国	33.8	28.8	-14.9
墨西哥	24.5	26.8	9.4
意大利	26.2	23.9	-8.8
其他国家和地区	272.5	280.8	3.0
世界合计	1359.9	1360.7	0.1

数据来源：ILZSG。

从全球供需格局来看，疫情及能源危机导致的供应短缺在 2023 年得到缓解之后，2024 年因矿山生产波动，原料供应紧张使得全球冶炼开工率不足，过剩量进一步收窄，2024 年全球铅锌供需均呈现紧平衡局面（见图 1）。

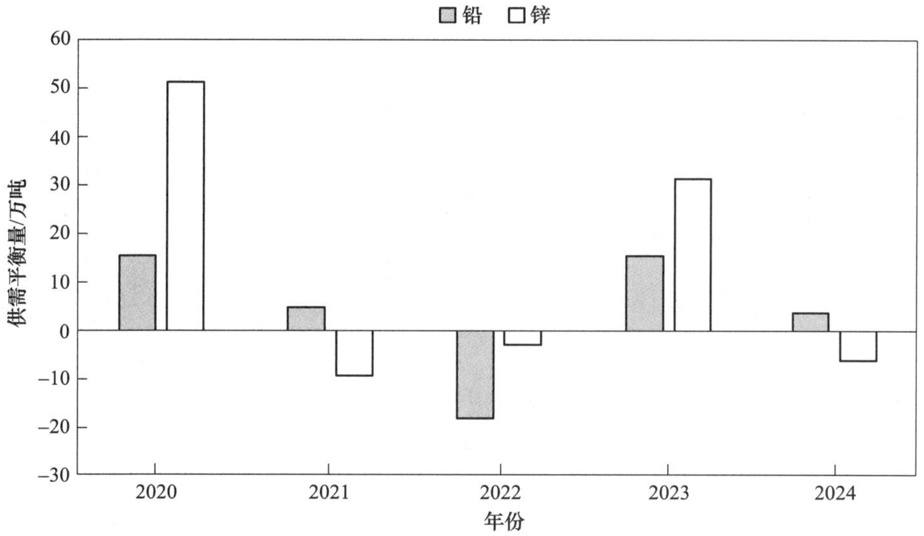

图 1　2020—2024 年世界精炼铅锌供需平衡变化图

数据来源：ILZSG

二、2023 年中国铅锌工业发展现状

（一）经济运行情况

1. 产量与经济效益

2024 年，中国铅锌产品产量均有所下降。根据中国有色金属工业协会统计数据，2024 年铅精矿含铅产量同比下降 7. 1%，锌精矿含锌产量同比下降 0. 1%。根据国家统计局数据，2024 年精炼铅产量达 764 万吨，同比下降 4. 6%；精炼锌产量 684 万吨，同比下降 3. 6%。经调整，精炼铅产量为 615 万吨，同比下降 1. 6%。

2024 年，铅锌价格保持高位运行，铅锌企业效益保持增长，但因冶炼加工费持续走低，下半年实现利润降幅有所收窄。根据中国有色金属工业协会统计，2024 年铅锌行业实现营业收入 4229. 1 亿元，同比下降 1. 0%，占有色金属总营收的 4. 7%；实现利润 295. 2 亿元（见图 2），同比增长 26. 6%，占有色金属利润总额的 6. 9%。

2. 主要技术经济指标

2020—2024 年，铅锌出矿品位、精矿品位总体呈下降态势。2024 年铅、

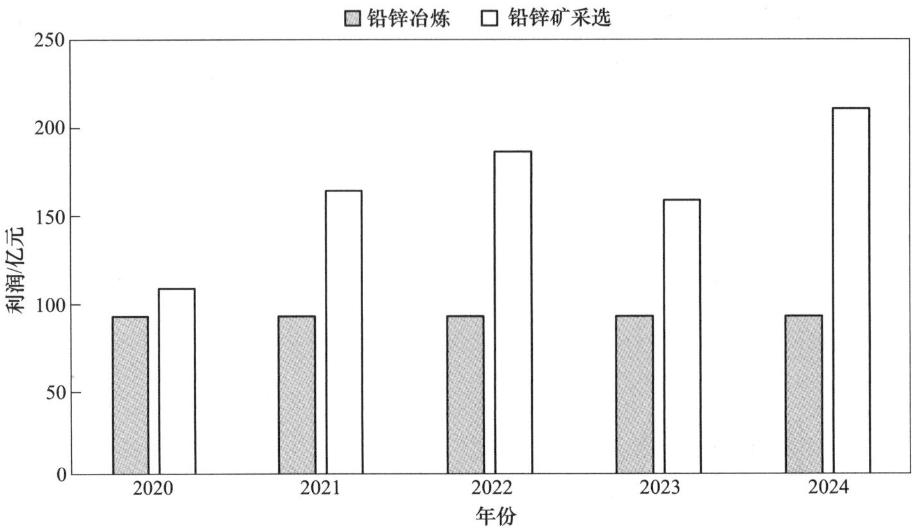

图 2　2020—2024 年中国铅锌工业实现利润变化图

数据来源：中国有色金属工业协会

锌出矿品位分别为 2.13%和 4.51%，比 2020 年下滑了 0.17 个百分点和 0.3 个百分点；精矿品位分别为 58.8%和 48.73%，比 2020 年下滑了 1.68 个百分点和 1.45 个百分点（见表 7）；在产矿山资源贫化的趋势未能得到扭转。但得益于选矿工艺技术水平的持续进步，铅锌选矿回收率基本保持稳定。

表 7　2020—2024 年中国铅锌矿采选主要技术经济指标　　　　（%）

指标名称	品种	2020 年	2021 年	2022 年	2023 年	2024 年
出矿品位	铅	2.30	2.27	2.24	2.19	2.13
	锌	4.81	4.35	4.51	4.49	4.51
精矿品位	铅	60.48	59.54	58.40	58.63	58.80
	锌	50.18	49.56	48.94	49.63	48.73
选矿回收率	铅	86.57	85.60	86.06	86.82	85.81
	锌	91.02	90.85	89.63	90.65	89.88

数据来源：中国有色金属工业协会。

近年来，中国铅锌工业企业不断提升技术装备水平和环保红线意识，全行业资源综合利用能力大幅提升，能源消耗总体呈下降态势。2024 年，铅冶炼和电锌冶炼总回收率分别达到 96.62%和 96.77%，较 2020 年分别下降 0.6 个百分点和提升 0.38 个百分点（见表 8）。2024 年，铅冶炼综合能耗 316.24 千克/吨（以标准煤计，下同），电锌综合能耗为 882.85 千克/吨。

表 8　2020—2024 年中国铅锌冶炼主要技术经济指标　　（%）

指标名称	2020 年	2021 年	2022 年	2023 年	2024 年
铅冶炼总回收率	97.22	97.26	97.29	97.32	96.62
电锌冶炼总回收率	96.39	96.11	96.68	96.91	96.77

数据来源：中国有色金属工业协会。

（二）产业结构

由于新增接续资源较少，在产矿山品位日益贫化，开采深度越来越深，矿山开发难度上升，近年来，中国铅锌精矿产量增长有限，区域分布总体保持稳定。根据中国有色金属工业协会统计，铅精矿产量主要集中在云南、广西、湖南、内蒙古、西藏、四川、河南、青海、广东、甘肃等地，上述十省区合计产量占全国总产量的 85%（见图 3）。锌精矿生产主要集中在云南、内蒙古、广西、甘肃、新疆、湖南、青海、西藏、四川、广东等地，上述十省区合计产量占全国总产量的 82%（见图 4）。

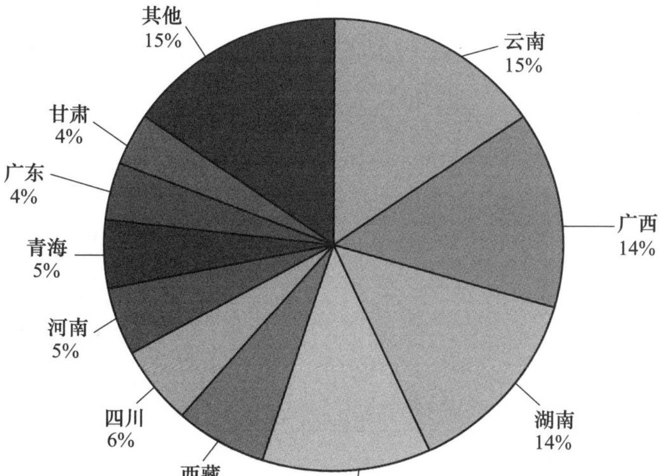

图 3　2024 年中国铅精矿产量分布图

数据来源：中国有色金属工业协会

根据中国有色金属工业协会统计，2024 年精炼铅产量排名前十的省份合计产量占全国总产量的 91.5%，铅冶炼区域产业布局变化不大，其中，河南、安徽和湖南位居前三位，河南产量接近 200 万吨，安徽和湖南产量在 100 万吨上下（见表 9）。从产品原料结构来看，2024 年再生铅产量为 290 万吨（经调

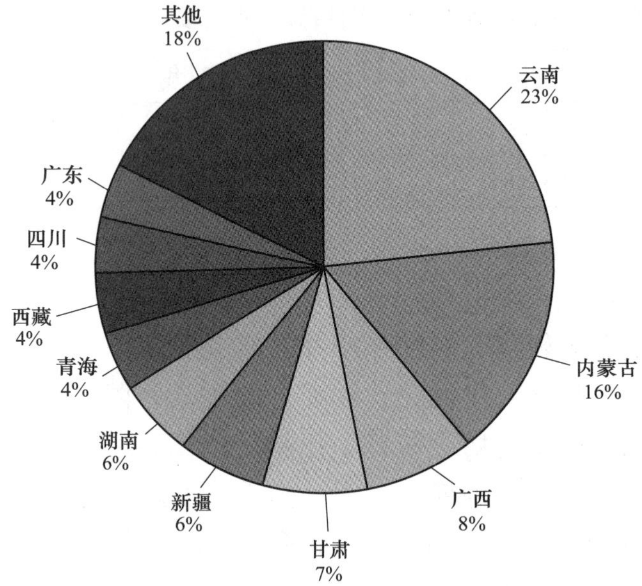

图4　2024年中国锌精矿产量分布图

数据来源：中国有色金属工业协会

整初步统计数），同比下降3%，占比为47.2%，江苏和贵州等再生铅大省产量均有较大幅度增长，同比分别增长9.6%和54%。

表9　2024年中国精炼铅产量分布

地区	产量/万吨	同比/%	占比/%
河南	197.3	14.1	25.8
安徽	141.4	−11.2	18.5
湖南	97.0	−19.0	12.7
江苏	71.7	5.3	9.4
内蒙古	40.7	9.6	5.3
云南	35.0	−2.1	4.6
湖北	31.0	−5.8	4.1
江西	29.0	−16.4	3.8
广西	28.5	−27.6	3.7
贵州	27.3	54.0	3.6
其他	64.8		8.5
全国合计	763.7	−4.6	
修正值	615	−1.6	

数据来源：中国有色金属工业协会。

根据中国有色金属工业协会统计，2024 年精炼锌产量排名前十的省份合计产量占全国总产量的 86. 7%，近年来，因电力、原料及运输距离等生产要素优势突出，西南地区锌冶炼产量比重有提升的趋势。其中，云南产量位居第一，超过 100 万吨，但因原料紧张、限电等因素，产量同比减少 19. 7%；内蒙古和陕西开工率显著下滑，产量同比减少 5. 3%和 26. 2%；广西、河南新增产能落地，产量同比分别增长 22. 1%和 17. 5%（见表 10）。从产品原料结构来看，2024 年再生锌产量为 100 万吨（经调整初步统计数），同比增长 4. 2%，占比为 14. 6%。

表 10　2024 年中国精炼锌产量分布

地区	产量/万吨	同比/%	占比/%
云南	103. 3	−19. 7	15. 1
广西	85. 5	22. 1	12. 5
湖南	79. 8	−1. 5	11. 7
河南	60. 5	17. 5	8. 9
内蒙古	59. 1	−5. 3	8. 6
四川	50. 4	−2. 0	7. 4
甘肃	46. 2	3. 7	6. 8
陕西	45. 6	−26. 2	6. 7
广东	31. 8	0. 5	4. 6
辽宁	30. 7	0	4. 5
其他	90. 8		13. 3
全国合计	683. 7	−3. 6	

数据来源：中国有色金属工业协会。

（三）市场价格

2024 年，全球通胀高企，叠加铅锌供给端收紧，铅锌价格均经历了大幅回落之后的强势反弹走势。2024 年 LME 三个月期铅和期锌均价分别为 2106 美元/吨和 2810 美元/吨，同比分别为下跌 1%和上涨 6%。SHFE 主力合约期铅和期锌均价分别为 17318 元/吨和 23296 元/吨（见图 5），同比分别上涨 9. 8%和 8. 4%（见表 11）。

图 5　上海期货交易所铅锌主力合约月均价变化图

数据来源：SHFE

表 11　2020—2024 年 LME 和 SHFE 铅锌价格统计

年份	LME 价格/美元 · 吨$^{-1}$		SHFE 价格/元 · 吨$^{-1}$	
	三个月期铅	三个月期锌	主力合约期铅	主力合约期锌
2020 年	1836	2280	14672	18189
2021 年	2190	3007	15288	22360
2022 年	2145	3442	15303	24924
2023 年	2128	2651	15773	21489
2024 年	2106	2810	17318	23296
2024 年同比/%	-1.0	6.0	9.8	8.4

数据来源：LME、SHFE。

（四）市场消费

2024 年，中国铅锌消费延续疲软态势。据北京安泰科信息股份有限公司（以下简称“安泰科”）预测数据，2024 年铅、锌实际消费量分别为 539 万吨和 685 万吨，同比分别下降 1.3%和 1.9%。从消费结构来看，内外需表现有所分化。出口需求给铅锌消费提供了较强的韧性，铅酸蓄电池、镀锌板、轮胎等终端产品出口仍保持了一定增速；尽管风、光等可再生能源发电、储能等新赛道继续拉动消费，但铅锌传统领域消费仍表现疲弱。

（五）进出口贸易

2024 年，随着人民币汇率和国内外比价的变化，中国铅锌产品贸易中，原料和初级产品进口总体保持增长，下游产品出口保持了增长（见表 12）。

表 12　2024 年中国铅锌产品进出口情况

商品名称	进口量/吨	同比/%	出口量/吨	同比/%
铅精矿	1238286.34	9.5	0.00	
锌精矿	4078755.30	-13.5	0.00	
未锻轧铅	121796.87	135.6	50642.17	-74.8
其中：精炼铅	4006.47	76.1	21993.43	-88.3
铅合金	117790.40	138.4	28648.74	123.0
未锻轧锌	445744.03	17.2	5310.80	-37.1
其中：精炼锌	388706.28	11.9	8444.00	5.7
锌合金	49573.96	0.7	3466.00	0
铅材	860.95	-11.4	12249.16	29.6
其中：铅片、带及厚度（衬背除外）不大于 0.2 毫米的箔	18.53	100.7	144.19	-0.9
铅板	53.60	-27.2	7874.29	56.6
铅粉及片状粉末	2.23	-97.8	94.63	-5.6
铅条、杆、型材及异型材或丝	39.24	-70.7	883.16	-17.0
其他铅制品	747.36	14.5	3252.88	4.5
锌材	8864.00	-5.7	22842.97	22801.4
其中：锌末	2502.81	-20.5	2.63	-99.9
锌粉及片状粉末	1741.31	-27.7	2642.08	-17.4
锌条、杆、型材及异型材或丝	512.66	-27.7	3447.47	323.3
锌板、片、带、箔	2824.27	-0.2	767.69	-84.7
锌制管及管子附件	46.14	0.3	4970.13	420.5
电池壳体坯料	0.00		1035.94	-89.5
其他锌制品	1236.90	-22.7	9977.04	-54.9
铅蓄电池/万只	561	96.0	25114	5.9
镀锌板	960500	-12.7	13103000	22.1

数据来源：海关总署。

从原料端看，2024 年中国进口铅精矿 123.8 万吨实物量，同比增加 9.5%，银精矿（高铅）进口 167.4 万吨，同比增加 3.6%，对铅原料供应形成重要补充；进口锌精矿 407.9 万吨实物量，同比减少 13.5%，主要是因为进口矿价格倒挂。

从冶炼产品贸易看，2024 年未锻轧铅进口 12.2 万吨，同比增加 135.6%，未锻轧铅出口 5.1 万吨，同比减少 74.8%，未锻轧铅净进口 7.1 万吨；未锻轧锌进口 44.6 万吨，同比增加 17.2%，未锻轧锌出口量 5311 吨，同比减少 37.1%，未锻轧锌全年净进口为 44.1 万吨。

从下游产品贸易看，2024 年铅蓄电池出口量为 2.5 亿只，同比增长 5.9%，镀锌板累计出口同比增加 22.1%。

（六）投资情况

根据国家统计局统计，2024 年，有色金属工业完成固定资产投资比上年增长 24.7%，增幅比 2023 年扩大 7.4 个百分点，比全国工业投资增幅高 12.6 个百分点。其中，有色金属矿山采选完成固定资产投资比上年增长 26.7%，有色金属冶炼及压延加工完成固定资产投资比上年增长 24.2%。铅锌冶炼投资增速高于采选业。

根据中国有色金属工业协会铅锌分会掌握的情况看，未来国内计划新扩建的大型矿山项目主要是新疆火烧云和贵州猪拱塘，此外，西藏地区矿山开采活动有所加速，鑫湖矿业、蒙亚啊、柯月等新增产能有望陆续投产，预计随着新一轮找矿突破成果陆续落地，国内铅锌采选能力有望在“十五五”期间有显著提升。

铅锌冶炼的投资热度不减，2024 年金利金锌 15 万吨和南方有色 30 万吨氧压浸出项目陆续达产，2025 年，国内仍有一些大型冶炼项目建设和投产，如云铜锌业 15 万吨搬迁项目、济源万洋 20 万吨锌冶炼项目、广西誉升二期 15 万吨扩建项目，以及更远期的火烧云矿山配套冶炼项目。此外，锌冶炼渣处置也将是未来 3~5 年冶炼行业重点投入的方面，同时将带动配套产出的精炼铅产量保持协同增长态势。

三、2024 年中国铅锌工业运行状况分析

（一）政策环境分析

当前全球能源结构调整不断深化，新一轮科技革命和产业变革深入发展，产业向绿色化、智能化、高端化方向转型已成为可持续发展的必经之路。

2024 年 8 月 11 日，中共中央、国务院印发的《关于加快经济社会发展全

面绿色转型的意见》（以下简称《意见》）正式对外公布，这是国家层面首次对全面绿色转型进行系统部署。《意见》提出到2030年，重点领域绿色转型取得积极进展，绿色生产方式和生活方式基本形成，减污降碳协同能力显著增强，主要资源利用效率进一步提升等。对铅锌行业而言，该意见应当作为未来绿色转型发展的最根本性纲领，其中特别提到“以国家标准提升引领传统产业优化升级，建立健全产能退出机制。合理提高新建、改扩建项目资源环境准入门槛，坚决遏制高耗能、高排放、低水平项目盲目上马。”

2024年5月，国务院印发《2024—2025年节能降碳行动方案》（以下简称《行动方案》）。《行动方案》提出，2024—2025年，有色金属行业节能降碳改造形成节能量约500万吨标准煤、减排二氧化碳约1300万吨。《行动方案》要求从严控制铜冶炼新增产能，大力发展再生金属产业。到2025年底，铜、铅、锌冶炼能效标杆水平以上产能占比达到50%；有色金属行业能效基准水平以下产能完成技术改造或淘汰退出。

2024年1月16日，工信部等九部门印发了《原材料工业数字化转型的总体工作方案（2024—2026年）》。方案提出到2026年，我国原材料工业数字化转型取得重要进展，重点企业完成数字化转型诊断评估，数字技术在研发设计、生产制造、经营管理、市场服务等环节实现深度应用，生产要素泛在感知、制造过程自主调控、运营管理最优决策水平大幅提高，为行业高质量发展提供有力支撑。实现应用水平明显提升、支撑能力显著增强、服务体系更加完善三方面目标。

2024年8月30日，商务部等5部门发布《推动电动自行车以旧换新实施方案》，组织合规电动自行车生产企业的合格产品参加消费品以旧换新活动，这是国家首次出台电动自行车以旧换新政策。考虑到近年来铅酸蓄电池在电动自行车用电池中占比接近80%，且安全性较好、价格便宜，此次政策对于将老旧锂离子蓄电池电动自行车换购成铅酸蓄电池自行车的消费者，会适当加大补贴力度。

2024年12月31日，工信部等五部门组织修订的强制性国家标准《电动自行车安全技术规范》正式发布，铅蓄电池因其性价比高、稳定性好的优势，深受广大电动自行车消费者青睐；但铅蓄电池也具有能量密度低、体积大、质量大等缺点，导致符合现行标准55千克质量限值的铅蓄电池车辆不能很好满足消费者对于续行里程和充电频次的需求。为此，新国标将铅蓄电池车型整车质量限值由55千克放宽至63千克，有助于为消费者提供性价比更高、使用体验感更好的产品，将有助于拉动铅酸蓄电池消费。

（二）产业结构调整情况分析

1. 产业集中度

近年来，通过产业间、上下游兼并重组、资产整合等多种方式，国内逐步形成了一批具有全球影响力的铅锌企业。其中，2024 年，紫金矿业、中国铜业铅锌矿山生产规模继续跻身全球前五（见图 6），豫光金铅、中国铜业、南方有色等企业铅锌冶炼产能已接近百万吨级，三家中国企业稳居铅锌冶炼第二梯队，此外，金利金铅 2024 年铅锌产量达到 80 万吨级，也跻身全球前十（见图 7）。

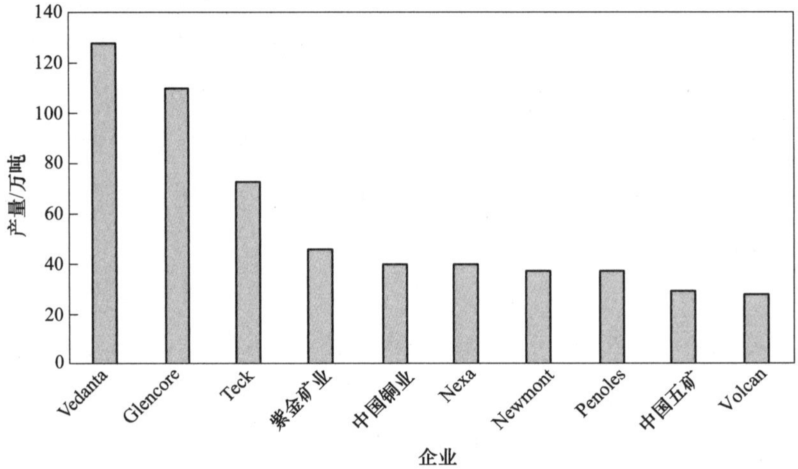

图 6　全球主要铅锌矿山生产企业排名

（以 2024 年铅+锌精矿金属产量计）

数据来源：企业公告、中国有色金属工业协会铅锌分会、安泰科

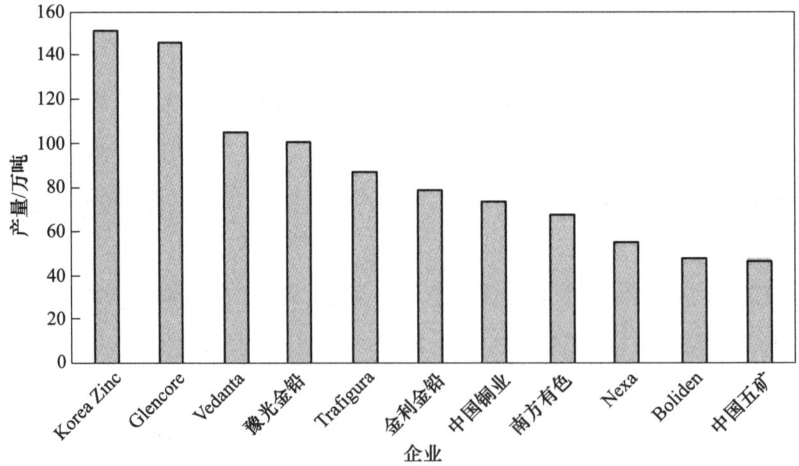

图 7　全球主要铅锌冶炼生产企业排名

（以 2024 年铅+锌产量计）

数据来源：企业公告、中国有色金属工业协会铅锌分会、安泰科

据初步统计，2024 年，国内前十家铅冶炼企业产量占比为 49.2%，前十家锌冶炼企业产量占比为 52.6%。

2. 原料供应结构

不同于新能源战略金属的投资热潮，近年来，全球铅锌资源的勘探投入持续下降，全球资源储量及矿山生产量未有较大突破。国内在产铅锌矿山资源日益贫化，矿山开发难度和开采成本上升，随着采选环保、安全标准的提升，部分老旧矿山停产进行升级改造，限制了铅锌采选能力的增长。随着冶炼产能的不断扩张，近两年铅锌原料外采比均已达到 35%上下（见图 8）。2024 年，因进口矿加工费持续走低，进口锌精矿出现价格倒挂，倒逼冶炼厂减少锌进口矿采购；铅原料外采比依旧保持上升态势，主要源于高银高富含物料的需求增加。

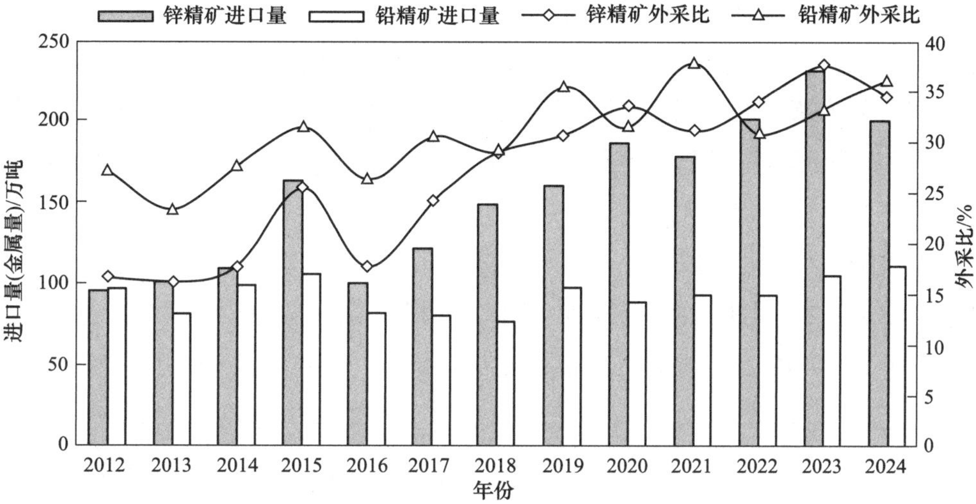

图 8　中国铅锌原料外采比

数据来源：海关总署、中国有色金属工业协会

3. 产品结构

近年来，铅锌合金需求越来越多样性，锌基合金从传统的镀锌钢结构件应用已经发展到医用领域，锌基可降解生物医用合金已取得一些临床进展；随着海上风电装机节奏和海底资源开发利用的加速，海底电缆、油缆等对高端铅合金护套的应用也不断扩大。为满足下游多元化需求，冶炼企业不断丰富合金等产品种类，据安泰科统计，2024 年，国内 53 家锌冶炼骨干企业产量中锌合金占比达到 20.7%，较 2023 年提升 2.7 个百分点。

依托于铅锌冶炼载体综合回收能力强的优势，骨干企业投入大量的科研成本用于提高副产品的综合回收水平，有价元素全产品化、高端化利用比例不断提升，应用于红外、光伏、新能源等领域的高纯锗、砷化镓、碲化镉等产品种类更加丰富。2024 年，文山锌铟“复杂锌精矿伴生铟高效回收关键技术与产业化应用”科技成果鉴定为国际领先水平，突破了传统回收铟工艺流程长、能耗高、铟损失严重、回收率不足 70%等技术难题。

（三）经营形势分析

2024 年，铅锌行业总体利润水平保持增长，但冶炼行业效益远不及矿山采选。据中国有色金属工业协会统计，从铅锌行业利润分布看，铅锌矿采选利润同比增长 26.6%，铅锌冶炼利润同比增长 10.6%。从行业效益看，2024 年，铅锌行业销售利润率为 6.98%，高出有色金属行业 2.3 个百分点，其中，矿山为 24.4%，同比提高 4.5 个百分点；冶炼仅为 2.5%，同比提高 0.3 个百分点，比有色金属冶炼低 3.3 个百分点。

从冶炼加工费来看，受海外矿山减产及冶炼产能增长的共同影响，2024 年，国内外铅锌精矿加工费均大幅下跌至历史罕见的极端水平，尤其是进口矿加工费一度跌至负值，已严重背离冶炼企业生产成本承受能力。2024 年，国内铅精矿加工费均价为 685 元/吨，同比下跌 32.6%；进口铅精矿加工费均价为 9 美元/干吨，同比下跌 83.4%。锌精矿基准加工费均价为 2561 元/吨，同比下跌 49.8%；结算加工费均价为 4221 元/吨，同比下跌 34.3%；进口锌精矿加工费均价为 10 美元/干吨，同比下跌 93.9%（见图 9）。为应对加工费不断

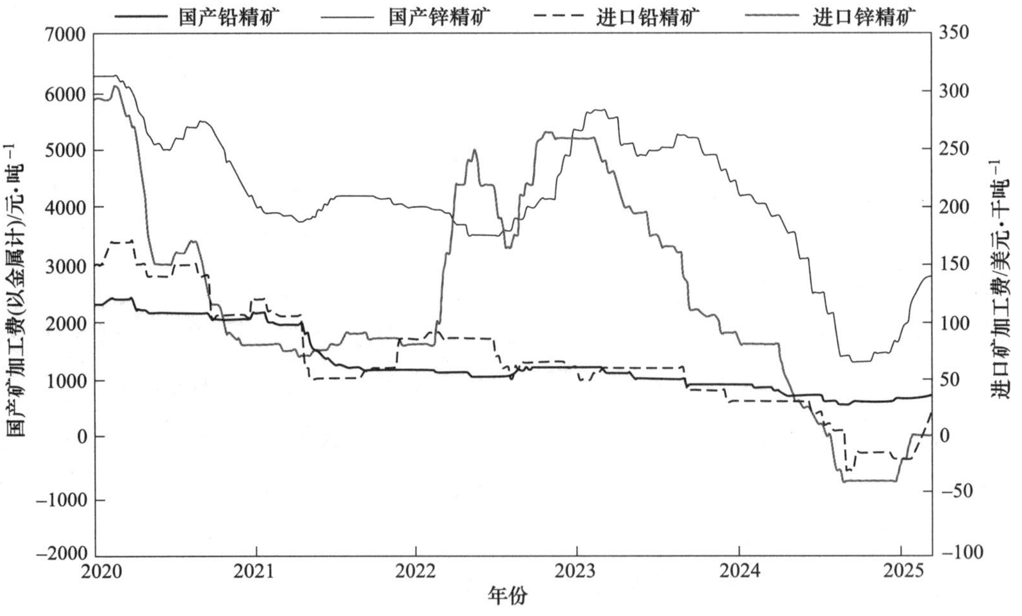

图 9 铅锌精矿加工费变化图

数据来源：中国有色金属工业协会、安泰科

下滑的问题，国内铅锌冶炼企业通过强化行业自律，不断修炼内功，采取推迟新建产能达产时间、适时调整现有生产线检修计划、加大二次物料使用等举措，尤其是在原料联合谈判协调小组成员单位的共同努力下，推出锌精矿采购加工费指导价，成功在四季度止住加工费持续下跌的步伐。

四、当前中国铅锌工业发展中需要关注的问题

（一）铅锌冶炼加工费过低

近年来我国铅锌冶炼产能过剩局面并未改变，新增产能陆续投产。再加之，原料对外依存度不断提高，海外矿山供应偏紧，以及矿商话语权集中，导致 2024 年铅锌冶炼加工费持续下降，其中进口矿加工费一度跌至负值，严重背离冶炼企业生产成本承受能力，企业不得不减产来应对。据初步统计，2024 年我国铅锌行业的产能利用率下降，原生铅产能利用率不足 70%，再生铅开工率仅为 40%左右。展望“十五五”时期，国内铅锌冶炼产能仍将有所扩张，初步统计，国内将有近百万吨铅锌冶炼产能投建，目前我国铅锌行业的供给侧结构性改革仍任重道远。

（二）新消费领域开发不足

相较于铜、镍、钴、锂等“新三样”关联度更高的有色金属品种，近年来铅锌的消费增速相对缓慢，尤其是在传统领域，锂电池对铅酸蓄电池的替代更加明显，锌作为钢材最主要的防腐材料，受到建筑行业低迷的影响，其消费也增长乏力。因铅锌的产业链比较短，企业间低水平同质化竞争比较严重，铅锌行业如何培育新的应用场景和发展有行业特色的新质生产力，仍面临诸多挑战。

（三）战略地位重视不够

铅锌矿产资源中伴生稀散稀贵金属较多，铅锌冶炼不仅是铟、锗、锑、铋、碲等战略金属提取的重要载体，也是提取金、银的主要载体。近年来，欧美等发达国家已将锌增列入关键矿产清单。此外，铅锌作为最传统的绿色载能金属，在汽车、储能、钢铁行业中的应用，能有效提高产品的使用寿命，对促进相关领域的节能减碳发挥着十分重要的作用。但是，目前国家层面对铅锌行业的关注度不够，铅锌资源的战略地位和行业高质量发展仍未得到充分重视。

五、中国铅锌工业发展建议

2025 年是“十四五”规划收官与“十五五”规划布局承上启下的关键一年，在稳中求进、以进促稳、先立后破的总基调中，铅锌行业需锚定新质生产

力培育方向，推动产业链从规模扩张向质量效益转型，强化资源高效利用与低碳化发展，统筹好短期风险防范与长期产业升级的关系。

一是要坚定不移贯彻新发展理念，以深化供给侧结构性改革为主题，积极配合国家有关部门推进行业治理现代化，加快低效产能退出，引导企业科学合理投资，防止“内卷式”的同质化、低水平竞争进一步加剧。具体而言，企业要彻底转变发展思路，不再以规模扩张作为企业发展的主要手段，而是要勤练内功，差异化经营，用数智化赋能改造升级现有产线；要强化行业自律，共同维护行业合理利益，告别内卷式竞争，营造“竞合”的良好生态。

二是加强科技创新，开发新的高端应用领域，努力扩大消费应用。开发新型锌合金，以结构材料在钢材、铝材、铜材、钛材等有关领域寻求有实用性和替代性突破的新型锌合金产品。开发高纯铅合金，改善铅酸储能电池性能，抢占安全要求高的储能应用领域市场份额。顺应高端化、智能化、绿色化要求，研发满足新能源汽车、可再生能源、新一代信息技术、航空航天、节能降碳等新兴产业需要的铅锌功能性材料。

三是提升铅锌资源战略地位，夯实产业高质量发展基础。重视铅锌资源的战略金属载体地位，与国际接轨将铅锌资源纳入关键战略矿产管理，给予充分的重视和相应的政策支持。发挥铅锌冶炼原料适应性强、回收稀散稀贵金属的载体功能，能够有效处置各种含稀贵金属矿产原料及城市垃圾，将铅锌冶炼打造成服务国家战略和建设“城市矿山”的重要产业载体。

撰稿人：夏　丛
审稿人：段绍甫、周遵波

2024 年镁工业发展报告

2024 年，全球经济复苏乏力，地缘政治冲突和国际贸易摩擦不断，我国经济顶住压力仍然实现 5%的增长。受此提振，2024 年国内镁产业发展整体稳中向好。镁应用技术、产品应用成果显著，科研成果转化助力镁应用再上新台阶；市场方面，供应增加、消费增长、出口稳定提升，市场较为活跃，但供应增加过快带来暂时性过剩，原镁价格持续走低，大多数冶炼企业亏损经营。

一、2024 年世界镁工业发展概述

美国地质勘探局（USGS）统计数据显示，目前，除中国外生产原镁的国家有 6 个，分别是俄罗斯、以色列、哈萨克斯坦、伊朗、巴西、土耳其。美国镁业公司因环保等原因已暂停生产，目前美国暂无原镁产量。

综合来看，预计 2024 年全球原镁产能为 179 万吨，产量为 112 万吨，同比增长 21.7%（2023 年数据有所修正），产量增长主要来自中国原镁产量增加；2024 年全球镁消费量 110 万吨左右，同比增长 4.8%。

二、2024 年中国镁工业发展现状

2024 年中国镁工业发展现状主要从镁工业经济运行情况、产业结构、市场价格、市场消费、进出口贸易及投融资情况等六个方面进行概述。

（一）经济运行情况

1. 2024 年原镁产量同比增长 24.7%

据中国有色金属工业协会镁业分会（以下简称“镁业分会”）初步统计数据，2024 年我国原镁产能 148.75 万吨，同比增长 9.3%；原镁产量 102.58 万吨，同比增长 24.7%；镁合金产量 39.68 万吨，同比增长 14.9%；镁粉产量 11.14 万吨，同比缩减 6.7%（见表 1）。

表 1　2023 年和 2024 年中国原镁、镁合金、镁粉产能产量统计情况

（万吨）

年份	原镁产能	原镁产量	镁合金产量	镁粒（粉）产量
2023 年	136.11	82.24	34.52	11.94

续表 1

年份	原镁产能	原镁产量	镁合金产量	镁粒（粉）产量
2024 年	148.75	102.58	39.68	11.14
同比/%	9.3	24.7	14.9	-6.7

数据来源：中国镁产能、产量相关数据均为镁业分会初步统计数据。

从上述统计数据可以看出，2024 年国内原镁和镁合金产量同比均有所增长，镁粉产量有小幅缩减。

2. 2024 年规模以上镁冶炼企业经济效益缩减

据国家统计局初步统计数据，58 家规模以上镁冶炼企业的产品销售收入 180.14 亿元，同比增长 1%；利润总额-6.81 亿元，同比减少 2.01%。

3. 主要生产技术经济指标基本稳定

2024 年皮江法镁冶炼生产技术经济指标为：还原周期为 8~12 小时，料镁比 6.0~7.0，劳动生产率为 35~50 吨/(人·年)。

（二）产业结构分析

2024 年，中国镁产业发展仍以镁冶炼产品为主，加工产品为辅。国内镁冶炼保持以陕西、山西地区为主，内蒙古、安徽、新疆、宁夏等地区为辅的发展格局。镁深加工以山西、广东、重庆、江苏、安徽和上海为主要生产地区，加工产品应用以交通、3C 等领域为主。

2024 年，陕西地区原镁产量占比仍居全国首位。陕西府谷地区冶炼企业环保改造完成并陆续恢复生产，陕西地区约 35%的增幅主要来自府谷，并实现其 60%以上的全国占比；山西地区产量占比由 2023 年的 24.7%下调至 18.5%；内蒙古地区和新疆地区产量占比均有所增长，尤其是新疆地区由 4.6%增至 6.2%（见表 2）。

表 2　2024 年部分省区镁冶炼产能产量分布统计情况

地区	企业数量	生产能力		产量	
		合计/万吨	全国占比/%	合计/万吨	全国占比/%
陕西	36	82.50	55.5	63.7	62.1
山西	8	30.75	20.7	19.02	18.5
内蒙古	3	11	7.4	6.2	6.0
新疆	3	6.5	4.4	6.36	6.2

数据来源：镁业分会。

据镁业分会初步统计，国内镁冶炼企业前十名产量合计 46.88 万吨，同比增长 18.5%（见表3）。前十位企业产量占总产量的 45.7%，产业集中度较高。

表3　2024 年中国镁冶炼企业原镁产量前十名（按会员单位）排序

名次	企业名称	产能/万吨	产量/万吨	产量同比/%
1	宝武镁业科技股份有限公司	10	9.9	7.8
2	物产中大柒鑫合金材料有限公司	8	7.6	11.8
3	府谷县金万通镁业有限责任公司	5	4.71	316.8
4	府谷县新田镁合金有限责任公司	4	4.29	210.9
5	府谷京府煤化有限责任公司	4	3.93	-3
6	陕西三忻集团实业有限责任公司	4	3.79	15.2
7	山西八达镁业有限公司	4.5	3.48	14.8
8	府谷县泰达煤化有限责任公司	3	3.36	128.6
9	府谷县方正镁业有限责任公司	3	2.92	68.8
10	哈密市盛镁镁业有限公司	3	2.9	190
合计		48.5	46.88	18.5

数据来源：镁业分会。

其中，产量在 1 万吨（含 1 万吨）以上的镁冶炼企业有 33 家，产量合计为 92 万吨，较 2023 年增长 20.9%；年产 3 万吨（含 3 万吨）以上的企业有 8 家，产量合计为 41.06 万吨，同比增长 40%。

2024 年，国内镁合金产量 39.68 万吨，同比增长 14.9%，前五名镁合金生产企业产量合计为 38.58 万吨，同比增长 19.4%。前五名产量占比 97.2%，产业集中度非常高（见表4）。

表4　2024 年中国镁合金产量前五名企业（按会员单位）排序

名次	企业名称	产能/万吨	产量/万吨	产量同比/%
1	宝武镁业科技股份有限公司	27	23.32	24.4
2	山西瑞格金属新材料有限公司	10	8.765	0.2
3	山西振鑫镁业有限公司	6	2.89	23
4	山西八达镁业有限公司	5	2.1	43.8
5	府谷县华顺镁业有限责任公司	2	1.5	114.3
合计		50	38.58	19.4

数据来源：镁业分会。

（三）市场价格

1. 原镁价格持续走低

2024 年镁市场一路走低，国内原镁年均价 17920 元/吨，同比下跌

13.00%。全年日均价波动范围在16000~20800元/吨，年最高价为1月的20800元/吨，最低价为12月的16000元/吨（见图1）。

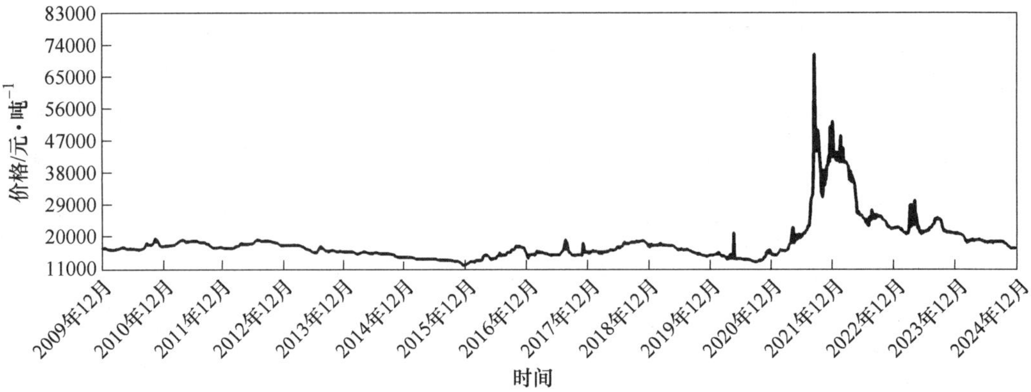

图1　2010—2024年中国原镁现货价格走势图

数据来源：镁业分会

2024年镁价下行，一方面是煤炭、硅铁等原料价格走低，带动镁成本下调；另一方面是府谷地区部分镁企技改后生产恢复正常，供应增长速度超过需求的增加，导致市场供应过剩，市场价格持续走弱。

截至2024年底，部分厂商、贸易商报价基本在16100~16400元/吨。

2. 镁出口价格同步走低

2024年，FOB价格较2023年有较大幅度的回调，年均价2666.9美元/吨，同比下跌19.5%。全年日均价波动区间为2370~3050美元/吨，年最高点在1月的3050美元/吨，最低点在12月的2370美元/吨。

2024年FOB镁价跟随国内价格震荡走低，跌幅约22.3%，幅度同国内价格跌幅基本一致。出口价格下跌一方面是受国内原镁价格下跌影响；另一方面，汇率大幅震荡等因素也影响原镁出口价格。

截至年底，部分厂商、贸易商出口报价FOB在2370~2390美元/吨（见图2）。

（四）市场消费

2024年，我国镁消费量54.7万吨，同比增长12.6%。其中，用于冶金领域约28.3万吨，较2023年基本稳定，约占国内消费总量的51.7%；用于压铸、挤压等加工业用镁量达25.4万吨，同比增长32.2%，占比近46.4%（见表5）。

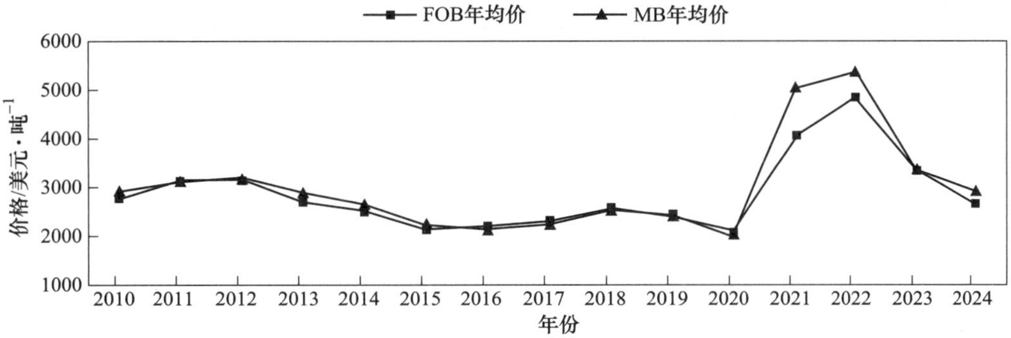

图 2　2010—2024 年中国原镁 FOB 年均价与 MB 年均价对比图

数据来源：MB、镁业分会

表 5　2023—2024 年国内镁消费情况统计表　　（万吨）

年份	冶金					加工	其他	合计	同比/%
	铝合金添加	炼钢脱硫	球墨铸铁球化剂	金属还原	稀土镁合金	铸件、压铸件、型材			
2023 年	11.7	5.10	3.25	7.00	1.00	19.21	1.30	48.56	-11.3
2024 年	15	3.5	3.25	6.00	0.5	25.4	1.05	54.7	12.6

数据来源：镁业分会。

2024 年镁加工用量比重加大，一方面，随着消费数据统计逐步完善，国内用量统计更为准确；另一方面，镁价持续低位，与铝价价差拉大，下游企业用镁信心有所恢复，对扩大国内镁应用起到一定推动作用。

（五）进出口贸易

1. 2024 年我国镁产品出口同比增长

据海关总署统计数据，2024 年我国共出口各类镁产品约 46 万吨，同比增长 13.6%，累计金额约 12.9 亿美元，同比下降 7.1%（见表 6）。从占比看，目前我国镁产品出口仍以低端粗加工输出为主，镁制品等加工产品输出较少。原镁、镁合金和镁粉仍是主要出口产品，三个品种占出口总量的 96.3%，其中原镁出口占到 57.6%。从出口金额看，2024 年我国镁出口金额同比大幅回落，主要受镁价下跌的影响。

表 6　2024 年中国各类镁产品出口统计情况

名称	累计数量/万吨	累计同比/%	累计金额/万美元	累计同比/%
镁锭	26.6	24.4	70223	0.5

续表 6

名称	累计数量/万吨	累计同比/%	累计金额/万美元	累计同比/%
镁合金	9.53	-8.4	29034	-23.1
镁废碎料	0.76	20.6	2011	-7.1
镁粉等	8.25	11.9	23570	-5.3
锻轧镁	0.33	3.1	1901	-11.4
镁制品	0.51	37.8	2285	11.1
总值	45.98	13.6	129024	-7.1

数据来源：海关总署。

2024 年中国镁产品出口近百个国家和地区。其中，原镁主要出口地为荷兰、印度、韩国、加拿大和日本；镁合金主要出口地区为波兰、日本、罗马尼亚、韩国和中国台湾；镁粉主要出口地区为加拿大、荷兰、土耳其、印度及斯洛伐克。加工方面，锻轧镁主要出口美国、日本、俄罗斯、韩国和印度；镁制品主要出口美国、加拿大、越南和印度尼西亚，其中出口美国数量占 64.8%。

2024 年我国镁产品出口呈现一定增长，一方面，国外供应缩减，增加对我国镁产品的需求；另一方面，镁价持续低位，国外需求有所恢复。

2. 2024 年镁产品进口同比小幅增长

2024 年中国各类镁产品进口统计情况见表 7。

表 7　2024 年中国各类镁产品进口统计情况

名称	累计数量/吨	累计同比/%	累计金额/万美元	累计同比/%
原镁	0.2	-99.2	7.5	-56.2
镁合金	450.4	6.2	132.8	49.5
镁粉等	4.8	742.1	7.7	179
锻轧镁	12.8	353.9	31	-25.3
镁制品	147.5	12.7	483.8	-7.2
合计	615.7	5.7	662.8	-1.3

数据来源：海关总署。

（六）投融资情况

2024 年，国内外镁投资热不减，冶炼方面计划投资增多，实际投资仍以加工应用为主。安徽池州和巢湖等地区，利用已形成规模的冶炼加工优势，进一步引进镁加工企业，推动镁产业向汽车零部件、3C、储能等领域延伸，建设与终端产品相配套的完整产业链体系。

1. 安徽发力镁产业发展，池州、巢湖招商引资发展镁加工

（1）池州华清高科镁基新材料及表面处理产业园项目开工。由池州高新建设发展有限公司投资建设，合肥华清高科表面技术股份有限公司运营的池州华清高科镁基新材料及表面处理产业园在池州高新区开工，项目总投资额约20亿元，主要包括镁基新材料及制品、表面处理新材料、3C电子产品用镁合金材料（板型材）等。

（2）池州安能金属再生镁铝合金及铸造项目开工。池州市安能金属科技有限公司投资建设的再生镁铝合金及深加工项目落户池州青阳。项目总投资1.1亿元，将利用镁锭、铝及铝合金块状废料作为原材料，专注于生产铝镁合金压铸件。

（3）由南京昱立轻合金有限公司投资建设的年产200万件镁合金应用产品深加工项目落户池州青阳，项目总投资1.5亿元，主要生产镁合金颗粒、镁合金型材、镁合金压铸件、镁合金表面处理及中间镁合金等。

（4）由浙江松晟机械科技有限公司投建的年产100万套镁合金通机及汽摩配零部件项目落户青阳开发区，项目总投资3.5亿元，建成达产后，可形成年产100万套镁合金通机及汽摩配零部件生产能力。

（5）安徽镁翼时代汽车科技有限公司汽车镁合金轻量化及高强钢热成型项目在巢湖开工，项目总投资10亿元，计划2025年建成投产后，年产500万件热成型件、860万件冷冲压件及150万件镁合金铸件。

2. 国外相关投资建设情况

欧盟国家有重启镁冶炼趋势：

（1）德国MFE子公司BH Magnezij & Minerali（BMM）拟在波黑库普雷斯市建造一座大型镁生产工业园区。该工业园区总规划占地面积为7.3公顷。MFE Magnesium For Europe GmbH成立于2021年，旨在以波黑现有的白云石（碳酸钙镁）矿床为基础，开发“绿色欧洲”金属镁的生产。

（2）欧盟成员罗马尼亚日前开放了国内一处废弃镁矿的开采权，投资方预计将在三年内向其投入10亿美元。据称这标志着欧洲时隔10余年首度重启镁矿开采，目的是减少对从中国进口关键原材料的依赖。

澳大利亚拉特罗布镁业（Latrobe Magnesium）计划利用工业粉煤灰提取并销售金属镁，目前已生产出第一批氧化镁，该公司的目标是建设一个年产超过10000吨镁的商业工厂。

三、2024年中国镁工业经济运行状况分析

（一）政策环境分析

2024年，国务院及国家发改委、工信部发布多项政策，支持镁产业绿色化、高端化发展：

（1）工信部发布《国家工业和信息化领域节能降碳技术装备推荐目录（2024年版）》，将镁基固态储氢技术列入目录。

（2）工信部节能与综合利用司发布《国家工业节能降碳技术应用指南与案例（2024年版）》，其中“氢能制取及利用技术”部分收录了“镁基固态储运氢技术”。

（3）国务院印发《2024—2025年节能降碳行动方案》，提出合理布局镁行业新增产能，推广竖式还原炼镁等先进技术，加快有色金属行业节能降碳改造。

（4）工信部发布《首台（套）重大技术装备推广应用指导目录（2024年版）》，将宽幅镁合金板带轧制机和超大型冷室压铸机列入目录。

（5）国家发改委发布《西部地区鼓励类产业目录（2025年本）》，多个省级行政区新增鼓励类产业不同程度地包含与镁相关的产业发展。

（6）工信部面向《重点新材料首批次应用示范指导目录（2024年版）》所列产品的生产企业，组织开展2024年首批次新材料保险补偿资格审定工作，产品包括生产制造大型薄壁复杂结构轻质合金熔模精密铸件的铸造镁合金、高性能镁合金复杂型材、高性能阻燃镁合金挤压材料。

（二）产业结构调整情况分析

2024年我国镁产业结构调整进一步深化，科技成果转化助力镁加工应用再上台阶，不锈镁等高性能镁合金成功应用，镁基固态储氢及半固态压铸技术等引领全球的前沿技术和设备在国内研发成功并获得应用。

1. 新产品新应用不断涌现，镁应用领域拓展延伸

（1）高亮不锈镁合金材料成功应用于联想笔记本电脑。高亮不锈镁是上海交通大学和联想集团战略合作项目所取得的重大创新成果，已成功应用于联想笔记本电脑ThinkBook2024AI上，实现了该材料在业界的首次商业应用，该产品获得2024年国际镁协会变形加工产品类大奖和《快公司》未来技术大奖。

（2）高性能镁合金成功应用于“陆地航母”X3飞行汽车。广东汇天航空航天科技有限公司的分体式飞行汽车“陆地航母”X3电驱、电控及仪表盘支架等零部件采用了瑞格金属生产的高性能镁合金。该镁合金与常规牌号AZ91D

相比，性能有了大幅度提升；与铝合金相比，镁合金配件减重33%，提升“陆地航母”X3的续航里程。

（3）宝武镁业携手埃斯顿推出镁合金机器人。宝武镁业与埃斯顿发布镁合金机器人新品“ER4-550-MI”，其轻量化设计相较于铝合金版本减轻了11%的重量，不仅提升了5%的节拍速度，还因其材料的特性，在减震、电磁屏蔽和散热方面表现卓越，增强了稳定性。同时，能耗降低10%，显著提高了运行效率。

2. 镁基固态储氢引领创新前沿

（1）全球首条百吨级镁基固态储氢材料产线试车成功。江苏华镁时代科技有限公司全球首条百吨级镁基固态储氢材料生产线试产成功。该条生产线是目前全球产能最大的一条镁基固态储氢材料生产线，华镁时代于2023年将整条产线及技术从法国引进，氢化镁的年产量可达100吨。

（2）全球首例大型镁基固态储氢罐顺利出海。全球首例大型固态储氢设备从外高桥四期码头装船出海，该设备拥有储氢密度大、安全性高、经济便捷等特点，在解决氢气长距离、大规模运输等问题上取得重大突破，对氢气在各垂直领域的大规模应用和促进氢能产业整体的发展具有重要意义。

3. 镁合金半固态工艺成为行业研发和应用新热点

（1）伊之密3200吨半固态镁合金注射成型机成功交付。由伊之密设计、研发与生产的3200吨半固态镁合金注射成型机成功交付，主要用于生产汽车行业高精度零部件，助力镁合金在汽车轻量化领域的规模化应用。其后，伊之密再度与客户签署战略合作协议，共同研发5000吨半固态镁合金注射成型机，共同探索镁合金成型技术的更多可能性。

（2）全球最大4000吨镁合金半固态注射成型机研发成功。由上海交通大学与伯乐智能共同开发的4000吨镁合金半固态注射成型机，是迄今为止全球同类设备中压射吨位和注射量均为最大的机台，理论注射量高达17千克，一举改变了半固态镁合金注射成型机基本只能用于3C、通信等行业中小型结构件生产的现状，使得大型、超大型镁合金汽车零部件的制备成为可能，有望掀起新能源汽车零部件以镁代铝，进一步轻量化的浪潮。

（3）力劲集团推出TPI镁合金半固态压铸技术。该技术铸造的镁合金产品韧性提高了20%，完全依靠电能驱动，无须使用保护气体，从而有助于实现更环保、更安全的制造过程。同时，该技术能够显著降低能耗达50%，它还可以在半固态镁合金和冷室压铸之间实现快速切换。

（4）镁合金半固态减震塔试制成功。由长城汽车、保定精工模具、宝钢金属及海天智胜金属等多家单位协同开发，在海天智胜金属全球应用中心，使用 HMG3000 镁合金注射成型机成功试制镁合金减震塔，零件成型良好，探伤后无气孔、冷隔等缺陷。

（5）镁合金轻量化电驱总成获发布。宝武镁业与苏州汇川联合动力系统股份有限公司共同发布一款全球领先应用的镁合金轻量化新品——镁合金轻量化电驱总成，该产品质量与传统铝合金材料结构相比减重 2.5~7 千克，能够实现多功能一体化集成成型，零部件数量减少后，不仅降低了制造、组装与物料管理成本，还能大幅提高系统整体耐用度。

（6）上汽集团发布全球首款量产半固态工艺镁合金电驱壳体。由上汽自主研发的第二代电驱动总成——镁合金壳体及搭载该壳体的电驱动三合一总成，是全球首款量产的基于半固态工艺的电驱镁合金壳体，壳体总质量为 13.7 千克，采用 AZ91D 镁合金材料。半固态工艺解决了镁合金加工成型的痛点，提升了材料性能，使其大规模量产应用成为可能，也为新能源汽车轻量化与绿色制造树立了新标杆。

（7）镁合金半固态仪表板横梁试制成功。宝武镁业旗下子公司重庆博奥镁铝金属制造有限公司与宁波保税区海天智胜金属成型设备有限公司再度携手，应用海天智胜金属最新推出的 HMG3600 镁合金注射成型机，成功小批量试制出镁合金半固态仪表板横梁支架（CCB）。支架长度超过 1.4 米，一次注射量达 6.1 千克，产品质量 3.8 千克，相较于传统钢管焊接的方式，减重超过 50%，轻量化效果显著，生产过程中没有熔炼过程，更加低碳环保，进一步契合市场对大尺寸、高质量镁合金产品的轻量化和环保需求。

（8）全球首台 3000 吨镁合金半固态双射台注射成型机正式投产。华孚科技全球首台 3000 吨镁合金半固态双射台注射成型机投产，该成型机采用双螺杆同时熔化镁合金原料，熔化能力达到单料管的两倍，即 10 千克以上，能效降低 20%以上，效率提升超过 30%。它可实现“一模两腔”同时生产 2 套汽车双联屏显示器支架及壳体（CID）或三联屏 CID，并在汽车前横梁支架（CCB）的成型方面展现出显著优势。此外，该成型机不使用熔化炉及 SF_6 保护气体，实现了效率的提升和节能环保的目标，践行了华孚科技“绿色制造”的理念。

4. 央国企持续加大镁产业投入，为行业发展注入强劲动力

（1）中铝鹤壁镁基新材料项目签约。中铝集团和鹤壁市政府合作的中铝鹤壁镁基新材料项目在鹤壁签约，此次合作不仅为中铝集团的战略转型提供了有力的支撑，也为鹤壁市打造镁基新材料科技创新高地奠定了坚实基础。

（2）陕西有色金属致力于打造全球领先的镁基材料产业创新集群。陕西有色开展10万吨铝镁合金深加工等重点项目的实施或论证工作，将为企业下一步发展增强后劲、注入活力。

（3）物产中大轻量化布局再发力。物产中大产投完成了对舜富精密科技股份有限公司的收购。至此，物产中大产投已布局了上游资源端、中下游制品端，为未来串珠成链、集链成群，打造完“镁”产业生态闭环奠定了良好基础。

（4）榆能集团持续加大镁产业投入。榆能研究院组织实施的大型电热釜镁冶炼技术中试项目成功出镁，主要指标达到预期目标。该项目的成功实施标志着榆能集团在金属镁冶炼工艺上取得了关键技术突破。

（三）经营形势分析

2024年，陕西府谷地区冶炼企业环保改造基本完成并陆续恢复生产，受此影响，国内原镁产量有较大幅度增长，其他地区生产有序进行，全年国内冶炼行业产能利用率近69%。需求增长相对缓慢，市场供应过剩的局面导致镁价持续低位，冶炼企业面临极大经营压力。具体的国内供求情况见表8。

表8　2020—2024年国内镁市场供求情况　　（万吨）

年份	2020年	2021年	2022年	2023年	2024年
产量	96.10	94.88	93.33	82.24	102.58
出口量	39.38	47.72	49.77	40.47	45.98
进口量	0.04	0.04	0.08	0.01	0.06
国内消费量	54.13	48.45	54.77	48.56	54.7

数据来源：海关总署、中国有色金属工业协会、镁业分会。

四、当前中国镁工业发展中需要关注的问题

（一）冶炼投资过热，供需失衡可能加剧

随着镁在轻量化、储氢、电池等新兴领域的潜力被市场广泛认可，国内镁冶炼领域投资热情持续高涨。新疆、陕西、安徽、山西等产业集群地区规划新增产能已超百万吨，原镁产能有可能进入新一轮的快速增长周期。根据镁业分会不完全统计，新疆地区拟新增产能超过50万吨；陕西地区拟新增产能超过30万吨；安徽地区宝武镁业项目逐步实施，新增产能超过30万吨。

2024年行业产能利用率持续低迷，全年平均不足70%，阶段性的产能相对过剩矛盾已经显现。然而，传统冶金领域需求增长乏力，下游加工需求端尚

未实现根本性突破，新能源汽车、航空航天等新兴应用场景仍处于市场培育期，导致供需增速错配问题突出，直接引发镁价大幅下行，行业整体效益压缩，规模以上镁冶炼企业全年累计亏损6.81亿元。当前若发生产能无序扩张，在应用端尚未形成规模化需求支撑的背景下，未来行业供需失衡风险或将进一步加剧，对镁产业链可持续发展构成很大挑战。

（二）价格跌破成本，警惕市场异常波动

2024年国内原镁价格持续承压下行，全年均价同比下跌13%，大多数镁冶炼企业进入亏损经营状态。与此同时，铝价持续高位，镁铝价格比倒挂现象加剧，比值低至0.7左右，虽有利于下游拓展镁替代铝的应用场景，但冶炼端的持续亏损使镁产业上下游都面临风险。

价格长期低位运行，企业被迫减产甚至停产将引发供应端剧烈收缩，可能引起价格大幅波动，导致下游用户对镁供应和价格的稳定性产生疑虑，影响使用信心，形成“供应短缺—大幅波动—需求不稳”的连锁反应。因此，需警惕价格超调风险，避免短期价格异动冲击产业链可持续发展。

（三）应用发展不足，产业瓶颈亟待突破

我国镁的加工应用领域发展仍有不足，加工用量总体保持增长，但整体增幅有限，近五年年均增长率不到1%。合金研发、成型工艺、表面处理等关键技术瓶颈还需进一步攻克，离下游应用场景的规模化落地还有较多工作要做，镁产业的升级空间仍受限于低端化、同质化竞争困局。

以新能源汽车为例，近年来单车平均用镁量增长势头很好，但是实际应用速度还是不及预期，镁合金轮毂、一体化压铸件等高端产品渗透率仍较低。另外，尽管镁基储氢材料、可降解医用镁合金等新兴领域取得技术突破，但受制于材料性能稳定性不足、加工成本高等瓶颈，多数项目仍停留在实验室验证或小规模试产阶段，尚未形成产业化放量。

五、中国镁工业下一步发展重点

（一）稳供应、稳价格、稳预期

当前中国镁工业正处于供需关系深度调整的关键阶段，稳定供应与价格体系成为行业可持续发展的首要任务。面对市场价格超跌、冶炼企业经营困难的局面，镁业分会积极发声，倡议上下游加强联动，保障市场供应和价格的稳定性，保证冶炼企业在内的全产业链合理利润。同时通过座谈会的方式，提出希望冶炼企业统一步调，加强自律，使价格保持在合理区间，相关单位也提出减产、收储、探索指导价格机制等一系列举措。

镁业分会将努力推动镁行业面向重点行业、重点区域、重点企业签订长期保价协议，并探索“基准价+浮动”等创新价格机制，将价格波动区间控制在合理范围。而且，镁业分会持续推动的镁期货上市取得了积极进展，目前各方面条件已基本具备，届时镁期货品种将通过套期保值功能平抑价格异常波动，为镁产业链的平稳供应和平稳运行发挥重要作用。此外，镁业分会将通过加强上下游沟通交流，强化供应端与需求端协同联动，为产业链上下游注入稳定预期。

（二）加强产品与技术研发，扩大镁应用空间

2024 年可以说是镁加工业的科技成果转化的丰收年，不锈镁、镁基储氢、半连续铸造等应用领域产品均有拓展和突破，镁应用已经受到越来越多科研院所的关注，经过多年研发的科技成果也正在逐步转化为产品。但为实现镁的大规模应用，仍需聚焦材料性能优势与市场需求双向发力，以技术创新驱动应用场景扩容升级。

一是要深入挖掘镁合金“轻量化、高流动性、低粘模倾向”等铸造特性，加快突破薄壁压铸、精密成型等工艺瓶颈，进一步拓展镁合金在铸造领域的应用场景，努力丰富镁合金铸造产品，在铸造领域积极布局“以镁代铝”，力争实现镁合金压铸每年替代 5%~10%的铝合金压铸，带动镁行业消费规模在 2~3 年后达到 200 万吨以上。

二是要紧抓新能源汽车轻量化窗口期，重点发展一体化大型镁合金压铸件、汽车轮毂等镁合金产品，加快提升单车用镁量。

三是要强化“产学研用”协同创新，促进和加快科技成果转化，构建从基础研究到工程应用的完整创新链，开发镁功能材料等新兴应用领域，加快形成和发展镁新质生产力。

（三）打造特色产业集群，深化区域协同发展

中国镁工业需依托区域资源禀赋与产业基础，构建“差异化定位、协同化联动”的集群发展模式。陕西榆林应发挥全球最大原镁生产基地优势，重点发展绿色低碳冶炼技术，推动镁冶炼企业的规模化、大型化；安徽巢湖、青阳依托宝武镁业等龙头企业，聚焦汽车轻量化、3C 电子等高端镁合金深加工，建设长三角镁材应用创新高地；山西运城应发挥产业链优势，立足在镁合金挤压、轧制等变形加工领域的技术积淀，建设镁应用创新策源地。

各产业集群应深化区域协同，突破地理边界限制，以系统性思维推动区域间功能互补与战略协同。顶层设计上，通过政策衔接引导产能布局优化，避免同质化竞争。协作模式上，探索新型合作机制，例如榆林可联合长三角地区共建“原镁—深加工”跨区域产业链条。生态构建上，建设全国性镁产业大数据平台，实现产能、需求等信息的实时联动，强化风险预警与资源配置能力。通过打破行政壁垒、深化利益共享，最终形成“资源集约、分工明确、联动响应”的产业生态体系，全面提升中国镁工业发展的系统性与整体性。

撰稿人：史晓梅、杨　骥

审稿人：孙　前

2024 年镍工业发展报告

一、2024 年世界镍工业发展概述

2024 年，受到地区局势动荡及全球镍价低迷的影响，部分生产成本高昂的镍矿停产减产，全球镍矿产量增速明显放缓。根据国际镍研究小组（INSG）数据，2024 年全球镍矿产量同比增加 2.37%至 377.64 万吨。分国家或地区来看，主要镍矿生产国中，除印尼、加拿大、菲律宾实现同比增长外，其余主要生产国家均同比下降（见表 1）。

表 1　2020—2024 年全球镍矿产量

国家或地区	镍矿产量（金属量）/万吨					2024 年同比/%
	2020 年	2021 年	2022 年	2023 年	2024 年	
加拿大	15.79	11.63	9.68	12.23	13.27	8.58
中国	10.41	10.39	10.94	11.28	11.06	-1.95
印尼	76.70	106.90	157.90	203.00	232.80	14.68
菲律宾	32.89	38.64	36.00	38.70	39.45	1.94
俄罗斯	23.73	19.12	22.00	21.01	19.41	-7.62
澳大利亚	16.93	15.09	15.50	14.88	10.12	-31.99
新喀里多尼亚	19.97	18.63	20.00	23.12	11.53	-50.14
其他	22.37	24.87	29.37	33.65	34.39	2.20
全球	243.29	270.77	320.90	368.91	377.64	2.37

数据来源：INSG。

根据 INSG 数据，2024 年全球原生镍产量为 352.80 万吨，同比增加 4.97%，增速连续两年放缓。从主要生产国家或地区来看，印尼原生镍产量在全球的占比逐年升高，2024 年达到 45.60%，但是产能增速明显放缓，主要受到 RKAB 审批放缓及旱季多雨影响。我国是全球第二大原生镍生产国，产量增速同比也有所放缓（见表 2）。

表 2　2020—2024 年全球原生镍产量

国家或地区	原生镍产量（金属量）/万吨					2024 年同比/%
	2020 年	2021 年	2022 年	2023 年	2024 年	
巴西	5.96	6.08	6.34	5.70	5.34	-6.32
加拿大	11.82	10.32	12.12	11.31	10.98	-2.92
中国	75.00	69.00	85.00	97.00	102.90	6.08
印尼	63.20	88.00	116.50	141.00	160.86	14.09
日本	17.01	16.60	14.75	14.74	14.77	0.20
韩国	4.56	4.40	4.35	4.65	4.70	1.08
欧盟	7.70	6.20	7.58	6.49	6.85	5.52
挪威	9.11	9.11	8.19	9.50	9.84	3.58
俄罗斯	15.44	12.11	14.30	12.60	12.41	-1.51
澳大利亚	11.56	9.90	9.65	9.23	7.63	-17.33
新喀里多尼亚	7.25	5.66	6.62	7.19	3.75	-47.82
其他	20.18	23.71	20.66	16.70	12.77	-23.51
全球	248.78	261.09	306.06	336.11	352.80	4.97

数据来源：INSG。

在宏观经济与消费增长承压的背景下，全球原生镍消费增速在高基数水平下呈现放缓趋势。根据 INSG 数据，2024 年全球原生镍消费量 335.40 万吨，同比增长 5.02%（见表 3）。中国及印尼在全球镍消费量占比进一步提升，由 2023 年的 74.37%上升至 75.07%，得益于中国与印尼不锈钢产量的提升，两国消费量持续增长。欧盟部分钢厂在 2024 年复产且合金消费提升，所以欧盟镍消费实现同比增长。

表 3　2020—2024 年全球原生镍消费量

国家或地区	原生镍消费量（金属量）/万吨					2024 年同比/%
	2020 年	2021 年	2022 年	2023 年	2024 年	
中国	141.00	154.00	175.00	203.50	212.20	4.28
印尼	21.00	38.34	37.03	34.00	39.60	16.47
欧盟	24.25	26.87	24.92	23.36	23.78	1.82
其他	52.80	58.74	59.30	58.51	59.82	2.22
全球	239.06	277.96	296.26	319.37	335.40	5.02

数据来源：INSG。

在全球镍产消量增速均放缓的前提下，2024 年全球原生镍延续过剩格局（见表 4）。

表 4　2020—2024 年全球原生镍供需平衡

年份	2020 年	2021 年	2022 年	2023 年	2024 年	2024 年同比/%
原生镍产量（金属量）/万吨	248.78	261.09	306.06	336.11	352.80	5.0
原生镍消费量（金属量）/万吨	239.06	277.96	296.26	319.37	335.40	5.0
全球平衡（金属量）/万吨	9.73	−16.87	9.81	16.74	17.41	4.0

数据来源：INSG。

二、2024 年中国镍工业发展概述

（一）生产情况

2024 年，中国镍产品产量保持增长态势，但增速同比有所放缓（见图 1），且产品结构发生了变化，主因是印尼低成本产能形成竞争优势，使得我国 NPI 产量下降，硫酸镍产量增速放缓，但电镍产能产量显著增长。据北京安泰科信息股份有限公司（以下简称“安泰科”）数据，2024 年中国原生镍产量 101.1 万吨，同比增加 7.8%。其中，电解镍产量 35.6 万吨，同比增长 52.2%；镍盐（原生物料）产量 35.9 万吨，同比增加 6.5%；NPI 产量 29.6 万吨，同比减少 19.8%（见表 5）。

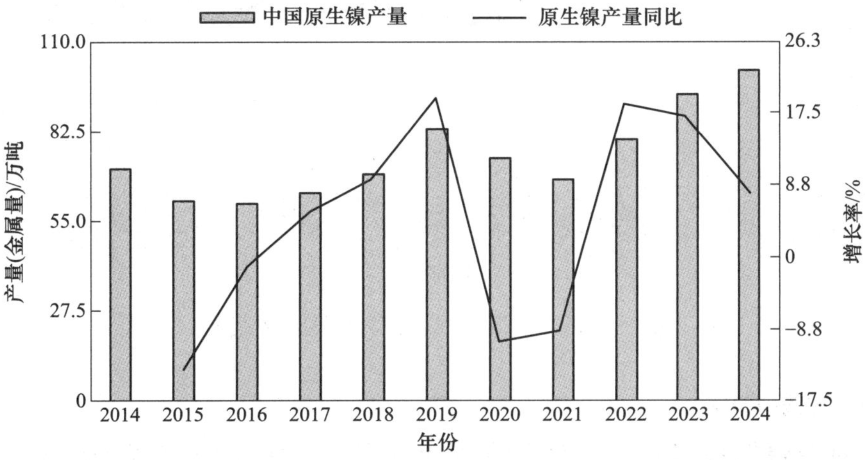

图 1　2014—2024 年中国原生镍产量及同比变化

数据来源：安泰科

表 5　2021—2024 年中国原生镍产量

年份	2021 年	2022 年	2023 年	2024 年	2024 年同比/%
电解镍（金属量）/万吨	16.1	17.3	23.4	35.6	52.20
镍盐（金属量）/万吨	8.4	23.6	33.7	35.9	6.50
NPI（金属量）/万吨	43.2	39.3	36.9	29.6	19.80
合计（金属量）/万吨	67.7	80.2	94	101.1	7.80

从变化趋势看，国内原生镍的产能和产品产量进一步向金属和电池材料转换。2023 年以来，印尼大量的中间品原料进口至中国，国内镍冶炼原料不断丰富。此外，镍期货事件之后，刺激了更多国内外交易所交割品牌的注册，冶炼厂生产电镍的意愿不断提升，电镍产能和开工率持续提高。

（二）市场价格

2024 年，镍产品供给出现小幅过剩，下游消费的阶段性好转对于价格的抬升空间拉动有限，镍价总体呈现窄幅震荡的格局。2024 年 LME 镍年均结算价 17147 美元/吨，同比下跌 18.6%；沪镍主力年均结算价 134409 元/吨，同比下跌 17.6%（见图 2）。

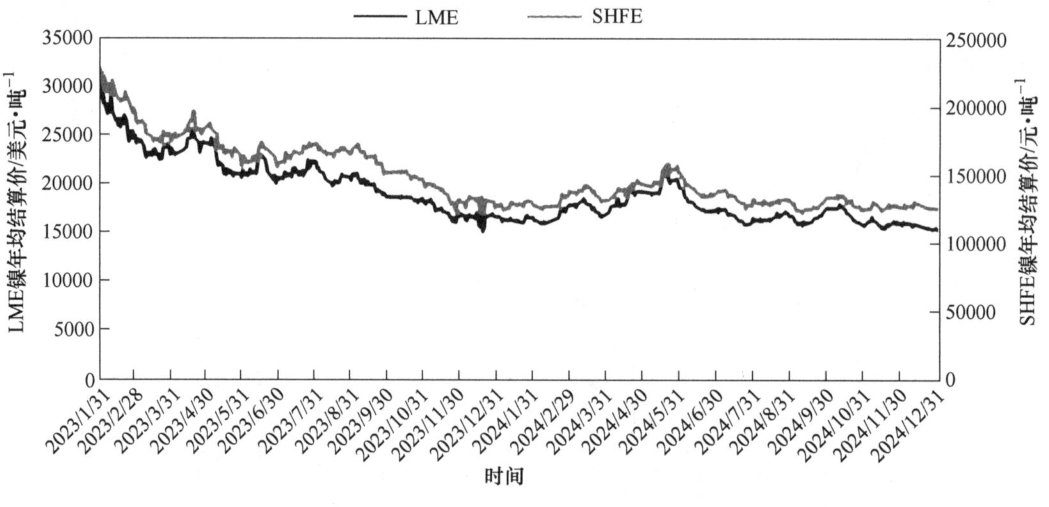

图 2　2023—2024 年国内外镍价格趋势

（三）市场消费

原生镍消费保持增长，不锈钢仍是我国镍最主要的消费领域。据安泰科测算，2024 年中国原生镍消费 206.8 万吨，同比增长 10.1%。其中，不锈钢领域为 142.2 万吨，占比 68.8%；电池用镍小幅增长至 41.6 万吨，占比 20.1%；

合金铸造为 15 万吨，占比 7.3%；电镀领域消费较为稳定，约为 7 万吨，占比 3.4%；其他行业包括催化、陶瓷、铸币等消费量约 1 万吨，占比 0.5%（见图 3）。

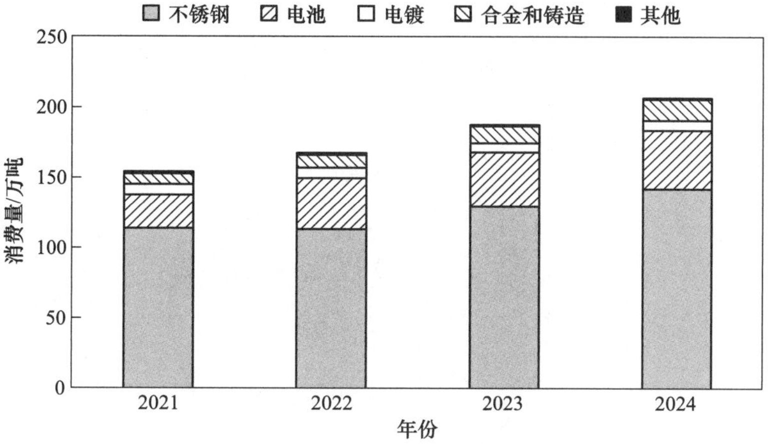

图 3　2021—2024 年我国镍消费量

2024 年，不锈钢领域用镍同比增长 9.8%。不锈钢下游应用领域广泛，包括但不限于建筑行业、餐厨餐具、交通运输、化工行业、食品加工等。2024 年，中国挖掘机开工、电梯制造、白色家电等主要领域保持平稳恢复或小幅增长；精密化工、印染等行业新增需求形成多点支撑。2024 年中国造船业蓬勃发展，国内订单指数表现亮眼，对不锈钢需求拉动显著。中国是全球不锈钢产能与产量最大的国家，NPI 作为中国不锈钢的主要原料，持续刺激镍消费。另外，随着 2024 年内不锈钢价格下滑，铝价高企，不锈钢对铝材形成一定替代作用，贡献一部分镍消费增量。

2024 年，电池领域用镍同比增长 7.5%。电池领域主要镍消费为新能源领域的三元电池，其次为镍氢、镍铬电池。2024 年中国电池消费温和增长，中国三元电池产量与装机量保持增长，但是受到磷酸铁锂电池及插混车型的冲击，三元电池装机比有所下降。同时，在海外需求不振、出口壁垒和关税担忧影响下，中国三元电池出口表现同比下滑。

（四）进出口贸易

2024 年镍矿和中间品等原料进口依然是支撑我国镍产品生产的主要来源，全年进口量总体保持高位，主要来源国为印尼、菲律宾、俄罗斯等国家或地区。随着大量印尼低成本镍铁回流，国内高成本镍铁厂产能逐渐出清，生产商开始减产导致对镍矿整体需求下降，镍矿进口出现大幅下降。据海关总署数据统计，2024 年镍矿进口总量 3803.06 万吨（实物量），同比减少 14.01%，主要进口来源国为菲律宾、科特迪瓦和新喀里多尼亚等国家（见图4）。按金属量计算，2024年镍矿进口40.6万吨，其中硫化矿3.33万吨，红土镍矿37.27万吨。

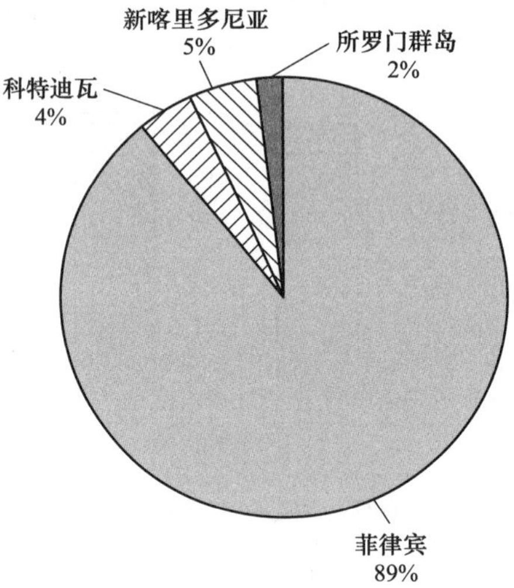

图4　2024年中国镍矿进口主要来源国占比（以金属量计）

随着我国在印尼投资的火法和湿法项目产量陆续放量，自印尼进口的镍锍、镍湿法冶炼中间产品（MHP）、镍铁显著增加。据海关总署数据统计，2024年中国镍铁进口总量897.7万吨，同比增加6.2%。按金属量计算，2024年我国镍铁进口量达到110.02万吨，同比增长4.1%；镍湿法冶炼中间品进口总量143.35万吨（折合30.1万吨金属量），同比增加8.4%；镍锍进口总量41.66万吨（折合17.72万吨金属量）；镍的硫酸盐进口总量22.28万吨（折合49473吨金属量），同比增加77.1%（见表6）。

表6　2020—2024年中国镍进口情况

产品名称	进口量（实物量）/万吨					2024年同比/%
	2020年	2021年	2022年	2023年	2024年	
镍矿	3925.7	4352.9	4001.8	4446.6	3803.06	-14.01
镍锍	1.1	1.6	18.4	29.9	41.66	39.3
镍湿法冶炼中间产品	36.3	41.4	90.2	132	143.35	8.4
镍铁	341.1	372.5	591.5	846.1	897.7	6.2
精炼镍	13.1	29	15.5	9.1	9.70	7
硫酸镍	5.6	41	55.8	12.6	22.28	77.1

数据来源：海关总署，安泰科。

2024 年，我国精炼镍累计进口量 9.7 万吨，同比增加 7%。进口主要来源国为俄罗斯，俄罗斯镍在欧美遭遇抵制，加之国内进口可用人民币结算，预计自俄罗斯进口镍板量短期仍将维持高位。

2024 年，我国镍的硫酸盐出口总量 22994 吨（折合金属量 5105 吨），同比增加 40.3%。自 2023 年下半年以来，受精炼镍高额利润的吸引，以及印尼镍中间品原料放量回流至国内，国内精炼镍产量持续增加，供应过剩持续。而海外除印尼外其他国家镍产业大多受到镍价下跌冲击，镍产量缩减。国内外价差利润驱动下，拥有 LME 注册交割资质的厂商纷纷选择海外交仓来消化过剩产能。2024 年，我国精炼镍累计出口量 12.27 万吨，同比增长 234.9%，我国由之前的净进口国转为净出口国。国内精炼镍出口主要流向仍为中国台湾、韩国及新加坡等 LME 亚洲交割仓库所在地。

（五）投资情况

2024 年，由于国内 NPI 成本承压显著，高成本产能被迫退出市场，内蒙古部分 NPI 厂已经转向生产铬铁，国内 NPI 产能减产接近 7 万吨。多年来的电镍产能产量保持稳定格局有所转变，“伦镍”事件之后，刺激了更多国内外交易所交割品牌的注册，冶炼厂生产电镍的意愿不断提升，有传统电镍厂技改增产，也有硫酸镍产能转回电镍，主要增量由新建电积镍产能贡献。据不完全统计，国内电镍产能约达到 40 万吨，同比增长 60%。

三、2024 年中国镍工业经济运行状况分析

（一）政策环境分析

2024 年国内与镍行业相关产业政策导向主要还是以增强国内资源保障能力、支持企业加强对外投资合作、提升海外矿产开发供给能力，以及提高再生利用水平等方面为主。但是，对于镍相关下游产品出口面临的政策环境和海外投资的形势仍较严峻，具体有以下几项重点政策变化。

2024 年 11 月 6 日，工信部公开征求对《新型储能制造业高质量发展行动方案（征求意见稿）》的意见，其中提到加强资源保障利用。加大对国内锂、钴、镍等矿产资源的找矿支持力度，科学有序投放矿业权，增强国内资源保障能力。指导国内企业多元、有序、协同布局海外资源项目，降低资源开发运输成本。在防范风险前提下，支持企业加强对外投资合作，提升海外矿产开发供给能力。鼓励生产企业在新型储能产品研发阶段做好产品全生命周期管理。加强产品绿色设计，提升产品易回收、易利用性。在满足产品性能要求前提下，支持生产企业使用再生原料。

2024年底特朗普重返白宫，再次举起加税的大棒，声称要对中国商品征收60%的关税。2024年10月29日欧盟委员会作出终裁，决定对中国电动汽车加征为期5年的反补贴税，税率为17%~35.3%不等。2024年11月，财政部、税务总局发布关于调整出口退税政策公告，将光伏、锂电池等商品的出口退税从13%降至9%。具体锂电池产品涉及锂离子蓄电池、锂的原电池及原电池组、其他蓄电池等，公告自2024年12月1日起实施。对于锂电、光伏等具备全球竞争力的产业来说，降低出口退税率对行业的影响相对较小，有利于将价格竞争的让利留在国内，减少通过国内财政补贴海外，减轻国家财政负担，也直接有利于海外产能布局的企业。但那些技术水平较低、生产效率不高、成本控制能力较弱的企业未来可能被市场淘汰。

印尼矿产和煤炭开采业务活动的工作计划和预算报告（RKAB）对印尼镍矿供应产生了显著影响。自2023年三季度，印尼取消了简化审批程序，将以往的一年一批改为三年一批，审批进度放缓。截至2024年10月中旬，在Weda Bay Nickel新配额1600万吨审批通过后，2024年印尼总计开采额度达到2.75亿湿吨，2025年和2026年的开采额度分别达到2.5亿湿吨和2.3亿湿吨。印尼冶炼加工产能还将继续增长，而阶段性的镍矿短缺可能会影响市场的供应预期，进而可能引发价格波动。2024年印尼镍矿山产量占全球61%，比2023年提高6个百分点。印尼政府试图通过控制镍矿供应提升在国际市场上的定价权。

（二）产业结构调整情况

近年来，骨干镍企业通过重点项目开发和扩建等方式，不断提升产业集中度。2024年，原生镍前十家企业的产能集中度接近90%。与此同时，涌现出一批在国际市场上有一定影响力的企业。中伟股份、容百科技等在三元前驱体和三元材料等细分领域已实现全球领先。青山集团、华友钴业分别成为全球最大的镍火法和湿法冶炼企业。金川集团镍钴股份有限公司于2024年12月底在金昌成功揭牌，标志着金川集团在深化国企改革、优化资源配置、激发经营活力、推动股改等工作中迈出坚实步伐，也是我国镍产业高质量发展的重大事件。

此外，一批中国企业加快了在印尼、韩国、摩洛哥和匈牙利等布局下游产品步伐，积极推动我国镍产业双循环的结构优化。

（三）经营形势

近几年我国镍钴产业资产回报率相对较好，但出现下降势头。据中国有色金属工业协会统计，2024年镍钴产业实现利润108.7亿元，同比下降23.77%。

从效益分布看，镍钴采选利润同比下降 10.75%；镍钴冶炼加工等中下游内卷现象严重，企业效益整体下滑明显，镍钴冶炼利润同比下降 23.77%。2024 年镍钴行业平均销售利润率为 11.82%，较上年下滑了 0.68 个百分点。

四、当前中国镍工业发展中需要关注的问题

（一）原料保障风险高

我国镍资源紧缺，镍的对外依存度超过 90%。2024 年，我国从菲律宾进口的镍矿占总进口量的 81.5%，从印尼进口的镍铁、镍湿法中间品、镍锍占总进口量的比例分别达到了 94.1%、79.6%和 92%，镍资源海外布局和原料来源高度集中。全球矿业市场阵营化、集团化、本土化、区域化趋势下，外部环境不确定因素增多，资源国出口政策的调整，使得镍原料持续安全稳定的供应面临较高风险。

（二）产业链供需失衡

近年来，为了满足全球动力电池行业快速发展对上游原料和材料的需求，中国企业大量投资镍冶炼和正极材料项目，并已呈现产能过剩趋势和效益下降的现象。国内产业中下游内卷化发展，加之原材料市场价格大起大落，上下游对市场预判不充分、不同步，造成市场预期心态不稳，企业经营节奏难以把控，加剧了产业链供需矛盾。

（三）电池用镍亟待更多突破

2023 年以来，镍消费增长的主要拉动力从电池再度回归到不锈钢领域，电池领域用镍增速大幅下滑至个位数。磷酸铁锂在电动汽车电池装机比例快速上升，2024 年，三元电池累计装车量占比下滑至 25.3%，三元动力电池出口同比减少 19.1%。未来电池技术路线的改变可能对电池用镍格局带来极大挑战，固态电池技术的突破对镍消费的拉动值得高度关注。

五、中国镍工业下一步发展重点

为加快构建镍行业发展新格局，着力推动高质量发展，我国镍工业下一步应重点发展以下几个方面。

（一）加强国内镍资源的勘探和开发，提升资源供给韧性

加大国内勘查开发力度，推动镍矿资源增储上产，提升自给能力；加强再生镍资源综合回收利用，完善回收体系和税收体系，提升循环利用水平；广泛开展国际合作，充分利用两个市场两种资源，构建多元化资源保障体系，有效应对市场挑战，打造更加稳定可靠的镍产业双循环。

（二）加强行业自律，持续推进镍产业供给侧结构性改革

坚持以高质量发展为主线，加强行业自律，严控冶炼产能过快增长，引导镍冶炼、三元前驱体、正极材料与下游需求匹配发展，防止无序竞争和盲目投资，进一步优化产业结构，着力构建镍行业新发展格局，努力形成需求牵引供给、供给创造需求的更高水平动态平衡，不断增创行业高质量发展。

（三）加大技术创新和研发投入，扩大镍消费

要抓住全球镍资源开发规模较快带来的供过于求、镍产品价格低位的契机，围绕新能源汽车、核电、特种钢材、航空航天、节能降碳等战略性新兴产业，加大技术创新和研发投入，积极开发新材料新产品，持续优化产品结构、加快产品迭代速度，扩大镍产品的消费应用。

撰稿人： 白　勐、夏　丛、吴晓然、范润泽

审稿人： 段绍甫、周遵波

2024年钴工业发展报告

2024年，面对复杂多变的国内外经济形势，我国钴产业依然保持了较强的韧性，新能源价格的回落带动消费恢复，钴产业实现了产消双增，行业总体运行平稳。

一、2024年世界钴工业发展概述

（一）钴矿生产情况

根据美国地质勘探局（USGS）统计数据，2024年全球钴原料产量（金属量）约29.13万吨，同比增长22.39%。分国别来看，刚果（金）产量22万吨居全球首位，占比75.86%（见图1），2024年钴原料增量主要来自刚果（金）和印尼，其他国家产量有所减少。其中，由于铜价持续高位，其伴生的钴随着矿铜产量增长而持续增加，2024年刚果（金）钴产量（金属量）达到22万吨，出口（金属量）达到20万吨；印尼镍湿法项目持续投产放量，带出来的钴产量增长，达到约2.8万吨，跃升为全球第二大钴原料生产国，占比约9.7%，成为钴原料另一个重要的供应地之一。

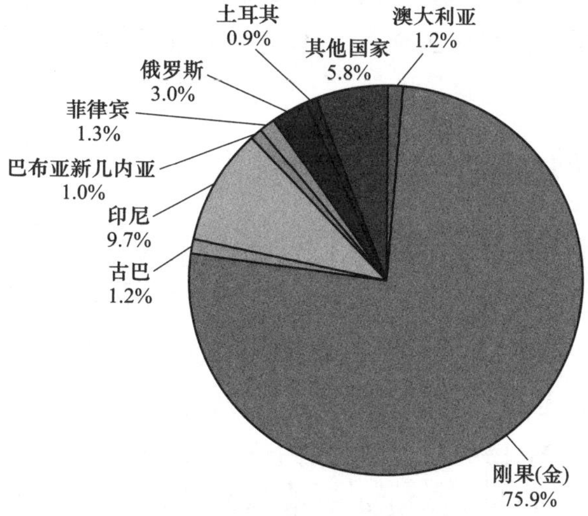

图1　全球钴矿山产量分布

数据来源：北京安泰科信息股份有限公司（以下简称“安泰科”）

（二）精炼钴生产情况

据安泰科统计，2024 年全球精炼钴产量 23.34 万吨，同比增长 14.93%。分国别来看，中国精炼钴产量的全球占比达到 78.5%。此外，澳大利亚约占 3.7%、芬兰 3.4%、加拿大 3.2%、比利时 2.1%和日本 1.7%（见图 2）。

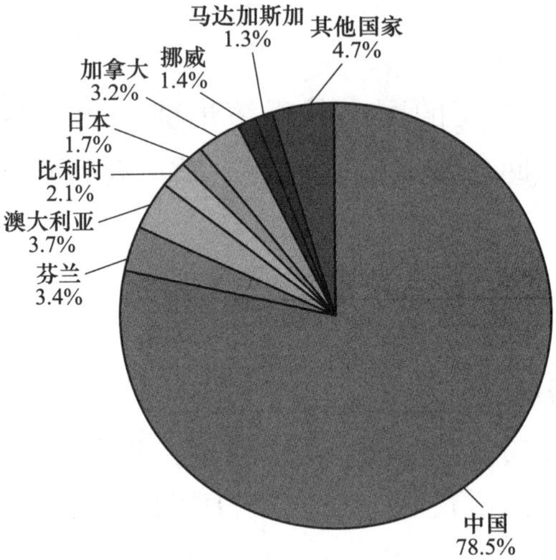

图 2　全球精炼钴产量分布

数据来源：安泰科、Darton

（三）钴消费情况

2024 年全球钴消费逐步恢复，约 20.02 万吨（金属量），同比增加 7.15%。其中，3C 产品用钴占比约 32.4%，同比增加 11.7%；动力电池（EV）占 37.2%，同比增加 2.9%；其他工业 6 万吨，占 30.4%，同比增加 5.1%（见图 3）。

二、2024 年中国钴工业发展现状

（一）生产情况

2024 年，中国钴各类产品产量稳中有增。据安泰科统计，中国钴矿产量为 3600 吨，同比基本持平。精炼钴产量约 18.32 万吨，同比增长 16.28%，其中，电钴产量约 4.8 万吨，同比增加 130.77%，钴粉产量约 0.8 万吨，钴盐产量约 12.72 万吨（见图 4）。中国精炼钴产量的增长主要来自电钴新建、扩产等项目产能的释放。据统计，2024 年电钴产能已达到 6.5 万吨，华友、格林美、金川镍钴、寒锐、美之达等企业的新扩产电钴产线顺利产出，中伟、中能、汇成、棋生等新增电钴项目陆续投产。

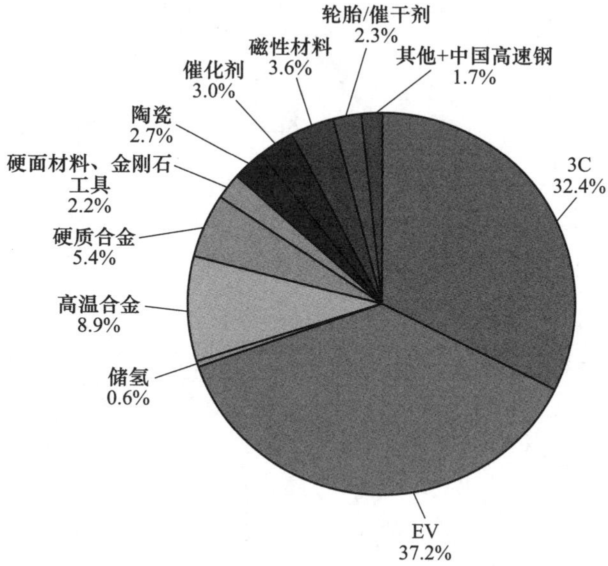

图 3　全球钴消费结构

数据来源：Darton，安泰科

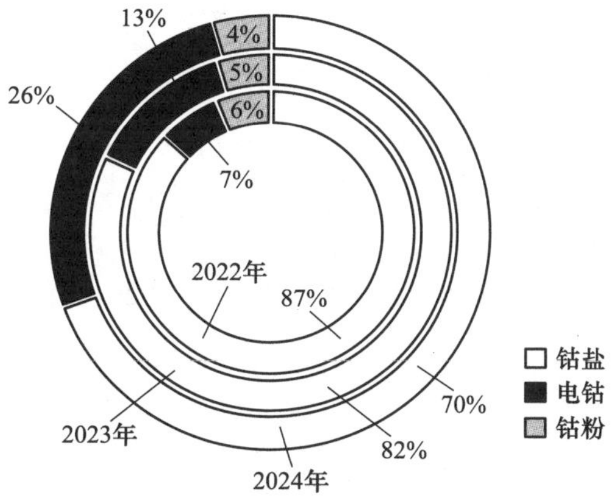

图 4　2022—2024 钴产品产量结构

数据来源：安泰科

（二）市场价格

2024 年由于原料供应量增长，国内供应出现阶段性过剩局面，虽然受海外税收政策影响，发生过两次订单前置，但也无法改变供需失衡之后价格走低的势头，钴产品价格保持低位运行，盐类产品接近 20 年低位。钴价从年初的 21 万元/吨，跌至年底 15. 9 万元/吨，全年钴均价为 20. 27 万元/吨，同比下跌 26. 21%（见图 5）。

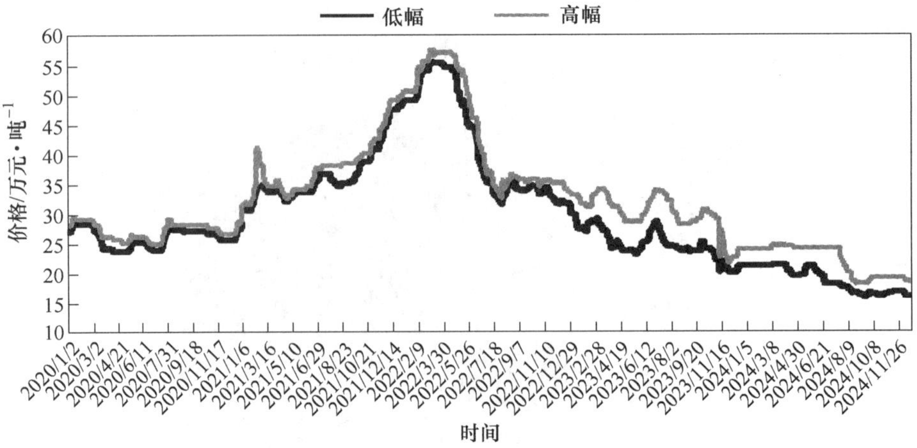

图 5　中国金属钴价格走势

数据来源：安泰科

（三）市场消费

2024 年，新能源金属价格的回落，带动钴消费小幅恢复。中国钴消费 12.26 万吨（金属量），同比增加 5.6%（见图 6）。尤其是电池领域用钴量增长明显，锂离子电池行业用钴量约为 10.18 万吨，占比约 83.04%，同比增加 6.11%。其中 3C 电子产品电池钴消费量回升幅度较大，消费量约 5.16 万吨，同比增长 13.2%。受电动汽车用三元动力电池占比下降等因素的影响，国内动力电池用钴消费量约 5 万吨，同比下降 0.28%。

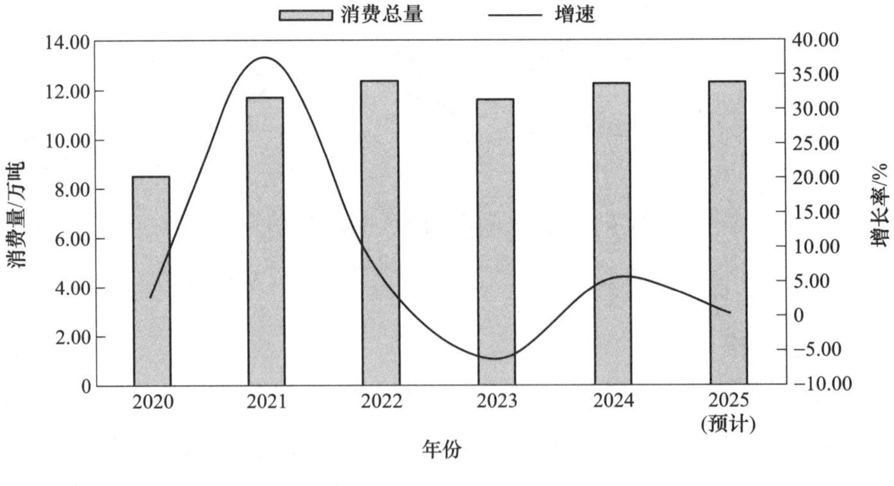

图 6　中国钴消费

数据来源：安泰科

分终端领域来看，电子产品（3C）用钴占比约42.09%，同比增长13.2%；动力电池（EV）占40.54%，同比下降0.3%；其他工业2.13万吨，占17.37%，同比增长4%（见图7）。

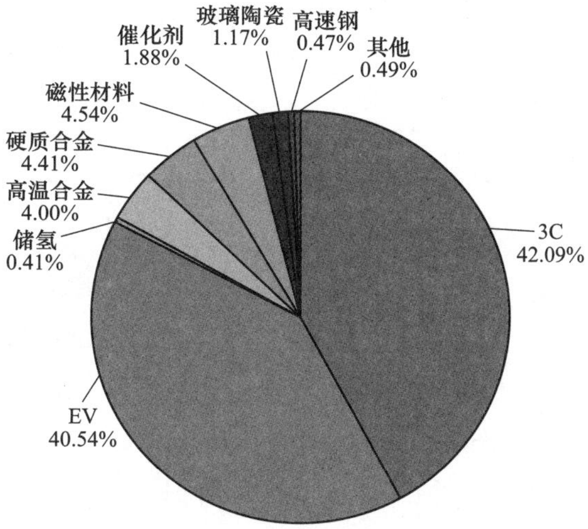

图7　2024年中国钴消费结构

数据来源：安泰科

（四）进出口贸易

根据海关总署数据，2024年中国各类钴产品进口量达71.6万吨（实物量），累计进口金额为378.26亿元（见表1）。据测算，钴精矿、钴湿法冶炼中间品带入钴和白合金进口总量约为19.1万吨（金属量），同比增长61.32%。其中，钴湿法冶炼中间品占比约为86.67%，镍湿法冶炼中间品占比为12.22%，钴精矿占比为0.04%，白合金占比为1.07%。

表1　2024年钴产品进口数据汇总

商品名称	进口量/吨	进口金额/万元
钴矿砂及其精矿	883	1068
钴湿法冶炼中间产品	626944	2090948
锂镍钴铝氧化物	13176	305836
锂镍钴锰氧化物	58972	1228331
镍钴铝氢氧化物	508	2667
镍钴锰氢氧化物	2750	28682
其他钴锍及冶炼钴时所得的中间产品；粉末	9474	14479
四氧化三钴	65	963

续表 1

商品名称	进口量/吨	进口金额/万元
未锻轧钴（金属钴）	2268	60816
未列名钴的氧化物及氢氧化物；商品氧化钴	31	617
锻轧钴及钴制品	649	47757
硝酸钴	118	442
总计	715838	3782606

数据来源：海关总署、安泰科。

据海关总署数据，2024 年我国金属钴进口量为 3366 吨，同比减少 8.93%，进口额 6.08 亿元。分国别来看，加拿大占比达到 37.85%，印尼占比达到 28.16%，日本占比达到 21.87%，马达加斯加、俄罗斯和澳大利亚占比分别是 7.52%、3.42%和 1.16%。

三元电池材料（NCM）进口量为 5.91 万吨，同比下降 30.78%，进口额达到 122.83 亿元。从进口来源国看，韩国占比达到 92.6%，日本占比为 5.69%，其余来自马来西亚、波兰和中国。从贸易方式看，2024 我国进口的 NCM 中 64.38%采用一般贸易的形式，海关特殊监管区域物流货物、保税监管场所进出境货物、进料加工贸易形式的占比分别为 27.61%、1.38%和 6.44%。

2024 年中国出口各类钴产品总量 22.8 万吨，出口总额为 276.52 亿元（见表 2）。金属钴出口总量为 8123 吨，同比增长 114.4%，出口额达 15.53 亿元。从出口目的地看，荷兰是最大的出口目的地，占比达到 63.37%，美国占比为 12.28%，中国台湾地区占比 5.42%，其余是日本、印度、澳大利亚、英国及其他国家和地区占比分别为 5.04%、3.68%、3.02%、2.77%和 4.43%。从贸易方式看，中国出口的金属钴以海关特殊监管区域物流货物的形式进口比重达 94.25%，一般贸易和进料加工贸易占比分别为 3.13%和 2.63%。

表 2　2024 年钴产品出口数据汇总

商品名称	出口量/吨	出口金额/万元
锂镍钴锰氧化物	69825	1264103
锂镍钴铝氧化物	2860	55941
镍钴锰氢氧化物	134822	1135077
镍钴铝氢氧化物	3147	39042
氯化钴	850	3870
其他钴锍及冶炼钴时所得的中间产品；粉末	1149	24103

续表 2

商品名称	出口量/吨	出口金额/万元
四氧化三钴	3510	45416
碳酸钴	2159	15849
未锻轧钴（金属钴）	8123	155272
未列名钴的氧化物及氢氧化物；商品氧化钴	1441	16688
硝酸钴	103	713. 6
锻轧钴及钴制品	234	9087
总计	228223	2765162

数据来源：海关总署、安泰科。

2024 年 NCM 出口总量为 6. 98 万吨，同比下降 20. 58%，出口额达 126. 41 亿元。从出口目的地来看，韩国占比 46. 15%，位列第一；日本和波兰占比分别为 18. 09%和 17. 07%，位列第二、三；印尼、比利时和瑞典的占比分别为 8. 44%、5. 11%和 2. 46%；其他国家和地区约占 2. 68%。从贸易方式看，2024 年中国出口的 NCM 以一般贸易的形式出口比重为 61%，海关特殊监管区域物流货物的形式出口比重为 20%，进料加工贸易占比为 19%。

（五）供需情况分析

2024 年，中国精炼钴供需过剩 3. 76 万吨（见表 3）。供应方面，主要是新增、扩产的电钴产能集中释放，使得精炼钴的供应量大幅增长。需求方面，因为 3C 消费恢复及高速发展的新能源产业，钴酸锂产量有所增长提高了对钴的需求。出口方面，虽然电钴出口增量填补了钴盐、前驱体等产品的出口减少，但是受海外新能源产业政策的调整，2024 年我国相关产品的出口整体下滑。总体来看，2024 年供应增速远大于消费增速，中国钴市场呈供大于求格局。

表 3　2022—2024 年中国精炼钴供需平衡　（万吨）

年份	2022 年	2023 年	2024 年
产量	13. 82	15. 76	18. 32
进口量	0. 52	0. 89	0. 64
出口量	2. 66	2. 98	2. 94
消费量	12. 37	11. 61	12. 26
供需平衡	−0. 69	2. 05	3. 76

数据来源：安泰科。

（六）投融资情况

据不完全统计，2024 年中国钴行业的投资额约为 117.58 亿元，资金主要用于钴资源开发、回收和科技创新项目（见表 4）。

表 4 2024 年中国钴行业投融资情况

时间	公司	投资额/亿元	投资项目简介
2024 年 7 月	厦钨新能源	2.7	厦钨新能高端能源材料工程创新中心建设项目
2024 年 12 月	厦钨新能源	10	拟向全资子公司璟鹭新能源增资
2024 年 12 月	腾远钴业	0.98	5000 吨电钴技改项目
2024 年 11 月	格林美	102（14.2 亿美元）	与淡水河谷印尼公司共同建设 6.6 万吨镍含量的 HPAL 工厂
2024 年 4 月	格林美	1.9	与广汽合作，成立广州优美汽车回收项目
合计		117.58	

数据来源：公开信息。

三、2024 年中国钴工业经济运行状况分析

（一）政策环境分析

2024 年国内与钴行业相关的产业政策，以“保供稳价、循环利用、技术升级”为主线，通过国家收储、资源开发扶持和回收体系完善应对短期过剩压力，同时需长期应对新能源技术迭代带来的需求结构性变化。受到欧美的关于新能源产品的壁垒等政策较多，出口的形势受到一定影响。具体有以下几项重点政策变化。

工信部于 2024 年 12 月发布《新能源汽车废旧动力电池综合利用行业规范条件》，明确要求加强锂、钴、镍等关键金属的回收利用，提升退役动力电池的资源化利用率，推动钴等战略资源的循环经济体系建设。规范中明确 2024 年头部企业钴回收量需超 5000 吨，构建“开采—使用—回收”闭环体系。

国家市场监督管理总局、国家标准化管理委员会于 2024 年 12 月 31 日发布了《锂离子电池用再生黑粉》（GB/T 45203—2024），该标准将于 2025 年 7 月 1 日实施，规范了锂电池废料黑粉的化学组分等指标项目和参数，为产业提供了国家层面的标准和依据，有助于产品的合规贸易与进口。

2024 年钴价因供给过剩跌至历史低位，国家启动战略收储以稳定市场，旨在增强资源储备安全，缓解价格波动对产业链的冲击。

此外，还有两个与钴相关的产业政策虽然是 2024 年之前发布的，但 2024

年是重要的实施年。一是《推进资源型地区高质量发展“十四五”实施方案》强调加强矿产资源保障能力建设，重点支持钴等战略性矿产资源的勘探与开发，优化矿产资源配置，提升国内资源供给能力；二是《有色金属行业稳增长工作方案》，提出2023—2024年有色金属行业需保持年均5%的产量增长，并推动铜、锂、钴等资源的国内开发，促进产业链供需平衡。

在绿色矿山与智能化升级方面，各省市2024年密集出台政策推动矿山绿色转型，例如，强化矿山安全生产标准，淘汰落后产能；推广自动化采矿设备、数字化管理系统；实施矿区生态修复工程，要求新建矿山同步规划环保设施。

海外政策方面：2023年10月起，欧盟委员会在对中国电动汽车（BEV）进行为期9个月的反补贴调查后，决定对来自中国的电动汽车进口征收临时反补贴税。临时关税适用于部分中国生产商，分别为：比亚迪17.4%，吉利19.9%，上汽37.6%。其他合作但未被抽样的中国生产商将被征收20.8%的加权平均关税，未合作的公司税率为37.6%。这一临时关税于2024年7月5日生效。欧美对中国新能源汽车及新能源动力电池、材料等方面的政策调整导致了订单前置，2024年上半年生产订单、出口订单明显好于预期，到6月中旬之后，相关产品出口订单明显减少。

2024年11月5日美国总统选举日结束，特朗普当选第60届总统。2025年1月20日后对来自中国产的汽车、零部件和电池材料的加征关税成为共识，2024年12月金属钴、三元材料出口量有所恢复，再一次的订单前置是为了和政策发布抢时间，以降低海外厂商后续生产成本。

（二）产业结构调整情况分析

据测算，2024年我国钴冶炼总产能为25万吨，行业前10家企业的总产能为21.74万吨，约占国内总产能的88%。钴原料供应端，产量主要集中在洛阳钼业、中色矿业、北方矿业、华友钴业、宁波力勤、金川集团等中资企业。其中，洛阳钼业是目前全球最大的钴原料生产企业。冶炼端，2024年格林美、腾远钴业、寒锐钴业、格派钴业等企业积极扩大产能，年产能在1万吨以上的精炼钴厂家有华友钴业、格林美、金川集团、佳纳能源、新时代中能、腾远钴业、格派镍钴、寒锐钴业、邦普集团、中伟股份等十家企业，其中，华友钴业精炼钴产能超过4万吨，格林美超过3万吨。

（三）经营形势分析

2024年受部分冶炼产品利润较低或成本倒挂影响，钴行业企业开工率为70%。中国钴盐价格接近底部，上半年因为订单前置的原因，各大钴盐生产企业保持相对稳定的开工率，随着订单前置的结束，又因各大前驱体、四氧化三钴、金属钴生产企业高度一体化，下半年钴盐生产企业陆续开始减产和停产，到年底，除部分核心加工企业外，超过50%的硫酸钴独立产线停产。据中国有色金属工业协会统计，2024 年镍钴产业实现利润 108.7 亿元，同比下降 23.77%。从效益分布看，镍钴采选利润同比下降 10.75%；镍钴冶炼加工等中下游内卷现象严重，企业效益整体下滑明显，镍钴冶炼利润同比下降 23.77%。2024 年镍钴行业平均销售利润率为 11.82%，较上年下滑了 0.68 个百分点。

四、当前中国钴工业发展中需要关注的问题

（一）国内钴资源保障能力依然不足

中国钴矿资源储量仅占全球 1%，且品位低、伴生矿多、开采成本高，钴原料长期面临对外依存度超过 95%的硬性短缺，且来源国相对集中。2024 年叠加资源国的民族主义抬升和欧美供应链壁垒的围堵，迫使中国在锂电产业钴原料高度依赖进口的同时，承受冶炼产能增长过快与市场定价权缺失的双层挤压，在全球绿色战略竞争中缺乏一定的主动权。

（二）资源国矿业政策变化给产业链稳定带来风险

中国钴原料来源国主要有刚果（金）（占比超过 85%）和印尼（占比 10%），供应地过于集中。一旦资源国的政治环境发生变化、产业政策出现调整等，都会对钴市场和原料供应产生许多不利影响。资源国政治环境及产业政策的不确定性，会导致市场供需矛盾紧张情绪和预期改变，从而带来价格巨幅震荡，对产业链健康稳定发展不利，长期看，对于钴的消费应用也是不利的。

（三）锂电池材料面临的外贸环境愈加严峻

在全球贸易保护主义升级背景下，中国电池材料面临欧美“绿色壁垒”与资源国矿产品出口管制的“双重挤压”，如欧盟《电池法案》碳足迹追溯的要求，美国政府“叠罗汉”式加税已使得我国出口的锂电池关税达 48.4%、电动汽车达 120%、光伏产品达 70%。再加上，美国等国家对我国的采取的“脱钩断链”威胁，重构供应链中“去中国化”布局，钴相关产品的出口环境愈加严峻。

五、中国钴工业下一步发展重点

（一）提高国内钴资源保障能力

在甘肃、四川等重点区域增加投入，加强地质勘查，力争在新一轮找矿行动中实现钴资源重大突破。加强技术攻关，提升现有钴资源的综合回收率。开

展选冶联合工艺技术研究，实现转炉渣的回收，针对刚果（金）氧化铜伴生钴开展高效浸出分离研究，进一步提升伴生钴的浸出率和回收率。

（二）进一步巩固境外权益资源

中资企业“走出去”方面，一是加大和刚果（金）、印尼、古巴、新喀里多尼亚、马达加斯加等资源国的外交联系，为中资企业开展经营活动创造良好条件，并发挥我国在采选、冶炼、加工等方面的技术及装备优势，支持企业开展矿物初加工业务，带动地方经济发展和就业。二是加强关键大宗商品供应链安全的动态研究，及时发布投资风险指引，建立风险预警制度，引导中资企业在境外投资时科学决策、降低风险。

（三）大力发展再生资源循环利用

从企业生产源头抓起，建立回收标准体系，做好电池用钴的二次回收工作。关注海外废旧锂电池资源，调整相关进口政策，通过调整税率及进口国范围，鼓励海外退役锂电池进口，同时，鼓励国内有条件的锂电循环企业出海构建全球废旧电池拆解回收网络，持续获取海外废旧锂电池初级材料资源，通过循环再造方式将这类资源导入国内锂电产业链，提升产业链再生原料占比，构建更具韧性的供应链。

（四）加大电钴储备力度

进一步加大电钴储备的力度，并将收储对象的范围限定在海外拥有丰富钴矿资源的企业，不仅能有效控制国内冶炼产能的盲目扩张，也有利于鼓励我国企业将资源拿回国内。在相应口岸建设专门仓库，提高钴中间品的商业储备规模，进一步提高防范和化解风险挑战的能力。

撰稿人：孙永刚、夏　丛、张晓燕
审稿人：段绍甫、周遵波

2024 年钨工业发展报告

2024 年是中华人民共和国成立 75 周年，是实现“十四五”规划目标任务的关键一年。面对复杂严峻的外部环境和国内经济运行中的新情况新问题，我国钨行业以习近平新时代中国特色社会主义思想为指导，认真贯彻落实党的二十大和二十届三中全会精神、中央经济工作会议精神和中央社会工作会议精神，坚持稳中求进，完整准确全面贯彻新发展理念，加快培育新质生产力，砥砺奋进，勇毅前行，钨产业新质生产力稳步发展，高质量发展扎实推进，高端化、智能化、绿色化发展水平取得新成果，主要产品产量稳步增长，高端精深加工产品比例不断增加，行业效益不断提高。

一、2024 年世界钨工业发展概述

（一）世界钨资源情况

据美国地质勘探局（USGS）数据，2024 年世界钨储量 460 万吨（钨金属，下同），同比增长 4.55%，主要分布在中国、澳大利亚、俄罗斯和越南等国家（见表 1），其中，中国钨储量 240 万吨，占比 52.17%，是世界钨资源储量最大的国家；澳大利亚 57 万吨，占比 12.39%；俄罗斯钨储量 40 万吨，占比 8.70%；越南钨储量 14 万吨，占比 3.04%；加拿大、哈萨克斯坦和美国也拥有大量钨资源，并入其他国家项下未单独显示。据中国地质科学院《全球矿产资源评估储量报告》（2024），世界钨储量为 543 万吨。

表 1　世界钨资源储量分布

国家	储量（金属量）/吨	占比/%	同比/%
中国	2400000	52.17	4.35
澳大利亚	570000	12.39	0.00
俄罗斯	400000	8.70	0.00
越南	140000	3.04	89.19
西班牙	66000	1.43	0.00
朝鲜	29000	0.63	0.00

续表 1

国家	储量（金属量）/吨	占比/%	同比/%
奥地利	10000	0.22	0.00
葡萄牙	3400	0.07	-15.00
其他国家	950000	20.65	0.00
世界合计	4600000	100.00	4.55

数据来源：USGS。

美国地质勘探局数据显示，2024 年世界钨精矿产量 81000 吨（金属量，下同），同比增长 1.89%。钨精矿产量主要分布在中国、越南、俄罗斯等国，其中，中国钨精矿产量 67000 吨，占比 82.72%；越南钨精矿产量 3400 吨，占比 4.2%。中国钨精矿产量全球占比突出，与储量占比相比较，钨资源消耗过快。各国产量情况见表 2。

表 2 世界钨精矿产量

国家	钨精矿产量（金属量）/吨					2024 年同比/%	2024 年占比/%
	2020 年	2021 年	2022 年	2023 年	2024 年		
中国	66000	71000	66000	66000	67000	1.52	82.72
越南	4500	4800	4000	3500	3400	-2.86	4.20
俄罗斯	2400	2300	2000	2000	2000	0.00	2.47
朝鲜	410	400	1520	1700	1700	0.00	2.10
玻利维亚	1350	1563	1360	1500	1600	6.67	1.98
西班牙	500	400	800	650	700	7.69	0.86
卢旺达	860	1340	1400	1200	1200	0.00	1.48
奥地利	890	900	910	850	800	-5.88	0.99
澳大利亚			200	430	1000	132.56	1.23
葡萄牙	550	502	500	450	500	11.11	0.62
其他国家	960	973	1080	1320	1500	13.64	1.85
世界合计	78400	83800	79800	79500	81000	1.89	100.00

数据来源：USGS。

（二）国外钨矿项目进展情况

Tungsten West Ltd. 持续推进英国 Hermerdon 钨矿改造，2023 年利用历史尾矿生产了 50 吨钨锡精矿；2024 年矿山重建和工厂升级项目处于停产状态；目标在 2026 年底恢复生产。该项目钨矿石储量（探明和推测）为 10060 万吨，

WO_3 储量为 22.2 万吨，WO_3 品位为 0.14%，Sn 品位为 0.03%。

哈萨克斯坦巴库塔钨矿项目于 2020 年 11 月开工建设，工程持续推进。2024 年 11 月投产，2025 年进入产能爬坡期，钨精矿产量预估 5000 标吨。该矿已探明矿石储量 12603 万吨，WO_3 储量 28.5 万吨，平均品位 0.23%，设计生产规模采选矿石 15000 吨/天。

Almonty Industries Inc. 公告称，所属的韩国 Sangdong Mine 项目已完成中试工厂试生产，进入选矿厂设备安装之前的浮选加工技术开发的最后阶段，预计 2025 年生产。该矿钨储量折合 WO_3 约 5.1 万吨，WO_3 品位 0.41%。

澳大利亚 King Island Sheelite 公司已重启 Dolphin 钨矿项目，2024 年第三季度销售钨精矿 17072 吨度（263 标吨），收入 500 万美元。该矿设计生产规模露天开采矿石 40 万吨/年，转地下开采后 30 万吨/年；钨矿石储量为 443 万吨，WO_3 品位为 0.92%。

加拿大 Sisson 钨钼矿由总部位于温哥华 Northcliff Resources Ltd. 开发，位于加拿大新布伦瑞克省，拟露天开采；矿石储量 3.344 亿吨，WO_3 平均品位 0.066%，Mo 品位 0.021%，WO_3 储量为 22.2 万吨、Mo 7 万吨。最新公告称该项目延期至 2025 年 12 月启动。

国外钨矿采选项目逐步推进，项目进展低于预期。

（三）国外钨深加工企业情况

瑞典 Sandvik 公司 2024 年营业收入 1228.78 亿瑞典克朗（折合人民币 837 亿元），同比下降 2.87%；经营利润 122.45 亿瑞典克朗（折合人民币 83.41 亿元），同比下降 19.97%；利润率为 10%，较上年下降 2.1 个百分点。其加工解决方案业务板块营业收入 485.57 亿瑞典克朗（折合人民币 330.75 亿元），同比下降 1.57%；经营利润 97.18 亿瑞典克朗（折合人民币 66.20 亿元），同比下降 8.29%；利润率为 20%，较上年下降 1.48 个百分点。

美国 Kennametal 公司 2024 财年实现营业收入 20.47 美元（折合人民币 148.33 亿元），同比下降 1.51%；实现净利润 1.09 亿美元（折合人民币 7.90 亿元），同比下降 7.63%；利润率 5.32%，较上年下降 0.36 个百分点。

国外钨深加工企业营收及利润等指标略有下降。

二、2024 年中国钨工业发展现状

（一）产能总体平稳，产业重心后移

主要钨产品生产能力总体平稳，产业链重心后移。据中国钨业协会初步统计数，2024 年，全国钨精矿产能为 19.5 万吨，同比增长 3.17%，新增产能来

自新钨矿项目建成投产和部分矿山实施资源接替项目及技改扩能；仲钨酸铵（APT）产能为18.45万吨，由于部分APT产能逐步退出，同时技改扩能新增了部分产能，同比下降2.64%；钨铁产能为2.66万吨，产能保持平稳；碳化钨产能为10.2万吨，同比增长4.08%；硬质合金产能为8.7万吨，同比增长8.75%；钨丝产能为2000亿米，同比增长53.85%，钨丝产能保持高增长，但增速放缓。近5年全国主要钨产品生产能力见图1。

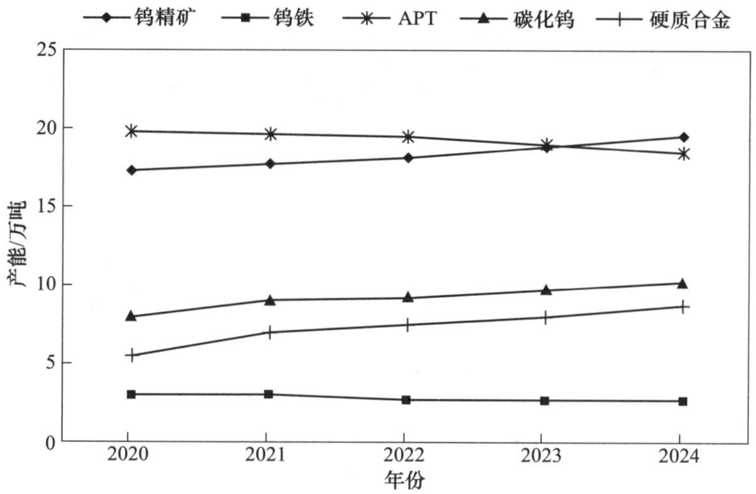

图1　2020—2024年全国主要钨产品生产能力

数据来源：中国钨业协会

（二）产量保持增长，后端高于前端

据中国钨业协会初步统计数，2024年全国钨精矿产量13.05万吨（折65%WO_3吨，简称标吨），同比增长1.95%（见图2）；APT产量12.8万吨，同比增长1.59%，与钨精矿产量增长基本同步；硬质合金产量6万吨，同比增长9.09%，得益于汽车、工程机械等主要行业保持良好增长；来自光伏切割的需求继续带动钨丝产量的增长，2024年钨丝产量1500亿米，同比增长66.67%。

（三）营收持续增长，效益分化严重

2024年，在国内宏观经济政策的保驾护航下，中国钨工业经济效益实现了持续良好增长。根据中国钨业协会初步统计数，全国钨行业营业收入1350亿元，同比增长12.5%；利税总额141亿元，同比增长4.44%；利润134亿元，同比增长11.67%，增幅比上年同期减少21个百分点。近5年钨行业主营业务收入及利润见图3。

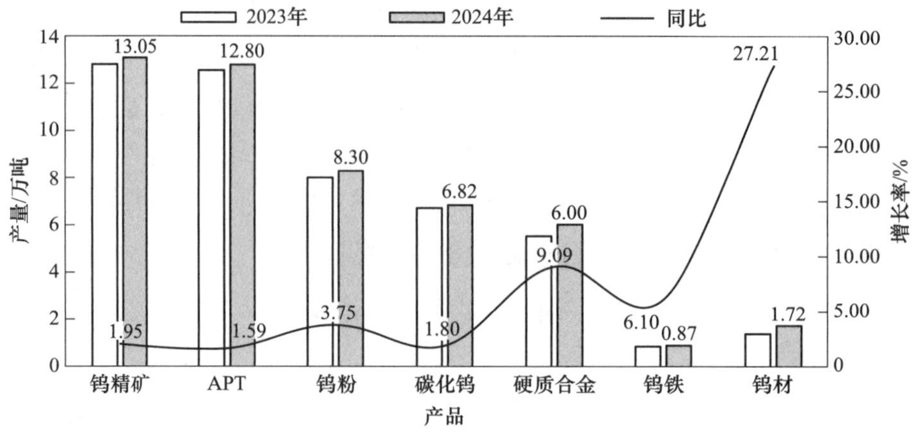

图 2　2023—2024 年中国主要钨品产量

数据来源：中国钨业协会

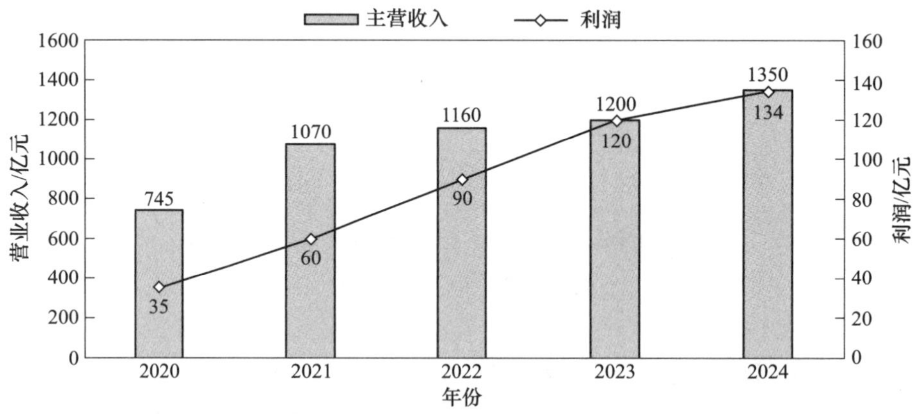

图 3　2020—2024 年钨行业营业收入及利润

数据来源：中国钨业协会

中国钨产业链效益分布不均。矿山受益于总量控制政策，供应偏紧，价格上涨，利润率最高；新能源和军工对钨材需求大幅增长，促进钨材效益增长；硬质合金的增长主要来自产品结构的优化；冶炼产品同质化和产能过剩导致行业效益低下。2024 年钨行业利润率见图 4。

（四）结构持续优化，布局维持稳定

产品结构调整、产业转型升级持续推进，高端产品产量上升。硬质合金产能保持增长态势，尤其是高端硬质合金数控刀片、切割钨丝投资持续增长。2024 年，APT 对深加工制品的转换率为 74. 76%，较上年度增长 8 个百分点，近年来持续提升。

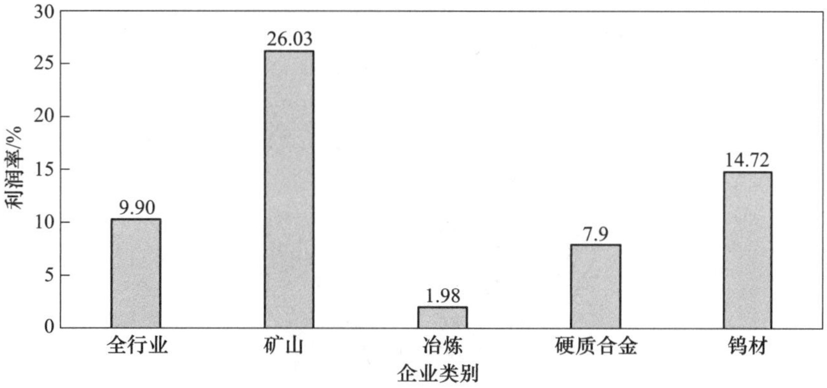

图 4　2024 年钨行业利润率

数据来源：中国钨业协会

中国钨精矿主产区在江西、湖南和河南三省，2024 年合计产量 11.21 万吨，占总产量的 85.93%，占比较上年度增加 0.21 个百分点。APT 产地主要分布在江西、湖南和福建，2024 年三省产量合计 10.25 万吨，占全国的 79.58%，较上年度增加 0.93 个百分点，其中江西产量占全国的 44.02%，较上年度增加 6.32 个百分点。硬质合金产地主要分布在湖南、福建、江西和四川，2024 年四省总产量 4.05 万吨，占全国产量的 67.45%，与上年度基本持平，其中湖南产量占全国的 33.78%，排第一位。2024 年钨精矿、APT、硬质合金各主产区产量比例见图 5~图 7。

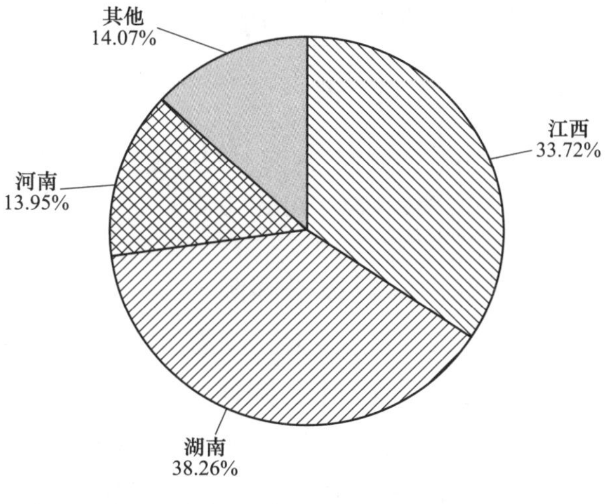

图 5　2024 年江西、湖南、河南钨精矿产量占比

数据来源：中国钨业协会

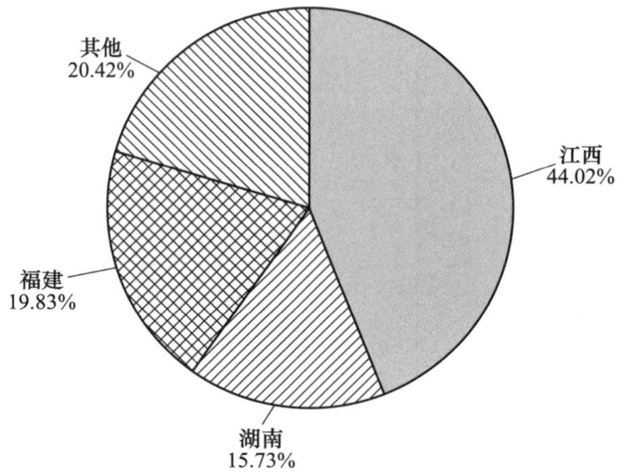

图6 2024年江西、湖南、福建APT产量占比

数据来源：中国钨业协会

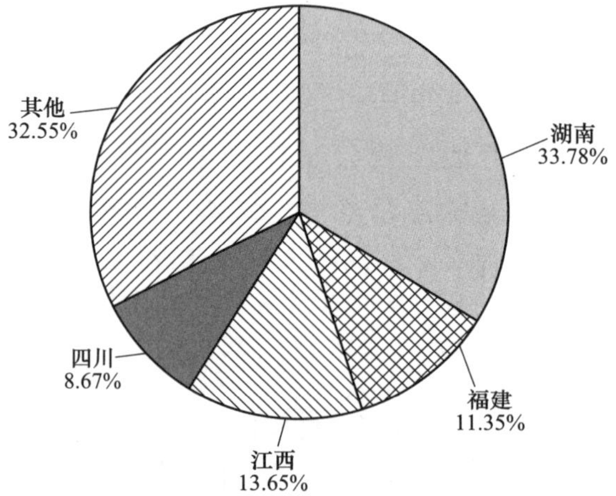

图7 2024年湖南、福建、江西、四川硬质合金产量占比

数据来源：中国钨业协会

（五）价格相对高位，国内涨幅高于国际

2024年，钨精矿价格在12.18万~15.60万元/吨区间运行，年度波动幅度28.08%。钨精矿年均价13.55万元/吨，同比上涨13.85%；APT年均价20.28万元/吨，同比上涨13.14%，欧洲APT年均价328.61美元/吨度，同比增长1.18%；鹿特丹钨铁年均价41.96美元/千克，同比增长11.84%，见图8~图11和表3。中国钨市场供应偏紧、库存低位、消费增长有效支撑了钨价格处于相对高位；国际钨消费低迷，国际APT价格低于国内涨幅。

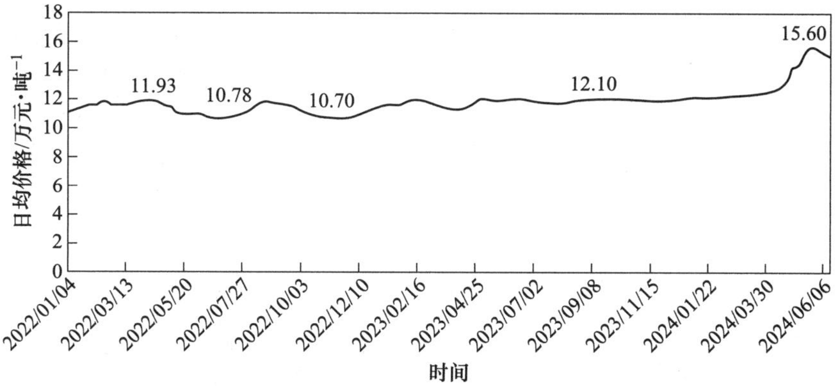

图 8　2022—2024 年中国钨精矿日均价格走势图

数据来源：中国钨业协会

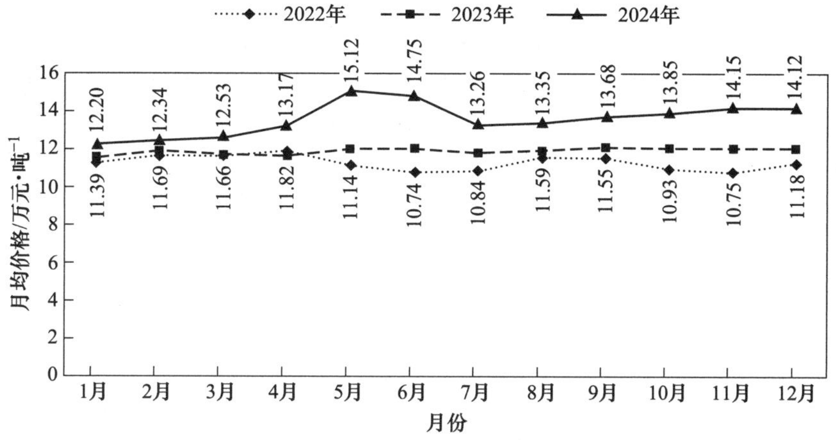

图 9　2022 年 1 月—2024 年 12 月中国钨精矿月均价格

数据来源：中国钨业协会

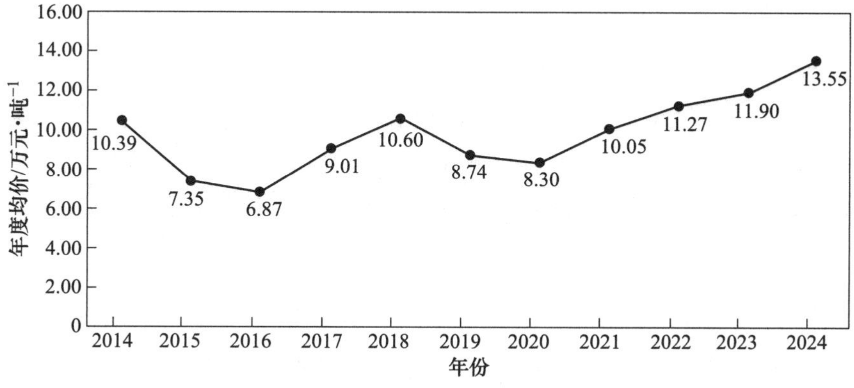

图 10　2014—2024 年中国钨精矿年度均价格走势

数据来源：中国钨业协会

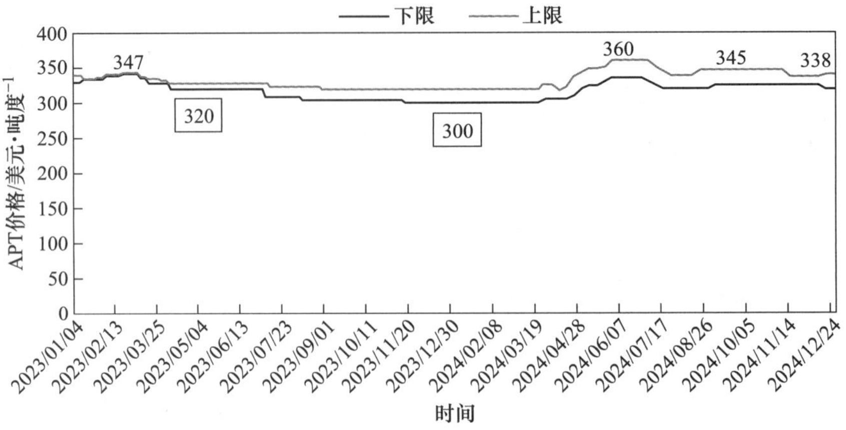

图 11　2023 年 1 月—2024 年 12 月《金属导报》欧洲 APT 价格

表 3　主要市场钨品年均价

指标名称	钨精矿/万元・吨$^{-1}$	APT/万元・吨$^{-1}$	欧洲 APT /美元・吨度$^{-1}$	鹿特丹钨铁（以钨计）/美元・千克$^{-1}$
2024 年 12 月价格	14. 12	21. 07	330. 75	43. 57
同比/%	17. 20	17. 37	5. 84	17. 16
环比/%	-0. 18	-0. 31	-0. 65	0. 25
4 季度均价	14. 04	21. 01	332. 88	43. 36
同比/%	16. 70	16. 96	6. 08	18. 34
环比/%	4. 55	3. 36	-0. 36	2. 58
1—12 月价格	13. 55	20. 28	328. 61	41. 96
同比/%	13. 85	13. 14	1. 18	11. 84

数据来源：中国钨业协会。

（六）进出口同比增长，出口结构改善

2024 年进口钨品 10347. 95 吨（折金属量，下同），同比增长 59. 42%。其中，进口钨精矿 6393. 14 吨，同比增长 114. 03%，占进口总量的 61. 78%，占比较上年度增长了 15. 76 个百分点；进口硬质合金 980 吨，较上年度下降 2%，见图 12。

2024 年，中国出口钨品 29123. 88 吨（金属量，下同），同比增长 0. 14%。2024 年钨品出口额 16. 81 亿美元，同比增长 4. 51%。出口原料级钨品 15571. 78 吨，同比下降 4. 27%；出口硬质合金约 10200 吨，同比增长 6. 25%，中国硬质合金产品在国际市场竞争力逐步提升。近 5 年出口钨品情况见表 4。

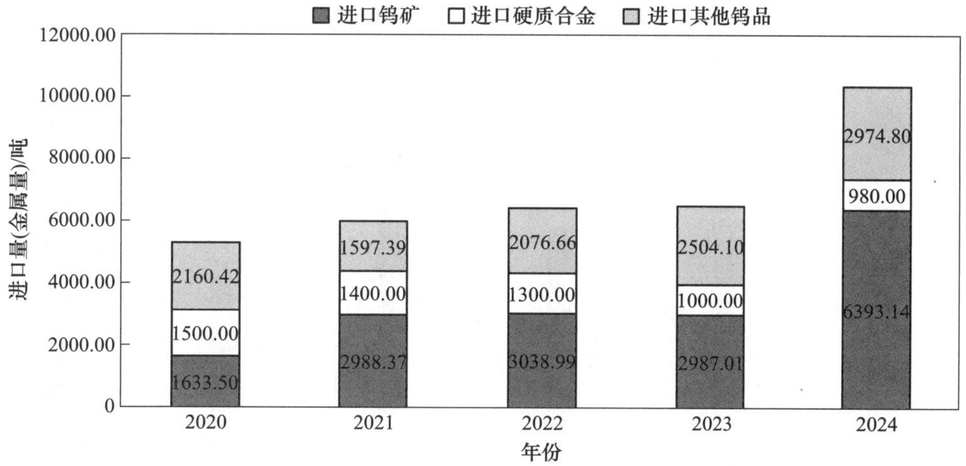

图 12　2020—2024 年进口钨品量

数据来源：海关总署

表 4　2020—2024 年出口钨品情况

年份		2020 年	2021 年	2022 年	2023 年	2024 年
出口量/吨	出口总量	22636. 17	32962. 24	34327. 64	29082. 66	29123. 88
	其中：原料级钨品	13502. 91	21634. 71	22245. 54	16265. 68	15571. 78
	钨材	678. 23	940. 56	956. 18	938. 16	794. 79
	钨丝	282. 35	320. 53	292. 37	292. 28	351. 59
	硬质合金	6800. 00	8300. 00	8700. 00	9600. 00	10200. 00
出口额/亿美元		9. 71	15. 47	17. 82	16. 08	16. 81

数据来源：中国钨业协会。

2024 年中国净出口钨品量 18775. 93 吨，同比下降 16. 89%；净出口额 3. 05 亿美元，同比下降 1. 9%；2024 年，钨品出口总量是进口总量的 2. 8 倍，而出口总额为进口总额的 1. 2 倍，主要是进口高端硬质合金刀具价格较高所致。

日本、韩国、欧洲和美国是中国出口钨品的四大目的地。2024 年，出口到日本、韩国、欧洲和美国的钨品量分别为 4658 吨、4913 吨、7522 吨和 3531 吨，日、欧同比分别增加 11. 17%、4. 04%，韩、美同比分别下降 7. 87%、23. 44%。出口到上述 4 个国家和地区的钨品量占出口钨品总量的 70. 81%，比上年度减少 2. 65 个百分点，见图 13 和图 14。

（七）投资持续发力，产业结构优化

2024 年，在矿山勘探、采选冶炼、精深加工等领域都有重点项目建设或

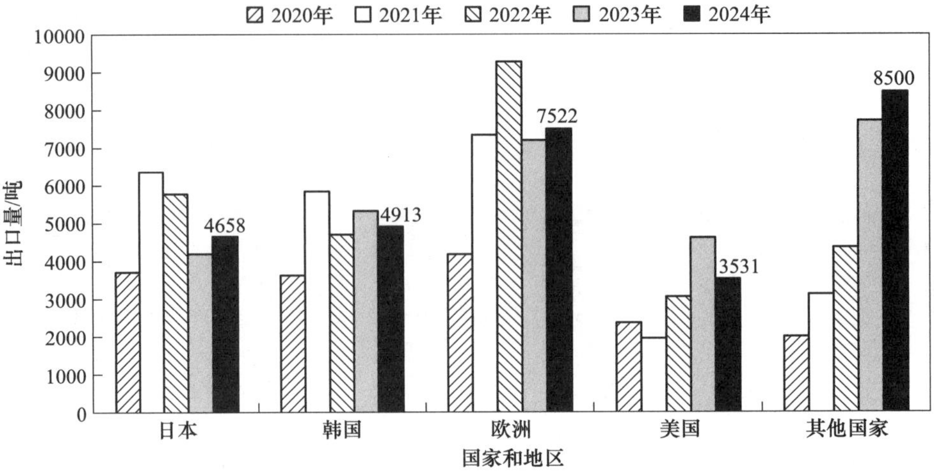

图 13　2020—2024 年钨品出口目的地出口量变化趋势

数据来源：海关总署

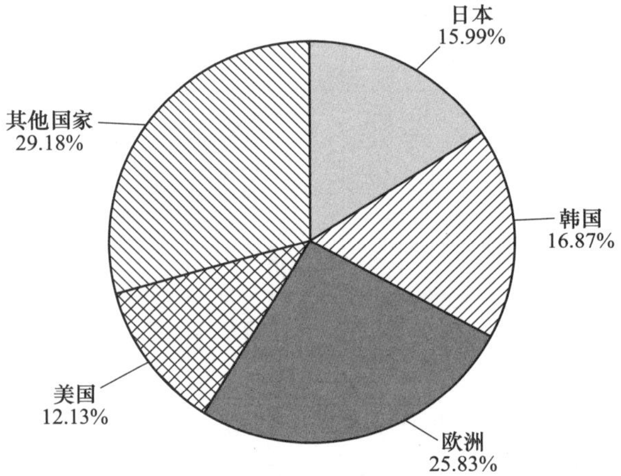

图 14　2024 年钨品出口目的地出口量占比

数据来源：海关总署

建成投产，为行业持续健康发展注入了新的动力，为行业高质量发展奠定了坚实基础。

中钨高新下属郴州钨公司特种钨基新材料粉末智能生产线投产；株硬集团超细碳化钨智能生产线顺利揭牌并点火试运行；硬质合金国家重点实验室建设项目完工；修水香炉山钨业有限责任公司 2000 吨/日钨资源开发选矿厂建设项目开工，投资总额 3.9 亿元，总占地面积 205 亩，建设期为 2.5 年。

江钨控股集团江钨产业园硬质合金项目开工建设，计划总投资 9.7 亿元，项目设计产能 2700 吨，其中高端硬质合金 2500 吨/年、高性能数控涂层刀片 2000 万片/年。计划 2025 年 3 月全面进入调试阶段。

厦门钨业九江百亿钨产业链深加工项目开工，该项目总投资 20 亿元，年产 1 万吨钨粉末、2 亿片数控刀片基体和 2000 吨高性能硬质合金精密零件。

江西耀升钨业拟投资 2.5 亿元建设 6000 吨高性能钨基粉体数字化智能制造项目，该项目建设时间自 2024 年 1 月至 2026 年 9 月。

株洲欧科亿株洲数控刀具产业园项目正式投产，项目完全建成后可实现年产 1000 吨高性能棒材、300 万支整体硬质合金刀具、20 万套数控刀具、500 万片金属陶瓷刀片及 10 吨金属陶瓷锯齿的能力。

株洲华锐精密工具股份有限公司投资 4 亿元建设高性能硬质合金材料数字化产业园项目。

三、2024 年中国钨工业经济运行分析

（一）产业政策保驾护航

颁布新《中华人民共和国矿产资源法》，加强了对战略性矿产资源的管理，对特殊矿产资源实行保护性开采。自然资源部发布了《关于进一步加强绿色矿山建设的通知》，要求到 2028 年底，绿色矿山建设工作机制更加完善，持证在产的 90%大型矿山、80%中型矿山要达到绿色矿山标准。

钨矿开采继续实行总量控制，2024 年全国钨精矿开采总量控制指标为 114000 吨，较上年度增长 2.7%。继续实施《市场准入负面清单》、钨品出口国营贸易管理政策、《外商投资准入特别管理措施（负面清单）》和《自由贸易试验区外商投资准入特别管理措施（负面清单）》。外商不得从事勘查、开采矿产资源及转让探矿权、采矿权审批。

上述政策分别从钨资源开发管理、产业发展导向、出口管制等方面规范钨工业管理，引导钨工业可持续、高质量发展。

（二）产业结构持续优化

工艺装备水平逐步提升到国际水平，高端产品生产和高端装备制造逐步向国产化迈进，高端产品市场占有率逐步提高，高端装备国产化率逐步提升。企业技改扩能和新项目投资促进产业链重点后移。产品结构得到持续改善，硬质合金等深加工产品比例增大，深加工产品出口量比例逐步提高。中国钨产业布局逐步优化，钨产业链和区域协同发展逐步推进，国际竞争新优势持续提升，对外提供产业配套服务能力逐步加强。

（三）供需态势持续偏紧

2024年，紧张的世界地缘冲突抑制了国际经济增长，钨消费放缓，中国钨品出口小幅增长。中国钨工业积极化解出口下降、传统消费放缓、成本刚性上升等因素对产业运行的影响，在新能源、新基建、新消费的带动下，实现了钨消费持续增长，特别是切割钨丝、钨高温部件等钨材增长明显。近5年中国钨消费量走势见图15。

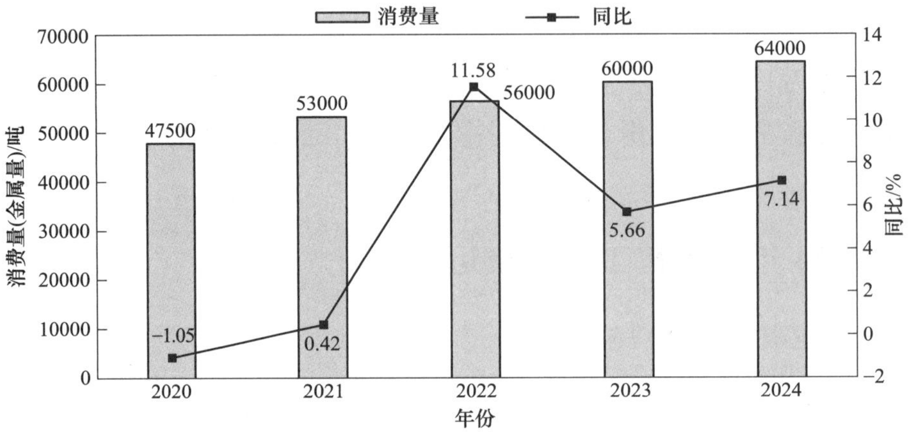

图15　2020—2024年中国钨消费量

数据来源：中国钨业协会

从供应看，中国大多数项目预期在三年后投产，在营矿山受总量控制（矿产资源法）总体产量保持平稳，国内已暂停钨矿探采两证；国际项目预计要在2025年开始投产，越南钨矿产量下降，俄罗斯产品流通受限，最大增长来自哈萨克斯坦巴库塔钨矿。世界钨精矿新建项目进展缓慢，现运营矿山总体保持基本稳定，再生原料受限于总消费量，保持平稳增长趋势。预计2025年原料供应增量不大，远期供应呈增长趋势。

从需求看，低空经济进入高速发展期，可控核聚变发电技术在世界兴起，技术迭代加快；增材制造技术日趋成熟，在钨及硬质合金材料领域已实现样品制造，产业化可期；热喷涂技术应用逐步扩大，市场前景乐观；国际经济复苏预期和库存重建拉动钨的需求；中国产业转型升级持续推进，新能源、新基建势头良好；预计2025年钨消费呈持续增长态势。

预计2025年度钨市场供需持续偏紧，加之原料成本刚性增长支撑，预计市场维持相对高位运行态势。

四、当前中国钨工业发展中的主要问题和建议

（一）主要问题

1. 资源消耗过快，安全保障堪忧

2024 年中国钨资源占世界储量的 52.17%，开采量世界占比却持续维持在 80%以上，资源消耗速度远高于世界平均水平，资源优势正在逐渐减弱，远期资源保障安全存在隐患。

2. 行业“内卷”加剧，效益分化严重

2024 年，从钨矿开采、冶炼乃至深加工，全产业链投资较为活跃，其中不乏大规模、高水平投资。产业的新增项目一方面推动了产业转型升级和产业集中度提升，同时也增加了产品供给，导致了部分细分领域产能和供应过剩，行业整体效益受到削弱。

3. 行业前强后弱，地位有待提升

中国钨工业在地质勘探、采选冶炼领域，工艺装备、行业效益、行业规模等处于国际先进水平；深加工领域，细分产品竞争力大部分处于国际先进水平，但在整体用户解决方案、产品研发等方面与国际先进水平还有一定差距。

国际先进企业主导产品标准制定，钨市场的定价权依赖国际报价机构。中国有明显的资源和产业优势，但未在行业整体效益、产品定价权等方面得到较好的体现，战略金属价值亟待提升。

（二）对策建议

1. 加强顶层设计，保障资源安全

一是加大钨资源勘探力度，摸清钨资源家底。鼓励深边部勘查开发，进一步明确相邻矿权资源整合政策。鼓励企业资金投入勘探，并提供财税支持。二是优化钨资源开发利用管理政策。制定采矿用地实施细则，采矿用地指标单列，明确采矿用地不得受工业用地约束条件的制约，解决钨矿资源开发用地障碍。三是提升钨资源再生利用的战略高度，统筹原生和再生两种资源的布局，减缓原生资源开采强度。对高质量钨资源再生利用企业应给予财税、融资等政策扶持，提高再生资源利用率；有序放开再生钨原料进口；通过区域化、集中化管理，优化再生资源回收利用。四是鼓励企业“走出去”开发国外钨资源，实现钨资源再平衡。

2. 推动供给侧改革，提升行业效益

一是严控产能无序扩张，优化产业结构和营商环境。二是推进产业聚集区发展，引导产业合理布局，积极对接区域重大战略、区域协调发展战略、主体

功能区战略，加快资源等各类生产要素高效集聚，不断推进钨产业规范化、集群化。三是优化安全环保、技术经济等指标的先进性，鼓励技术实力强、产品门类齐全的综合型企业（集团）加大基础研究力度，充分发挥行业引领、带动作用；推动“专精特新”中小企业的发展，培养更多的“小巨人”和“隐形冠军”，保证产业链、供应链安全和自主可控。四是加强行业自律，推动行业“内卷式”竞争改善工作，维护行业整体利益，提升行业经济效益。

3. 加大科技赋能，促进高质量发展

持续关注核聚变、极限材料（月球基地）、极限加工（超强、超高速）、光致变和高纯靶材等新领域对钨产业的巨大需求，政产学研用协同推动钨应用领域的拓展。

重点针对空天、能源、电子等国家关键领域对钨产品的需求，由国家部委牵头以国家重大专项等形式，明确目标任务及时间要求，组建联合攻关队，限期解决“卡脖子”风险，大幅度减少对国外高端钨制品的依赖。

通过科技赋能，实现钨产业高端化、智能化、绿色化（三化）发展。

撰稿人：毛宇挺、余泽全、梁虹龙

审稿人：武四平

2024年钼工业发展报告

一、2024年世界钼工业发展概述

（一）产品产量

美国地质勘探局（USGS）发布的2024年数据显示，2024年全球钼储量（金属量）约1500万吨，集中分布在中国、美国、秘鲁、智利和俄罗斯等地区。其中，中国钼储量约590万吨，占全球钼储量的39.33%；美国钼储量约350万吨，占全球钼储量的23.33%；秘鲁钼储量约190万吨，占全球钼储量的12.67%；智利钼储量约140万吨，占全球钼储量的9.33%；俄罗斯钼储量约110万吨，占全球钼储量的7.33%。以上五国储量约占全球钼储量的92%。

2024年全球钼精矿产量（金属量）为29.95万吨（见表1），同比增长4.41%。其中，亚洲生产钼精矿总量15.57万吨，同比增长5.14%，产量增加主要来自伊朗、哈萨克斯坦和中国；美洲同比增长3.93%至13.3万吨，产量增加主要来自秘鲁和墨西哥；欧洲同比持平。

表1　2024年全球钼产量

国家和地区	产量（金属量）/吨			2024年同比/%
	2022年	2023年	2024年	
亚美尼亚	11886	12514	9261	-25.99
中国	112201	126392	134198	6.18
哈萨克斯坦	960	3562	4074	14.37
蒙古	2853	2451	2482	1.26
伊朗	2798	2400	4939	105.79
朝鲜	262	720	706	-1.94
缅甸	60	30	24	-20.00
亚洲合计	131020	148069	155684	5.14
俄罗斯	10800	10800	10800	0

续表 1

国家和地区	产量（金属量）/吨			2024 年同比/%
	2022 年	2023 年	2024 年	
欧洲合计	10800	10800	10800	0
智利	44544	44557	38971	-12. 54
美国	41070	33220	33700	1. 44
秘鲁	31234	33194	41942	26. 35
墨西哥	16000	16057	17708	10. 28
加拿大	798	930	660	-29. 03
美洲合计	133646	127958	132981	3. 93
全球合计	275466	286827	299465	4. 41

数据来源：北京安泰科信息股份有限公司（以下简称“安泰科”）。

（二）消费量

2024 年全球钼消费量有所增加，全年钼消费总量（金属量）29. 19 万吨（见图 1），同比增长 4. 89%。其中，中国钼消费量为 13. 92 万吨，同比增长 11. 49%；西欧钼消费量为 4. 79 万吨，同比减少 0. 82%；美国钼消费量为 3. 18 万吨，同比增长 6. 19%；日本钼消费量为 1. 97 万吨，同比减少 21. 17%。中国仍是全球最大的钼消费国，约占全球钼消费总量的 48%，其次为西欧、美国、日本。

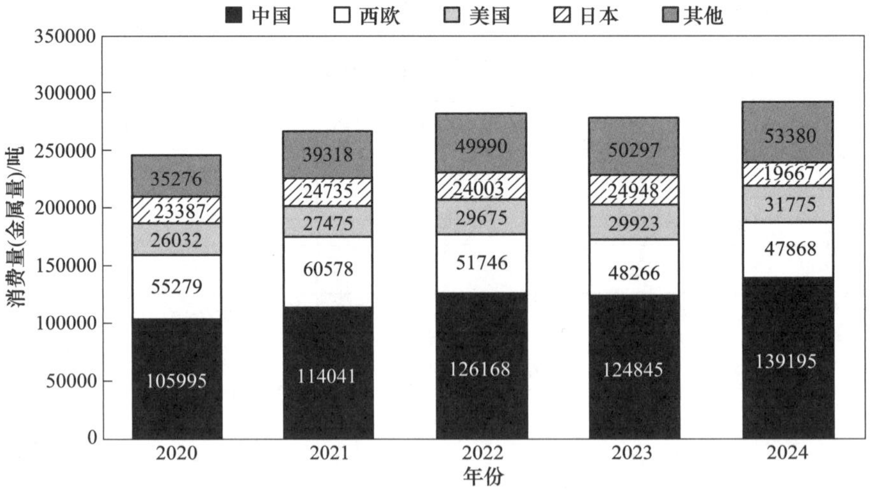

图 1　2020—2024 年全球钼消费分布图

数据来源：安泰科

二、2024年中国钼工业发展现状

（一）经济运行情况概述

1. 生产能力

据统计，2024年中国钼矿石处理能力超过36万吨/日，氧化钼、钼铁冶炼能力为30万吨/年，钼酸铵产能为7万吨/年，高纯三氧化钼产能为3.4万吨/年，高纯二硫化钼产能为3500吨/年，钼粉及其制品（包括钼粉、未锻轧钼金属产品、已锻轧钼金属产品、钼丝、其他钼制品等）产能为2.5万吨/年。

2. 产品产量

据不完全统计，2024年中国钼精矿产量为298218吨（实物量，下同），同比增长6.18%，占全球钼生产总量的45%。2024年由于吉林大黑山、三泰钼业及西藏巨龙、玉龙等矿山扩产，还有部分新增矿山等，使钼精矿产量有所增加；钼铁产量221669吨，同比增长10.84%；钼酸铵产量为63700吨，同比增长6.7%；高纯二硫化钼产量为1500吨，同比基本持平；钼粉产量为20330吨，同比增长7.7%。

（二）产业结构

1. 产品结构

2024年氧化钼、钼铁产量占各类钼产品总产量的78.5%，份额同比增加0.5%，居于钼产品主导地位；钼化工产品产量占14.6%，份额同比减少1.4%；钼粉及其制品产量占6.9%，份额同比减少2.8%（见图2）。

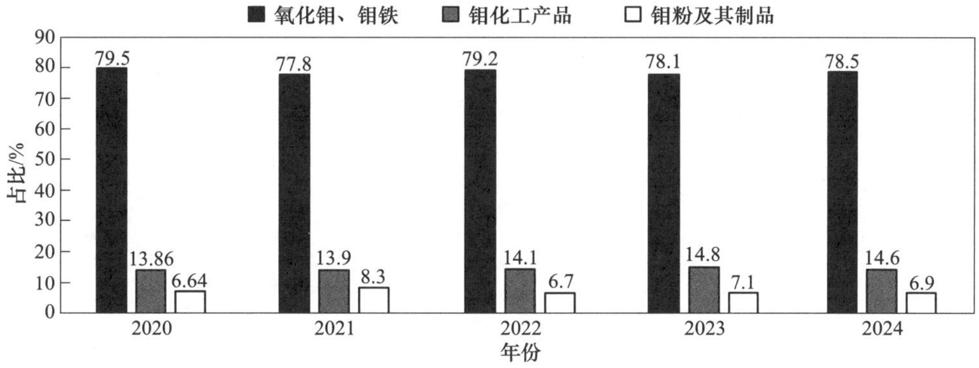

图2　2020—2024年中国钼产品结构图

数据来源：中国有色金属工业协会钼业分会（以下简称“钼业分会”）统计

2. 产业分布情况

2024年中国钼精矿的生产主要集中在河南、内蒙古、陕西、黑龙江、西藏、吉林、江西、河北等八省区，以上省区钼精矿产量约占全国钼精矿总产量的94%；副产钼精矿量为58342吨，占全国钼精矿生产总量的19.56%。2024年中国钼精矿产量占比分布见图3。

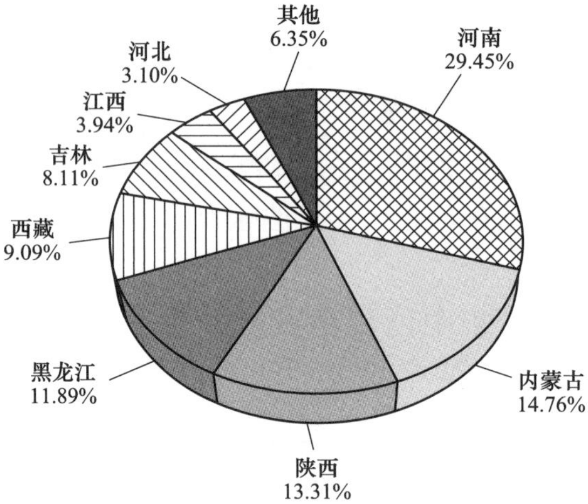

图3　2024年中国钼精矿产量分布图

数据来源：安泰科

2024年中国钼铁的生产集中在辽宁、河南、陕西等省；钼酸铵等钼化工产品的生产主要集中在陕西、四川、辽宁、吉林、河南、江苏、河北、安徽等省，其中陕西、四川、辽宁三省钼化工产品产量占全国钼化工产品总产量的77%。钼粉及其制品的生产主要集中在四川、陕西、河南、江苏、辽宁等省。

（三）市场价格

1. 国际市场及价格

2024年国际氧化钼、钼铁月均价格走势见图4。

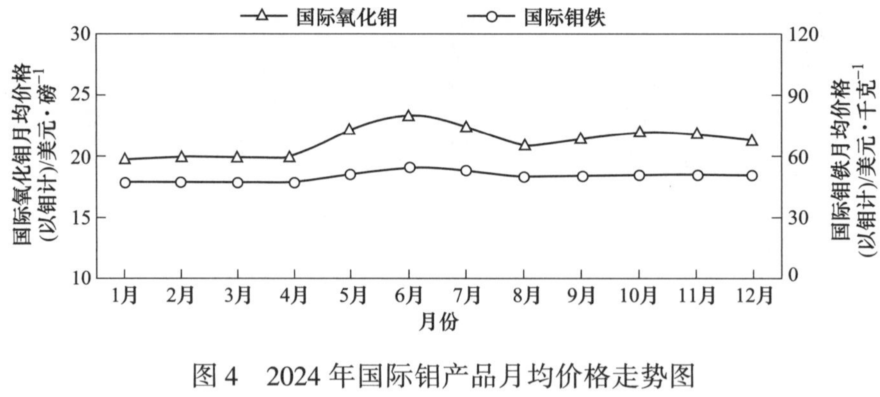

图4　2024年国际钼产品月均价格走势图

数据来源：安泰科、美国《金属周刊》MW

据统计，2024 年全年国际氧化钼平均价格（以钼计）为 21.3 美元/磅，同比减少 11.76%，价格波动范围在 19.18～24.13 美元/磅；同期国际钼铁年均价（以钼计）为 50.3 美元/千克，同比减少 15.01%，价格波动范围在 45.58～56.3 美元/千克。

2. 国内市场及价格

2024 年国内钼精矿、钼铁月均价格走势见图 5。

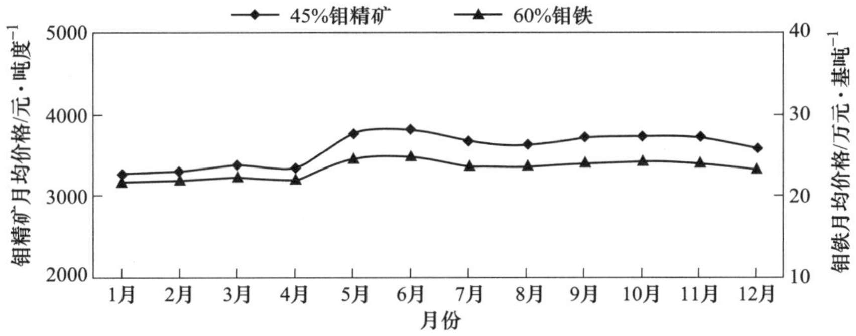

图 5　2024 年国内钼产品月均价格走势图

数据来源：钼业分会统计

据统计 2024 年全年国内钼精矿平均价格为 3577.63 元/吨度，同比减少 7.16%；全年最高点为 5 月的 3880 元/吨度，全年最低点为 4 月的 3120 元/吨度。

2024 年钼铁全年平均价格为 23.33 万元/基吨，同比减少 9.05%；全年最高点为 5 月的 25.1 万元/基吨，最低点为 4 月的 20.3 万元/基吨。

（四）进出口贸易

2024 年中国钼产品进出口总量为 64316.8 吨（折纯钼，下同），同比增长 19.11%。净进口量为 12346.4 吨，同比增长 145.06%。

2024 年中国钼产品进出口贸易总额 29.23 亿美元（见表 2），同比上升 6.23%。其中，进口贸易额为 15.82 亿美元，同比上升 18.6%；出口贸易额为 13.41 亿美元，同比下降 5.41%，贸易逆差额为 2.41 亿美元。

表 2　2024 年中国钼进出口统计

商品名称	进口		出口	
	累计数量/吨	累计金额/万美元	累计数量/吨	累计金额/万美元
已焙烧的钼矿砂及其精矿	3289.562	17283.15	7200.533	37011.8727
其他钼矿砂及其精矿	27013.49	103823.6	4420.192	18845.7448

续表 2

商品名称	进口		出口	
	累计数量/吨	累计金额/万美元	累计数量/吨	累计金额/万美元
钼的氧化物及氢氧化物	1188.381	4521.478	1929.193	11063.6921
钼酸铵	624.3182	3115.64	277.877	1574.3933
其他钼酸盐	698.3771	1493.318	202.449	769.8101
钼铁	5176.245	23911.43	5279.884	24333.6318
钼粉	4.74	51.0446	287.71	1751.0881
未锻轧钼烧结成的条、杆	0.008	1.2581	2602.317	15290.779
钼条、杆、型材及异型材	274.581	2265.58	914.068	6911.3392
钼丝	42.645	669.4973	289.682	2159.4725
钼废碎料	—	—	2342.776	12203.9186
其他钼制品	19.281	1069.9255	238.523	2172.4108
合计	38331.6283	158205.92	25985.204	134088.153

数据来源：海关总署，钼业分会统计整理。

1. 进口情况

2024 年我国共进口 38332 吨，同比增长 29.86%。其中，氧化钼进口量为 3290 吨，同比减少 41.43%，占总进口量的 8.58%；钼精矿进口量为 27013 吨，同比增长 51.29%，占总进口量的 70.47%，以上两种产品进口量占进口总量的 79%；钼铁进口量为 5176 吨，同比增长 60.95%，占总进口量的 13.5%。

2. 出口情况

2024 年我国共出口 25985 吨，同比增长 6.15%。其中，氧化钼出口量为 7201 吨，同比增长 1.55%，占总出口量的 27.71%；钼精矿出口量为 4420 吨，同比增长 28.97%，占总出口量的 17.01%，以上两种产品占出口总量的 45%；钼铁出口量为 5280 吨，同比减少 4.68%，占总出口量的 20.32%；钼化工产品出口量为 2410 吨，同比增长 0.21%，占总出口量的 9.27%；钼金属产品出口量为 6675 吨，同比增长 10.9%，占总出口量的 25.69%。

（五）市场消费

2024 年，中国钼消费量 13.92 万吨，同比增长 11.49%；钼出口量为 2.6 万吨；中国钼消费累计总量为 16.52 万吨。2024 年，钼进口量为 3.83 万吨，不考虑损耗国内钼供应盈余量为 0.73 万吨（见图 6）。

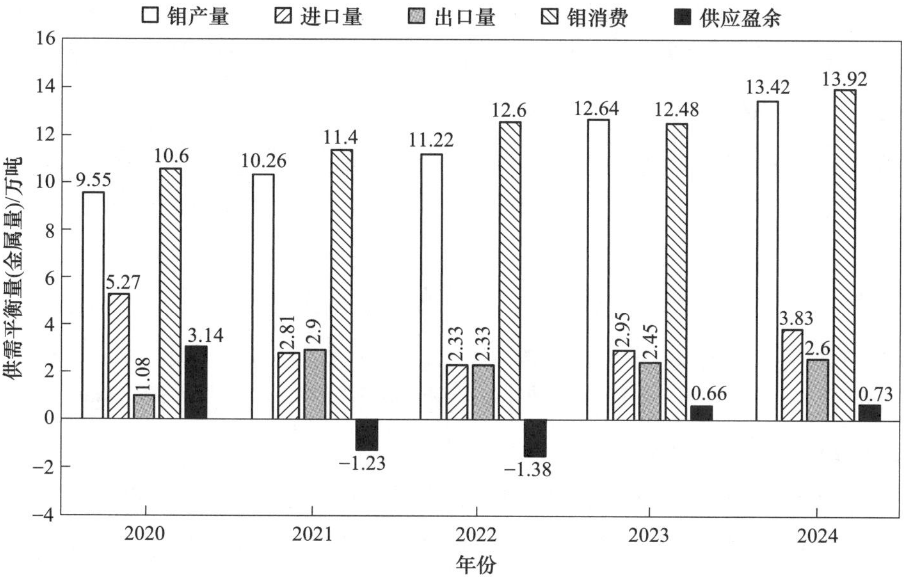

图 6　2020—2024 年国内钼供需平衡变化图

数据来源：海关总署，安泰科，钼业分会统计整理

三、2024 年中国钼工业经济运行状况分析

（一）政策环境

2024 年 4 月 15 日，自然资源部、生态环境部、财政部、国家市场监督管理总局、国家金融监督管理总局、中国证券监督管理委员会、国家林业和草原局联合印发《关于进一步加强绿色矿山建设的通知》，要求全面推进绿色矿山建设，加快矿业绿色低碳转型发展。

2024 年 11 月 8 日，十四届全国人大常委会第十二次会议表决通过了新修订的《矿产资源法》。新修订的《矿产资源法》自 2025 年 7 月 1 日起施行，包括总则，矿业权，矿产资源勘查、开采，矿区生态修复，矿产资源储备和应急，监督管理，法律责任，附则，共八章八十条。其中明确提出，统筹发展和安全，统筹国内国际，坚持开发利用与保护并重，遵循保障安全、节约集约、科技支撑、绿色发展的原则。国家保护依法取得的探矿权、采矿权不受侵犯。勘查、开采矿产资源应当按照国家有关规定缴纳费用。开采矿产资源应当缴纳资源税。

2024 年 11 月 8 日，十四届全国人大常委会第十二次会议表决通过《中华人民共和国能源法》。这部法律共九章，主要内容包括总则、能源规划、能源开发利用、能源市场体系、能源储备和应急、能源科技创新、监督管理、法律责任、附则等，自 2025 年 1 月 1 日起施行。能源法规定，为了推动能源高质量发展，保障国家能源安全，促进经济社会绿色低碳转型和可持续发展，积极稳妥推进碳达峰碳中和，适应全面建设社会主义现代化国家需要，根据宪法，制定能源法。能源法立足我国能源资源禀赋实际，适应能源发展新形势，就能源领域基础性重大问题在法律层面作出规定，是能源领域的基础性、统领性法律。

2024 年 11 月 29 日，国家发改委发布《西部地区鼓励类产业目录（2025 年本)》，自 2025 年 1 月 1 日起施行。《西部地区鼓励类产业目录（2020 年本)》同时废止。其中，钼相关产品整理如下：四川省的钨钼制品及钨钼丝材；陕西省的钼、钨、钒等特种合金材料。

2024 年 12 月 26 日，国务院关税税则委员会发布关于 2025 年关税调整方案的公告。进口方面，2025 年钼铁暂定进口税率为 1%，2025 年外科植入用钴铬钼合金棒（钼 5%~7%）暂定进口税率为 4%。出口方面，钼产品无涉及。

2024 年 12 月 31 日，商务部公布《出口许可证管理货物目录（2025 年)》，自 2025 年 1 月 1 日起执行。公告指出，出口钼及钼制品、部分金属及制品等货物，需按规定申领出口许可证。钼相关产品包含：已焙烧的钼矿砂及其精矿，其他钼矿砂及其精矿，钼的氧化物及氢氧化物，钼酸铵，其他钼酸盐，钼粉，未锻轧钼（包括简单烧结的条、杆），钼废碎料，钼制品，钼铁，外科植入用钴铬钼合金棒（钼 5%~7%）共 11 项。

（二）产业结构调整情况分析

我国钼精矿生产主要集中在河南、内蒙古、陕西、黑龙江、西藏、吉林、江西、河北等地。除生产钼精矿外，钼冶炼、钼化工、钼金属、制品及加工已形成工业规模，并形成产业聚集区，集中分布在陕西、四川、辽宁、河南、江苏等地。从钼矿山到钼冶炼、从钼化工到钼粉再到钼深加工，实现全产业链覆盖且产业集中度不断提高。虽然产业链较完整，但金属加工高精尖产品与国外先进企业仍存在一定差距。

（三）经营形势分析

2024 年，钼行业的经营形势总体向好，市场需求稳定增长，供应量有所增加，价格波动幅度较小。钼行业内部竞争激烈，大型企业凭借资源优势、技术优势和规模优势，在市场竞争中占据有利地位。小型企业则面临成本高、技术水平低、市场份额小等困境，生存压力较大。

钢铁行业作为钼的主要消费领域，对钼的需求在 2024 年呈现增长态势。随着国内经济动能从基建、地产转向高端制造，不锈钢产量快速增长，据中国钢铁工业协会不锈钢分会数据显示，2024年，中国不锈钢粗钢产量3944.11万吨，同比增长7.54%。其中，Cr-Ni钢（300系）2029.14万吨，同比增长9.57%，所占比例上升了0.95个百分点，占比为51.45%；Cr钢（400系）717.47万吨，同比增长10.73%，所占比例上升了0.52个百分点，占比为18.19%。300系和400系等高端含钼不锈钢具备良好的耐腐蚀性、高温强度及低温韧性，未来占比有望持续提升。在制造产业升级及能源转型背景下，高端含钼不锈钢及风电、汽车和石油化工等领域先进钢铁材料需求有望稳步增长，未来钼的需求也会相应增加。

除钢铁行业外，钼的高强度、耐腐蚀特性使其成为半导体靶材及新能源电池材料的核心原料。随着全球碳中和进程加速，钼在风电叶片、氢能储运等领域的需求激增。中国庞大的钼储备和产能，将为全球新能源产业链提供重要支撑。

2025年，钼产品市场仍面临诸多机遇和挑战。从机遇方面看，随着全球经济的逐步复苏，尤其是新兴经济体的快速发展，不锈钢、建筑、机械制造等行业对钼的需求有望保持增长态势；同时，钼在新能源、航空航天等高端领域的应用前景广阔。李强总理在2025年的《政府工作报告》中指出：全面深入推进战略性新兴产业融合集群发展，协同推进降碳减污扩绿增长，加快经济社会发展全面绿色转型。这将为钼产品市场开拓新的发展空间。从挑战方面看，宏观经济的不确定性、原材料价格波动、环保压力及行业竞争加剧等因素，仍将对钼产品经营产生不利影响。预计未来钼产品价格将在成本支撑和供需关系的作用下，保持区间震荡走势。2025年国内钼价或维持稳中偏弱的格局。

四、当前中国钼工业发展中需要关注的问题

（一）国际贸易与地缘政治风险

美国可能加征关税及贸易保护政策抬头，威胁中国钼产品出口；全球供应链波动影响价格稳定性。

（二）结构性产能过剩与同质化竞争

钼冶炼及加工环节产能过剩问题突出，尤其是钼铁、钼化工等中游产品同质化竞争加剧，部分企业因价格波动陷入亏损。中小型企业技术落后，资源利用率低，加剧行业“内卷式”竞争。

（三）高端产品研发有限

在高性能钼合金、钼基新材料等高端产品领域，中国与发达国家仍有差距。企业应加大研发投入，吸引和培养专业技术人才，加强与科研机构合作，

提高自主创新能力，突破技术瓶颈。

（四）资源安全保障风险

境外资源获取难度加大，美西方通过政治干预、资源民族主义等手段限制中国获取海外钼矿权益。国内资源消耗快，2022 年中国钼消费量占全球的 42.6%，静态保障年限约 53 年，但地勘投入持续下降，探采比降至 1.4，资源储备压力凸显。

（五）环保与碳减排压力

欧盟碳边境调节机制（CBAM）等政策增加出口型企业成本压力。尾矿综合利用不足，低品位伴生矿回收技术待突破，环境污染问题仍需重视。

五、中国钼工业下一步发展重点

（一）技术创新与高端化转型

研发低品位钼矿高效提取、尾矿资源化利用技术；推动钼基合金在航空航天、半导体等高端领域应用；建设智能矿山与工厂，提升生产自动化水平。

（二）资源保障与产业整合

优化钼矿开采布局，避免过度开采和资源浪费。推广先进的开采技术和设备，提高开采效率和资源回收率。建立钼矿资源储备制度，对重要钼矿区进行战略性储备，以应对市场波动和突发事件，加大河南、内蒙古等钼矿富集区勘探投入。深化“一带一路”沿线资源合作，建立海外权益矿稳定供应链。推动龙头企业兼并重组，提升集中度与议价能力。

（三）绿色低碳与可持续发展

推广清洁能源替代，优化生产工艺；参与国际碳足迹认证，应对绿色贸易壁垒。加强钼废料回收，探索钼在新能源和环保材料中的应用。

（四）市场多元化与需求拓展

扩大钼在新能源汽车（高强度钢）、光伏（薄膜材料）、低空经济（高温合金）等产业的应用。开发高附加值钼化工品（如润滑剂、催化剂）及医用同位素钼-99 等。

（五）政策与风险管理

加强钼行业供需动态监测，避免盲目扩产。寻求贸易多元化，开拓东南亚、非洲等新兴市场，降低对欧美依赖。

撰稿人：雷　默
审稿人：康祥波

2024年锡工业发展报告

一、2024年世界锡工业发展概述

锡是现代工业发展中广泛应用的金属品种之一。由于全球锡资源分布比较集中，主要分布在亚洲和南美洲，因此锡矿和精锡生产也较为集中。根据美国地质勘探局（USGS）资料，2023年世界锡储量430万吨，其中，中国、缅甸、澳大利亚、俄罗斯、巴西、玻利维亚六个国家的储量占全球总储量的86.0%。

进入2024年，受地缘冲突及美元贬值影响，以黄金为代表的大宗商品价格快速上涨。锡价格随宏观情绪持续走高，叠加海外期货市场出现挤仓现象，内外盘锡价进一步抬升，4月下旬达到峰值。全年看锡价整体呈现高位宽幅震荡的态势，整体价格重心上移。2024年LME三月期货锡均价30238美元/吨，同比增长16.7%；LME现货锡均价30191美元/吨，同比增长16.3 %。

从生产看，全球锡矿和锡冶炼均集中，中国、印尼、缅甸、秘鲁、玻利维亚、巴西、刚果（金）是世界主要锡矿生产国，2024年七国锡矿产量总和占全球总产量的86.1%。2024年除缅甸以外主要生产国供应稳定。刚果（金）得益于Mpama South项目投产后带来部分增量；澳大利亚Renison矿山全年产量小幅上涨；南美地区锡精矿生产整体呈现增长态势，San Rafael锡矿2024年生产恢复正常及高价刺激推动了锡矿产量的增长。2024年全球锡精矿总产量28.7万吨，同比下滑0.9%（见表1）。

表1　2022—2024年全球锡精矿产量（金属量）　　（吨）

国家	2022年	2023年	2024年
中国	97000	99900	79800
印尼	69400	56800	54200
缅甸	41500	33500	13200
玻利维亚	17300	18200	19000
秘鲁	28100	24600	33800

续表 1

国家	2022 年	2023 年	2024 年
巴西	19200	18100	20500
澳大利亚	8500	9100	10400
刚果（金）	19200	19800	25700
马来西亚	5500	5700	4100
俄罗斯	4000	3900	4600
其他国家	3700	18800	21700
总计	313400	308400	287000

数据来源：北京安泰科信息股份有限公司（以下简称“安泰科”）。

全球精锡主要生产国有中国、印尼、马来西亚、秘鲁、巴西和玻利维亚等，2024 年六国精锡产量占全球产量的 87.8%。2024 年除东南亚冶炼企业产量大幅下降外，其余地区均保持增长态势，全年全球精锡产量为 39.8 万吨，同比基本持平（见表 2）。

表 2　2022—2024 年全球精锡产量　（吨）

国家	2022 年	2023 年	2024 年
中国	206222	204000	219000
印尼	74100	67800	52000
马来西亚	18900	19800	16300
秘鲁	26700	25800	30300
玻利维亚	14100	10000	16500
泰国	9600	9000	9600
巴西	17500	15300	15300
比利时	8400	9000	8500
俄罗斯	2200	2400	2600
其他国家	27878	35900	27900
总计	405600	399000	398000

数据来源：安泰科。

注：中国总产量包含企业在国外矿区的产量。

2024 年，全球半导体产业触底反弹逐步复苏，光伏、汽车电子保持增长，但增速有所放缓，全年电子锡焊料消费占比为 50.7%；从锡化工看，欧洲房地产市场依然低位徘徊，中国房市有缓慢回暖迹象，美国、印度、中东等建筑行业相对较好，锡化工产业总体占比为15.6%；镀锡板（马口铁）和铅酸蓄电池用锡回升，占比分别为13.8%和9.2%。2024年全球锡消费结构见图1。

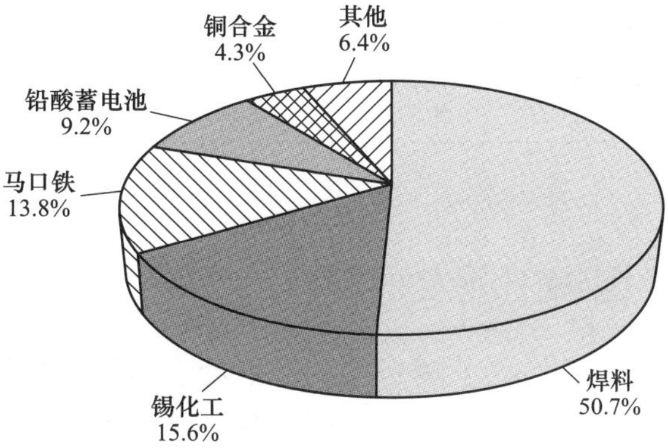

图1　2024年全球锡消费结构

数据来源：安泰科

2024年全球锡消费量38.7万吨，同比增长1.4%。分主要领域来看，全球锡焊料市场终端半导体产业回暖与分化并存，产业整体温和复苏。2024年全球锡焊料消费量同比小幅增长1.3%。

从全球锡化工领域看，喜忧参半。美国住房市场显示出较好的韧性，中国房地产市场弱复苏，欧洲原材料成本上涨对整体房地产影响较大。尽管全球PVC需求开始改善，但过剩产能可能需要几年才能消化。2024年全球锡化工用锡量同比转增0.3%。

2024年，全球镀锡板市场展现出积极的发展态势，市场规模持续扩大。特别是在一些主要的生产与消费区域，如欧洲、北美及亚太地区，镀锡板的产量与销售额均占据显著份额，全年看全球镀锡板用锡量同比小幅增长1.3%。

2024年，欧美的乘用车市场尤其是新能源汽车市场依然保持较好的势头。中国作为全球最大的新车市场，随着国家层面汽车报废更新补贴力度加大，地方置换更新政策陆续生效。2024年铅酸蓄电池用锡增长2.0%

2024年，全球原料供应趋于紧张，得益于锡价高企，锡冶炼供应稳步增长，海外锡需求缓慢复苏，但国内消费增速较快，全年库存高位回落，市场过剩收窄至1万吨水平（见表3）。

表3　2022—2024年全球精锡市场供求平衡　　（万吨）

年份	2022年	2023年	2024年
全球精锡产量	40.5	39.9	40.1

续表3

年份	2022年	2023年	2024年
全球精锡消费量	39.7	38.2	38.7
库存变化	0.5	0.6	-0.1
全球供求平衡	1.3	2.3	1.3

数据来源：安泰科。

二、2024年中国锡工业发展现状

中国是全球锡储量、生产、消费第一大国，自然资源部对外公开的最新数据显示，2023年中国锡保有储量117.4万吨，占世界总储量的27%。根据安泰科数据，中国每年锡矿产量大约8万吨（锡金属量），占全球总矿量的28%；中国精锡生产和消费总量均达到21万吨左右水平，各占全球总量的一半。

中国锡储量和锡生产也比较集中，其中云南、内蒙古、广西、湖南、江西五个省区是中国锡储量分布和锡矿生产的主要区域，2024年这五省区锡矿产量占全国98%以上。目前，已形成以云南个旧、广西大厂、内蒙古赤峰、湖南郴州为骨干的锡生产基地。

（一）经济运行情况概述

1. 锡行业持续盈利

2024年，我国锡行业持续保持盈利。受锡价显著上涨及消费稳步增长的利好影响，锡盈利水平仍保持增加。据中国有色金属工业协会数据显示，2024年全国规模以上锡工业企业实现利润同比增长55.0%。

2. 锡矿产量略降，锡锭产量保持增长

锡矿生产上，国内矿山产量有所下滑。主要矿山看，内蒙古银漫矿业年内未有明显增产，而云锡、华锡矿受品位较低的影响，近两年产量进入下降通道。据安泰科统计，2024年我国锡精矿产量8.0万吨，同比下降1.5%。国内精锡产量保持较快增长。除了国内自采矿减少外，佤邦禁矿政策仍未完全解除导致进口矿总量持续下滑。但得益于锡价的上涨，废料较2023年相对充裕，再生锡产量明显提升，对原料短缺有所补充，年内精锡产量得以平稳增长。据安泰科统计，2024年国内精锡总产量达21.9万吨，同比增长7.4%。

（二）产业布局合理、产品结构得到优化

从产业分布情况看，受中国锡资源集中度高的特点，锡精矿和精锡生产地

也很集中，主要分布在云南、湖南、广西、内蒙古和江西五个省区，五省区精锡产量占全国总产量的95%以上。其中，云南省精锡产量最大，2024年占全国总产量的58.6%。下游消费方面，近年来锡焊料生产企业逐步向珠三角和长三角地区（广东、上海、江苏、浙江）集聚，云南、北京、天津也有一些生产企业，集中程度不断提高；镀锡钢板企业生产较为分散，主要分布于上海、广州、河北、武汉、海南；锡化工企业主要分布在北京、云南、湖北、江西等地。

从产品结构看，伴随5G、汽车电子、光伏、新能源汽车等锡终端领域产业的快速发展，锡产品结构不断调整，行业也随之实现良性发展。欧洲强制步入无铅化电子时代，中国电子无铅化也在逐步扩大，另外国内在依靠国外进口的一些高端产品上的国产化进程正在加快；硫酸亚锡、甲基锡作为PVC行业热稳定剂及新型绿色环保水泥添加剂等化工产品在近几年发展较快。随着中国环保要求的不断提升，塑料工业将扩大对锡热稳定剂的使用，未来将继续推动锡在化工领域的需求量；此外，随着中国国防军工、汽车、钢铁、电子和电工机械制造业、医疗产业的发展，锡合金使用量也将有所增加。

（三）市场价格进一步走高后宽幅震荡

2024年，锡价格随宏观情绪持续走高，叠加海外期货市场出现挤仓现象，沪锡在5月下旬达到年内阶段性高点29.1万元/吨。下半年供应面扰动扩大，特别是缅甸佤邦复产消息不时传出，锡价整体呈现高位宽幅震荡的态势，整体价格重心上移。2024年SHFE锡主力合约均价248336元/吨，同比增长16.9%；安泰科现货锡均价249733元/吨，同比增长16.6%（见表4）。

表4　2022—2024年国内外锡年度平均价格

年份	国内精锡现货市场价/元·吨$^{-1}$	SHFE锡主力合约收盘价/元·吨$^{-1}$	LME现货结算价/美元·吨$^{-1}$	LME三月期锡收盘价/美元·吨$^{-1}$
2022年	251787	244889	31219	30953
2023年	214177	212405	25959	25910
2024年	249733	248336	30191	30238

数据来源：伦敦金属交易所，上海期货交易所，安泰科。

（四）终端市场消费保持增长

中国锡主要终端消费品包含焊料、镀锡板（马口铁）、锡化工、铅酸蓄电池、玻璃制造及锡合金（青铜及黄铜）等。2024年，中国锡消费继续保持稳步增长。锡焊料用量在光伏、汽车电子、船舶等智能化与新能源产业发展中保持增长，占比达到64.9%；锡化工受中国房地产市场弱复苏与地下管网改造等以旧换新政策促进下小幅增长，占比达到11.8%；镀锡板产量保持稳增，占比达到8.4%；铅酸蓄电池增量空间有限，占比降至8.8%（见图2）。

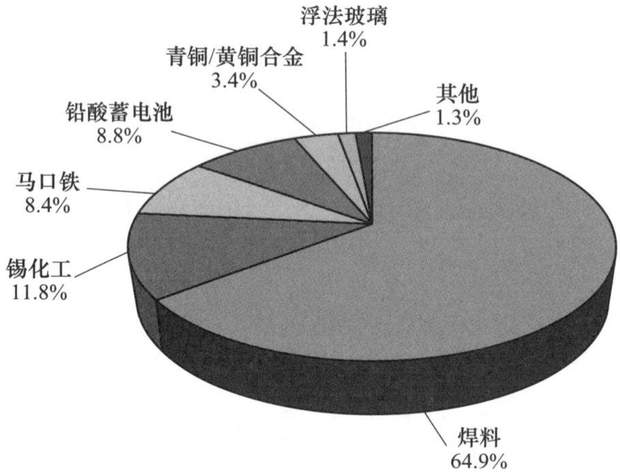

图2　2024年中国锡消费结构图

数据来源：安泰科

据安泰科统计，2024年中国精锡消费总量达到21.2万吨，同比增长3.2%。分主要产品看，国内电子信息制造业发展态势良好，微型计算机设备、集成电路产量均稳步增长；光伏出口保持强劲，家电产业内销空冰洗受以旧换新补贴政策推动持续双位数增长，总体看2024年焊料用锡同比上涨3.0%；锡化工方面，从供应端看，PVC生产保持稳定，新增产能不断落地，总的看国内锡化工用锡量同比增长4.0%；2024年镀锡板产业整体呈现供需弱平衡状态，镀锡板用锡也同比增长5.9%；铅酸蓄电池方面，国内保持稳定增长态势，产量和市场规模均有所扩大，此外，随着两轮电瓶车出口退税政策的实施，大量动力电池伴随整车出口至海外，进一步推动了铅酸蓄电池的市场需求，总体看，铅酸蓄电池用锡同比仍增长1.3%。

（五）锡精矿进口逐年小幅递减，精锡贸易保持净进口

原料进口方面，缅甸佤邦发布禁矿令以来，自缅甸的进口锡矿整体呈下滑趋势，而非洲、南美等地锡矿进口增势明显，全年国内锡精矿进口总量仍保持在5万吨以上水平。据安泰科折算，2024年我国累计进口锡精矿折合金属量达到5.2万吨，同比下降4.5%。

精锡贸易方面，上半年锡锭呈现净出口模式。三季度以来，内外价差开始反转，进口精锡已明显回升，10月精锡贸易已转为净进口；出口受人民币贬值及外需带动，总体仍保持强劲。2024 全年，我国共进口精锡 2.2 万吨，同比下滑 35.4%；出口精锡 1.7 万吨，净进口 4395 吨。

2024 年，我国锡材进口量 1373 吨，同比下降 25.6%；锡合金进口量 3662 吨，同比增长 155.9%；其他锡制品进口量 245 吨，同比下降 6.1%。出口方面，2024 年锡材出口量 3523 吨，同比增长 45.5%；其他锡制品出口量 1980 吨，同比下降 49.9%；锡合金出口量延续增长，增幅达 111.8%。

（六）投融资情况

2024 年 1 月 26 日，中国有色矿业集团旗下的子公司中国有色贸易有限公司签署出售协议，以 3.4 亿美元的交易金额收购秘鲁 Minsur SA 持有的巴西锡生产商 Mineração Taboca 100%股权。Mineração Taboca 位于巴西亚马逊地区的 Pitinga 矿区，是世界上锡矿储量最丰富的地区之一。通过此次收购，中国有色矿业集团不仅进一步巩固了其在全球锡矿资源领域的地位，还可获得稳定的锡矿及铌和钽等金属的供应，进一步丰富其矿产资源储备，同时满足人工智能等新兴产业对锡、钽等金属的持续需求。

2024 年 7 月 15 日，红河州红投实业有限公司与个旧市凯盟工贸有限责任公司签署股权转让协议，历时一个月完成了所有环节复产工作，冶炼厂于 9 月 4 日正式复产。二者的联合标志着国内锡产业进一步形成资源整合，通过产业链的延伸，增强市场开拓和品牌建设能力，从而更好地应对市场变化，提高市场响应能力。

（七）锡期货市场交易保持稳定

自 2019 年 12 月上海期货交易所正式引入锡做市商制度以来，锡期货合约价格的连续性得到明显提升，加之近年锡的战略金融属性持续提高，交易量较 2024 年显著增长。根据上海期货交易所数据显示，2024 年沪期锡主力成交总量升至 3301 万手，同比下滑 16.3%，较“十三五”末上升 2.5 倍；2024 年累计成交额 83756.5 亿元，同比增长 0.2%，较“十三五”末提高 4.5 倍。

三、2024 年锡工业经济运行状况分析

（一）产业结构调整情况分析

随着智能制造的发展，对锡材料的性能、品种、质量不断提出新要求，为多层面、多角度拓展锡在新能源、新基建、微电子、新型化工等领域的应用创造了历史机遇。

近几年，中国锡行业主动适应需求的高端化、多样化、个性化、绿色化，大力推进锡产业的科技创新与攻关。在逆全球化大潮下，中美摩擦更趋于尖

锐，目前国内规模化焊料企业与终端企业正在加速推动高端焊锡材料的国产化研发与应用。而同时，国产化进程也面临一些亟需解决的“卡脖子”问题，如某些原材料、相关设备等受到国外限制，某些产品技术水平与国外仍有差距。

（二）经营形势分析

1. 生产情况分析

面对严格的环保要求，企业不断加大环保投入，成本进一步增加，污染物处理和存放要求执行更加严格。多数冶炼企业利润摊薄，生产经营面临挑战。叠加近年全球原料供应持续下滑，加工费持续走低，部分锡冶炼企业利润减少，但全球通胀导致加工成本居高不下，一些中小型的锡生产企业缩减生产规模甚至停产。锡行业的洗牌还在进行，亟需找寻合理的转型之路。

2. 供需情况分析

2024 年，国内需求较快恢复但仍在消化前两年的过剩量，锡锭进口大幅收缩且出口保持强劲，全年供需平衡仍处于过剩状态，但过剩量显著收窄（见表 5）。

表 5　2022—2024 年中国精锡供需平衡表　（万吨）

年份	2022 年	2023 年	2024 年
精锡产量	206222	203974	219000
精锡进口量	31114	33471	22500
精锡供应量	237336	237445	241500
精锡消费量	205233	205291	211920
精锡出口量	10732	12099	16500
精锡需求量	215965	217390	228420
库存变化	3800	624	1000
供求平衡	25171	20679	14080

数据来源：安泰科。

四、当前中国锡工业发展中存在的突出问题和对策建议

中国锡工业面临着资源保障程度降低、产业结构待优化等问题，亟待提升资源保障能力，寻求国内外产能合作；要加大下游科技创新，借助上下游产业协同、金融辅助力量等方式实现中国锡产业大国向锡业强国的转变。

（一）加强地质勘探，拓宽资源保障能力

近些年来，随着锡资源开发力度不断加大，中国原有资源优势正在不断削

弱，未来矿山生产潜力有限。建议：一是加大地质勘探力度，发现新矿点、增储旧矿床；二是大力鼓励企业实施“走出去”战略，依托“一带一路”国际产能合作愿景，投资海外矿产资源，充分利用国外资源；三是实施资源整合，使矿产资源开发逐步向优质企业集团集中，提高资源利用率，杜绝资源开采浪费。

（二）加强上下游产业协同发展，持续调整产品结构升级

目前，中国锡工业面临初级消费端与终端产品需求存在差异化的问题，下游企业对终端产品需求了解度不足、基础研究不足，未来应提高新兴产业对产品的需求能力，重点研发替代国外高端焊料、锡合金材料等产品。建议支持科技成果转化，推动国产化进程加速；对取得国产性进展技术、软件等，及时组织研发成果推介交流，实施国家采购，推动最新科研成果在锡企业示范应用。

撰稿人：郭　宁

审稿人：王中奎

2024 年锑工业发展报告

一、2024 年世界锑工业发展概述

（一）资源与生产

锑是全球稀缺的战略小金属，地壳中的平均丰度仅为千万分之二至千万分之五，是现代工业生产不可或缺的重要原材料。锑被广泛应用于阻燃、玻璃陶瓷、蓄电池、合金、催化剂、化工、半导体等材料中，对保障国民经济的持续发展起着极其重要的作用。

目前全球已探明的锑矿资源分布相对集中，已知的锑矿床多集中分布于三条成矿带：一是环太平洋锑矿带，包括中国南部、俄罗斯东部、澳大利亚、玻利维亚、缅甸、智利、秘鲁、墨西哥、美国西部等国家和地区；二是地中海锑矿带，包括俄罗斯高加索、阿尔及利亚、捷克、意大利、土耳其等国家和地区；三是中亚锑矿带，包括塔吉克斯坦、吉尔吉斯斯坦、巴基斯坦等国家和地区。此外，南非也有一定的锑矿储量。在目前条件下，环太平洋成矿带经济意义最大，集中了全球约 50%以上的锑资源储量。

美国地质勘探局（USUG）最新数据显示，2024 年全球锑资源储量大于 200 万吨，其中，中国储量 67 万吨，全球占比约 30%，居世界首位；其次是俄罗斯、玻利维亚、吉尔吉斯斯坦、澳大利亚、缅甸等国家和地区（见表 1）。从数据上看，2024 中国锑资源储量明显高于其他国家和地区，在全球占据优势地位。但随着国内锑资源不断消耗，中国出现了大型矿山服役年限过长、矿石品位不断下降等问题。在过去十年间，中国锑资源储量全球占比从 1/2 左右下降到 1/3 左右。这种情况在一定程度上反映出中国锑资源优势的弱化。

表 1　2023—2024 年全球锑资源储量情况

国家	储量（金属量）/万吨		占比/%
	2023 年	2024 年	
中国	64.0	67.0	29.7

续表 1

国家	储量（金属量）/万吨		占比/%
	2023 年	2024 年	
俄罗斯	35.0	35.0	15.5
玻利维亚	31.0	31.0	13.8
吉尔吉斯斯坦	26.0	26.0	11.5
澳大利亚	14.0	14.0	6.2
缅甸	14.0	14.0	6.2
土耳其	9.9	9.9	4.4
加拿大	7.8	7.8	3.5
美国	6.0	6.0	2.7
越南		5.4	2.4
塔吉克斯坦	5.0	5.0	2.2
巴基斯坦	2.6	2.6	1.2
墨西哥	1.8	1.8	0.8
全球合计	>200	>200	100.0

数据来源：USGS。

全球锑的开发是围绕资源进行的，因此锑矿采选业同样相对集中。目前在产的锑矿山主要分布在中国、塔吉克斯坦、俄罗斯、澳大利亚、缅甸、玻利维亚、土耳其等国家和地区。其中中国、塔吉克斯坦、俄罗斯是全球主要锑矿产出国，上述三国锑矿产量占全球总产量的70%以上，澳大利亚、缅甸、玻利维亚、土耳其、墨西哥是近年相对突出的锑资源产出国，但产量基本难以超过且明显低于中、俄、塔三国。除上述国家外，老挝、巴基斯坦、危地马拉、哈萨克斯坦、伊朗、泰国也有少量锑矿产出，但产量较低，难以对当前锑矿供求格局产生明显影响。玻利维亚作为传统锑资源产出国经历了多年开采，资源禀赋已经大不如前，虽然依然为全球贡献着资源产出，但总体产量基本保持在3000~4000 吨的水平，其产量已经无法和历史产量的高峰相提并论，而南非作为曾经的重要锑矿产出国甚至已经逐渐退出锑矿供应国的序列。

根据 USGS 公开数据显示，2024 年全球锑矿产量约 10 万吨，产量稍低于2023 年（见表 2）。

表 2 2022—2024 年全球锑矿产量（金属量） （吨）

国家	2022 年	2023 年	2024 年
中国	40000	62300	60000
塔吉克斯坦	21000	17000	17000
俄罗斯	4300	13000	13000
缅甸	4600	4500	4500
玻利维亚	3000	3700	3700
澳大利亚	2290	1860	2000
土耳其	5800	1600	1600
墨西哥	700	800	800
伊朗	500	500	500
越南	250	300	300
巴基斯坦	79	250	250
老挝	220	200	200
危地马拉	24	49	50
哈萨克斯坦	300	40	40
吉尔吉斯斯坦	40	20	20
加拿大	2		
美国			
全球合计	83100	106000	100000

数据来源：USGS。

事实上全球锑矿供应的高峰是出现在 2015 年，2018 年后由于中国锑矿产量开始下降，这对全球锑矿供应产生比较明显的拖累，但俄罗斯、塔吉克斯坦、澳大利亚等国家锑矿弥补了中国锑矿产量下降的缺口，全球锑矿供应并未出现大幅度下降。2020 年后中国锑矿产量进一步下降及俄罗斯产量的下降，锑矿供应紧缺的情况开始显现。2021 年由于部分中国锑矿主产区的阶段性停产进一步加剧了全球锑矿供应的短缺，加之俄罗斯大型金锑矿山产量波动巨大及贸易渠道受阻造成全球锑矿的供需变得不稳定，原料短缺已成为绝大多数锑冶炼企业的最重要问题。

（二）贸易与消费

全球锑品贸易格局相对稳定。锑资源主要出口国包括俄罗斯、塔吉克斯坦、玻利维亚、澳大利亚等。锑产品主要进口国和地区包括美国、欧盟、印度、日本、韩国等。中国是全球最大的锑资源国，也是全球最大的锑资源进口国及锑品生产国、出口国、消费国，是全球锑产业和贸易的中心。进口锑产品主要以锑精矿为主，出口以阻燃级、催化剂级、无尘环保等多系列氧化锑和未锻轧锑为主。

随着世界经济和现代科技的高速发展，锑的应用领域越来越广泛，涉及多行业多领域。从全球消费结构来看，锑的主要消费领域包括阻燃材料、合金、聚酯、陶瓷、玻璃产品等，其中阻燃行业依然是当前锑最主要的消费领域，约占全球锑总消费量的50%。

从主要消费领域的角度分析，光伏玻璃是所有锑消费领域中增速最快的一类，在过去三年光伏产业的快速发展也成为了拉动锑价格上涨的重要因素之一。但2024年在这一领域中的锑消费与2023年基本持平，但消费增速显著低于2021—2023年。在其他方面，锑消费的变化并不明显或小幅回落。由于2024年锑价格的持续走高锑在部分传统消费领域中的需求甚至受到了一定的抑制，其中表现比较明显的是阻燃行业。

从主要的消费地区来看，中国是目前最大的锑消费国，其次是美国、欧洲、日本、韩国等发达国家和地区对锑需求也相对较大，但消费增速正在放缓；印度、越南近些年工业化正在加速，而随着某些相关产业的转移，南亚、东南亚成为全球锑消费增速较快的地区。

二、2024年中国锑工业发展现状

（一）经济运行情况

2024年锑价保持高位运行，规上企业利润继续大幅增长。中国有色金属工业协会数据显示，2024年我国规模以上锑采选、冶炼企业利润分别同比增长37%和140%。

（二）产业结构

基于最初优越的资源禀赋，中国建立了产业链完整、规模巨大的锑产业体系，锑品产量长期占世界需求量的80%以上。依托对湖南、广西、云南、贵州等主要地区锑资源规模化开发利用，资源属地的产业空间布局已经基本形成，产业集中度相对较高。这四个省份集中了锡矿山闪星锑业有限责任公司、湖南辰州矿业有限责任公司、云南木利锑业公司、贵州东峰矿业股份有限公司、桃江久通锑业有限责任公司、广西华锡集团股份有限公司等国内骨干锑生产企业，均是采、选、冶一体化企业，锑品合计产量占全国总量的80%以上。

十八大以来，我国锑工业进入由规模快速扩张阶段转向高质量发展阶段的历史关键期，正经历着由大到强的历史跨越。锑冶炼技术得到快速发展，装备不断大型化，操作机械化、自动化，并逐步实现自动控制，锑冶炼工艺技术、装备水平居世界先进行列，引领着世界锑冶炼工艺的发展。锑深加工产品已形成系列产品，并正在向差异化、个性化、环保型产品方向发展，已形成完整的锑系列产品，能满足不同用途、不同客户及特殊需要。包括高纯氧化锑在内的多系列多规格三氧化二锑、乙二醇锑、锑酸钠及阻燃母粒等深加工产品的占比逐步提高，锑产品结构向深加工方向进一步延伸。

此外，作为世界锑工业发展的主力军，中国锑工业全面树立高质量发展的理念，坚定走绿色发展之路，先后完成《绿色设计产品评价技术规范　锑锭》《绿色设计产品评价技术规范　三氧化二锑》和《绿色设计产品评价技术规范　乙二醇锑》等标准的编制工作，着力构建科技含量高、资源和能源消耗低、生态环境好的产业结构和生产方式，追求生态系统与经济系统的良性循环，以实现经济效益、生态效益、社会效益的有机统一。

（三）市场价格

2024 年 1 月，国内上游多家冶炼企业缺少原料供给，市场原料短缺情况超过预期，国内外锑价开始上涨。在看涨情绪的带动下，下游企业开始集体采购，助推锑价加速上涨，经历了一段时间的周期性采购之后，月末下游市场呈现出采购疲软的状态，锑价于 2 月涨势放缓。3 月上旬，锑市场成交整体偏冷，部分厂商开始少量抛货，国内锑价略有下调；3 月下旬，上游冶炼厂挺价情绪有所回升，国内锑价偏稳运行。4 月，市场整体原料库存偏低，厂家惜售情绪较强，叠加我国进口海外锑矿数量有所收窄，加剧了国内原料供给不足的情况，锑价持续向上拉升，突破了 10 万元/吨价格大关。5—6 月，锑市场供需错配现象更加明显，卖方惜售情绪持续攀升，买方由于害怕价格持续高涨而积极采购，叠加部分机构与资金炒作因素的影响，锑价上涨至将近 16 万元/吨的历史高位，对比年初价格几乎翻倍。然而，随着锑价逐步升高，下游厂商对于锑品的采购热情进一步降低，市场成交冷淡，锑价在 6 月下旬随之回调。7 月，上游大型冶炼厂挺价情绪依旧较高，低价出货厂商的数量逐渐降低，锑价止跌小幅回升。8 月 15 日锑出口管制政策发布后，海外厂商担心自身锑品供应链安全从而大量购买锑品，致使海外锑价开始不断上涨，而国内厂商担心锑品出口受阻会增加国内锑品的供应总量，市场看跌预期有所增强，采购意愿持续下降，国内锑价随之不断下调。截至 12 月底，国内外锑价价差已经超过 10 万元/吨（见图 1）。

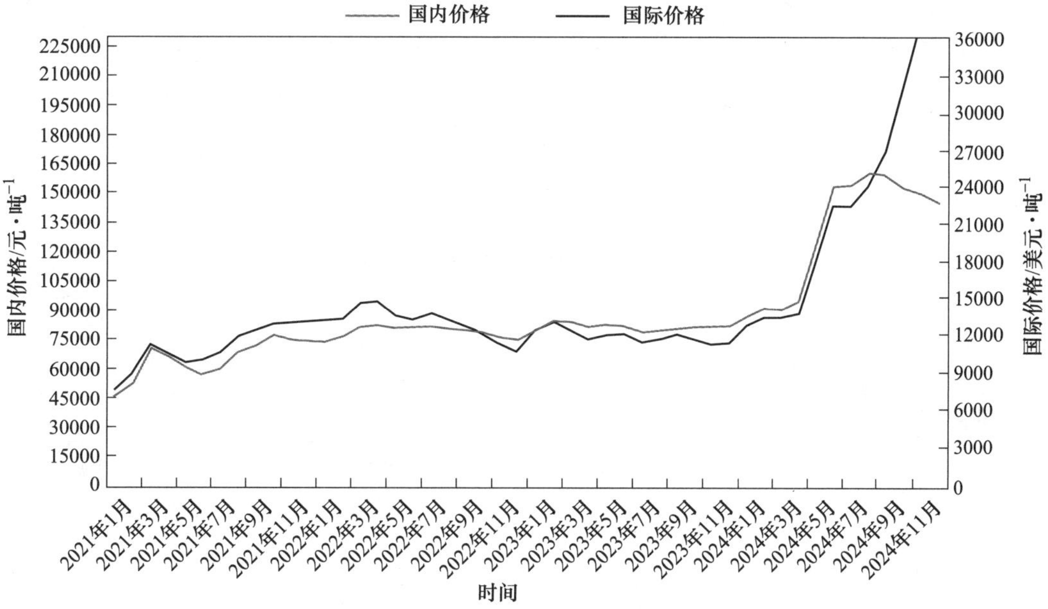

图 1　2021—2024 年国内外 2 号锑锭月均价

(四) 贸易情况

1. 2022—2024 年中国锑品进口情况

中国是锑资源进口大国，其他锑品进口数量很少，目前在所有进口锑产品中，锑精矿为最主要的进口产品。2024 年中国累计进口锑品 54882. 4 吨，同比上升 50. 1%。其中锑矿砂及精矿累计进口量为 51080. 2 吨，同比上升 46. 0%（见表 3）。

表 3　2022—2024 年中国主要锑品进口数据（实物量）　　（千克）

产品名称	2022 年	2023 年	2024 年
硫化锑	95750	35683	43604
其他锑及锑制品	22358	6938	1365
其他锑矿砂及其精矿	29093207	34967282	51080151
生锑	105	237789	2771983
锑的氧化物	311006	161162	192102
锑粉末	31	212840	10
未锻轧锑	535506	890201	733218
合计	30057963	36511895	54822433

数据来源：海关总署。

2. 2022—2024 年中国锑品出口情况

中国是锑品出口大国，主要出口锑品是氧化锑（锑的氧化物）和锑锭（未锻轧锑），其他锑品出口量较少。2024 年中国累计锑品出口 34465.4 吨，同比下降 26.8%。其中氧化锑 30420.7 吨，同比下降 15.0%；未锻轧锑 3834.1 吨，同比下降 26.8%（见表 4）。

表 4　2022—2024 年中国主要锑品出口数据（实物量）　　（千克）

产品名称	2022 年	2023 年	2024 年
硫化锑	0	0	0
其他锑及锑制品	0	0	0
其他锑矿砂及其精矿	1933972	5967328	134040
生锑	0	0	50930
锑的氧化物	40277079	35794626	30420717
锑粉末	203928	60000	25655
未锻轧锑	10979253	5240126	3834070
合计	53394232	47062080	34465412

数据来源：海关总署。

三、2024 年中国锑工业经济运行状况分析

（一）政策环境分析

1. 商务部、海关总署联合发布公告，决定对部分锑、超硬材料相关物项实施出口管制

2024 年 8 月 15 日，商务部、海关总署联合发布公告，决定对部分锑、超硬材料相关物项实施出口管制。上述政策于 2024 年 9 月 15 日起正式施行。对锑、超硬材料相关物项实施出口管制系国际通行做法。中国借鉴国际做法，并根据自身需要，对有关物项实施出口管制，旨在更好维护国家安全、履行防扩散等国际义务。相关政策不针对任何特定国家和地区。出口符合相关规定的，将予以许可。中国政府坚定维护世界和平和周边地区稳定，保障全球产业链供应链安全，促进合规贸易发展。同时，反对任何国家和地区利用来自中国的管制物项，从事损害中国国家主权、安全、发展利益的活动。

2. 商务部发布公告，决定加强相关两用物项对美国出口管制

2024 年 12 月 3 日发布《关于加强相关两用物项对美国出口管制的公告》，禁止两用物项对美国军事用户或军事用途出口；原则上不予许可镓、锗、锑、

超硬材料相关两用物项对美国出口；对石墨两用物项对美国出口，实施更严格的最终用户和最终用途审查。公告自公布之日起正式实施。

（二）经营形式分析

1. 供应情况分析

中国的锑资源开发主要集中在中西部地区，重点分布于湖南、广西、云南、贵州四省区，其中又以湖南为最，湖南锑矿产量长期占据中国锑矿产量50%以上，除上述四省区外，甘肃、西藏、江西、内蒙古也有部分锑资源产出，但体量不大且多伴生于铅锌资源中。过去的十多年中，中国锑精矿产量的高峰时期是2012—2014 年，从 2014 年开始，国内锑精矿产量基本上呈现波动下降的趋势，2017 年降至 10 万吨以下，2019—2020 年锑精矿产量萎缩的势头加剧，2021 年受到环保因素的影响，国内锑精矿产量继续下降。根据中国有色金属工业协会数据显示，2024 年锑矿产量基本与 2023 年持平，国内全年锑矿产量 3.6 万吨，其中湖南 1.6 万吨，占据全国产量的 45%，其余产量分布在广西、甘肃、云南等省区（见表 5）。

表 5　2022—2024 年中国锑矿产量（金属量）　　（吨）

地区	2022 年	2023 年	2024 年
湖南	34410	18296	16356
广西	7703	8152	9423
云南	3547	3638	2881
西藏	2288	2127	2080
甘肃		3240	2892
新疆	521	364	1361
江西			842
全国合计	48469	35816	35980

数据来源：中国有色金属工业协会。

但通过对重点矿山企业的产量调查，如果将来自铅锌与黄金等矿产的共生、伴生资源考虑在内，国内实际锑矿产量远大于公开数据。安泰科研究认为，中国锑矿产量在 2021 年和 2022 年探底后开始有所回升后的平稳波动阶段，到 2024 年国内矿产锑的实际产量为 7 万吨水平，相比 2023 年中国矿山产量有小幅增加但变化不大。

2024 年 1—12 月锑业分会会员单位锑品产量 20.3 万吨，同比下降 1.7%，其中，锑锭 6.7 万吨，同比增长 0.5%；氧化锑 9.2 万吨，同比下降 4.8%；乙二醇锑 1.2 万吨，同比下降 6.7%；锑酸钠 2.2 万吨，同比下降 1.7%；其他锑品 1.1 万吨，同比增长 23.2%（见表 6）。

表 6　2022—2024 年中国主要锑品产量　　（吨）

年份	2022 年	2023 年	2024 年
锑锭	68769	66179	66534
氧化锑	95202	96287	91700
乙二醇锑	11879	12863	12005
锑酸钠	12356	22474	22099
其他锑品	5659	8576	10562
合计	193865	206379	202900

数据来源：锑业分会。

从主要锑品的产量的情况看，2024 年国内锑冶炼产量有所增长，而其他锑品产量均出现不同程度的收缩。造成这种情况的主要原因一是海外原料进口有所回升；二是由于锑价格大幅度上涨在一定程度影响了氧化锑和其他主要锑品厂商对锑锭的采购；三是我国对锑品出口管制政策造成生产企业担心锑品出口渠道长期受阻造成海外销售不畅而主动下调四季度产量，这种情况在管制政策实施后表现得较为明显。

另一方面，部分锑供应来自铅锌企业的副产品，随着包括中国在内的全球原生铅产量进入徘徊期，来自铅锌冶炼企业的副产锑产量也趋于稳定。安泰科数据显示，过去五年中，我国原生铅产量已经进入高位波动阶段，2024 年中国原生铅产量预计 281 万吨，相较 2023 年有一定回落，而由于锑价格大幅上涨，铅锌冶炼企业回收锑的成本也有一定增加，造成来自综合回收的锑产量小幅下降。安泰科研究认为 2024 年副产锑折合锑金属产量约 2.4 万吨，这些副产锑多以氧化锑形式出售。

结合国内主要锑冶炼企业和铅锌冶炼企业的产量看，预计 2024 年我国锑总供应量约 12 万吨，相比 2023 年稍微下降。

2. 消费情况分析

中国是全球最大的锑消费国，占全球锑消费近 60%。与全球消费结构类似，中国的主要锑消费同样集中在阻燃材料、合金制造、聚酯催化、玻璃制造等主要消费领域中，其中阻燃领域是最大的消费领域，约占总消费的 35%，阻燃材料锑消费占比低于全球水平，主要原因是中国卤系阻燃剂应用占比偏低，而全球聚酯和光伏玻璃行业主要集中在中国，因此在这两大消费领域中的占比高于全球水平。从消费地域结构来看，中国锑品的消费主要集中在广东、江苏、浙江、山东等经济发达或下游关联产业相对集中的省份和地区。

从下游主要的相关消费领域数据上看，2024 年下游相关领域产品均保持增长，其中光伏行业的拉动依然保持强劲，汽车、家电等行业表现也比较亮眼，但通过调研认为 2024 年锑在光伏行业中的实际消费并没有出现明显增长，造成这种情况的主要原因除了光伏行业景气度总体下降外，光伏玻璃库存较高也造成实际的需求增长不明显。另外，锑价维持较高水平对于传统行业的负面影响是存在的，一些改性企业和聚酯企业可能采用成本更低的产品作为替代进而进一步降低卤系阻燃材料和锑系催化剂的市场份额。安泰科研究，2024 年中国锑表观消费量折金属量 9 万~10 万吨。

3. 供求平衡

从供求平衡的角度分析，2024 年锑基本面维持紧平衡状态，冶炼企业原料相对短缺依然是全球的主旋律，虽然 2024 年锑资源进口有所增加，但依然难以改变当前现状，高价格并未给紧缺的原料端带来实质的改善。需求方面，得益于光伏行业的快速发展，中国锑消费在 2020 年加速增长，2024 年后光伏需求增速下降明显，在此领域中的锑需求也大致与 2023 年持平，这成为锑价格基本盘的有力支点。出口管制的实施开始于四季度，因此对全年锑产品出口总量的影响相对有限。但中国对部分锑品的出口限制政策也将对目前锑产业和贸易格局产生一定影响，进口原料和出口产品或将出现不同程度的下降。随着海外锑品的持续短缺，国内外价格将长期分化。

四、当前中国锑工业发展中需要关注的问题

（一）资源消耗速度过快，中国资源禀赋优势加速弱化

中国是全球最大的锑资源产出国，锑资源的开发可追溯到 19 世纪，新中国成立后锑更是长期作为出口创汇产品。但受长期超强度开采影响，国内锑资源保障程度持续下降，在产的大中型锑矿中很多老矿服役年限甚至超过百年，一大批矿山可采储量急剧下降，一些资源基地甚至出现资源枯竭，主产区骨干企业的资源保障年限和资源禀赋已经显著低于海外矿山，中国锑资源总体面临严峻挑战。

另外，近年来全球锑资源供应呈现出的多元化态势，塔吉克斯坦、俄罗斯、澳大利亚等国家纷纷开始锑资源的开发，随着海外产量的增加和中国产量的下降，中国对全球锑资源的供给作用正在被削弱。

（二）全球资源竞争日趋激烈，资源供应链存在潜在风险

近年来，中国以外国家对锑资源开发与利用日趋重视，锑价持续走高也激发了海外锑冶炼的发展，阿曼、塔吉克斯坦、缅甸、越南、泰国、印度、土耳其等国陆续有新的锑冶炼项目在建设，部分项目已投产，国外锑供应呈增加态势，这引发对锑资源的进一步争夺。由于税赋的不平衡，中国在锑矿资源贸易中处于劣势地位。同时，锑锭走私长期存在，大量走私锑锭成为国外氧化锑厂商的廉价原料，其产品价格优势明显，成为中国氧化锑企业强有力的竞争对手。加之中美贸易摩擦升级，围绕资源、市场、技术、标准、贸易规则等方面的竞争日趋激烈，使得中国锑工业发展的外部环境更趋复杂。

（三）冶炼新技术研究进展相对缓慢，行业投入相对薄弱

虽然以鼓风炉挥发熔炼为代表的火法炼锑工艺对中国锑工业作出了不可磨灭的贡献，但落后的鼓风炉熔炼技术没有取得实质进步，能耗高、低空污染问题、废气治理产生二次固废等问题依然存在，现代化产业特征落后。近年来国内骨干企业在锑富氧熔池熔炼、湿法冶金、锑金联合冶炼、铅锑联合冶炼等方面不断探索，但锑挥发特性造成在冶炼工艺方面始终没有出现颠覆性进展。

五、中国锑工业下一步的发展重点

（一）加大国内资源勘查投入，提升国内资源控制力

加强重点锑资源基地锑矿资源勘探和详查，努力增加资源总量，推进主产区锑资源进行整合，加大对湖南、广西、云南、贵州、甘肃等地区老矿、大矿深部和边部的找矿工作，加大资源的勘探力度与投入。支持国内骨干企业对国内资源的整合力度。进一步优化采选工艺，实现资源集中和节约开采，鼓励矿山和冶炼厂提高资源综合利用率。

（二）践行“一带一路”倡议，加强海外资源竞争力

充分践行“一带一路”倡议的历史契机，发挥好政治外交优势与地缘优势，加大在锑资源国的投资与产业布局。围绕中亚、东南亚、非洲中部地区的资源项目，鼓励有能力的中国企业走出去，充分利用我国产业规模优势，实施进口锑精矿加工贸易优惠政策，加强海外锑资源的竞争力度，降低国内资源消耗速度，同时抑制国外锑冶炼产能扩张，维护我国锑产业链优势地位。

（三）扶持重点企业突破冶炼技术，提升绿色发展水平

锑行业从资源开发开始到加工均高度分散，冶炼厂普遍原料保障程度低，企业实力弱，历史包袱重，冶炼技术开发难度大且推广潜力受限，锑冶炼技术迄今难以实现跨越性进步。在原料供应日益紧缺的情况下，面对国外冶炼厂的发展，中国锑冶炼优势将遇到挑战。鉴于锑产业的特殊性，要从国家层面重视和支持锑产业的科技创新，重点支持优势企业科技创新，不仅包括冶炼技术，还要包括环保技术、高端应用技术等，一旦骨干企业技术获得突破，行业规范政策及时调整，淘汰落后，推动行业提高集中度。

撰稿人：孙　旭

审稿人：赵振军

2024 年钛工业发展报告

一、2024 年世界钛工业概述

2024 年全球钛工业保持小幅增长势头。钛矿领域中，全球钛矿产量小幅下降；海绵钛领域中，全球产量继续保持增长，增量部分主要来自中国和沙特。钛材方面，受航空等领域需求增长拉动，全球钛材产量继续保持增长态势。

（一）钛矿

据初步统计，2024 年全球钛矿产量约为 865 万吨（以 TiO_2 含量计），同比减少 1.1%；金红石产量约为 45 万吨（以 TiO_2 含量计），同比减少 19.4%（见表 1）。

表 1　2024 年全球钛矿和金红石产量（以 TiO_2 含量计）　　（万吨）

国家	钛矿	金红石
中国	304	—
美国	10	—
澳大利亚	40	20
加拿大	35	—
印度	21	1.2
肯尼亚	—	4
马达加斯加	24	—
莫桑比克	190	0.8
挪威	36	—
塞拉利昂	—	6
塞内加尔	30	—
南非	130	10
乌克兰	12	1
其他	33	2
合计	865	45

数据来源：中国有色金属工业协会钛锆铪钒分会，美国地质勘探局，全球相关公司公告。

2024 年全球主要钛矿生产商中，Kenmare 公司钛矿产量小幅增加，力拓集团、Iluka 公司钛矿、钛渣/人造金红石产量有所下降（见表 2）。

表 2　2024 年国外主要钛矿生产商产量　　（万吨）

公司名称	钛矿	金红石	钛渣/人造金红石
力拓集团			99
Kenmare	100.9	1.0	
Iluka	39.8	5.8	21.12

数据来源：相关公司公告。

（二）海绵钛

初步统计数据显示，2024 年全球海绵钛产量约为 38 万吨，同比增长 11.8%（见表 3）。其中，沙特、中国海绵钛产量分别增长 36.4%、17.4%；日本产量下降 3.5%，其他国家产量维持不变。

表 3　2024 年全球各国海绵钛产量

国家	产量/万吨
中国	25.6
日本	5.5
俄罗斯	4
沙特	1.5
哈萨克斯坦	1.4
印度	0.03
全球合计	38.03

数据来源：中国有色金属工业协会钛锆铪钒分会，美国地质勘探局。

（三）钛材

据初步统计推测，2024 年全球钛材产量或在 26 万吨左右，同比增长约 8%。受波音公司客机安全事故影响，美国钛材产量增速放缓明显。2023 年全球钛材主要应用领域见图 1。

二、2024 年中国钛工业发展现状

2024 年，中国除钛矿外的各类钛产品产量继续保持增长态势。其中，海绵钛、钛白粉产量继续保持 10%以上的快速增长；钛锭、钛材也保持小幅增长。部分军工产品因采购需求调整而出现需求回落的现象。钛材在 3C 领域的

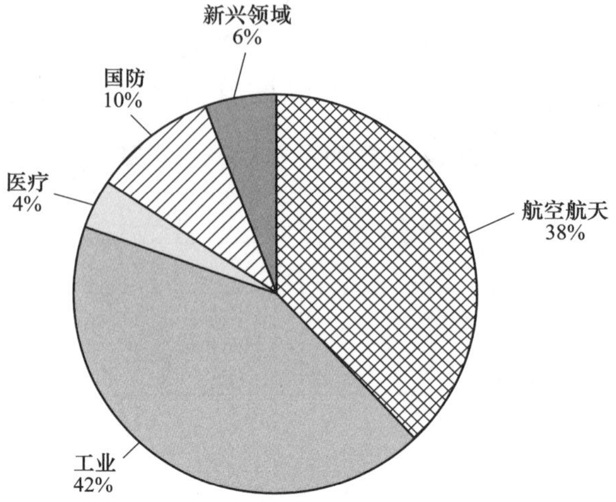

图 1　2023 年全球钛材主要应用领域

数据来源：中国有色金属工业协会钛锆铪钒分会、独联体国际钛协、日本钛协

爆发增长，使得全年钛材产量、消费量维持小幅增长的态势；而化工领域对钛材的用量下降 600 余吨，这也是自 2015 年以来，中国化工领域钛材用量首次出现回落。

（一）经济运行情况概述

1. 钛矿

据中国有色金属工业协会钛锆铪钒分会初步统计，2024 年中国共生产钛矿 304.4 万吨（以 TiO_2 含量计），同比下降 6.3%（见图 2）。进口各类钛矿、金红石/人造金红石共计 241.3 万吨（以 TiO_2 含量计），同比增加 24.5%。国产钛矿与进口钛矿合计 545.7 万吨（以 TiO_2 含量计），同比增加 5.2%。

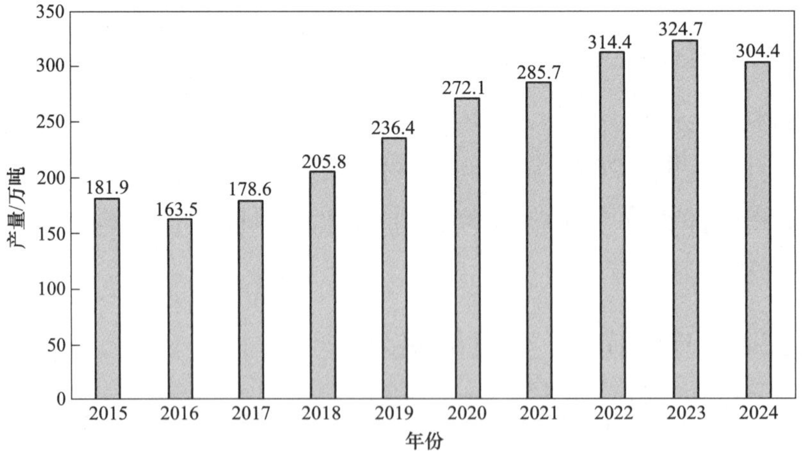

图 2　2015—2024 年中国钛矿产量走势图

数据来源：中国有色金属工业协会钛锆铪钒分会

2. 钛白粉

据初步统计，2024 年中国共生产钛白粉约 476 万吨，同比增加 14.4%（见图 3）。进口量约为 9.2 万吨，同比增加 8.2%；出口量约为 190.2 万吨，同比增长 15.9%。

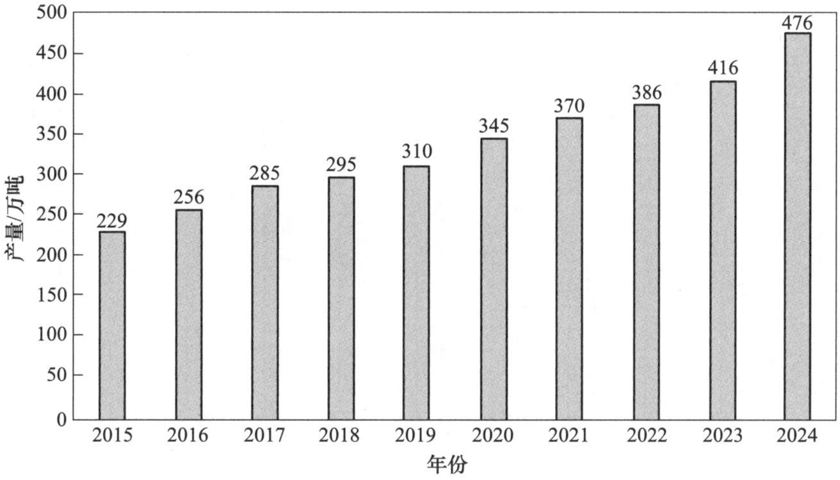

图 3　2015—2024 年中国钛白粉产量走势图

数据来源：中国有色金属工业协会钛锆铪钒分会

3. 海绵钛

2024 年，我国仍在正常运行的 8 家企业共生产海绵钛 25.6 万吨，同比增长 17.6%（见图 4）。

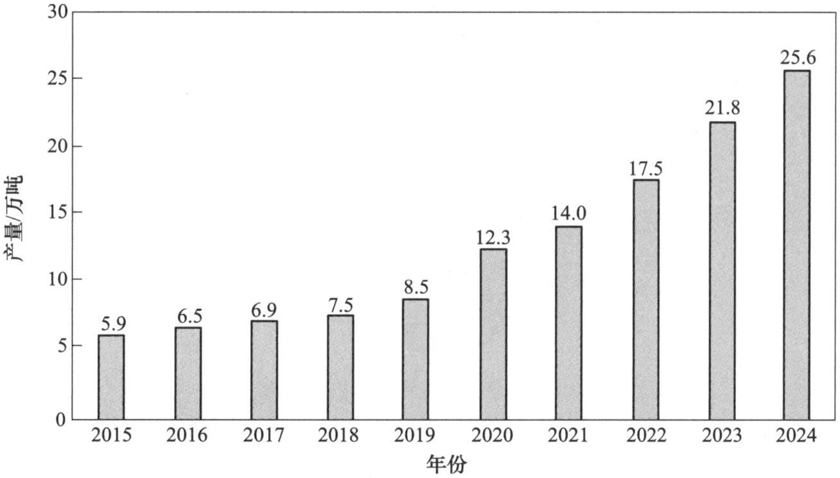

图 4　2015—2024 年中国海绵钛产量走势图

数据来源：中国有色金属工业协会钛锆铪钒分会

4. 钛锭

2024 年我国钛锭产量超过 16 万吨，同比增长 6%（见图 5）。推测有 2. 5 万~3 万吨钛锭的产量未被涵盖在内，全年实际钛锭产量预计在 19 万吨以上。

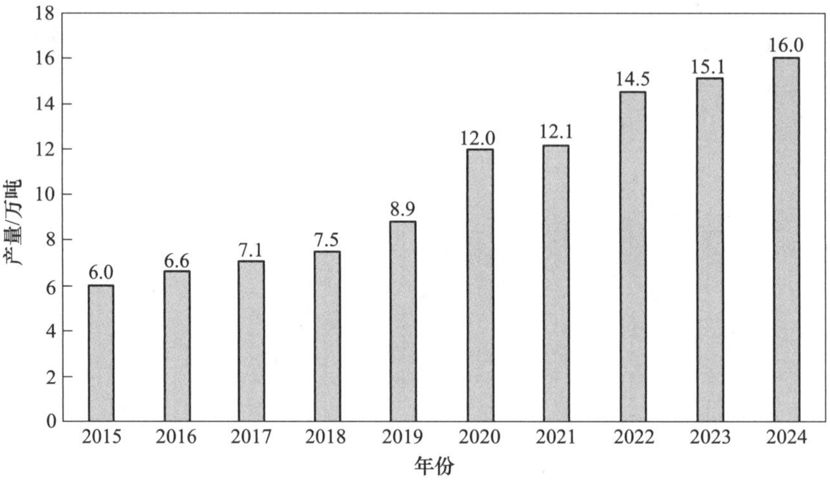

图 5　2015—2024 年中国钛锭产量走势图

数据来源：中国有色金属工业协会钛锆铪钒分会

2024 年中国各类钛锭产量占比见图 6。

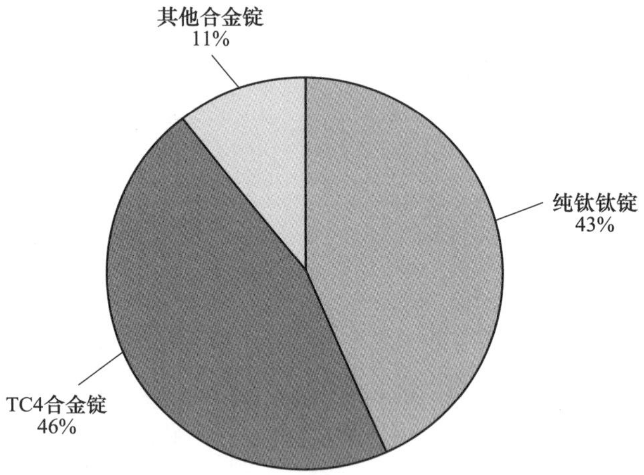

图 6　2024 年中国各类钛锭产量占比

数据来源：中国有色金属工业协会钛锆铪钒分会

5. 钛加工材

2024 年我国共生产钛加工材 17. 2 万吨，同比增长 8. 1%（见表 4 和图 7）。

表4　2024年中国各类钛材产量统计　　（万吨）

年份	钛板	冷轧卷带	热轧卷带	钛棒	无缝管	焊管	锻件	丝线	铸件	箔带	其他	钛材合计
2024年	4.8	1.9	2.7	3.7	1.1	0.4	0.6	0.9	0.2	0.005	0.7	17.2
2023年	3.7	1.9	2.5	3.7	0.9	0.7	0.8	0.9	0.1	0.01	0.7	15.9

数据来源：中国有色金属工业协会钛锆铪钒分会。

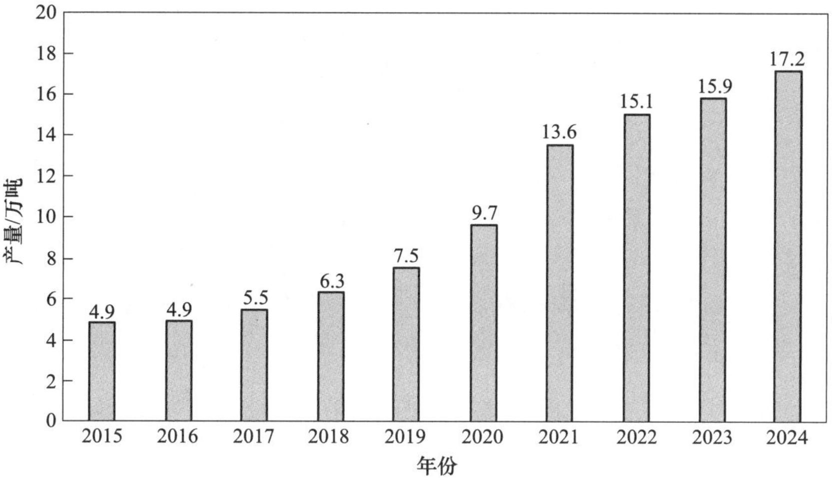

图7　2015—2024年中国钛材产量走势图
数据来源：中国有色金属工业协会钛锆铪钒分会

（二）产业结构

我国钛矿采选主要集中在四川省，2024年该地区钛矿产量占到我国钛矿总产量的87%。钛白粉生产主要集中在河南、四川、山东、安徽、广西等地。2024年，上述五省区钛白粉产量占到全国钛白粉总产量的67%以上。海绵钛生产主要集中在辽宁、四川、云南，上述三省海绵钛产量占到全国海绵钛总产量的60%以上。钛材生产主要在陕西、江浙地区、珠三角地区，其中，陕西省的钛材产量占到国内的49%以上。

（三）市场价格

1. 钛矿市场回顾

2024年国内钛矿市场呈现“上半年坚挺、下半年回落”的分化格局，全年攀枝花20号钛矿价格在2450~2850元/吨（含税，下同）区间波动（见图8），中小矿商10号钛矿振幅达300元/吨，核心围绕供需错配与下游需求展开博弈。

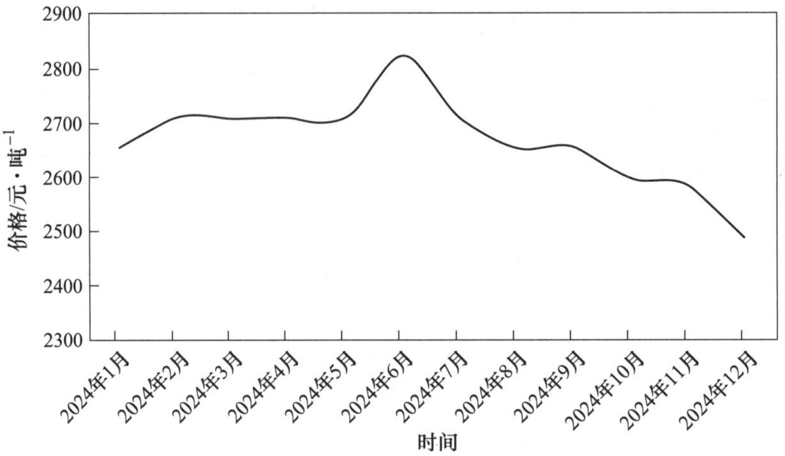

图 8　2024 年国产攀枝花 20 号钛矿价格走势

数据来源：中国有色金属工业协会钛锆铪钒分会

上半年（1—6 月）：受钛白粉两轮涨价（1 月、6 月）及春节前备货推动，攀西大厂 20 号钛矿从 2550 元/吨涨至 2700～2825 元/吨，中小矿商借势补涨，10 号钛矿从 2400 元/吨回升至 2500 元/吨。6 月因环保限产及矿山减产，供应收紧叠加“供应趋紧”预期，支撑 20 号矿价短期跳涨 100 元/吨，尽管下游需求未见好转，但矿商挺价信心较强。

下半年（7—12 月）：钛白粉淡季需求转弱，叠加环保检查压制水选厂开工，攀西钛矿价格逐月回落。7 月大厂 20 号矿价跌破 2700 元/吨，中小矿商 10 号钛矿至 2200 元/吨；11 月环保趋严致开工率下降，叠加下游压价，10 号矿价加速跌至 2100～2150 元/吨，创年内新低。12 月大型矿山控量保价，叠加库存消化，价格企稳，中小矿商挺价意愿回升。

全年特征：

（1）大厂稳价、小厂波动。龙头企业通过长单协议及供应调控稳定高品位矿价，中小矿商受现货市场影响显著。

（2）供需阶段性错配。上半年供应偏紧支撑价格，下半年需求疲软主导跌势。

2. 钛白粉市场回顾

2024 年国内钛白粉市场呈现“年初修复、年中年末下跌”的震荡走势，全年围绕成本支撑与需求疲软展开激烈博弈（见图 9）。

1—3 月，在钛矿涨价、副产物收益下降及春节后旺季预期推动下，价格从 1.6 万元/吨拉涨至 1.68 万元/吨，企业开工率提升，订单排期延长，市场

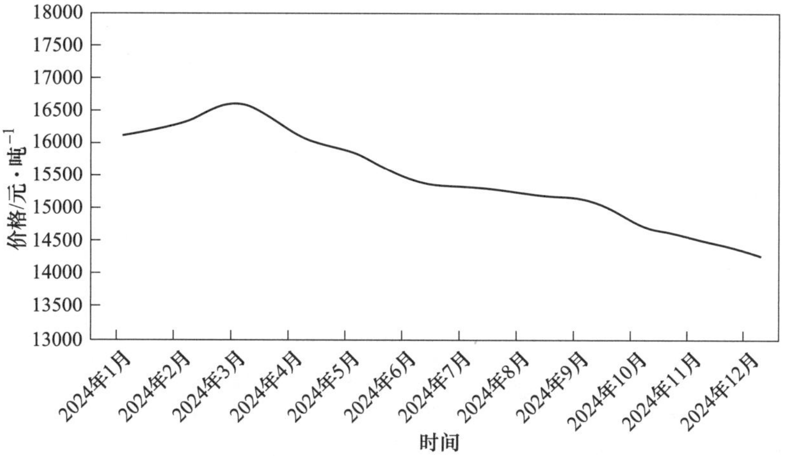

图 9　2024 年金红石型硫酸法钛白粉价格走势

数据来源：中国有色金属工业协会钛锆铪钒分会

短暂回暖。然而，下游涂料、塑料行业受房地产低迷拖累，实际需求弱于预期，4 月起库存消化完毕后采购骤减，价格开始松动。

4—12 月，终端需求持续萎靡，叠加欧盟反倾销关税落地，出口受阻，企业库存累积。6 月起价格加速下跌，中小企业为去库率先降价，龙头企业 9 月复产加剧竞争，11 月主流报价逼近成本线，行业开工率降至年内最低，超 30%企业陷入亏损停产。钛白粉下游仍以消化库存为主，市场观望情绪浓厚。

全年核心矛盾：供给端与需求端的结构性过剩，叠加原料成本居高不下，导致企业盈利空间被压缩。市场分化明显，龙头企业依托渠道优势挺价，中小企业被迫“以价换量”，产品价差达 800~1000 元/吨。

3. 海绵钛市场回顾

2024 年国内海绵钛市场呈现“产能扩张—需求疲软—成本倒逼”的三阶段博弈，全年围绕 4.2 万~5.2 万元/吨区间震荡，核心矛盾在于新增产能释放与下游需求复苏不及预期的错位（见图 10）。

年初云南国钛、攀钢集团新建产能集中释放，1 月下旬市场出现部分低价订单，海绵钛企业将库存转移至贸易商与用户。2 月龙头企业联合挺价至 5 万元/吨，叠加国外价差超 1 万元，出口订单有所增长，暂时缓解销售压力。

4 月起，航空航天、化工需求双弱，叠加新增产能释放，海绵钛企业库存量显著增长。6 月少数企业率先降价，引发多米诺效应，8 月一级海绵钛破位 4.6 万元/吨，超 40%企业陷入亏损。9 月行业开工率下降，但库存消化缓慢，价格触及年内低点 4.2 万元/吨。

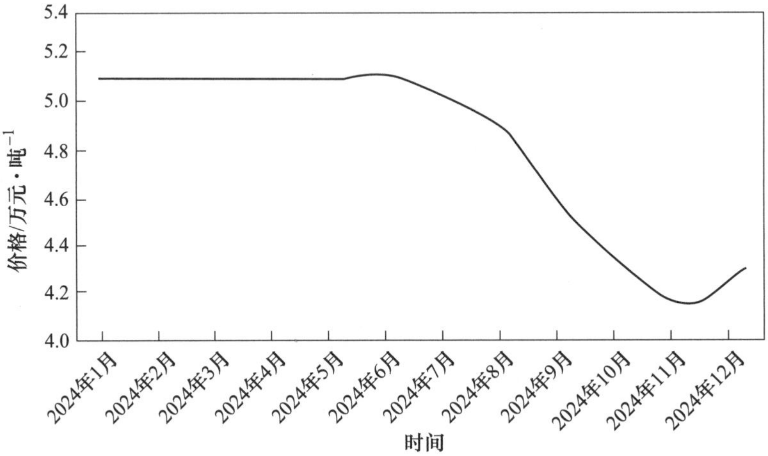

图 10　2024 年国产 1 级海绵钛价格走势

数据来源：中国有色金属工业协会钛锆铪钒分会

10 月行业达成“减产保价”默契，11 月价格触底回升。12 月企业集体提价，虽下游观望情绪浓，海绵钛库存量稳步下降，支撑一级海绵钛站稳 4.4 万~4.6 万元/吨。

全年特征：

（1）产能过剩贯穿始终。

（2）企业分化加剧，头部企业通过成本优势抢占市场，部分中小企业因成本倒挂被迫停产。

（3）成本线成为价格锚，12 月反弹本质是“亏损驱动的被动修复”，而非需求反转。

4. 钛材市场回顾

2024 年国内钛材市场呈现“高端坚挺、中低端混战”的结构性分化，利润向头部企业集中（见图 11）。

航空航天市场需求稳固且价格维持高位，为相关企业带来稳定收益。化工与民用需求疲软引发价格战。PTA 行业产能过剩导致钛设备投资缩减，化工钛管价格从 8.5 万元/吨跌至 7.2 万元/吨，中小企业为抢单报价低至 7 万元/吨以下。医疗与新兴领域分化，骨科植入物钛合金受集采影响，价格体系重构。传统钛板企业利润压缩至 5%以内。3C 领域进一步增长，已成为仅次于化工、航空航天之后的第三大用钛领域。

全年特征：

（1）“以价换量”成常态，中低端钛材毛利率大幅下降。

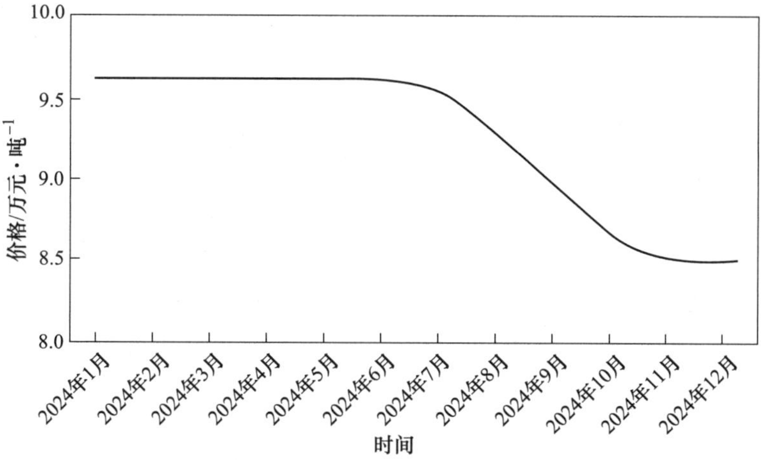

图 11　2024 年 TA2/3~5 毫米钛板价格走势

数据来源：中国有色金属工业协会钛锆铪钒分会

（2）技术壁垒决定生存空间，头部企业毛利率达 20%以上，普通钛材企业仅 5%左右。

（四）市场消费

2024 年，我国钛矿消费量约为 541.5 万吨（以 TiO_2 含量计），同比增长 4.9%。钛白粉行业依然是最主要的消费领域，海绵钛对钛矿的消费占比约为 11%（见图 12）。

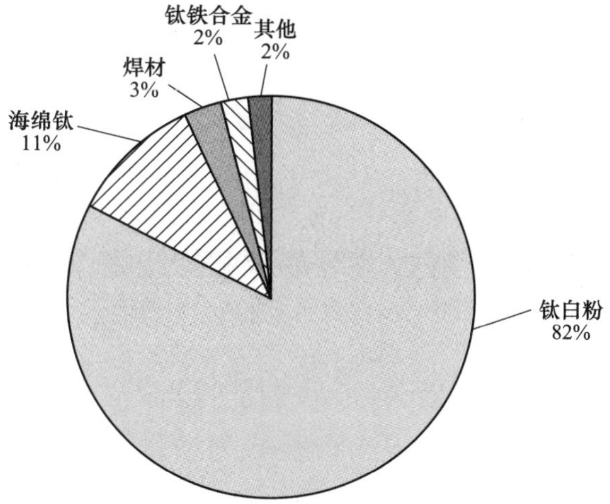

图 12　2024 年我国钛矿在不同领域中的应用比例

数据来源：中国有色金属工业协会钛锆铪钒分会

2024 年，我国钛材消费量为 15.1 万吨，同比增长 1.6%。其中，化工、航空航天依然是最主要的消费领域，占比分别为 48.5%、21.3%，其他应用领域占比均未超过 10%（见表 5 和图 13）。

表 5　2024 年我国主要钛材生产企业在不同领域的应用情况统计

厂家/应用领域		化工	医药	航空航天	船舶	冶金	电力	制盐	体育休闲	海洋工程	3C	其他	合计
2024 年	消费量/吨	73208	3795	32193	4933	3332	8453	1218	756	1724	10199	11061	150870
	占比/%	48.5	2.5	21.3	3.3	2.2	5.6	0.8	0.5	1.1	6.8	7.3	100.0
2023 年	消费量/吨	73868	3876	29377	3742	2616	7089	2180	813	2323	—	22555	148439
	占比/%	50	3	20	3	2	5	1	1	2	—	15	100

数据来源：中国有色金属工业协会钛锆铪分会。

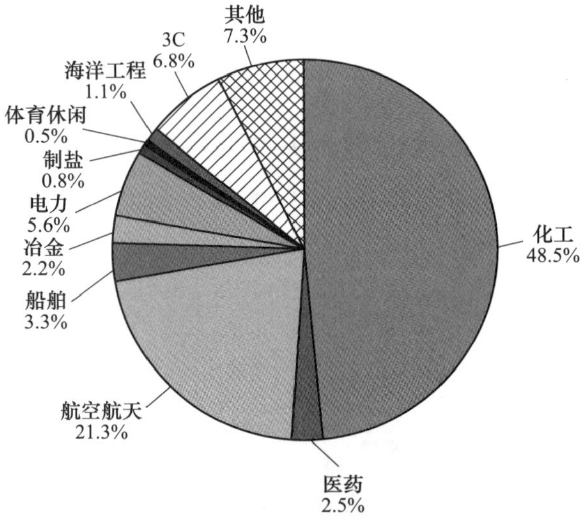

图 13　2024 年我国钛材在不同领域中的应用比例

数据来源：中国有色金属工业协会钛锆铪钒分会

从应用数量上来看，航空航天领域摆脱阶段性调整，成为全年用量增长最多的领域；受新能源领域带动，电力行业成为增量第二多的领域；船舶行业继续保持快速增长势头；3C 领域钛材用量超过 1.1 万吨。受行业建设周期影响，化工行业用钛量首次出现萎缩；制盐、海洋工程、制药、体育休闲领域用钛量也有不同程度的下降。

（五）进出口贸易

我国进口的钛产品主要有钛矿、各类钛材、钛白粉及海绵钛；出口的钛产品主要有钛白粉及各类钛材。2024 年，我国各类钛产品进口总额为 25.2 亿美元，出口总额为 52.5 亿美元，整体顺差 27.3 亿美元。从进口产品类别上看，主要以钛矿原料为主，其次是国内供给不足的高端钛材及钛白粉（见表 6）。

表 6　2024 年我国主要钛产品进出口统计

商品名称	进口		出口	
	进口数量/吨	进口金额/万美元	出口数量/吨	出口金额/万美元
钛矿砂及其精矿	5052729	149278	87636	8492
海绵钛	101	21	5993	4461
其他未锻轧钛	219	1390	1374	1751
钛粉末	114	238	574	884
钛白粉	92037	30833	1901547	418096
钛条、杆、型材及异型材	3783	12394	10746	24224
钛丝	279	2343	1339	3126
厚度不大于 0.8 毫米的钛板、片、带、箔	1071	2773	1466	3215
厚度大于 0.8 毫米的钛板、片、带	1065	8071	9731	23785
钛管	332	1632	3963	9460
其他锻轧钛及钛制品	755	43309	4116	27328
钛材合计	7285	70522	31361	91138

数据来源：海关总署。

2024 年，我国钛矿主要进口来源国为莫桑比克、澳大利亚、挪威、尼日利亚、越南等。前五大进口来源国占比为 74%，集中度较高（见图 14）。

2024 年，我国仅进口 101 吨海绵钛；出口量为 5993 吨，继续保持在较高水平。2024 年我国海绵钛主要出口国家和地区见图 15。

2024 年，我国钛锻件进口量 755 吨，较 2023 年减少 64 吨；进口金额为 4.3 亿美元，较 2023 年增加 1.1 亿美元，且占到我国钛材进口金额的 61.4%；主要进口来源国为俄罗斯、美国、日本（见图 16）。

2024 年钛白粉出口量继续大幅增长，达到 190 万吨，同比增长 15.9%；出口额达 41.8 亿美元，占到所有钛产品出口总额的 79.6%。

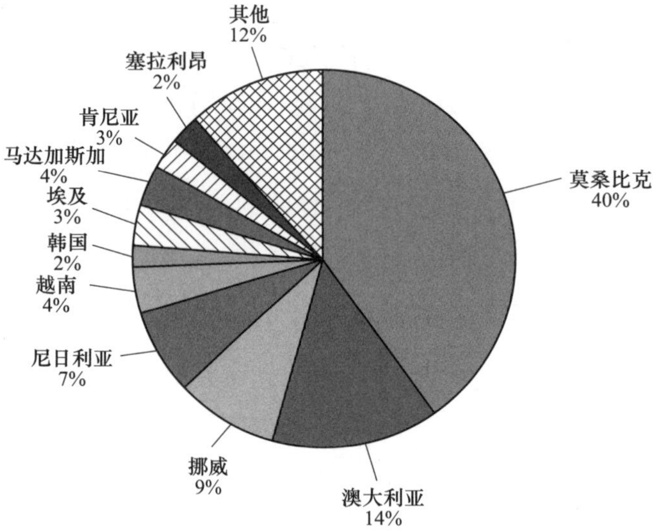

图 14　2024 年我国钛矿主要进口来源国

数据来源：海关总署

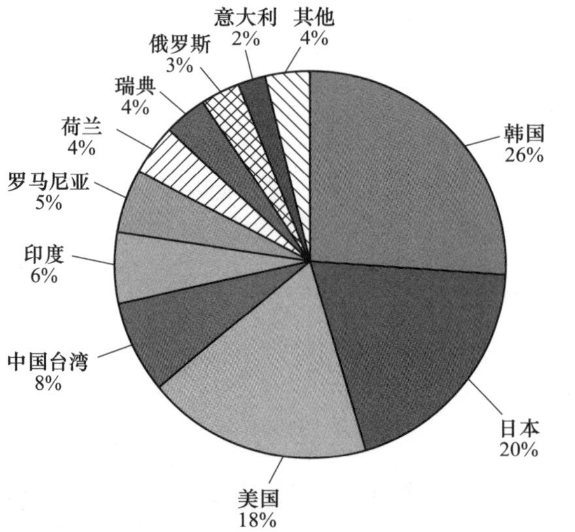

图 15　2024 年我国海绵钛主要出口国家和地区

数据来源：海关总署

三、2024 年中国钛工业经济运行状况分析

（一）政策环境分析

1.《重点新材料首批次应用示范指导目录（2024 年版）》

工信部明确将高承压耐低温钛合金铸件、大型薄壁耐高温钛合金铸件等精

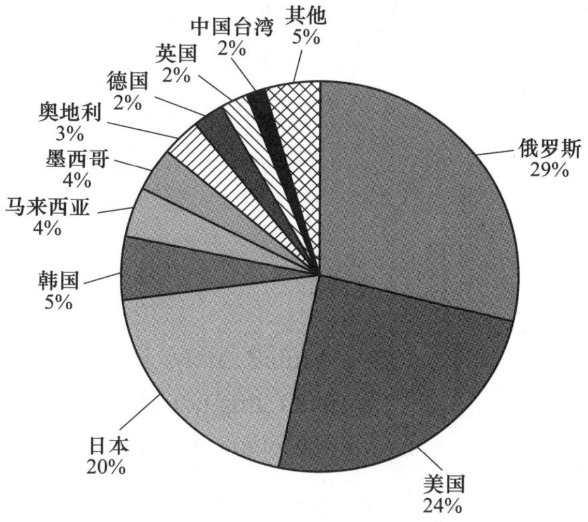

图 16　2024 年我国钛锻件主要进口来源国和地区

数据来源：海关总署

密钛合金材料纳入先进有色金属目录，直接推动航空航天、高端装备领域的钛材需求升级，引导企业向高附加值产品转型。

2.《海绵钛和钛锭单位产品能源消耗限额》（2024 年 1 月 1 日实施）

统一海绵钛、钛锭的能耗统计标准，设定单位产品能耗上限，倒逼企业淘汰落后产能，加速节能技术改造，预计推动行业整体能耗下降 10%～15%。

（二）国际环境分析

欧盟、巴西、印度对华钛白粉征收反倾销关税，我国钛白粉产品出口形势恶化。2024 年 6 月，欧盟初裁拟对中国钛白粉加征 14.4%～39.7% 临时关税。2025 年 1 月，欧盟委员会最终确定从量税（0.25～0.74 欧元/千克）替代初裁的从价税，进一步平衡保护本土产业与下游用户利益。此举直接影响中国钛白粉在欧洲市场的竞争力，迫使国内企业加速海外产能布局。巴西于 2024 年跟进欧盟，对华钛白粉征收高额反倾销税；印度于 2025 年 2 月对原产于中国的钛白粉作出反倾销肯定性终裁，征收 460～681 美元/吨的反倾销税。

（三）产业结构调整情况分析

2024 年，中国高品质海绵钛出口量持续增加。民用航空领域，向空客、波音公司钛合金锻件交付量稳步提升；国产大飞机 C919 对钛材需求持续增加。苹果新一代钛金属中框、三星折叠屏铰链订单花落国内企业，2024 年 3C 用钛量突破 1.1 万吨，占全球高端钛部件供应链的大部分订单，标志着从“代工”到“技术主导”的跨越。钛焊管产品已应用于华龙一号机组，并突破了薄壁极限。生产模式革新加速，钢铁企业跨界钛加工，依托装备优势试水“钛钢联合”。

2024年，我国钛合金材料领域围绕材料设计、制备工艺、高端应用三大维度，构建起“钛矿—海绵钛—钛材—终端制品”的全链条技术体系。

1. 材料创新

开发出新型低温钛合金、650 ℃高温钛合金板材及丝材制备技术；针对页岩气开采苛刻环境，研发出高强韧耐蚀钛合金；掌握齿科植入体专用钛合金（Ti-15Zr）高精度棒材制备技术，实现量产并反销海外。

2. 工艺革新

突破钛合金宽厚板“尺寸-性能”矛盾，实现厚度20～150毫米、宽度3500毫米的超宽幅板材量产。掌握ϕ22毫米钛合金盘圆制备技术，推动中小零件自动化连续生产。240吨/天大型熔盐氯化炉投产，将攀西钛矿制备高端钛白粉的能耗降低18%，支撑6万吨/年氯化法产线满产。

3. 原料保障

超细粒级钛铁矿回收技术破解选铁尾矿资源浪费难题。

（四）经营形势分析

1. 资源端

国内钛矿产量因攀西地区环保限产等因素供给下降，但进口量增至241.3万吨，创历史新高。国内企业海外矿山（如莫桑比克）持续运回国内，有效缓解国内钛资源供给压力。

2. 冶炼端

高钛渣行业加速洗牌，下游钛白粉厂、海绵钛厂自建产线占比接近40%，传统企业市场份额被大幅压缩，开工率降至50%以下。海绵钛行业呈现“量增价跌”态势，内卷加剧。2024年我国海绵钛产能利用率约为78%，价格从5万元/吨跌至最低4.2万元/吨，部分企业因成本倒挂减产。

3. 消费端

钛材消费结构显著分化。化工领域20年来首次负增长，航空航天、电力、船舶成为增量主力。3C领域钛材用量突破1.1万吨，苹果、华为等品牌推动钛合金在手机边框、可穿戴设备的规模化应用。结合增材制造技术，钛铰链、外壳、中板等零部件在电子产品上的应用或更加牢固。

四、存在的问题及对策

（一）存在问题

2024年，我国钛行业主要存在以下几方面问题。

1. 资源保障

我国钛矿储量全球第二，但对外依存度达到40%，存在原料供应风险。再生钛利用率仅10%，航空级废钛回收难以展开。

2. 产业链协同不足

受各地招商引资压力推动，我国各地方钛产业基地间竞争为主，合作较少，导致重复建设问题较为突出。个别地方政府对本地实际情况考虑不周全，片面追求产业链延伸，要求本地企业扩大投资，既导致社会资源被浪费，也对行业健康发展带来影响。

3. 标准滞后阻碍应用推广

近几年我国钛产品在保温杯、3C产品、新能源等新兴领域发展势头较好，但相关标准制定滞后，导致在一些领域中的扩展应用遭遇瓶颈，也导致在个别领域中乱象丛生，产品良莠不齐，对钛产业长远、健康发展较为不利。

（二）对策建议

继续加强熔盐氯化生产海绵钛工艺的研究，提高产品质量，以满足航空航天等关键领域对海绵钛原料的指标要求。继续加强高炉渣提钛的工艺研究，扩大我国钛资源供给来源。加快制定钛合金返回料再生使用的相关标准，出台相关政策引导下游关键领域用户使用返回料生产的钛合金产品。

建议出台国家级产业发展规划，根据各地区特色及比较优势，针对不同地区制定不同的产业规划，既避免无序内卷式竞争，又可形成差异化互补，推动各地区协同发展。

加快标准体系建设，制定细分领域（如钛制保温杯、新能源电池钛基材料）行业标准，明确性能指标。以“标准定义需求→认证净化市场→场景激活生态”为主线，系统性破解新兴领域“标准滞后—乱象丛生—推广受阻”的恶性循环，为钛产业高质量发展筑基。

五、国际局势变化带来的影响

（一）传统市场收缩与新兴市场错位填补

欧美需求疲软与贸易战承压。2024年中国对欧美钛材出口单价仅为进口钛材的1/3，钛锻件出口价格是进口价格的1/9。欧盟对我国钛白粉加征反倾销税，叠加美国对华产品加征10%关税，进一步压缩向西方市场出口空间，倒逼企业减少对欧美传统市场依赖。

新兴市场增量有限但结构优化。俄罗斯、中东因地缘合作需求激增，但绝对数量依然偏小，难以弥补欧美缺口。

（二）地缘冲突增加不确定性

高品位矿进口风险显性化。2024 年非洲矿源国因政局动荡，钛矿出口延迟超 3 个月，导致国内企业生产受到影响。乌克兰 UMCC 若拍卖成功，可能改变欧洲钛矿供应格局，但其潜在买家不确定性加剧了全球资源分配的波动性。

（三）压力测试下的结构性分化

企业分化加剧。龙头企业通过“矿-冶-材”一体化、技术升级，2024 年净利润维持在较好水平，而中小企业因成本高企，行业亏损面扩大，部分企业被迫停产。

2024 年国际局势的“黑天鹅”事件加速了中国钛产业的“去泡沫化”：传统市场收缩暴露低端产能过剩，倒逼高端突破，资源波动考验供应链韧性。

展望 2025 年，欧美可能加速产业链分流，能源成本和物流或将推高全球钛加工成本。全球钛产业正从“效率优先”转向“安全优先”，技术自主、资源多元化、区域协同成为关键。

撰稿人：陈　岩、赵　巍
审稿人：安仲生

2024 年钽铌工业发展报告

一、2024 年世界钽铌工业发展概述

2024 年，全球经济面临诸多挑战，呈现宏观经济弱势下行态势，贸易冲突频繁，产业分化割裂。尽管如此，钽铌行业发展态势良好：在钽市场方面，受航空航天领域对钽铌高温合金需求增长，消费电子领域智能手机、平板电脑持续迭代，以及 5G 通信和 AI 服务器蓬勃发展等因素驱动，需求始终旺盛；铌市场同样表现强劲，军工、航空、超导及其他运输业对高温合金的稳定需求，有力推动了铌市场的发展。

（一）2024 年世界钽矿山资源供应量及储量

2024 年世界钽矿山产量 2100 吨。其中产量最大的四个国家是：刚果（金）880 吨（占 42%）、尼日利亚 390 吨（占 18.5%）、卢旺达 350 吨（占 16.6%）和巴西 210 吨（占 10%）。2023—2024 年世界钽矿山产量及储量见表 1。

表 1　2023—2024 年世界钽矿山产量及储量

国家	矿山产量/吨		资源储量/吨
	2023 年	2024 年[①]	
美国	—	—	—
澳大利亚	44	52	110000
玻利维亚	1	2	NA
巴西	138	210	40000
布隆迪	59	36	NA
中国	78[①]	76	240000
刚果（金）	920[①]	880	NA
埃塞俄比亚	40[①]	40	NA
莫桑比克	51	55	NA
尼日利亚	390[①]	390	NA

续表 1

国家	矿山产量/吨		资源储量/吨
	2023 年	2024 年①	
俄罗斯	23①	29	
卢旺达	350①	350	NA
世界总计（四舍五入计）	2040	2100	NA

数据来源：USGS2025。

注：NA 表示未获得。

①估算值。

（二）2024 年世界铌矿山资源供应量及储量

2024 年世界铌矿山产量为 110000 吨。其中前四位是：巴西 100000 吨（占 91%）、加拿大 7100 吨（占 6.5%）、刚果（金）700 吨和俄罗斯 350 吨。2023—2024 年世界铌矿山产量及储量见表 2。

表 2　2023—2024 年世界铌矿山产量及储量

国家	矿山产量/吨		资源储量/吨
	2023 年	2024 年①	
美国	—	—	210000
巴西	102000	100000	16000000
加拿大	6700	7100	1600000
刚果（金）	740	700	NA
俄罗斯	353	350	NA
卢旺达	210	200	NA
其他国家	121	120	NA
世界总计（四舍五入计）	110000	110000	>17000000

数据来源：USGS2025。

注：NA 表示未获得。

①估算值。

二、经济运行情况

2024 年，中国钽铌市场在多领域需求推动下稳步发展。航空航天领域，随着国产大飞机等项目推进，对钽铌的高温合金需求增长；电子领域中，智能手机、平板电脑持续迭代，AI 服务器应用、5G 通信与新能源汽车产业蓬勃发展，促使钽铌电容器等电子元件需求攀升。

2024年国内钽总产量891.1吨，同比增长13%；氧化钽产量558吨，同比增长42%。铌产量1448吨，基本与上年持平；氧化铌产量4582吨，同比增长12%。各产品产量见表3。

表3　2024年国内钽铌工业产品产量　（吨）

产品名称		本年实际产量	上年实际产量	年末生产能力
一、钽铌矿山产品	钽金属折合量	178.2	160.5	0
	铌金属折合量	140.0	120.0	0
二、钽铌冶炼产品	氟钽酸钾	1266.6	1175.2	1120
	氧化钽	558.1	391.9	675
	碳化钽	24.8	17.4	15
	钽	891.1	785.9	752
	其中：钽条	18.9	22.0	24
	钽锭	335.8	186.4	400
	钽粉	353.1	372.7	350
	其中：电容器钽粉	54.1	80.1	120
	冶金级钽粉	299.0	292.6	230
	其他钽冶炼产品	83.2	24.5	87
	氧化铌	4582.6	4056.4	2965
	碳化铌	17.9	13.4	46
	铌	1448.8	1474.2	2164
	其中：铌条	297.3	298.7	384
	铌锭	296.6	275.4	750
	铌粉	8.9	1.1	4
	其他铌冶炼产品	146.0	119.1	0
三、铌铁		40042.0	35058.9	100
四、钽铌加工材	钽及钽合金材	43.1	64.2	60
	铌及铌合金材	0.0	0.0	0
五、钽铌制品	钽制品	45.7	49.1	26
	铌制品	37.8	36.5	45

主要生产企业有宁夏东方钽业股份有限公司、稀美资源（广东）有限公司、中钨稀有金属新材料（湖南）有限公司、广东广晟稀有金属光电新材料有限公司、九江有色金属冶炼有限公司、江门富祥电子材料有限公司等。国内

主要钽铌生产企业及产能见表4。

表4 国内主要钽铌生产企业及年产能

主要生产企业	湿法	钽粉、钽丝	火法	制品
宁夏东方钽业股份有限公司	氟钽酸钾600吨	电容器级钽粉280吨，冶金级钽粉270吨，钽丝90吨		钽金属制品120吨
稀美资源（广东）有限公司	氧化钽400吨	钽粉100吨	钽酸锂50吨	钽金属制品120吨
九江有色金属冶炼有限公司	氟钽酸钾150吨，氧化钽160吨	钽粉20吨	钽铌碳化物17吨	钽铌金属及其加工材20吨
中钨稀有金属新材料（湖南）有限公司		电容器级钽粉150吨，冶金级钽粉270吨，钽丝65吨	钽铌碳化物30吨	钽金属制品170吨
广东广晟稀有金属光电新材料有限公司	氟钽酸钾300吨，高纯氧化钽20吨，普通氧化钽50吨	钽粉50吨		
江门富祥电子材料有限公司	氟钽酸钾500吨，高纯氧化钽30吨	冶金级钽粉120吨，电容器级钽粉100吨，钽丝20吨		钽棒50吨
衡阳金新莱孚新材料有限公司	氟钽酸钾300吨，工业级氧化钽200吨，工业级氧化铌600吨			
九江市金鑫有色金属有限公司	氟钽酸钾350吨，高纯氧化钽30吨，工业级氧化钽100吨			
今成钽铌有限公司				钽制品500吨，铌制品700吨

三、钽铌原料市场价格

（一）钽原料价格

2024 年钽矿的平均价格为 77.40 美元/磅（1 磅 = 0.454 千克），相较于 2023 年的 83.41 美元/磅，同比下降 7.21%。

2024 年一季度，钽矿价格从年初约 70 美元/磅，随后逐步上升，到 3 月接近 80 美元/磅。二季度，3—4 月价格维持高位，4 月开始逐渐下降，5 月降至 70 美元/磅左右。三季度，价格波动较大，从 6 月初 70 美元/磅快速上涨，到 7 月下旬涨至 80 美元/磅最高位。8 月初，又从 80 美元/磅急速下降，9 月最低降到 72.5 美元/磅，价格开始回升。四季度，价格最高涨至 85 美元/磅后又开始逐步回落至 80 美元/磅左右（见图 1）。

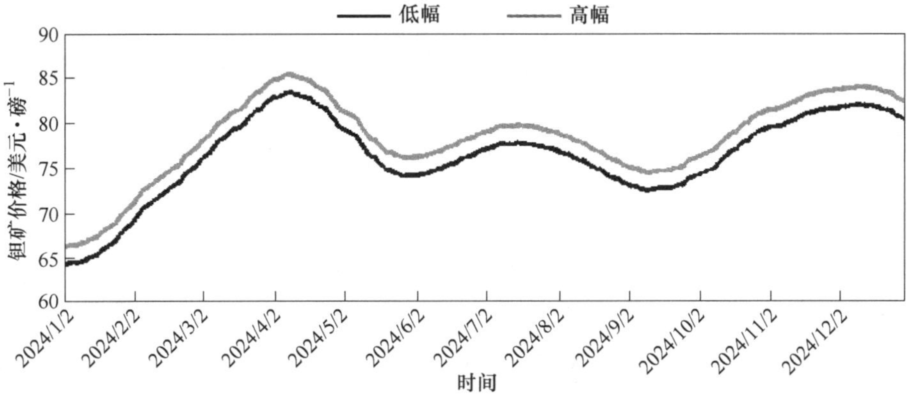

图 1　2024 年钽矿价格走势

（二）铌原料价格

2024 年铌矿平均价格为 18.26 美元/磅，与 2023 年的 16.16 美元/磅相比，同比增长了 12.99%。

2024 年一季度，铌矿价格从年初约 16.8 美元/磅，逐步上升，到 3 月下旬涨至最高点接近 19.25 美元/磅。二季度，铌矿价格在 4 月中旬从高位逐步回落，到 6 月底，降至 17.75 美元/磅附近后小幅反弹。三季度，7 月稳定在 18 月美元/磅左右，8 月价格回落至 17.75 美元/磅后回稳，9 月下旬开始反弹至 18 美元/磅。四季度，价格持续稳步上涨，12 月最高涨至 19 美元/磅后又开始逐步回落至 18.75 美元/磅附近（见图 2）。

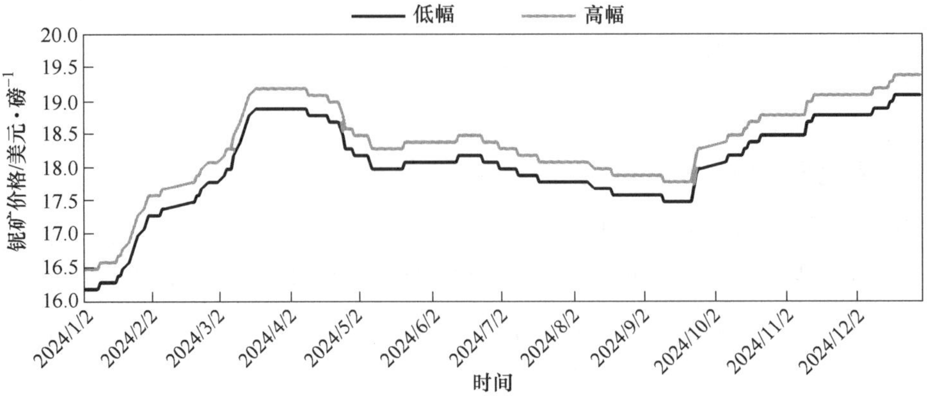

图 2　2024 年铌矿价格走势

四、进出口贸易

2024 年国际消费电子品市场有喜有忧。可穿戴设备出货量增长，监控摄像头市场规模扩大、AI 应用带动被动组件需求增长，高温合金市场航空航天、能源等领域需求旺盛，但 PC、智能手机等需求相对疲软。

全球铌钛超导合金市场展现出了稳健的发展态势。2024 年全球铌钛超导合金销售额超 2.49 亿美元，中国占比约 32%。NbTi 超导线材占主导，MRI/NMR 是重要的应用领域。

国内钽铌资源有限，开采难度大，钽铌原料主要依赖进口，2024 年钽铌精矿进口量为 12140 吨，同比增长 14.6%。来源国分别为：尼日利亚（占 50%）、卢旺达（占 19%）、刚果（金）（占 8.9%）、巴西（占 9%）及布隆迪、埃塞俄比亚、澳大利亚等地。

2024 年我国钽产品出口有增有减，其中电容器级钽粉出口减少、冶金级钽粉出口增长、锻轧钽及钽制品出口增长。全年共出口钽产品（钽粉、钽丝、钽制品等）570 吨，增长 15%；出口锻轧铌及其制品 261 吨，增长 36%。出口钽、铌制品以美、欧、日、韩等国家和地区为主。进口钽粉、钽丝、钽制品等累计 178 吨，减少 30%；进口锻轧铌及其制品 11.6 吨，增长 30%、进口铌铁 4.28 万吨，增长 9.5%。详细情况见表 5 和表 6。

表 5　2023—2024 中国钽铌产品进出口统计　　（千克）

产品	2023 年		2024 年	
	进口	出口	进口	出口
钽粉（松装密度小于 2.2 克/厘米^3 的钽粉）	1289	100791	1313	63148

续表 5

产品	2023 年		2024 年	
	进口	出口	进口	出口
其他钽粉	804	29087	18	37724
钽丝（直径小于 0.5 毫米）	111	50456	12	43934
其他钽丝	55	2413	21	3540
钽坩埚、其他锻轧钽	249749	303885	177157	407585
其他未锻轧钽，条、杆	3152	8207	3	18042
锻轧铌及其制品	8948	191383	11665	261079

数据来源：国贸通大数据统计。

表 6　2021—2024 年铌铁进出口统计　　（吨）

年份	2021 年	2022 年	2023 年	2024 年
铌铁	40527	33380	39121	42868

数据来源：国贸通大数据统计。

五、行业发展趋势

（一）钽需求将稳步增长

1. 电子半导体工业持续拉动

随着 5G 通信、人工智能、物联网等新兴技术的发展，智能手机、平板电脑、可穿戴设备等电子产品不断更新换代，对高性能电容器的需求持续增加，而钽电容器以其高电容性、稳定性等优势在高端电子产品中不可或缺，这将进一步推动钽在电子工业领域的需求增长。随着半导体快速发展，钽靶材将成为新的消费增长点。

2. 航空航天领域需求稳定

航空航天工业对于材料的性能要求极高，钽具有耐高温、耐腐蚀、高强度等特性，在飞机发动机、火箭喷嘴、航天器外壳等关键部件中的应用不可替代，随着全球航空航天事业的不断发展，对钽的需求也将保持稳定增长。新型飞机的研发和制造、无人机和卫星技术的快速发展也为钽资源在航天航空领域的应用提供了新的增长机遇。

3. 医疗保健行业潜力巨大

钽的生物相容性使其在医疗器械领域的应用越来越广泛，如人工关节、牙科植入物、心脏起搏器等。随着人们对健康的重视和医疗技术的进步，对于高质量医疗植入材料的需求将不断上升，钽在医疗保健行业的市场潜力巨大。

4. 新能源领域崭露头角

在新能源汽车、储能电池等领域，钽可用于制造高性能的电极材料和电池管理系统中的关键部件，随着新能源产业的快速发展，钽在该领域的应用有望逐步扩大。

（二）中国铌应用发展趋势

1. 市场需求持续增长

随着中国经济的增长和产业结构的不断优化升级，对铌的需求呈现出持续上升的趋势，特别是在航空航天、钢铁、核能等领域，铌的应用将更加广泛。例如，在钢铁行业，随着高强度合金钢、不锈钢等高端钢材的需求增加，铌作为一种重要的合金元素，其消费量也将相应增长；在航空航天领域，中国的大飞机项目、航天工程等的不断推进，将为铌产品提供广阔的市场空间。另外，铌在电池领域中的应用同样期待突破。

2. 技术进步与产业升级

中国铌产业将积极引进和研发先进技术，提高生产效率和产品质量。同时，通过产业链的协同发展，推动上下游企业的紧密合作，形成完整的产业体系。例如，在上游铌矿开采环节，加大对勘探技术和开采工艺的研发投入，提高铌矿的开采效率和回收率；在中游铌冶炼和加工环节，引进先进的冶炼设备和加工技术，提高铌产品的纯度和性能；在下游应用环节，加强与终端用户的合作，共同开发铌的新应用领域和新产品。

3. 政策扶持与环保要求提高

中国政府将加大对铌产业的政策扶持力度，推动共伴生矿产资源的综合开发和高效利用。同时，随着环保要求的不断提高，铌产业将更加注重环境保护和可持续发展。例如，政府将出台相关政策，鼓励企业加大对铌矿资源的勘探和开发力度，提高国内铌资源的自给率；同时，加强对铌产业的环境监管，推动企业采用更加环保的生产工艺和设备，减少污染物排放。

撰稿人：张　林、董秀春

审稿人：王德民

2024年稀土工业发展报告

一、2024年世界稀土工业发展概述

（一）全球稀土储量

据美国地质勘探局（USGS）公布数据，2024年世界稀土储量约9000万吨（以REO计，下同），同比下降21.7%。其中，中国、巴西和印度稀土资源储量位居世界前三，分别为4400万吨、2100万吨和690万吨，全球占比分别为48.9%、23.3%和7.7%（见表1）。与2023年不同的是，美国地质勘探局在2024年将越南和俄罗斯的稀土储量进行了大幅下调。另外，部分国家和地区发现有大量稀土资源，但尚未被美国地质勘探局统计在内。

表1　2023—2024年全球稀土资源储量

国家和地区	储量（以REO计）/万吨		2024年占比/%
	2023年	2024年	
美国	180	190	2.1
澳大利亚	570	570	6.3
巴西	2100	2100	23.3
加拿大	83	83	0.9
中国	4400	4400	48.9
格陵兰	150	150	1.7
印度	690	690	7.7
俄罗斯	1000	380	4.2
南非	79	86	1.0
坦桑尼亚	89	89	1.0
越南	2200	350	3.9
其他国家	0.45	0.45	0.0
合计	11500	>9000	—

数据来源：美国地质勘探局。

（二）全球稀土产量

据美国地质勘探局（USGS）公布数据，2024年全球稀土矿产品产量约39万吨（以REO计，下同），同比增长3.7%。其中，中国、美国和缅甸稀土矿产品产量位居世界前三，分别为27.0万吨、4.5万吨和3.1万吨，全球占比分别为69.2%、11.5%、7.9%（见表2）。另外，中国、美国、尼日利亚和泰国等稀土矿产品产量同比增长，而澳大利亚和缅甸等主产地则同比有所下降。

表2　2023—2024年全球主要国家稀土矿产品产量

国家	产量（以REO计）/吨		2024年占比/%
	2023年	2024年	
美国	41600	45000	11.5
澳大利亚	16000	13000	3.3
巴西	140	20	0.0
缅甸	43000	31000	7.9
中国	255000	270000	69.2
尼日利亚	7200	13000	3.3
印度	2900	2900	0.7
马达加斯加	2100	2000	0.5
俄罗斯	2500	2500	0.6
泰国	3600	13000	3.3
越南	300	300	0.1
马来西亚	310	130	0.0
其他	1440	1100	0.3
世界总量	376000	390000	—

数据来源：美国地质勘探局。

注：中国稀土矿产品产量以国家公布开采指标计算；部分数据进行了四舍五入。

二、2024年中国稀土工业发展现状

（一）稀土产品产量稳步增长

2024年，我国稀土矿的生产继续采取总量调控管理，开采指标和冶炼分离指标分别为270000吨和254000吨，同比分别增长5.9%和4.2%（见表3），增速同比均有所回落。其中，中国稀土集团有限公司（以下简称“中国稀土集团”）分配有岩矿型稀土开采指标62200吨、离子型稀土开采指标19150吨，

中国北方稀土（集团）高科技股份有限公司（以下简称"北方稀土集团"）分配有岩矿型稀土开采指标 188650 吨，中国稀土集团获得了全部的离子型稀土开采指标，北方稀土集团获得了 75.2%的岩矿型稀土开采指标。总体来看，我国已经形成"一南一北""一重一轻"两大稀土原料生产企业的发展格局。

表 3　2023—2024 年稀土开采、冶炼分离总量控制指标下达分配情况（以 REO 计）

（吨）

序号	稀土集团	2023 年矿产品		2023 年冶炼分离产品	2024 年矿产品		2024 年冶炼分离产品
		岩矿型稀土	离子型稀土		岩矿型稀土	离子型稀土	
1	中国稀土集团	57200	13010	66049	62200	19150	83999
2	北方稀土集团	178950		163234	188650		170001
3	厦门钨业		3440	3963			
4	广东稀土		2700	10604			
合计		235850	19150	243850	250850	19150	254000
总计		255000		243850	270000		254000

数据来源：工信部。

注：厦门钨业股份有限公司和广东省稀土产业集团有限公司的稀土开采与冶炼分离业务被中国稀土集团于 2023 年并购重组，2024 年不再分配指标。

（二）主要稀土产品价格同比下降

2024 年主要稀土产品价格均同比下降。镨钕氧化物最低价 34.5 万元/吨，最高价 44.3 万元/吨，全年平均价 39.3 万元/吨，同比下降 26.3%，价格波动幅度为 24.9%（见图 1）；氧化镝最低价 158.5 万元/吨，最高价 248.0 万元/吨，全年平均价 183.3 万元/吨，同比下降 21.5%，价格波动幅度为 48.8%（见图 2）；氧化铽最低价 490.0 万元/吨，最高价 740.0 万元/吨，全年平均价 576.1 万元/吨，同比下降 37.6%，价格波动幅度为 43.4%（见图 3）。

市场供过于求和信心不足是稀土产品价格下降的主因。具体来看，2024 年一季度，由于下游需求不及预期等影响，市场观望情绪浓厚，稀土产品价格延续了 2023 年末的下行趋势；二季度，受《推动大规模设备更新和消费品以旧换新行动方案》等政策出台影响，稀土市场信心有所提升，产品价格小幅反弹，但后因市场原料供应较为充足，5 月中下旬价格再次震荡走低；三季度，第二批稀土总量控制指标公布且增量低于市场预期，加之上游部分稀土原料生产企业检修导致产量略有缩减，稀土永磁材料生产企业原料采购增强，价格得到有力支撑上调；四季度，稀土价格前期受缅甸政局不稳等因素影响较为坚

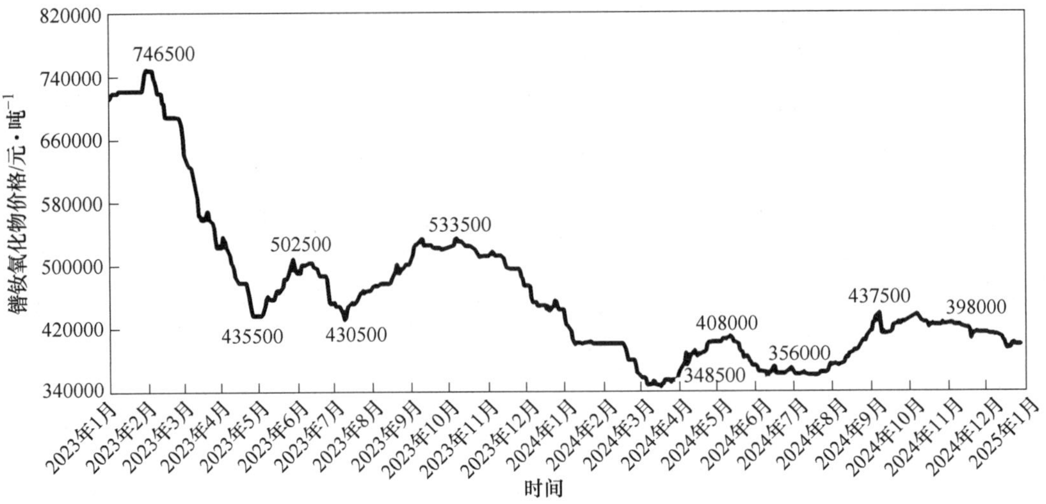

图 1　2023—2024 年镨钕氧化物价格走势

数据来源：北京安泰科信息股份有限公司

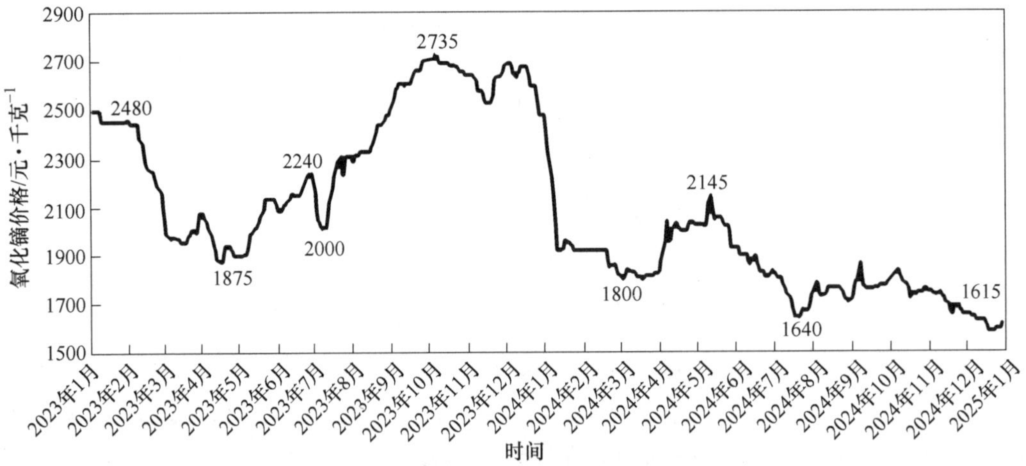

图 2　2023—2024 年氧化镝价格走势

数据来源：北京安泰科信息股份有限公司

挺，但因后续需求无明显增加又有所回落。

（三）终端应用消费稳定增长

随着全球对环境保护和可持续发展的重视，绿色低碳发展已成为国际社会普遍关注的热点。稀土永磁材料作为一种重要的新材料，以其优异的磁性能和广泛的应用领域，在推动绿色发展中发挥着不可替代的作用。近些年，在国家“双碳”目标的推动下，稀土永磁产业发展迅速，广泛应用于新能源汽车、风力发电、节能家电、人工智能和消费电子等领域，已经成为带动稀土消费的主

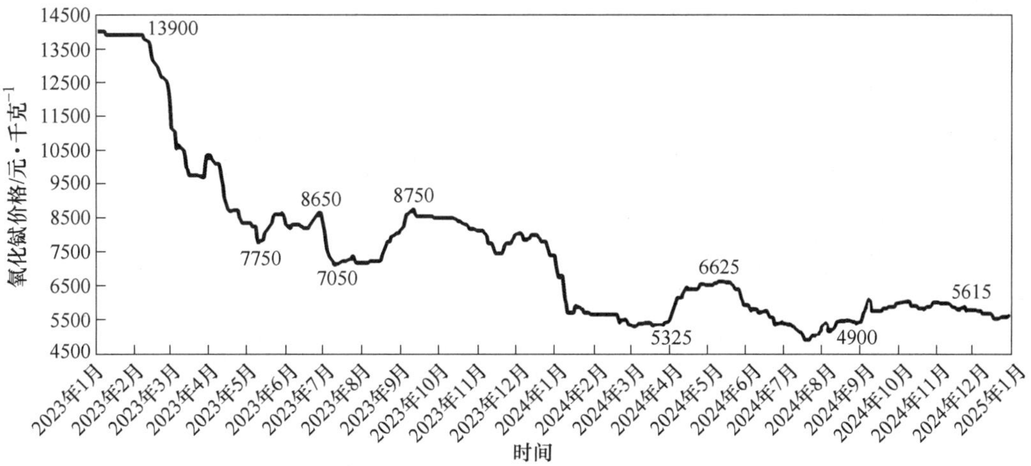

图 3　2023—2024 年氧化镝价格走势

数据来源：北京安泰科信息股份有限公司

要增长方向。

2024 年，我国汽车产销累计分别完成 3128. 2 万辆和 3143. 6 万辆，同比分别增长 3. 7%和 4. 5%，创历史新高。其中，新能源汽车产销量分别完成 1288. 8 万辆和 1286. 6 万辆，同比分别增长 34. 4%和 35. 5%，新能源汽车销量达到汽车总销量的 40. 9%（见图 4）。

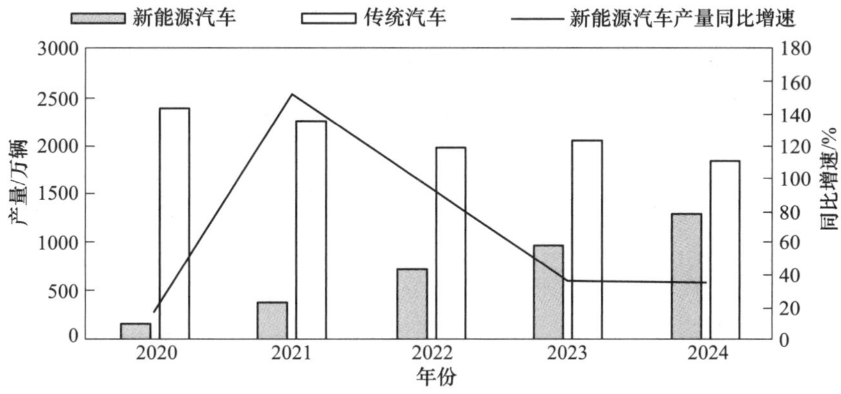

图 4　2020—2024 年中国汽车产量

数据来源：中国汽车工业协会

2024 年，我国风力发电累计新增装机容量约 79. 3 吉瓦，同比增长 4. 5%（见图 5），但增速下降明显。风机制造对稀土磁材的成本较为敏感，正在逐步向低成本技术路线转变。目前国内陆上风电电机以双馈电机为主，海上风电电机以半直驱永磁同步电机为主，相较于直驱永磁同步电机，风机单体稀土永磁用量大幅下降，导致该领域稀土整体消费规模受到一定冲击。

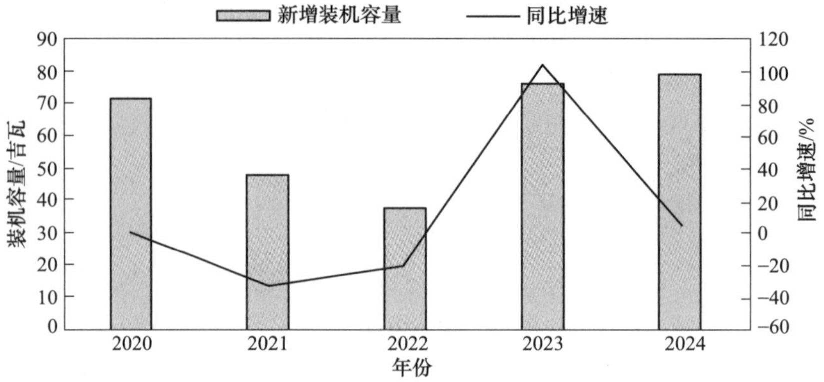

图5　2020—2024年中国风电新增装机容量

数据来源：国家能源局

节能家电方面，2024年，我国空调产量约2.7亿台，同比增长9.7%（见图6）；电梯产量149.2万台，同比下降8.0%（见图7）。受当年极端天气和国家“两新”政策影响，空调产业保持稳步增长，有力地带动了稀土消费，而电梯行业受房地产市场不景气等冲击，产量出现了负增长。

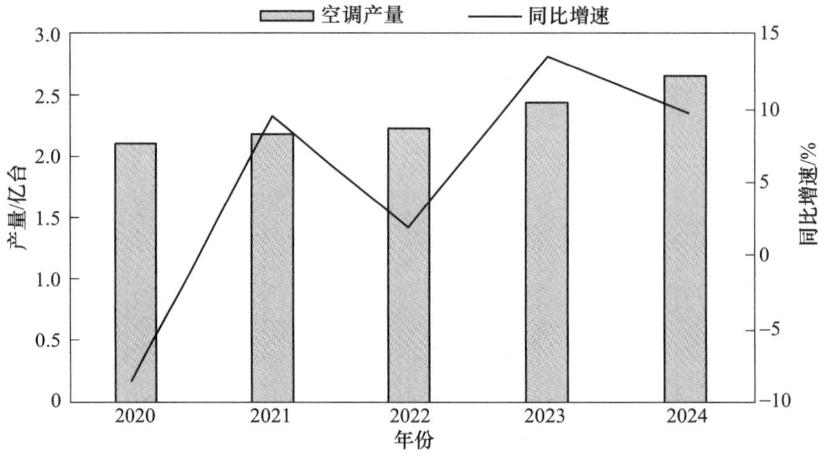

图6　2020—2024年中国空调产量

数据来源：国家统计局

2024年，我国工业机器人累计产量约55.6万套，同比增长14.2%（见图8）；服务机器人产量1051.9万套，同比增长15.6%。随着人工智能产业的快速发展，全球主要经济体都在大力发展智能机器人。钕铁硼永磁材料作为机器人核心部件伺服电机制备的关键原材料，在人工智能领域具有重要发展潜力。

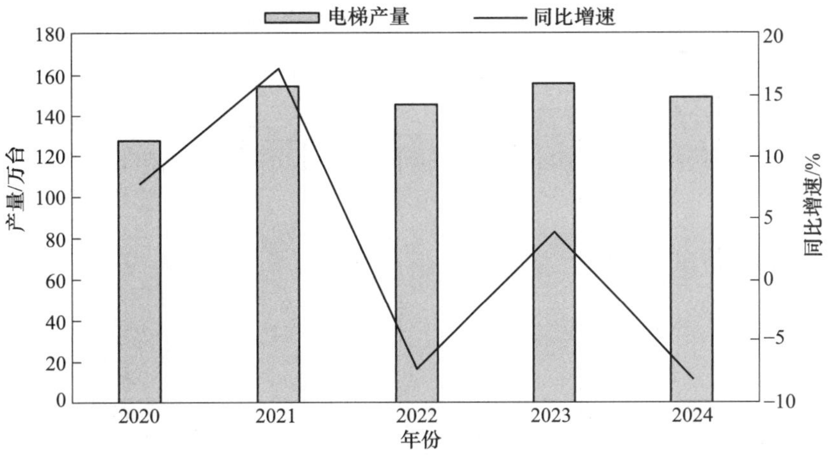

图 7　2020—2024 年中国电梯产量

数据来源：国家统计局

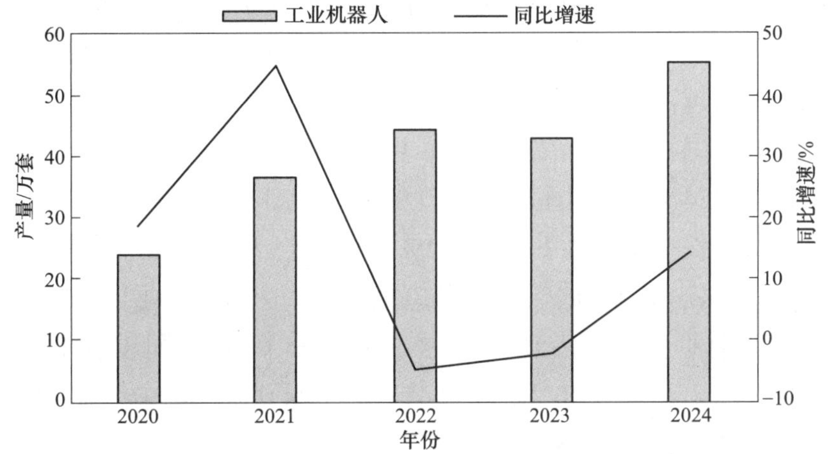

图 8　2020—2024 年中国工业机器人产量

数据来源：国家统计局

电子产品方面，2024 年，我国电子计算机和智能手机产量分别为 3. 6 亿台和 12. 5 亿部，同比分别增长 2. 6%和 8. 2%（见图 9）。得益于我国以旧换新补贴及相关消费促进政策的影响，我国电子产品产销量逐步回升向好。

（四）进口同比下降，出口稳步增长

我国稀土产品进口以稀土金属矿、氧化物和化合物等初级原料为主。2024 年，我国累计进口稀土产品 13. 5 万吨（实物量，下同），进口金额 16. 7 亿美元，同比分别下降 24. 2%、28. 9%。其中，稀土金属矿进口 5. 6 万吨，同比下降 15. 2%，主要来源于美国，这是自美国本土稀土冶炼分离产线建成投产后连

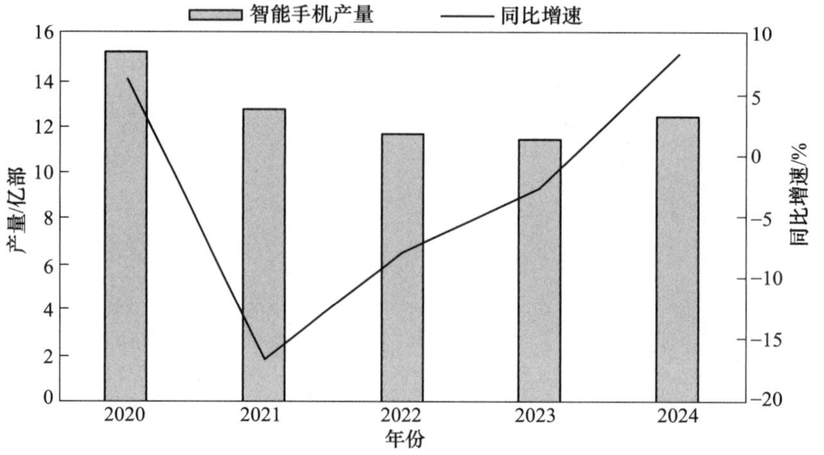

图 9　2020—2024 年中国智能手机产量

数据来源：工信部、国家统计局

续第二年进口同比下降；我国从缅甸进口稀土原料 4.4 万吨，同比下降 38.9%，与国内稀土价格下降和缅甸供应不稳具有直接关系。另外，我国还从老挝、马来西亚和越南等国进口稀土原料 3.1 万吨，同比下降 11.3%。

出口方面，我国稀土产品出口以稀土永磁体，以及镧、铈等轻稀土的化合物和盐类为主。2024 年，我国累计出口稀土产品 11.8 万吨，出口金额 34.7 亿美元，同比分别增长 7.3%、下降 18.2%。其中，稀土永磁材料出口量 5.8 万吨，同比增长 9.4%，占稀土产品总出口量的 47.9%，主要出口到德国（出口占比 18.8%）、美国（出口占比 12.8%，见表 4）和韩国（出口占比 10%）。我国对美国出口稀土产品 2.1 万吨，同比增长 5.0%，其中，出口稀土永磁材料 0.74 万吨，同比增长 1.4%。

表 4　2020—2024 年我国稀土磁性材料对美国出口情况

年份	2020 年	2021 年	2022 年	2023 年	2024 年
总出口量/吨	36003	48762	53018	52689	58148
对美出口量/吨	4924	3642	6367	7341	7446
对美国出口占比/%	13.7	7.5	12.0	13.9	12.8

数据来源：海关总署。

三、2024 年中国稀土工业发展环境和动态

（一）政策环境分析

2024 年 2 月，工信部、国家发改委、财政部、生态环境部、中国人民银

行、国务院国资委、市场监管总局等七部门发布《关于加快推动制造业绿色化发展的指导意见》(以下简称《意见》)。《意见》重点从加快传统产业绿色低碳转型升级、推动新兴产业绿色低碳高起点发展、培育制造业绿色融合新业态、提升制造业绿色发展基础能力等方面,推动制造业绿色化发展,加快建设现代化产业体系,推进新型工业化,着力推动高质量发展。《意见》提出,在新材料领域,开展共伴生矿与尾矿集约化利用、工业固废规模化利用、再生资源高值化利用等技术研发和应用,提升稀土等战略性矿产资源保障能力。

2024 年 3 月,国务院发布了《推动大规模设备更新和消费品以旧换新行动方案》(以下简称《方案》)。《方案》提出到 2027 年,工业领域设备投资规模较 2023 年增长 25%以上,规模以上工业企业数字化研发设计工具普及率、关键工序数控化率分别超过 90%、75%,工业大省大市和重点园区规上工业企业数字化改造全覆盖,重点行业能效基准水平以下产能基本退出、主要用能设备能效基本达到节能水平,本质安全水平明显提升,创新产品加快推广应用,先进产能比重持续提高。《方案》的发布将进一步促进稀土永磁等材料的消费,有利于扩大稀土应用。

2024 年 4 月,自然资源部、生态环境部、财政部、国家市场监管总局、国家金融监管总局、中国证券监督管理委员会、国家林业和草原局发布了《关于进一步加强绿色矿山建设的通知》(以下简称《通知》)。《通知》对稀土绿色矿山建设具有积极影响,一方面,稀土矿山企业需要加强生态修复和环境保护,提升开采过程中的环保标准,有利于推动稀土行业向更加绿色、可持续的方向发展;另一方面,《通知》鼓励采用绿色低碳新技术、新工艺和新装备,推动矿山企业数字化、智能化和绿色化发展,这将为稀土行业的技术创新和产业升级提供有力政策支撑与保障。

2024 年 5 月,工信部、财政部、金融监管总局等三部门联合印发《关于进一步完善首台(套)重大技术装备首批次新材料保险补偿政策的意见》(以下简称《意见》)。《意见》明确要聚焦国家重点支持领域,坚持问题导向、结果导向、目标导向,推动首台(套)重大技术装备、首批次新材料创新发展和推广应用,从明确政策支持范围、优化政策制度设计、强化政策监督管理等三个方面提出了九条工作举措。《意见》对促进稀土技术装备领域加快发展具有重要推动作用。

2024 年 6 月,国务院总理李强签署国务院令,公布《稀土管理条例》(以下简称《条例》),自 2024 年 10 月 1 日起施行。《条例》共 32 条,主要规定了管理体制、项目核准、总量调控、综合利用、环境保护、销售流通、产品追溯、进出口管理、储备管理、法律责任等重点内容，突出了保护性开发和坚持绿色发展的特点，对推动稀土产业高质量发展具有重大意义。《条例》规定，一是明确工作原则，规定稀土管理工作应当贯彻落实党和国家的路线方针政策、决策部署，坚持保护资源与开发利用并重，遵循统筹规划、保障安全、科技创新、绿色发展的原则。二是加强稀土资源保护，明确稀土资源属于国家所有，任何组织和个人不得侵占或者破坏稀土资源，国家对稀土资源实行保护性开采。三是健全稀土管理体制，规定国务院工业和信息化、自然资源等有关部门在稀土管理方面的职责，明确县级以上地方人民政府负责本地区稀土管理有关工作。四是促进稀土产业高质量发展，明确国家对稀土产业发展实行统一规划，鼓励和支持稀土产业新技术、新工艺、新产品、新材料、新装备的研发和应用。规定稀土生产企业应当遵守有关矿产资源、节能环保、清洁生产、安全生产和消防的法律法规，保障实现绿色发展、安全生产。五是完善稀土全产业链监管体系，规定对稀土开采和稀土冶炼分离实行总量调控，并优化动态管理。进一步规范稀土综合利用，建立产品追溯制度，严格流通管理。六是明确监督管理措施和法律责任，规定工业和信息化主管部门和其他有关部门按照职责分工对稀土的开采、冶炼分离、金属冶炼、综合利用、产品流通、进出口等活动进行监督检查，对违法行为及时依法处理。对非法从事稀土开采、冶炼分离等违法行为规定了相应的法律责任。

2024 年 11 月，《中华人民共和国矿产资源法》经第十四届全国人民代表大会常务委员会第十二次会议修订通过，自 2025 年 7 月 1 日起施行。这是该法自 1996 年、2009 年两次修正后的首次修订，主要是为了促进矿产资源合理开发利用，加强包括稀土等矿产资源和生态环境保护，维护矿产资源国家所有者权益和矿业权人合法权益，推动矿业高质量发展，保障国家矿产资源安全，适应全面建设社会主义现代化国家的需要。

（二）行业发展动态

2024 年 2 月，中国稀土集团现代产业链强链固链重点项目启动大会在江西省赣州高新区召开，年产 1000 吨（稀土氧化物）离子型稀土镁盐无铵开采绿色矿山项目、中稀（赣州）稀土新材料有限公司 10000 吨/年（稀土氧化物）稀土冶炼分离示范项目、江西南方稀土高技术股份有限公司年产 10000 吨稀土金属异地搬迁技改项目同时按下“启动键”。

2024 年 3 月，北方稀土集团首次编制发布《中国北方稀土职业技能标准》。该标准填补了我国稀土行业在职业技能标准领域的空白，为稀土企业技能人才培养评价提供了关键支撑。

2024年4月，稀土领域EPD（环境产品声明）平台在北京内蒙古大厦举行首发上线仪式，并首次发布了4份稀土产品环境产品声明报告。该平台由中国稀土学会、包钢集团联合中国稀土行业协会、中国质量认证中心、稀土上下游企业等共同建设。据介绍，EPD是经由第三方验证，以生命周期评价为基础，科学、可比、国际认可的披露某一产品或某项服务从原材料获取、生产、运输、消费及最终的报废处理整个生命周期过程中的环境影响信息，并可向消费者、采购商等提供。

2024年10月，北方稀土集团绿色冶炼升级改造项目一期工程建成投产仪式举行，标志着全球最大的稀土原料生产基地正式投入运行。该项目于2023年4月正式启动，近百家单位参与项目建设，一期工程顺利建成投产，科研投资估算77.9亿元，共分两期建设。

2024年11月，工信部发布2024年先进制造业集群竞赛胜出集群公示名单，包头稀土新材料集群成功入选全国先进制造业集群，这是此次全国唯一胜出的稀土先进制造业集群。国家有关部门坚持分类指导、精准施策，加大对国家先进制造业集群建设的政策支持力度，引导技术、资金、人才等各类创新资源要素向集群汇聚，推动国家级集群之间、国家级集群与省级集群之间的交流合作，促进跨区域协同发展，提升区域产业竞争力。工信部将开展国家级集群发展水平监测评估，建立集群综合竞争力评价和动态调整机制，支持优势领域率先打造一批有世界影响力的先进制造业集群，支撑加快推进新型工业化。

2024年11月，华中科技大学国家脉冲强磁场科学中心与东方电气集团东方电机有限公司、东莞磁脉电气科技有限公司合作，共同研发实现了我国26兆瓦全球最大单机功率风力发电机的原位退磁与退磁后的再充磁。该技术将常规电机制造的第一道工序——给单个永磁体逐块充磁，变成电机制造的最后一道工序——后充磁，突破大尺寸磁极整体充磁、复杂磁路约束下精准原位退磁及充退磁装备一体化等关键技术瓶颈，为解决永磁风力发电机大规模退役绿色再制造难题提供了有效方案。

2024年12月，包头市英思特稀磁新材料股份有限公司在深圳证券交易所举行上市仪式。英思特稀磁新材料股份有限公司是一家主要从事稀土永磁材料应用器件研发、生产和销售的国家高新技术企业和国家专精特新“小巨人”企业。2025年1月，包头天和磁材科技股份有限公司在上海证券交易所主板上市，该企业创立于2008年，是专业研发、生产和销售高性能稀土永磁材料的国家级高新技术企业，专注于烧结钕铁硼永磁材料、烧结钐钴永磁材料的技术开发及相关元器件的研发、生产、销售。

四、当前中国稀土工业发展中需要关注的问题

（一）绿色化、智能化开发利用水平不高

离子型稀土开发采用的原地浸矿技术由于原始工艺的缺陷，在离子型稀土矿提取、后续生态修复和环境保护等方面仍然存在一些问题。近些年在政府部门、行业企业和科研单位的共同努力推动下，国内南方离子型稀土矿的绿色开发已经取得了较大进展，创新研发出多种工艺路线并进行了工业化实验。但总体来看，相关工艺技术尚不完全成熟，社会各界也存在着一些疑虑和担心。稀土冶炼分离环节高盐废水、独居石伴生放射性选冶废渣等问题的解决也迫在眉睫。另外，我国稀土矿山、冶炼分离企业信息化建设仍然滞后，生产过程智能化程度偏低，“两化”融合水平不高。特别是离子型稀土矿由于为面状分布，矿区范围大，大多位于通信设施较差的山区，加之开采年限相对较短，数字化建设难度较大。

（二）创新发展动能有待强化

我国稀土产业取得了举世瞩目的成绩，采选冶技术国际领先，部分稀土新材料技术达到世界先进水平，但我国稀土产业基础研究薄弱，知识产权国际化程度不高。当前，稀土行业主流技术和产品多数都起源于国外，我国仍然处于跟踪模仿的阶段，原创性技术产品不多。另外，在美西方加快产业“脱钩断链”的背景下，中西方稀土产业技术交流受阻，国内企业跟踪把握全球最新稀土技术发展动态难度增大，创新发展动能不足。

（三）稀土下游应用发展不平衡不充分

当前我国稀土新材料以中小企业为主，龙头企业实力整体不强，产能利用率不高，同质化低水平竞争突出。钕铁硼永磁材料在稀土应用中呈现“一家独大”的局面，结构相对单一，抗风险能力偏弱。同时，镧、铈、钇等稀土元素产量多，但当前应用领域有限，存在发展不平衡、不充分的问题，这既占用了企业成本，又造成了资源浪费，为行业企业发展带来了诸多问题与挑战。

（四）国际产业格局博弈愈发激烈

美西方独立于我国的稀土产业链供应链构建已经取得阶段性进展。随着在全球范围内对稀土资源开发、冶炼分离和永磁材料等重点环节的深入推进，海外稀土产业链供应链建设已初具雏形。据不完全统计，当前海外在产稀土矿山产能超过 17.4 万吨、冶炼分离产能超过 3.4 万吨、稀土永磁产能超过 3.2 万吨，海外新增稀土冶炼分离和永磁材料规划产能分别超过 9 万吨和 2 万吨。同时，我国企业境外获取优质稀土资源的机会在减少、成本在提高，出口产品碳

足迹信息披露的要求和面临负责任审计的风险都在上升。

五、中国稀土工业高质量发展建议

（一）做好《稀土管理条例》贯彻落实

《稀土管理条例》作为我国有色金属领域第一部由国务院发布的关于单一有色金属品种的法律法规，意义重大，影响深远。《条例》涉及稀土管理体制、项目核准、总量调控、综合利用、环境保护、流通追溯、储备管理和监督检查等诸多内容，不但将行业原有行之有效的管理措施上升到了法律法规，明确了部门职责，而且与监管部门、监管手段有机衔接，大大提高了权威性。我国稀土产业法制化建设迎来了新里程碑，行业精细化管理实现了有法可依。全行业要深入学习领会，做好宣贯执行，坚决抵制违法违规行为。

（二）加快绿色化智能化转型升级

稀土是重要的战略资源，也是不可再生资源。全行业必须牢固树立绿水青山就是金山银山的理念，站在人与自然和谐共生的高度谋划稀土资源的开发利用。加大资源绿色开发技术研发与集成，创新破解离子型稀土矿绿色开发和矿山治理等历史遗留难题。严格执行环保排放标准，加快离子型稀土矿无氨高效开采工艺迭代升级和推广应用，不断完善相关规范标准体系。加强稀土尾矿、选冶废渣无害化处置和回收利用。加强全过程全周期环境影响监测评估，开展矿山生态修复和污染治理。建立健全稀土产业绿色设计产品评价体系，推进行业绿色制造体系建设，打造一批绿色矿山、绿色园区、绿色工厂、绿色供应链。鼓励稀土企业围绕工艺指标优化、质量效率提升、安全低碳、供应链协同优化等重点场景，通过数字化智能化赋能对各生产环节进行再改造，建设一批智能矿山、智能冶炼工厂，全面提升生产设备数字化率、关键工序数控化率和数字化管理水平。

（三）加快培育发展新动能

做大容易做强难，维持强国的地位更难。为继续保持我国稀土产业的强国地位和国际竞争力，必须依靠科技创新的硬实力说话，加快推动产业链创新链深度融合。要加快稀土找矿预测、深度提纯、本征特性探索、材料物相设计、循环回收利用等基础研究突破，为创新发展提供理论支撑和技术源头供给。围绕稀土开采、选矿、冶炼、加工、综合利用、检测、装备及软件等全产业链薄弱环节开展链式攻关。加快实现高纯稀土金属靶材与化合物、高端稀土催化材料、高精密稀土抛光材料等安全自主可控，提升产业链供应链韧性和安全水平。加强稀土生产与应用产业紧密衔接，开发具有自主知识产权的稀土功能元器件和零部件，实现稀土全产业链优化升级。

（四）扩大稀土高端应用和培育平衡利用并举

要继续深挖钕铁硼在新能源汽车、风力发电、节能家电、人工智能、消费电子等领域的应用潜力，利用好国家“双碳”和“双新”政策支持，扩大工业大规模设备中的稀土永磁应用，提升工业领域整体节能降碳水平。同时，行业企业要强化行业自律，积极塑造减少内卷的正能量。镧、铈、钇等供应相对过剩的稀土元素，既要继续巩固扩大在催化、抛光等传统领域的应用，又要加快通过科技创新提升跨领域耦合协同能力，不断拓展应用新场景，行业头部企业要发挥好示范引领作用。

（五）积极参与全球稀土治理

鼓励符合条件的中资企业在保障核心技术安全的前提下开展海外稀土资源开发，以更加开放的心态，发挥我国超大规模市场引领作用，汇聚全球高水平创新资源，加快稀土科技强国建设。积极引领国际规则标准制定，向全球稀土产业提供中国方案，树立绿色智能的新型产业模式典范，提升产业发展软实力。要提高产品质量和服务水平，树立良好的企业品牌形象，打造国际竞争硬实力。同时，做好涉外宣传，适时发出“中国稀土”声音，讲好“中国稀土”故事，营造我开放负责任的稀土产业大国形象。

撰稿人：陈边防、陈淑芳、史文龙、李元喆

审稿人：彭　涛

2024 年有色黄金工业发展报告

一、2024 年世界黄金工业发展概述

（一）规避风险保值避险需求增加，国际金价屡创新高

国际货币基金组织（IMF）、世界银行（WB）、经合组织（OECD）、联合国（UN）四大机构发布最新报告，2024 年全球经济增长速度分别为 3.2%（2025 年 1 月 17 日发布数据）、2.7%（2025 年 1 月 16 日发布数据）、3.2%（2024 年 12 月 4 日预测）和 2.8%（2025 年 1 月 9 日发布数据），预测 2025 年世界经济将分别增长 3.3%、2.7%、3.3%和 2.8%。

联合国（UN）报告指出尽管全球经济展现出一定韧性，经受住了一系列相互叠加的冲击，但由于投资疲软、生产率增长乏力和债务高企，全球经济增长仍低于新冠疫情前 3.2%的平均水平。报告指出通胀下降和许多经济体持续实施的货币宽松政策可能在 2025 年为全球经济活动带来适度提振；然而不确定性依然显著，地缘政治冲突、贸易紧张局势加剧及世界许多地区借贷成本高企构成主要风险。

世界银行（WB）最新一期《全球经济展望》报告预测，2025 年和 2026 年全球经济将分别增长 2.7%，与 2024 年持平，通胀和利率将逐步下降。发展中国家的经济增长预计在未来两年也将保持在 4%左右。然而这一表现将弱于疫情前的水平，且不足以推动减贫和实现更广泛的发展目标。

国际货币基金组织（IMF）发布最新一期《世界经济展望报告》预测世界经济正在逐渐恢复至疫情前的增长势头，但是各经济体之间的发展差距也在不断拉大。预计 2025 年全球经济增速为 3.3%，2026 年全球经济增速同样为 3.3%。全球平均通胀率正在下降，预计 2025 年为 4.2%，2026 年为 3.5%。报告指出在发达国家中欧元区的经济增速较慢，预计 2025 年经济增速为 1%，制约经济增长的不利因素主要包括制造业疲软、消费者信心低落及能源价格冲击。预计新兴市场和发展中经济体的经济增速在 2025 年为 4.2%，受到贸易领域等相关政策不确定性影响，很多国家的需求呈现疲软态势，但预计未来相关不确定性会逐渐减弱，经济活动会逐步增强。

对于国际黄金价格而言，自从2008年国际金融危机后，国际黄金价格开始突破前期850美元/盎司❶历史高位不断走出新行情。2018年后一段时期国际黄金价格总体围绕1800美元/盎司上下高位波动，其间2020年8月6日最高触及2075美元/盎司历史新高，2022年3月8日触及2078.8美元/盎司的历史第二高点。2023年受到美联储加息趋势放缓（年度加息4次每次加息25个基点，美国联邦基金利率达到5.25%~5.5%）等因素影响，2023年12月4日国际金价冲破2100美元/盎司关口，最高触及2152.3美元/盎司，再创历史新高。进入2024年，随着美联储步入降息周期、全球地缘紧张局势加剧（俄乌冲突、巴以冲突、叙利亚危机等升级），加上全球新兴经济体央行储备资产多元化持续购金等利好因素的共同推动，黄金作为避险资产与保值投资手段受到追捧。2024年国际金价屡创新高40次打破历史纪录，国际期货金价——纽约商品交易所（COMEX）主力合约期金以2072.7美元/盎司开盘价，10月30日最高触及2801.8美元/盎司；国际现货金价——伦敦金银协会（LBMA）黄金现货以2063.0美元/盎司开盘，到10月31日最高触及2790.1美元/盎司（见图1）。

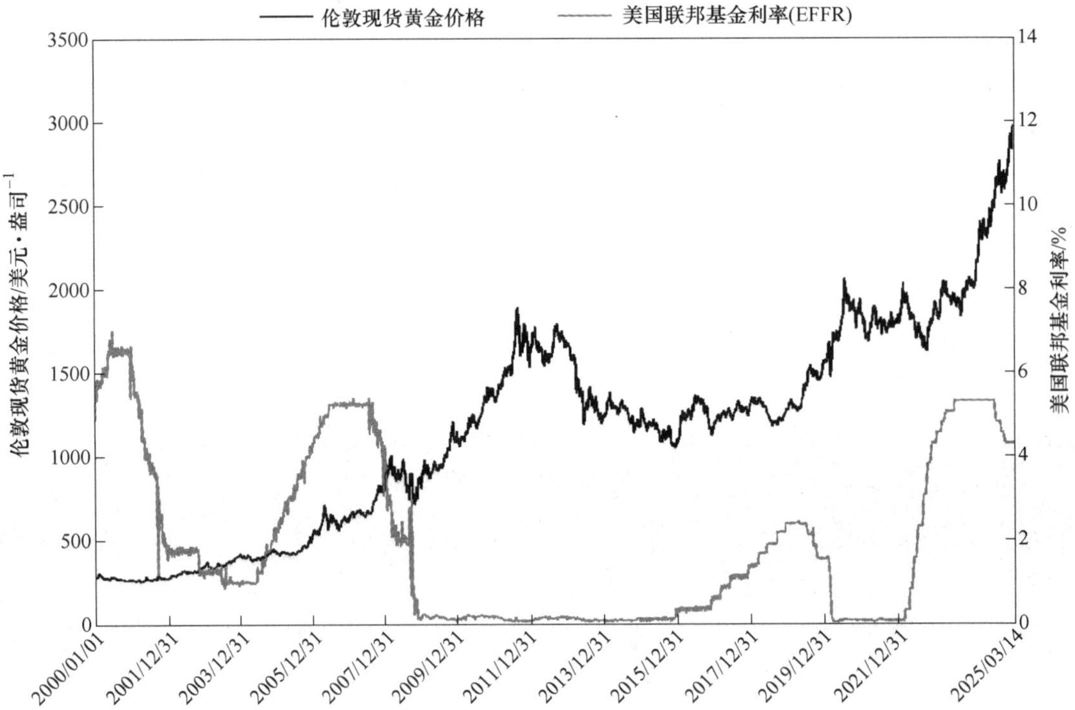

图1　国际黄金现货价格与美国联邦基金利率变化对比图

数据来源：Wind

❶ 1盎司=31.1035克。

受到国际金价带动，国内金价也屡创新高。2024 年国内黄金市场，期货金价——上海期货交易所（SHFE）主力合约期金 1 月 2 日以 489.82 元/克开盘，10 月 31 日最高触及 641.81 元/克；现货金价——上海黄金交易所（SGE）现货黄金（Au99.99）价格 1 月 2 日以 480.80 元/克开盘，10 月 31 日最高触及 655.0 元/克。2024 年国内现货黄金（Au99.99）收盘加权平均价为 549 元/克（见表 1）。世界黄金协会在最新发布的《2025 年黄金展望》报告中指出，2025 年黄金市场增长或将放缓，但仍然存在一定的上行空间，预计 2025 年金价有望创下 10 多年来最佳年度表现。

表 1　2020—2024 年国内外黄金现货均价统计

黄金价格	2020 年	2021 年	2022 年	2023 年	2024 年
国内黄金现货均价/元·克$^{-1}$	386	377	392	449	549
国际黄金现货均价/美元·盎司$^{-1}$	1769	1800	1801	1943	2386
美元兑人民币汇率	6.89	6.45	6.74	7.05	7.12

数据来源：上海黄金交易所（SGE）、伦敦金银协会（LBMA）、国家外汇管理局。

2024 年伦敦金银协会（LBMA）黄金现货（下午定盘价）全年均价为 2386 美元/盎司，同比上涨 22.97%；2024 年上海黄金交易所 Au99.99 收盘加权平均价为 549 元/克，同比上涨 22.14%。根据世界黄金协会（WGC）统计数据，以美元（USD）、欧元（EUR）、日元（JPY）、英镑（GBP）、加元（CAD）、瑞士法郎（CHF）、印度卢比（INR）、人民币（RMB）、土耳其里拉（TRY）、澳元（AUD）等 10 种货币计价的 2024 年国际黄金现货均价中，土耳其里拉（TRY）计价的黄金价格涨幅最大，达到 67.80%；英镑（GBP）计价的黄金价格涨幅最小，达到 18.4%；而人民币（CNY）计价的黄金价格涨幅为 22.14%，美元（USD）计价的黄金价格涨幅为 21.9%。

（二）2024 年世界黄金工业发展概况

1. 2024 年世界黄金矿产勘探总投入 55.5 亿美元

长期以来，黄金是全球有色金属矿业勘探投资第一大品种。根据标普全球市场财智（S&P Global Market Intelligence）对勘查预算在 10 万美元以上的 2210 家矿业公司的调查统计，2024 年全球有色金属矿产勘查预算投入总计为 124.8 亿美元，较 2023 年同比下降 3.3%。2024 年全球有色金属矿产勘查投资三大矿种分别是金矿、铜矿和锂矿，其中，金矿矿产勘探总投入预算 55.5 亿美元（占当年全球有色金属勘查预算的 44.47%），同比下降 7%；铜矿矿产勘探总投入预算 32.0 亿美元，同比增长 2%；锂矿矿产勘探总投入预算 11.0 亿美元，同比下降30%。2024年纳入全球金矿矿产勘探总投入预算统计公司有1235家，其中预算最高3家黄金企业分别是：加拿大巴里克黄金公司（Barrick Gold）金矿勘查预算4.23亿美元，英美黄金阿山帝公司（AngloGold Ashanti PLC，又译为安格鲁阿山帝）金矿勘查预算3.28亿美元和阿尼科鹰矿业公司（Agnico Eagle）金矿勘查预算3.02亿美元。标普财智统计，2024年全球金矿矿产勘探总投入预算最高的5个国家分别为加拿大、澳大利亚、美国、墨西哥和中国，上述5个国家2024年黄金矿业勘探投资预算分别达到12.96亿美元、9.13亿美元、8.45亿美元、2.92亿美元和2.04亿美元。

2. 2024年世界黄金实物供应量继续小幅增长

世界黄金供应主要来自矿产金、再生金和官方售金，矿产金是世界实物黄金供应的主要部分。2010年以来，世界各国央行从官方净抛售转为净购买后，官方售金基本停止。世界黄金协会（WGC）统计，2024年全球黄金实物供应总量（不含套期保值）为5031吨，同比增长3.13%；其中矿产金产量为3661吨（占比72.77%），同比增长0.47%；再生金产量1370吨（占比27.23%），同比增长10.98%。如果计入生产商净套保，2024年全球黄金实物供应总量为4975吨，同比增长0.58%（见图2）。

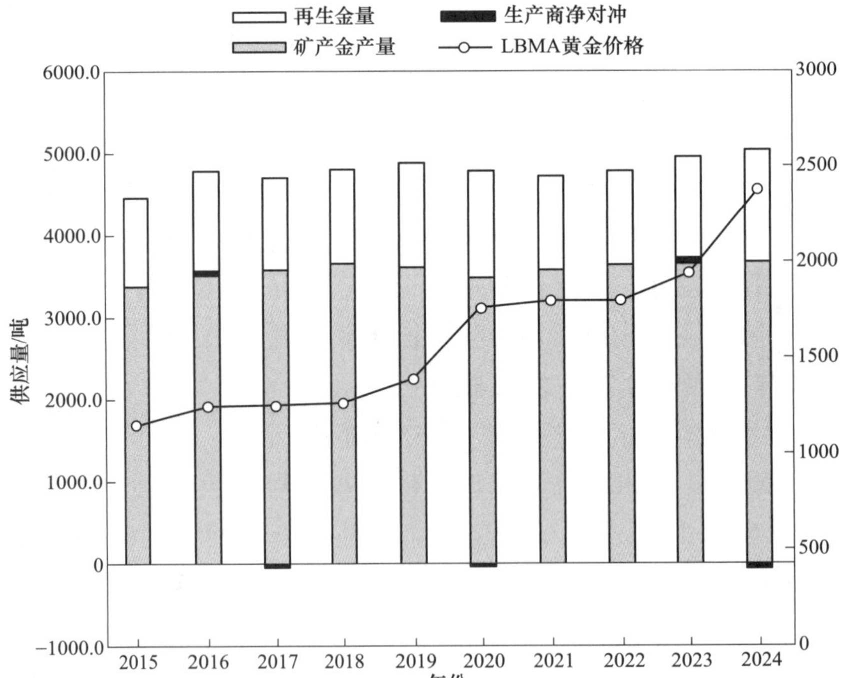

图2　2015—2024年来全球黄金供应构成结构变化图

数据来源：世界黄金协会（WGC）、英国金属聚焦公司（MF）、北京安泰科信息股份有限公司

3. 2024 年世界黄金实物需求出现增长

世界黄金需求包括珠宝首饰、工业需求、金条和金币投资、黄金交易基金产品（ETFs）及相关金融衍生品投资、世界各国央行购买和生产商黄金期货头寸净对冲等。世界黄金协会（WGC）统计，2024 年世界黄金实物需求达到 4554 吨，同比增长 1.36%。其中，珠宝首饰制造需求达到 2004 吨，同比下降 8.56%；科技消费用金 326 吨，同比增长 6.85%；金条和金币投资需求 1186 吨，同比下降 0.29%；央行购买与机构投资净需求 1045 吨，同比下降 0.59%，ETFs 投资需求头寸净减持 6.8 吨（见图 3）。而中国（黄金年消费 985 吨）和印度（黄金年消费 803 吨）依旧是世界最大两个黄金实物消费国。

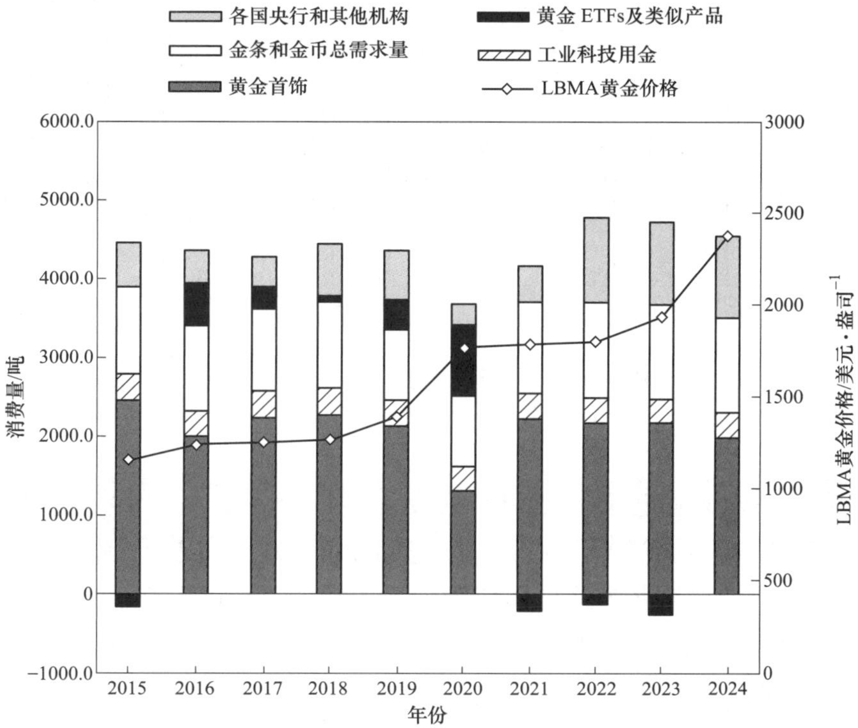

图 3　2015—2024 年来全球黄金消费构成结构变化图

数据来源：世界黄金协会（WGC）、英国金属聚焦公司（MF）、北京安泰科信息股份有限公司

4. 2024 年世界各国央行机构购金依旧维持在高位

世界黄金协会公布数据显示，2010 年以后，世界各国央行从官方净抛售转为净购买，购金数量不断增大；2018 年世界各国地区央行购金 656 吨达到近 50 年来新高，而 2022 年世界各国地区央行购金 1080 吨，再创历史新高。2024 年世界各国地区央行购买与机构投资黄金净购买 1045 吨，虽然同比下降 0.59%，但依旧维持历史高位（见图 4）。根据国际货币基金组织（IMF）、世

界黄金协会（WGC）资料，2024 年波兰央行、土耳其央行和印度银行分别增储黄金 89. 5 吨、74. 8 吨和 72. 6 吨，位列 2024 年世界各国地区央行黄金储备增储前 3 名。而菲律宾央行、哈萨克斯坦央行、新加坡央行 2024 年分别抛售黄金 29. 4 吨、10. 2 吨和 10. 1 吨，位列 2024 年世界各国地区央行黄金储备抛售前 3 名。

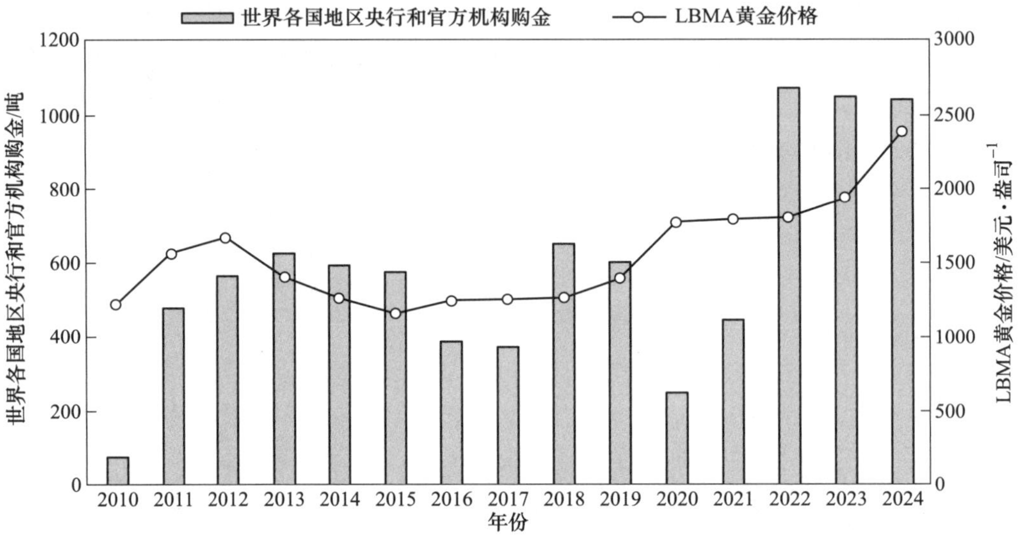

图 4　2010—2024 年来世界各国地区央行购金变化图

数据来源：世界黄金协会（WGC）、英国金属聚焦公司（MF）、北京安泰科信息股份有限公司

2024 年中国人民银行全年累计增持黄金 44. 17 吨，截至年底，我国黄金储备为 2279. 57 吨，位居全球第 6 位，黄金储备量再创历史新高。新时期黄金货币属性在回归，黄金产业地位与作用面临重估。去美元背景下中国等新兴经济体央行购金将持续，预计随着人民币国际化的不断推进，从中长期看中国人民银行未来有望继续增持黄金。

5. 2024 年世界黄金矿业规模并购交易额达到 193. 12 亿美元

最近几年世界黄金行业资源勘探总投资和新发现黄金资源总数量在下降，加上新金矿开发和投资缩减，资源勘探矿业投资不足，全球矿产金产量增产面临瓶颈，国际黄金矿业中长期供应趋向紧张，而世界大型黄金矿业公司则纷纷寻求兼并竞争对手以巩固行业地位，资源、资本及产量继续向头部企业聚集。标普全球市场财智统计资料显示，2024 年世界有色金属矿业总计发起了 62 例规模并购（规模并购标准：并购金额大于 1000 万美元，或者并购金矿资源储量大于 100 万盎司、并购有色金属矿产资源储量大于 10 万吨），并购总金额达到 265. 43 亿美元，同比增长 1%；其中黄金矿业规模并购 43 例，并购总金额达到 193.12 亿美元（同比下降 8%），占当年有色金属矿业规模总并购金额比重 72.76%。2024 年全球黄金矿业并购金额达到 10 亿美元以上案例有 6 例，其中最大三起并购案分别为：Northern Star Resources Ltd. 斥资 32.61 亿美元收购 De Grey Mining Ltd.；AngloGold Ashanti PLC 斥资 24.79 亿美元收购 Centamin PLC；Mangazeya Mining Ltd. 斥资 14.79 亿美元收购 Polymetal International PLC。

二、2024 年中国有色黄金行业发展概况

（一）国际金价飙升加上人民币贬值推动，国内金价继续大幅上涨

2024 年国内两大黄金交易所——上海黄金交易所和上海期货交易所金价均出现大幅上涨。上海黄金交易所 Au9999 黄金 12 月底收盘价 614.80 元/克，比年初开盘价 480.80 元/克上涨 27.87%，全年加权平均价格为 548.49 元/克，比 2023 年同期 449.05 元/克上涨 22.14%。2024 年中国外汇交易中心公布的人民币对美元平均汇率中间价为 1 美元=7.1217 元人民币，2023 年人民币对美元平均汇率中间价为 1 美元=7.0467 元人民币，同比贬值 1.05%。

2024 年面对黄金价格波动，我国黄金市场呈现快速发展势头，黄金市场成交量、成交额大幅增长。根据中国黄金协会（CGA）公布数据，2024 年上海黄金交易所全部黄金品种累计成交量双边 6.23 万吨（单边 3.115 万吨），同比增长 49.90%，成交额双边 34.65 万亿元（单边 17.33 万亿元），同比增长 86.65%；上海期货交易所全部黄金品种累计成交量双边 18.22 万吨（成交量单边 9.11 万吨），同比增长 46.71%，成交额双边 83.96 万亿元（单边 41.98 万亿元），同比增长 75.81%。2024 年国内黄金 ETFs 持仓规模呈快速增长趋势，截至 2024 年底，国内黄金 ETFs 持有量为 114.73 吨，比 2023 年底增加 53.27 吨，同比增长 86.66%。

（二）2024 年中国有色黄金行业概况

1. 2024 年中国产量继续保持增长

根据中国有色金属工业协会（CNIA）统计数据，2024 年全国有色金属冶炼厂副产黄金 244.68 吨，同比增长 10.85%，占全国黄金总产量 534.11 吨（中国黄金协会（CGA）统计）比重 45.81%，较 2023 年提高 3.68 个百分点（见图 5）。2024 年全国有色副产黄金 5 大企业分别是江西铜业集团、金川集团股份有限公司、河南中原黄金冶炼厂有限责任公司、铜陵有色金属集团股份有限公司、云南铜业股份有限公司，其中全国有色副产金最大生产企业江铜集团 2024 年黄金产量继续超过百吨。

据中国黄金协会统计数据，2024 年全国国内原料产金 377.24 吨，比 2023

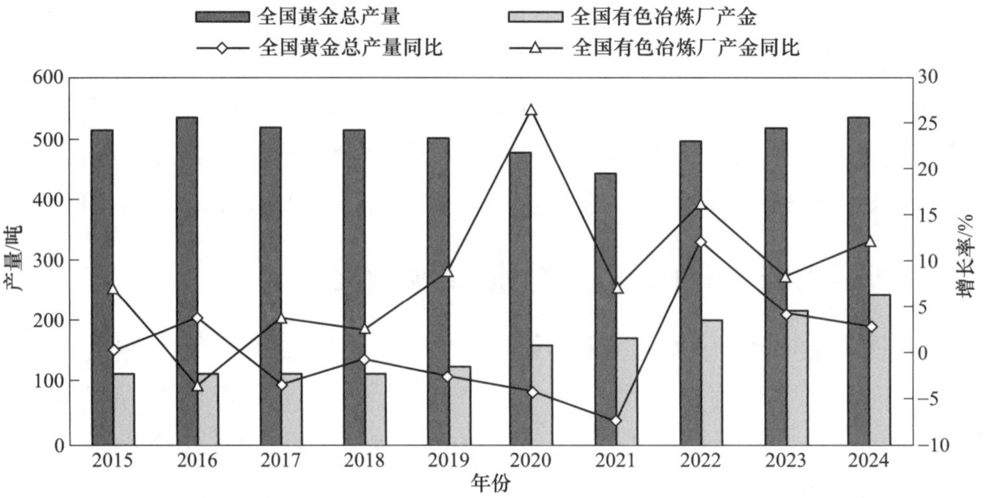

图 5　2015—2024 年中国黄金总产量和有色冶炼厂黄金产量变化图

数据来源：中国有色金属工业协会（CNIA）、中国黄金协会（CGA）、北京安泰科信息股份有限公司

年增加 2. 09 吨，同比增长 0. 56%；其中黄金矿产金完成 298. 41 吨，有色副产金完成 78. 83 吨。另外 2024 年进口原料产金 156. 86 吨，同比增长 8. 83%，若加上这部分进口原料产金，2024 年全国总计共生产黄金 534. 11 吨，同比增长 2. 85%。2024 年全国 4 大矿产黄金生产企业分别为紫金矿业集团股份有限公司、山东黄金集团有限公司、中国黄金集团有限公司、山东招金集团有限公司，其中全国最大矿产金企业——紫金矿业集团股份有限公司 2024 年矿产金产量 73 吨（紫金矿业业绩预增公告披露）、矿产银 436 吨（同样位居全国第一）。

2. 2024 年中国黄金消费继续出现回落

中国黄金协会统计数据显示，2024 年全国黄金消费量 985. 31 吨，同比下降 9. 58%。但中国黄金消费量依旧连续 12 年位居全球第一。其中，黄金首饰 532. 02 吨（占比 54. 00%），同比下降 24. 69%；金条及金币 373. 13 吨（占比 37. 87%），同比增长 24. 54%；工业及其他用金 80. 16 吨（占比 8. 14%），同比下降 4. 12%（见图 6）。

2024 年国内黄金消费结构：黄金珠宝首饰占比 54%、金条及金币占比 38%、工业及其他领域用金占比 8%（见图 7）。国家统计局数据显示，作为国内黄金消费最大领域的珠宝首饰行业，2024 年国内规模零售企业金银珠宝销售总额达到 3300 亿元，同比下降 3. 1%。

贵金属纪念币领域：根据中国人民银行贵金属纪念币项目发行计划，2024

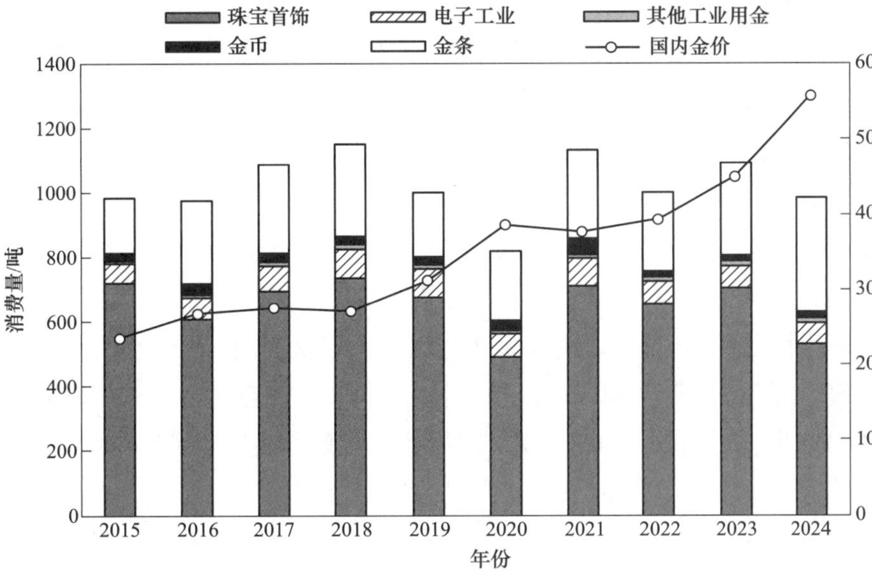

图 6　2015—2024 年中国实物黄金分领域消费与金价走势图

数据来源：中国黄金协会、上海黄金交易所、北京安泰科信息股份有限公司

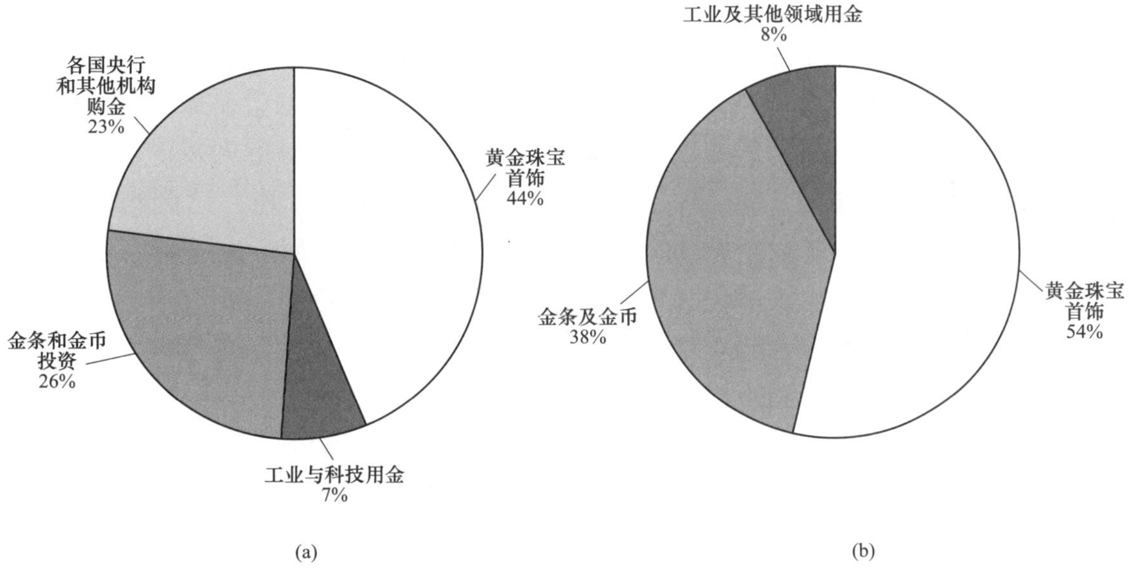

图 7　2024 年世界（a）和中国（b）黄金消费结构分布

数据来源：世界黄金协会、中国黄金协会、北京安泰科信息股份有限公司

年发行 10 个项目、53 个品种。10 个项目包括：中国极地科学考察金银纪念币、中国纸币千年金银纪念币、2024 吉祥文化金银纪念币、国家宝藏（启蒙奠基）金银纪念币、东北虎豹国家公园金银纪念币、应县佛宫寺释迦塔金银纪

念币、2025版熊猫贵金属纪念币、2025中国乙巳（蛇）年贵金属纪念币、中山大学建校100周年金银纪念币、2025年贺岁金银纪念币。中国人民银行可根据宣传党和国家重大活动、伟大建设成就、中华民族优秀文化、人类文明成果的实际需要，对贵金属纪念币项目发行计划进行调整。

3. 2项金矿找矿成果入选“中国地质调查局2024年度地质调查十大进展”

1月21日，自然资源部中国地质调查局发布“中国地质调查局2024年度地质调查十大进展”，有2项金矿找矿成果入选，分别是：

（1）冈底斯成矿带西段发现中新世浅成低温热液型铜（金银）矿。芒拉铜（金银）矿，首孔累计见矿厚度137米，铜平均品位达0.46%，铜品位大于1%的岩心有14米，平均1.54%，芒拉矿床蚀变矿物组合为多孔状石英、明矾石等高硫化体系蚀变矿物，金属矿物主要为硫砷铜矿及Cu-S二元体系矿物，深部具有斑岩成矿系统特征。芒拉厚大铜（金银）矿体的发现表明，藏西北陆相火山岩区具有寻找斑岩–高硫化浅成低温热液铜金矿床的巨大潜力，开辟了该地区在中新世火山岩区寻找斑岩–浅成低温热液型铜金矿的新方向。该成果主要完成单位为中国地质科学院矿产资源研究所、成都理工大学、中国地质科学院、西藏自治区地质矿产勘查开发局第五地质大队、西藏自治区地质矿产开发局、紫金地球物理科技（北京）有限公司、四川西冶检测科技有限公司。

（2）甘肃安坝里北、内蒙古哈达门沟等地发现3处大型金矿床。甘肃安坝里北、内蒙古哈达门沟和黑龙江塔河宝兴沟等3个矿区取得重大找矿突破，累计新增金推断资源量达168吨；安坝里北矿区新增102.4吨，达到特大型规模；哈达门沟大坝沟矿段新增41.3吨；塔河宝兴沟金矿新增24.3吨，达到大型规模。该成果主要完成单位为中国地质调查局军民融合地质调查中心、中国地质调查局自然资源综合调查指挥中心、中国地质调查局呼和浩特自然资源综合调查中心、中国地质调查局哈尔滨自然资源综合调查中心。

4. 新一轮金矿找矿突破战略联盟成立开创金矿找矿合作共赢新局面

2024年8月20日，新一轮金矿找矿突破战略联盟成立大会在山东济南举行。新一轮金矿找矿突破战略联盟由山东省地质矿产勘查开发局发起成立，地勘单位、科研院所、高等院校、矿山企业共同组建，成员单位包括中国地质科学院、中国地质调查局发展研究中心、中国科学院地质与地球物理研究所、中国地质大学（北京）、中国地质大学（武汉）、吉林大学、中国黄金集团、山东黄金集团、山东招金集团，将协同推进新一轮金矿找矿突破战略行动，不断开创金矿找矿合作共赢新局面。该联盟旨在聚焦新一轮找矿突破战略行动，积极推进地质科技创新，充分发挥各方在自然资源综合调查、矿产资源开发利用等方面的专业技术、理论科研、资金产业等优势，开展科技与产业融合创新，形成推广一批科研和实践成果，提升产业核心竞争力，推动金矿资源勘探开发和增储上产，服务保障国家能源资源安全。新一轮金矿找矿突破战略联盟成立，将进一步加快胶东招远—莱州等金成矿带找矿突破。胶东是中国最大的金矿集区、中国乃至全球重要的金成矿区，已累计探明金资源量6000余吨，远景金资源量潜力将超过10000吨；胶东地区已经形成了三山岛、焦家、玲珑三个千吨级金矿田，2023年新发现世界级巨型单体金矿床、国内发现的最大单体金矿床——莱州市西岭村金矿（累计探明黄金金属储量达592吨），胶东地区作为世界第三大金矿区地位将进一步巩固。

2024年以来，自然资源部紧紧围绕新一轮找矿突破战略行动“十四五”方案，增加政策供给，增加区块投放，加大资金投入，加强科技支撑，优化项目部署，拓展区块源头。其中内蒙古8个矿种超额完成国家下达的“十四五”期间任务，新增金矿约140吨。甘肃省新发现矿产地121处，金、煤炭等矿产资源量较大幅度增加。贵州省探获磷矿资源量6.5亿吨。山东省新增金矿资源量581吨。湖北省新发现矿产地34处，鄂西北两竹地区铌钽-稀土矿等战略性矿产取得重大突破。

5. 2024年国内黄金行业大规模并购与投资持续

2024年1月26日，山东黄金矿业股份公司宣布，收购控股股东山东黄金集团全资子公司山东黄金地质矿产勘查有限公司所持西岭金矿探矿权，转让价款共计103.3亿元。收购完成后，西岭金矿探矿权将与公司全资子公司山东黄金矿业（莱州）有限公司所属的三山岛金矿现有矿权整合为新的采矿权并统一开发利用。西岭金矿是国内目前探获的最大的（世界级巨型）单体金矿床，资源量金矿石量达1.47亿吨。其中金金属量为592吨、金金属平均品位4.02克/吨。5月29日，山东黄金更新披露定增预案，公司拟非公开发行新股募资不超过46亿元，募集资金全部用于“山东黄金矿业（莱州）有限公司焦家矿区（整合）金矿资源开发工程”项目。

3月11日，山东黄金拟以约4.71亿元的价格收购包头市昶泰矿业有限责任公司70%的股权，根据公开资料显示，昶泰矿业核心资产为陶勒盖金矿采矿权及探矿权。收购完成后山东黄金将新增保有黄金资源量16吨。7月23日，山东黄金再次公告，称其以约13.47亿元的价格，竞得大桥金矿详查探矿权，溢价648.33%，加速公司在甘肃省西秦岭地区金矿资源的布局。

5月中旬从广东明发贵金属有限公司获悉，中国知名贵金属企业、中国有色金属工业协会金银分会副会长单位——广东明发贵金属有限公司拟总投资

10亿元，建设“明发黄金珠宝产业园”。“明发黄金珠宝产业园”将建造七大板块：总部经济中心、研发设计中心、产品展示中心、金银加工制造中心、贵金属纳米材料制造、仓储物流配送中心、总部员工宿舍区。项目规划建筑面积约34.88万平方米，主楼共22层、总高度79.8米，长、宽150米。

5月18日上午，金源桐辉金银贵金属精深加工产业园项目新建厂房主体顺利封顶。该项目是河南三门峡黄金精深加工产业园一期规划的主力项目，计划新建三层厂房1栋，建筑面积7212平方米。达产达效后，年可生产国标黄金及下游金产品80吨（60吨国标投资金锭、20吨金条币章），国标白银及下游银产品120吨（100吨国标投资银锭、20吨银条币章）。该项目将助力灵宝黄金产业补链延链强链，转型升级高质量发展。

6月18日，陕西有色金属集团陕西黄金贵金属前驱体新材料等高质量建设项目启动仪式在渭南市华州区工业园区瓜坡精细化工产业园举行。该项目总投资10.62亿元，分两期实施：一期主要包括825吨贵金属前驱体新材料项目和500吨光伏正面银浆用银粉新材料项目，二期主要包括1.3吨贵金属增材制造技术成果转化与产业化项目和100千克电解水制氢用催化剂中试项目等，项目均围绕国家“双碳”目标和“构建新一代信息技术、新能源等产业体系”对贵金属新材料的战略需求，致力解决国外在高端光伏用银粉领域的“卡脖子”难题。两期项目整体建成后可年新增产值58亿元，助力渭南市华州区成为西北地区规模最大的稀贵金属深加工基地。

7月29日，山东中金岭南铜业有限责任公司铜阳极泥稀贵金属综合利用技术改造项目一期工程——年处理4000吨铜阳极泥生产线湿法系统正式投料生产，标志着中金铜业聚焦主业、向“三稀”金属综合回收利用产业链延伸拓展迈出关键一步。中金铜业铜阳极泥稀贵金属综合利用技术改造项目二期总计设计年处理7000吨铜阳极泥，全部完工预计年产黄金13.8吨，白银550吨和其他稀贵金属。

9月28日，金川集团铜贵有限公司40万吨/年智能铜电解项目建成，点火启运。该项目是“十四五”省列重大建设项目，项目于2022年4月开工建设，计划总投资55.2亿元，设计混合精矿处理量153万吨，其中铜精矿140万吨，年产铜阳极板30余万吨，年产值达到280亿~300亿元。项目建成后，金川集团本部铜产业规模将具有70万吨铜火法冶炼能力（项目副产金、银）。

10月21日云南铜业股份公司发布公告称，近日该公司西南铜业分公司搬迁升级改造项目火法系统投料成功，进入带负荷试车阶段，目前已顺利产出阳极铜。公司西南铜业政策性搬迁于2022年底启动，搬迁项目建成后，将形成年产阴极铜55万吨、硫酸135万吨、金锭11.28吨、银锭650吨的产能，并生产其他有关副产品。该项目总投资约64.24亿元，建设周期约23个月。

11月18日，作为青海省"十四五"规划重点项目——西矿稀贵金属公司多金属资源综合循环利用及环保升级改造项目正式竣工投产。该项目总投资26亿元，由中国恩菲EPC总承包，采用国际领先工艺，以金精矿、银精矿、低品位多金属矿及公司铜冶炼、锌冶炼产出的尾渣为主要原料，形成铜、铅、锌多金属资源一体化冶炼系统，设计年产电铅20万吨、金锭6吨、银锭430吨、硫酸25万吨生产能力，同时高效回收铜、锌、锑、铋、硒、钯等有价金属，预计年产值可达百亿元，每年预计实现利润总额2.6亿元。

6. 多项黄金科研成果获得2024年度中国有色金属工业科学技术奖一等奖

2024年11月12日中国有色金属工业协会、中国有色金属学会联合发布"2024年度有色金属工业科学技术奖"拟授奖项目公示：4项黄金科研成果通过2024年中国有色金属工业科学技术奖一等奖初评。2024年度中国有色金属工业科学技术奖初评通过项目210项，其中一等奖99项、二等奖89项、三等奖22项。

由紫金矿业集团股份有限公司、厦门紫金矿冶技术有限公司研发申报的"低品位及复杂金矿资源高效提取工艺研究及应用"，由矿冶科技集团有限公司、山东黄金冶炼有限公司、黑龙江宝山矿业有限公司、云南黄金矿业集团股份有限公司、陕西凤县四方金矿有限责任公司研发申报的"基于矿物基因特性自动检测的复杂金资源选冶新技术研究与应用"，由陕西西北有色铅锌集团有限公司、宝鸡西北有色七一七总队有限公司、西北有色地质矿业集团有限公司、陕西西北有色地质调查院有限公司研发申报的"凤县—太白金铅锌矿集区找矿重大突破与绿色开发示范"，由中南大学、湖南达诺智能机器人科技有限公司研发申报的"典型稀贵稀散金属高效提取及智能精炼系统创新开发与应用（发明）"通过2024年中国有色金属工业科学技术奖一等奖初评。

由山东黄金矿业科技有限公司选冶实验室分公司、中南大学、矿冶科技集团等9个单位研发申报的"基于工艺矿物学精准检测的复杂金矿高效选冶回收"，由长春黄金研究院有限公司、辽宁天利金业有限责任公司、江西三和金业有限公司研发申报的"难选冶高砷金矿资源梯级生物氧化关键技术及应用"2个黄金项目通过2024年中国有色金属工业科学技术奖二等奖初评。

此外，2024年6月24日，国家科学技术奖励大会在北京人民大会堂举行，由昆明理工大学、昆明鼎邦科技股份有限公司、山东恒邦冶炼股份有限公司、河南豫光金铅股份有限公司、金川集团股份有限公司、蒙自矿冶有限责任公司、紫金铜业有限公司等单位联合攻关、共同完成的“新一代绿色高效提炼稀贵金属技术及应用”获得2023年度国家科技进步奖二等奖。该“高温熔炼捕集—溶液电解富集—真空气化分离—梯级精炼提纯”生产稀贵金属新技术，攻克了复杂稀贵金属合金真空气化分离关键难题，实现金、银、铂、钯、硒的绿色高效提炼。成果已在国内外建成百余条稀贵金属真空气化分离生产线，开辟绿色高效短流程生产稀贵金属新途径，推动了世界稀贵金属生产技术的更迭换代，经济、社会和生态环境效益显著。

7. 中国企业海内外金矿投资与并购取得新进展

（1）山金国际3.68亿加元收购加拿大Osino资源公司。2024年2月26日银泰黄金资源股份有限公司（现山金国际股份有限公司）公告披露，公司拟通过下属海南盛蔚贸易有限公司在加拿大设立的全资子公司，以每股1.90加元的价格，现金方式收购加拿大Osino Resources Corp. 现有全部已发行且流通的普通股及待稀释股份，此次收购的交易金额约为3.68亿加元。8月29日山金国际发布公告称对于Osino Resources Corp. 的股权收购已经完成交割。此次收购将为该公司带来约127.2吨的新增黄金资源量（所属纳米比亚Twins Hills项目连同其西北130千米处的Ondundu金矿合计保有金资源量为127.2吨），而Twin Hills金矿项目预计投产后可以为该公司增加5吨/年的黄金产能，有望助力山金国际完成“十四五”末矿产金产量12吨的规划目标。

（2）招金矿业5亿美元收购澳大利亚铁拓矿业公司。6月6日，澳交所发布公告称，铁拓矿业公司将于当日交易结束时从澳交所正式名单中退市除名，这标志着招金矿业全面要约收购铁拓矿业的顺利落地。据悉，招金矿业全资附属公司招金资本完成对澳大利亚铁拓矿业收购，以5亿美元的总交易代价获得了铁拓矿业100%的股权，拥有了其旗舰资产——科特迪瓦阿布贾金矿88%的权益（新增黄金资源量104.8吨）。此外6月25日招金矿业宣布全资附属公司星河创建以1.8亿元的总交易价款，完成西金矿业60%股权的收购，间接控股开发奥德兰公司科马洪金矿。据悉，科马洪金矿位于非洲塞拉利昂，该金矿的矿区面积约100平方千米，黄金资源量约22.46吨，平均品位4.55克/吨。

（3）紫金矿业12.45亿美元收购加纳阿基姆金矿和秘鲁拉阿雷纳铜金矿。10月9日，紫金矿业发布公告称出资10亿美元收购纽蒙特持有的加纳阿基姆（Akyem）金矿项目100%权益（加纳阿基姆金矿是加纳最大金矿之一，保有黄金资源量54.4吨）。11月7日，紫金矿业发布公告，收购泛美白银旗下秘鲁拉阿雷纳（La Arena）铜金矿项目100%权益，此次收购对价包括交割时一次性支付2.45亿美元。据悉，秘鲁拉阿雷纳铜金矿位于世界著名成矿带，铜、金资源量较大，有着较好的找矿增储潜力和预期经济效益；拉阿雷纳铜金矿保有铜资源量 278.5 万吨、金资源量 196.5 吨。

8. 多家黄金企业上榜2024年中国500强榜单

2024 年 9 月 11 日，由中国企业联合、中国企业家协会评选的“2024 中国企业 500 强”在天津发布，共有 25 家有色金属企业上榜，营业收入总计达 52574.89 亿元。其中，排名前三的有色金属企业为中国五矿集团有限公司、江西铜业集团有限公司、山东魏桥创业集团有限公司，500 强的排名分别是 19 名、43 名和 50 名。25 家有色金属企业中超过 17 家涉足矿业开发，近 10 家企业以有色金属矿业开发为主。其中，黄金企业（含黄金珠宝首饰企业）入围的共有 6 家，分别为：紫金矿业集团股份有限公司营收 2934.03 亿元（排名 92）、山东黄金集团有限公司营收 1867.83 亿元（排名 141）、中国黄金集团有限公司营收 1253.90 亿元（排名 206）、老凤祥股份有限公司营收 714.36 亿元（排名 340）、深圳金雅福控股集团有限公司营收 600.04 亿元（排名 405）、山东招金集团有限公司营收 547.06 亿元（排名 446）。

2024 年《财富》中国 500 强排行榜，有 6 家黄金上市企业（含黄金珠宝首饰企业）入围，分别是：紫金矿业集团股份有限公司（营收 414.4.6 亿美元、排名 91）、老凤祥股份有限公司（营收 100.90 亿美元、排名 267）、中金黄金股份有限公司（营收 86.54 亿美元、排名 291）、深圳金雅福控股集团有限公司（营收 84.76 亿美元、排名 295）、山东黄金矿业股份有限公司（营收 83.73 亿美元、排名 298）、中国黄金集团黄金珠宝股份有限公司（营收 79.62 亿美元、排名 308）。

9. 多家黄金企业谋划在香港联交所挂牌上市

2024 年 6 月 28 日，老铺黄金股份有限公司在港交所主板挂牌上市（股票代码“6181”）。作为“古法黄金第一股”，老铺黄金净募集资金约 7.13 亿港元（约人民币 6.64 亿元）。腾讯控股全资子公司、南方基金和 CPE 源峰作为基石投资者参与本次发行，其中腾讯通过 Tencent Huang River 认购 3500 万美元，而南方基金和 CPE 源峰则各自认购 1050 万美元。与国内传统黄金珠宝首饰品牌不同，老铺黄金是唯一一家聚焦古法金设计、生产加工和销售的黄金珠宝首饰品牌。据悉，老铺黄金在 2009 年创立，以定制古法金饰品等复杂工艺饰品来吸引购买力强劲的消费者，“足金镶嵌钻石”及“金胎烧蓝”等工艺品据称都为老铺黄金首创。近年来受新中式审美崛起和悦己消费等因素影响，古法金市场出现较快增长。

11 月 29 日，梦金园黄金珠宝集团股份有限公司在香港联交所挂牌上市（股票代码“2585”）。梦金园拥有业内领先的高纯度黄金首饰生产技术和生产加工能力，首创无焊料焊接专利技术，引领行业工艺精进，黄金饰品的产能和产量均居于行业前列，连续12年上榜“中国黄金首饰加工量十大企业”，连续9年上榜“中国黄金珠宝销售收入十大企业”，已成为中国境内珠宝首饰市场最具竞争力的品牌之一。2023年梦金园黄金珠宝集团股份有限公司黄金首饰加工量49.95吨，排名全国第三位；2023年梦金园黄金珠宝集团股份有限公司黄金珠宝业务销售收入达到202.09亿元，排名全国第六位。梦金园黄金珠宝集团股份有限公司在港交所敲钟，成为继老铺黄金后第二家赴港上市的内地黄金珠宝零售品牌企业。

11月29日，中国最大的金表品牌、两度挂牌新三板的深圳西普尼精密科技股份有限公司向港交所递交招股书说明书，计划申请主板上市，上市由中国平安资本（香港）担任独家保荐人。西普尼精密是中国贵金属手表行业龙头，知名贵金属智能穿戴设备研发商，深耕于贵金属材料及穿戴产品研发及制造领域，主要从事贵金属材料的深度开发、黄金手表及精工饰品的研发、设计、制造及销售，已经开发Goldbear（金熊）、HIPINE（西普尼）等多个品牌不同系列的腕表产品。根据IPO申请文件、公开发行说明书来看，西普尼2014年营收只有30.87万元，2015年飙升至7896.95万元，2023年营收已超过4亿元。

12月23日，赤峰吉隆黄金矿业股份有限公司（以下简称“赤峰黄金”）发布公告称，公司发行境外上市股份（H股）获得中国证监会备案。继紫金矿业、山东黄金实现“A+H”两地上市后，赤峰黄金有望成为第三只“A+H”黄金股。公告显示赤峰黄金此次拟发行不超过3.38亿股H股并在香港联交所上市。据弗若斯特沙利文（北京）咨询有限公司发布的报告，截至2024年3月31日，赤峰黄金拥有的黄金资源量为14.6百万盎司（约454吨），而就黄金产量而言，赤峰黄金在中国的上市黄金生产商中排名第五，2023年的黄金产量为461.5千盎司（约14.35吨）。赤峰黄金的主营业务为黄金、有色金属采选业务，2023年度公司营收与归属净利润分别为72.21亿元和8.04亿元，分别同比上涨15.23%和78.21%。

10. 2024年中国黄金进出口概况

（1）金锭进口情况。长期以来，中国黄金供不应求。中国黄金协会公布数据，2024年中国黄金总产量534.11吨，实物黄金总消费量985.31吨，黄金生产与实物消费缺口为454.2吨，对外依存度约45.79%，黄金生产与实物消费缺口主要靠进口和民间库存弥补。中国黄金协会数据显示，2020年黄金进口量179.33吨，2021年黄金进口量673.16吨，2022年黄金进口量552.00吨，

2023 年黄金进口量 712 吨。世界黄金协会统计数据，2023 年中国黄金进口量达到 1430 吨，估计 2024 年依旧维持在较高水平。

（2）含金精矿进口情况。中国长期以来是含金精矿进口大国。除了进口金银精矿外，还大量进口富含黄金的铜精矿、铅精矿、锑精矿、银精矿等，国内众多有色副产金来自进口铜、铅、金、银、锑等精矿。海关总署公布数据显示，2024 年中国累计进口银矿砂及其精矿 170.08 万吨，同比增长 5.32%；2024 累计进口其他贵金属矿砂及其精矿（金精矿+铂族金属精矿）280.96 万吨，同比增长 25.74%（见表 2）。2024 年，从秘鲁、俄罗斯、印尼、墨西哥、巴西、保加利亚、加拿大、哈萨克斯坦等 8 国进口其他贵金属矿砂及其精矿均超过 10 万吨；其中从秘鲁进口量最大，达到 65.16 万吨，占当年中国金精矿总进口量的 23.19%。

表 2　2020—2024 年中国进口含金精矿实物量统计　（万吨）

年份	其他贵金属矿砂及其精矿（金精矿+铂族金属精矿）	银矿砂及其精矿	铜精矿	铅精矿	锑精矿
2020 年	115.37	88.40	2178.73	133.45	4.28
2021 年	126.28	109.88	2340.43	120.21	3.39
2022 年	147.49	143.17	2527.06	101.30	2.90
2023 年	223.45	161.49	2753.55	113.98	3.52
2024 年	280.96	170.08	2811.45	123.83	5.11
2024 年同比/%	25.74	5.32	2.10	8.64	45.17

数据来源：海关总署。

（3）黄金珠宝首饰出口情况。海关总署统计数据显示，2020 年中国出口金首饰及零件 72.9 吨，2021 年出口 113.55 吨，2022 年出口 135.69 吨，2023 年出口 153.97 吨，2024 年出口 127.68 吨，同比下降 17.07%。

三、黄金产业相关政策

（一）《关于进一步加强绿色矿山建设的通知》发布

2024 年 4 月 16 日，自然资源部、生态环境部、财政部、国家市场监督管理总局、国家金融监督管理总局、中国证券监督管理委员会、国家林业和草原局发布《关于进一步加强绿色矿山建设的通知》，明确全面推进绿色矿山建设、强化绿色矿山名录动态管理，将进一步强化绿色矿山建设工作的监督考核，以切实提升矿产资源开发利用保护水平，助力美丽中国建设。《通知》指出，到2028年底绿色矿山建设工作机制更加完善，持证在产的90%大型矿山、80%中型矿山要达到绿色矿山标准要求，各地可结合实际，参照绿色矿山标准加强小型矿山管理。此前自然资源部公布的前几批国家绿色矿山中，金、银矿山占比达到11.24%，其中有127座金矿（占全国绿色矿山总数量比重10.12%）、14家银矿（占全国绿色矿山总数量比重1.12%）入选全国绿色矿山名录。

（二）《有色金属企业环境、社会及治理（ESG）信息披露指南》发布

2024年年中，中国有色金属工业协会正式批准并公开发布了T/CNIA 0246—2024《有色金属企业环境、社会及治理（ESG）信息披露指南》。该《指南》于2024年9月1日起正式实施，这是中国有色金属行业的第一份ESG信息披露标准，标志着行业在可持续发展道路上迈出了重要一步。《指南》将推动行业的ESG发展，提高企业的社会责任意识，促进可持续发展。《指南》确定了披露议题架构，包括16个一级议题、44个二级议题，并提供具体披露事项及内容参考。

此外，2024年6月5日，由中国有色金属工业协会、中国有色金属学会主办的2024年全国有色金属生态环境保护大会暨节能减污降碳工作会在北京举行。会议总结了有色金属生态环境保护领域取得的成效，深入分析面临的主要问题，科学提出有色金属行业生态环境保护领域重点任务，积极推动有色金属行业绿色低碳高质量发展。会上由中国有色金属工业协会和中铝集团牵头，18家单位组成联合体共同建设的“中国有色金属行业环境产品声明（EPD）平台”正式上线。

（三）《中华人民共和国矿产资源法》修订通过

2024年11月8日，《中华人民共和国矿产资源法》经第十四届全国人民代表大会常务委员会第十二次会议修订通过，自2025年7月1日起施行。新修订的矿产资源法内容包括：总则、矿业权、矿产资源勘查开采、矿区生态修复、矿产资源储备和应急、监督管理、法律责任和附则，共八章八十条。这是该法自1996年、2009年两次修正后的首次修订，主要是为了促进矿产资源合理开发利用，加强矿产资源和生态环境保护，维护矿产资源国家所有者权益和矿业权人合法权益，推动矿业高质量发展，保障国家矿产资源安全，适应全面建设社会主义现代化国家的需要。

（四）《西部地区鼓励类产业目录（2025年本）》发布

2024年11月27日，国家发改委发布《西部地区鼓励类产业目录（2025

年本)》，该目录经国务院同意，自 2025 年 1 月 1 日起施行。2025 年西部地区鼓励类产业目录中，稀贵金属提纯及深加工入选云南省鼓励类产业目录；玉石珠宝开采、加工，金等战略性矿产资源及紧缺矿产勘查和综合开发利用，共伴生矿及尾矿库固废综合利用等入选西藏自治区鼓励类产业目录；贵金属粉体材料开发及生产入选甘肃省鼓励类产业目录；珠宝加工等精密加工产业技术开发及设备制造入选重庆市鼓励类产业目录等。

（五）其他涉及黄金产业重要产业政策

2024 年全国有色金属标准化技术委员会（SAC/TC 243）归口制定了国家标准《超细金粉》。标准起草单位为：贵研电子材料（云南）有限公司、云南省贵金属新材料控股集团股份有限公司、云南贵金属实验室有限公司、西安宏星电子浆料科技股份有限公司、有研亿金新材料股份有限公司、西北有色金属研究院、中国振华集团云科电子有限公司、成都光明派特贵金属有限公司、有研工程技术研究院有限公司、金川集团股份有限公司。

2023 年 12 月 18 日工信部发布的《重点新材料首批次应用示范指导目录（2024 年版)》，自 2024 年 1 月 1 日起实施。涉及贵金属重点新材料产品有：高性能键合金带、丝，超细球形银粉和超细银包铜粉，银反射膜，高可靠性封装的金锡合金，医疗钛镍丝带材及铂合金丝材等。

2024 年 12 月 19 日中国人民银行公布 2025 年贵金属纪念币项目发行计划，2025 年将发行 10 个项目、56 个品种。10 个项目包括：第九届亚洲冬季运动会金银纪念币、2025 版中国龙银质纪念币、海南热带雨林国家公园金银纪念币、2025 吉祥文化金银纪念币、西南财经大学建校 100 周年金银纪念币、国家宝藏（统一气象）金银纪念币、大运河金银纪念币、2026 版熊猫贵金属纪念币、2026 中国丙午（马）年贵金属纪念币、2026 年贺岁金银纪念币。

四、中国黄金产业发展需要重点关注问题

（一）黄金产业地位愈发重要，行业多头管理统筹协调存在不足

目前黄金在担当国家储备、货币政策工具、促进经济开发、美化人民生活和稳定社会心理预期等方面功不可没。进入新时期随着全球经济重心东移，美国亚太战略再调整，中国“一带一路”倡议加速推进，中美大国博弈再升级（已经从传统贸易层面逐渐升级为金融战、科技战等，新时期中美竞争已聚焦于人工智能和关键矿产）；而国际货币体系中美元、欧元、人民币三足鼎立局面初步形成，黄金不断为人民币国际化增信，具有金融货币属性的黄金正在价值回归。

基于黄金产业的特殊，新中国成立后国家对黄金单列管理，曾经成立了国家经贸委黄金局、武警黄金部队等机构统筹全国黄金行业管理和黄金地勘找矿工作。目前黄金行业存在多头管理，主要行业管理机构有：中国黄金协会（全国矿产金、黄金珠宝首饰等行业管理）、中国有色金属工业协会金银分会（全国白银、有色副产金、金银工业应用等行业管理）、中国珠宝玉石首饰行业协会（全国珠宝玉石首饰行业等管理，下设黄金首饰分会、白银分会、首饰设计专业委员会、时尚首饰产业分会、珠宝电商分会、传统首饰艺术品专业委员会等）、全国工商联金银珠宝业商会（金银珠宝等行业管理）等，中国黄金行业目前存在的多头管理，使得黄金行业在国家层面统筹协调存在欠缺和不足。

（二）黄金生产消费缺口巨大、黄金产业对外依存度过高风险加大

中国黄金协会公布数据，2024 年中国黄金总产量 534.11 吨，实物黄金总消费量 985.31 吨，黄金生产与实物消费缺口为 454.2 吨，对外依存度约 45.79%，黄金生产与实物消费缺口主要靠进口和民间库存弥补。

世界黄金协会数据显示，2023 年中国黄金进口量达 1430 吨，同比增长 6.48%，进口量达到 2018 年以来最高水平，2024 年依旧维持较高水平。一方面，中国大量进口金锭，一方面大量进口含金精矿。海关总署公布数据，2024 年中国进口大量含金精矿：进口其他贵金属矿砂及其精矿（主要是金精矿）280.96 万吨、铜矿砂及其精矿 2811.45 万吨、银矿砂及其精矿 170.08 万吨、铅矿砂及其精矿 123.83 万吨、其他锑矿砂及其精矿 5.11 万吨等。中国每年需要从秘鲁、俄罗斯、印尼、墨西哥、巴西、保加利亚、加拿大、哈萨克斯坦、厄瓜多尔、澳大利亚等国家进口大量金精矿，黄金冶炼行业对外原料依存度高，进口金精矿贸易运输路线跨越多个大洲，黄金矿业供应链安全问题凸显。

（三）黄金进出口产业政策不完善需要不断微调

基于黄金产业特殊，国家对黄金进出口政策管控严格，目前黄金产业实行特殊的税收政策（增值税即征即退），但国家对黄金进出口严格管制，导致一些配套产业政策未及时修订颁布。例如国内矿产黄金生产原料主要来自含金矿物，这些含金矿物包括：金精矿、铜精矿、铅精矿、银精矿、锑精矿、硫精矿等，目前经国家批准进口的黄金（含标准黄金）、黄金矿砂、黄金伴生矿（铜矿砂及其精矿，铅矿砂及其精矿，镍矿砂、钴矿砂、锑矿砂及其精矿等）暂免征收进口环节增值税。不过由于含金精矿众多，目前硫精矿、硫铁矿等精矿含金还未享受暂免征收进口环节增值税政策。另外，中国是严重缺金的国家，每年大量进口金锭和含金精矿，但目前对黄金的进口管理过于严格，中国在海外投资有大量金矿，投产后生产的金锭和精矿如何安全运回国内是个问题，有必要研究在有效监管情况下逐步开放黄金进口政策。

五、中国黄金产业下一步发展重点建议

（一）建议大力发展黄金产业，将黄金产业发展提升到国家战略层面

我国从2007年起连续18年成为全球最大黄金生产国、消费国，且伴随着人民币国际化进程，黄金在国家储备、人民币国际化中地位不断加强，切实需要国家提高对黄金产业定位。在国家战略层面，建议新时期国家重新审视黄金的货币经济、社会地位与融通等作用，积极倡导大黄金产业发展观，将黄金产业发展上升为国家战略，注重黄金产业发展与自然生态的和谐，绿水青山就是金山银山。建议尽快建立涉及国家宏观经济、金融投资管理、自然资源、环保、工业、商业零售、外贸、物资储备、物流押运、黄金相关各个行业机构组织等在内的黄金产业发展统一协调机制（如部级联席机制）；倡导建立国家黄金产业发展基金、黄金科技发展专项基金、黄金金融创新基金或者加大国家重点科技研发黄金科研项目立项，加强海外并购国际产能合作、注重风险防范、完善“一带一路”沿线等区域海外大型核心黄金资源并购协调机制，继续加强对黄金行业软硬科学基础研究资助与投入和黄金行业智库建设，立足长远推动全国黄金产业可持续健康发展。

另外，目前国家对黄金单列管理，而黄金传统属于有色金属的一个品种。而有色铜冶炼发展出的氧气底吹造锍捕金技术，通过造锍熔炼将金、银等贵金属富集于铜锍，对复杂难处理金精矿有很好的综合回收效果，解决了现有传统黄金冶炼企业规模小、环保压力大、金属回收率低等问题。可以消除传统矿产金冶炼氰化物污染问题，实现了黄金冶炼大规模生产，是黄金冶炼行业的重大技术变革，为黄金冶炼和铜冶炼的产业技术升级提供了新途径，未来有色金属系统和黄金系统打破分割加强联动共同推进行业科技进步十分必要。

（二）建议加强海外资源并购协同，深化黄金行业全产业链改革

我国虽然是世界黄金最大的生产消费国，但长期以来黄金实物供应存在较大的缺口，对外依存度高，保障黄金产业链安全和供应韧性是全行业亟需解决的关键问题，因此大力提高黄金产量和供应量、增强产业链安全是发展要务。目前国内黄金原料供应短缺，进口原料黄金产量呈上升趋势；中国黄金协会公布数据，2024年进口原料产金156.864吨（占当年全国黄金总产量比重29.37%），同比增长8.83%。而全球黄金生产主要还是集中在发达国家及其黄金矿业公司。

鉴于黄金产业的特殊性，深化黄金行业全产业链的改革势在必行，建议继

续优化调整黄金矿产开发政策、综合回收政策、进出口政策、税收政策等，强化对黄金产业发展的支持；支持通过市场化的兼并重组，推动行业结构调整，增强国家对黄金勘探与资源开发的控制力，支持国内黄金资源继续向头部企业集中；同时扶持国内大型黄金企业协同参与国际化竞争，进行海外黄金资源收购，提升中国国家黄金产业的国际地位。根据中国有色金属工业协会金银分会、北京安泰科信息股份有限公司初步统计资料，截至 2024 年年底中国 30 多家有色金属等企业在海外投资了 60 多家金矿，总计控制了约 7500 吨黄金资源储量，目前投资收购的超大型金矿还不太多。

在海外金矿资源投资国际化开发方面，基于金矿与铜矿等通常伴生，铜矿、金矿又是中国海外固体矿产资源开发的两大矿种，建议充分发挥“中国有色金属国际产能合作企业联盟”等机构作用，推动有色金属企业海外并购铜矿资产时适度重点关注含金品位高、黄金储量大的铜矿；而目前中国企业还很少在海外完全收购控制并开发世界级金矿资源，这点需要走出去的有色金属、黄金、金融、基建、物流、军工等系统企业协同努力。另外建议充分发挥国家开发银行、中国进出口银行、中非基金、丝路基金、亚洲基础设施建设银行、金砖国家银行、各大商业银行、中国五矿集团、紫金矿业集团等金融机构和矿业骨干企业综合优势，充分利用国家“丝绸之路经济带”和“21 世纪海上丝绸之路”倡议，利用综合力量合力支持企业进行海外金矿等资源开发，积极布局从点到面形成海外金矿等资源开发的成片成带多层次化。

（三）强化供给侧改革，不断完善黄金产业政策与市场制度

目前中国黄金产业最大特点就黄金供不应求，黄金产业发展无法满足国家对黄金的需求，因此大力进行黄金产业供给侧改革势在必行。为促进我国黄金产业、黄金市场发展，建议把黄金资源战略提高到国家战略资源的高度进行管理，制定黄金产业长期发展战略，扶持黄金企业的发展，鼓励民间黄金投资，规范黄金市场管理、制定与生态保护相关的可持续发展的财税支持政策。在黄金进口方面，建议将所有涉及含金资源进口增值税政策问题，出台文件一次解决；考虑在有效监管下，逐步放开黄金的进口，出台配套产业政策鼓励黄金矿业投资，同时完善海外金矿投资生产产品（金精矿、粗金、金锭等）回流配套政策。

同时，新时期黄金货币属性在回归，黄金产业地位与作用面临重估。在黄金市场管理制度完善方面，建议中国人民银行、国家金融管理局、中国证监会等监管机构在新时期加强对黄金作为一种资产财富类别的管理与培育，一方面盘活存量黄金，加强黄金金融创新（如黄金产品 ETFs、互联网黄金金融产品

等推出)，提高黄金产品流动性和投资便利性，完善藏金于民渠道积极藏金于民；另一方面，建议工信部等工业主管部门，加强含金物料二次资源和城市矿产再生贵金属产业发展指导与规划，不断提高国内再生金等贵金属产量供应，缓解市场短缺，推动行业可持续发展。

撰稿人：石和清、盛　文

审稿人：唐武军

2024 年白银工业发展报告

一、2024 年世界白银工业发展概述

（一）现货供应略有下降

白银市场的供应以矿产银为主。1990 年至今，矿产银在总供应量中的占比维持在 70%以上。据金属聚焦（Metal Focus）统计，全球矿产银的峰值在 2016 年，达到 27987 吨。2017—2020 年，矿产银产量持续下降；2020 年全球疫情暴发，矿产银产量跌至 24366 吨，与峰值相比下降了 13 个百分点。2021—2023 年间矿产银产量略有反弹。金属聚焦（Metal Focus）预计，2024 年全球矿产银同比下降 0. 8%到 25613 吨。矿产银产量持续下降的原因有矿石品位下降、老旧矿山关停、储量消耗下降等。

据世界金属统计数据，2024 年，亚洲矿产银产量跌幅最大，同比下降 5. 23%到 5879 吨；大洋洲同比有 10. 9%的涨幅。分国家来看，全球矿产量排名第一的墨西哥 2024 年矿产银产量同比有 7. 65%的下降，秘鲁同比则有 11. 46%的增长（见表 1）。

表 1　2024 年矿产银产量情况

地区	2024 年矿产量/吨	同比/%	地区	2024 年矿产量/吨	同比/%
美洲	14318	−0. 68	大洋洲	1169	10. 90
亚洲	5879	−5. 23	非洲	369	2. 44
欧洲	3282	2. 52	全球合计	25016	−0. 74
国家	2024 年矿产量/吨	同比/%	国家	2024 年矿产量/吨	同比/%
墨西哥	6263	−7. 65	智利	1378	−11. 68
秘鲁	3043	11. 46	澳大利亚	1033	12. 36
中国	3399	−2. 82	美国	998	4. 84
玻利维亚	1350	10. 27	阿根廷	808	−8. 55
波兰	1314	9. 36	哈萨克斯坦	895	−21. 03
俄罗斯	1236	0. 00	印度	735	−4. 54

数据来源：世界金属统计，北京安泰科信息股份有限公司（以下简称“安泰科”）。

2024 年，泛美银业公司（Pan American Silver Corp.）下属 La Colorada 矿场通风设施升级，提升了矿石的加工量和品位；纽蒙特公司（Newmont Corporation）位于墨西哥的 Penasquito 金矿逐渐达产贡献了增幅；多金属资源公司（Polymetals Resources）在俄罗斯的 Prognoz 银矿投产；金田公司（Gold Fields Ltd.）在智利的 Salares Norte 金矿投产；科尔黛伦矿业公司（Coeur Mining, Inc.）在美国的 Rochester 扩建项目进入商业化生产阶段，上半年该矿山实现满负荷生产。

赫克拉矿业公司（Hecla Mining Co.）旗下 Lucky Friday 矿山自 2023 年 8 月停产，于 2024 年 1 月 9 日恢复生产，一季度进入满负荷生产阶段。亚得里亚金属公司（Adriatic Metals）位于波斯尼亚和黑塞哥维那的 Vares 白银项目 3 月正式投产，2024 年四季度前加工产能将提升至 65000 吨/月。

尽管部分矿山的复产和新项目的投产将提振矿产量，但由于罢工停产、新项目推迟、矿石品位下降等因素，全球矿产银产量仍未恢复到疫情前的水平。因社区和政府的纠纷导致 2023 年一些矿山关闭，预计基本金属矿山副产的白银产量将下降，特别是在南美洲。此外，由于锌价疲软，部分锌矿可能继续面临停产的风险，锌矿副产的白银产量有不确定性。

供应方面的投融资项目主要有以下几项。

多金属资源公司（Polymetals Resources）与金属收购公司（MAC）签订非独家战略联盟协议。多金属公司已获得 MAC 公司 500 万澳元的投资，用于使旗下位于澳大利亚的 Endeavor 矿山和加工厂复产。

第一银业公司（First Majestic Silver）宣布将以约 9.7 亿美元的对价，收购加托斯银业公司（Gatos Silver, Inc.）。加托斯银业公司拥有洛斯加托斯合资企业（Los Gatos Joint Venture）70%的权益，包括位于墨西哥的在产地下矿山 Cerro Los Gatos。第一银业公司已在墨西哥拥有三家在产矿山，该收购交易完成后旗下矿山数量将进一步增加。

科尔黛伦矿业公司（Coeur Mining）宣布将以 17 亿美元的对价，收购银矿资源公司（SilverCrest Metals Inc.）。收购交易完成后，科尔黛伦公司将把银矿资源公司位于墨西哥的 Las Chispas 矿山纳入麾下，共拥有位于北美洲的五家在产矿山。

纽蒙特公司（Newmont Corporation）已同意出售旗下 Musselwhite 矿山和 Élénore 矿山。奥拉矿业公司（Orla Mining Ltd.）将以不超过 8.5 亿美元收购位于安大略省的 Musselwhite 矿山。迪尔玛有限公司（Dhilmar Ltd.）将以 7.95 亿美元收购位于魁北克省的 Élénore 矿山。

据金属聚焦（Metal Focus）统计，2023年矿产银中来自独立银矿的产量在总产量中占到28%，与2014年比较，占比份额下降了4个百分点；同期，铜冶炼副产的矿产银产量在总产量中的占比从21%提高到27%（见图1）。矿产银主要来自基本金属铜、铅、锌的副产，其生产依赖主营金属的生产计划。随着铜矿山新项目的逐渐达产，全球铜精矿产量增长，铜冶炼副产的白银产量随之增长，其在总产量中的占比不断提高。

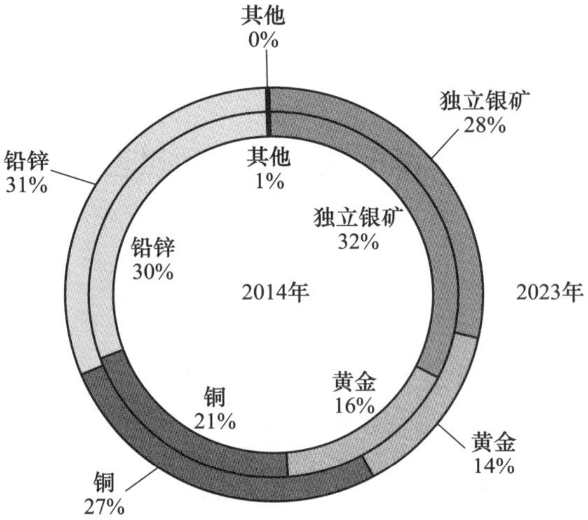

图1　2023年与2014年矿产银原料结构变化

数据来源：金属聚焦（Metal Focus），安泰科

2024年上半年，主要银矿的总维持成本（AISC）有所下降。投入成本增长的放缓，副产品收入的增加，使得90%的生产商实现了盈利。银价的持续高企将继续抵消生产成本和更多的矿区使用费，从而进一步降低总维持成本。

金属聚焦（Metal Focus）预计，受价格上涨推动，2024年再生银产量同比将有5%的增长，达到5834吨。回收增长的部分主要来自对价格敏感的行业，比如发达国家的银器废料和流通旧银币及纪念币，在银价上涨的鼓励下回流市场。工业回收也略有增加，这部分增长主要与结构性因素有关。

金属聚焦（Metal Focus）预计，2024年世界白银市场现货供应量达到31447吨，同比将有0.2%的增长（见表2）。

表2　2022—2024年世界白银市场供应

分类	供应量/吨			同比/%
	2022年	2023年	2024年	
矿产银	26025	25830	25613	-0.8

续表2

分类	供应量/吨			同比/%
	2022 年	2023 年	2024 年	
再生银	5504	5556	5834	0.1
现货供应	31529	31386	31447	0.2
政府抛售	54	51	46	-9.8
总供应	31583	31437	31493	0.2

数据来源：金属聚焦（Metal Focus），安泰科。

（二）现货需求同比增长 3.1%

金属聚焦（Metal Focus）预计，2024 年，世界白银市场现货需求同比增长 3.1%至 37917 吨（见表 3）。工业领域的需求创下历史新高。绿色经济，尤其是光伏行业的增长是主要驱动力。新能源车需求的增加、车辆电气化进程的加快，以及充电站等基础设施的投资，为工业用银提供了助力。人工智能技术的快速普及所引发的科技升级、设备更换和新基础设施投资，也推动了工业用银的需求。首饰与银器需求的恢复也贡献了涨幅。

表 3　2022—2024 年世界白银市场需求

分类	需求量/吨			同比/%
	2022 年	2023 年	2024 年	
首饰和银器	9581	8035	8402	4.6
现货投资	10486	7562	6593	-12.8
工业用银	18298	20353	22110	8.6
现货需求	39220	36790	37917	3.1
生产商净对冲	557	379	200	-47.2
总需求	39777	37169	38117	3.6

数据来源：金属聚焦（Metal Focus），安泰科。

（三）工业用银贡献最大增幅

金属聚焦（Metal Focus）预计，2024 年，全球工业用银创下历史新高到 22110 吨，同比增长 8.6%。在册统计的各工业领域均有不同程度的增长；其中光伏行业对银的需求增幅最大，达到 7217 吨，同比有 19.9%的涨幅。

1. 光伏行业

从全球光伏新增装机来看，各家的预测差距不小，但总体均是上调预期。中国光伏行业协会在“2024 光伏行业年度大会”上上调装机预测，将

2024年全球光伏新增装机预测由390~430吉瓦上调至430~470吉瓦。S&P Global标普全球预计，2024年全球光伏装机量将达到520吉瓦。集邦新能源的报告中，中性预测2024年全球光伏装机540吉瓦，同比增长30%。彭博新能源财经（BNEF）在《2024年第三季度全球光伏市场展望》报告中预测，2024年将有592吉瓦的新增光伏装机量，高于3月做出的574吉瓦预测，较2023年增长33%。

2024年光伏产业链价格触底，光伏组件的低价继续推动全球光伏装机的增长；叠加政策端继续对行业形成支持或向好，全球市场保持了较好的增长。亚太地区作为全球光伏市场的领头羊，其表现尤为突出。中国、日本、韩国等国的光伏市场已经进入了一个相对成熟的发展阶段，而印度等新兴市场则显示出巨大的发展潜力。

但技术进步带来的单位银用量的下降，部分抵消了新增装机容量的增幅。

2. 新能源车

国际能源署（IEA）数据显示，2024年全球电动汽车销量首次超越传统燃油车，达到1400万辆，市场份额攀升至52%。从地区分布来看，中国在全球新能源车市场中占据主导地位。在中国以外的新兴和发展中经济体，如越南、泰国、巴西、印度尼西亚和马来西亚等国家，电动汽车销量也有显著增长，尽管这些地区的市场份额仍然较低，但政策支持正在促进行业投资和消费增长。

与燃油车比较，单位新能源车中用到更多银。新能源车市占率的提升，增加了汽车行业中银的用量。

3. 半导体行业

2024年受以中美为代表的核心市场增长推动，在消费电子、AI、电动汽车及新能源等需求的促进下，全球半导体行业复苏强劲，全球半导体销售额大幅回升。世界半导体贸易统计组织（WSTS）统计，2024年全球半导体市场规模为6270亿美元，同比增长19%。2024年市场规模的显著增长，标志着市场已触底反弹，进入“硅周期”的上行阶段。

全球人工智能和高效能运算需求的爆发式增长，是推动半导体市场增长的主要因素。人工智能技术的快速发展，特别是在训练大规模神经网络模型和应用落地方面，需要强大的计算能力支撑，从而推动了逻辑芯片和存储芯片的市场需求。此外，智能可穿戴设备、智能家居等新兴消费电子产品的技术改进和生态构建也刺激了半导体市场的增长。从地区来看，美洲和亚太地区将引领复苏，预计增长率分别为38.9%和17.5%。日本预计将实现1.4%的温和增长，欧洲可能面临6.7%的下降。

（四）首饰和银器需求同比增长4.6%

金属聚焦（Metal Focus）预计，2024年，全球首饰和银器需求同比将有4.6%的增长到8402吨；其中银饰同比增长4%到6572吨，银器同比增长6.6%到1830吨。印度是增长的主要贡献者，美国市场的银饰需求也有增加，因此对亚洲和欧洲的主要出口国产生了积极影响。

（五）投资/投机情绪

金属聚焦（Metal Focus）预计，2024年，全球净现货投资同比下降12.8%到6593吨，连续第二年下降。跌幅主要来自西方市场。美国股市的稳步上涨，加密货币价格的飙涨，使得个人投资者对现货白银的兴趣减弱，投资从白银转移到其他资产。投资者减持白银是2024年大部分时段内的普遍现象。欧洲实物白银投资需求的疲软则反映出2023年以来包括利率高企、2020—2022年买入量极高后市场已几近饱和、生活成本危机等在内的多个利空因素，持续打压对金银的投资需求。另外，银价上破30美元/盎司❶也促使投资者获利了结，回售量也有增加，导致对新增需求进一步下降。

据美国铸币局数据，2024年鹰银币销售量773.3吨，同比增长1.4%。据澳大利亚珀斯铸币厂数据，2024年银币及银条销量305.24吨，同比下降34.1%。鹰扬银币销量的增长主要归功于2024年版新银币的发行。

2024年，白银ETPs需求实现资金净流入，逆转了自2022—2023年的净流出局面。截至年底，白银ETPs持仓23451吨，比上一年净流入880.42吨。避险需求及银价的上涨激发了投资者的兴趣。

美国商品期货交易委员会（CFTC）公布的芝加哥商品交易所（CME）期货持仓数据显示，2024年白银市场管理基金的净头寸以多头头寸占优，净多头寸明显增加（见图2）。

（六）白银库存转降为增

截至2024年底，Comex白银库存比前一年增加了1267吨到9910吨，逆转了前三年的下降趋势；伦敦金银市场协会（LBMA）的白银库存同比减少了662吨到25740吨。中国地区白银库存（包括上海黄金交易所和上海期货交易所）减少了50吨到2405吨（见图3）。2024年，上述四家交易所合计增加了555吨到38055吨，逆转了前三年的跌势，转降为增。

（七）世界白银现货市场平衡

金属聚焦（Metal Focus）数据显示，2024年世界白银市场供应及需求均

---

❶ 1盎司=31.1035克。

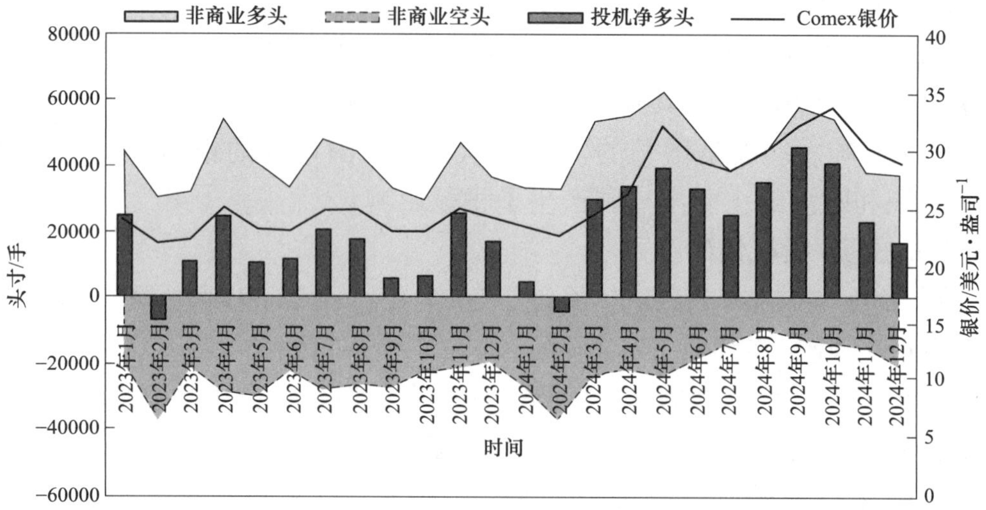

图 2　CFTC 投机头寸及银价

数据来源：CFTC，Comex，安泰科

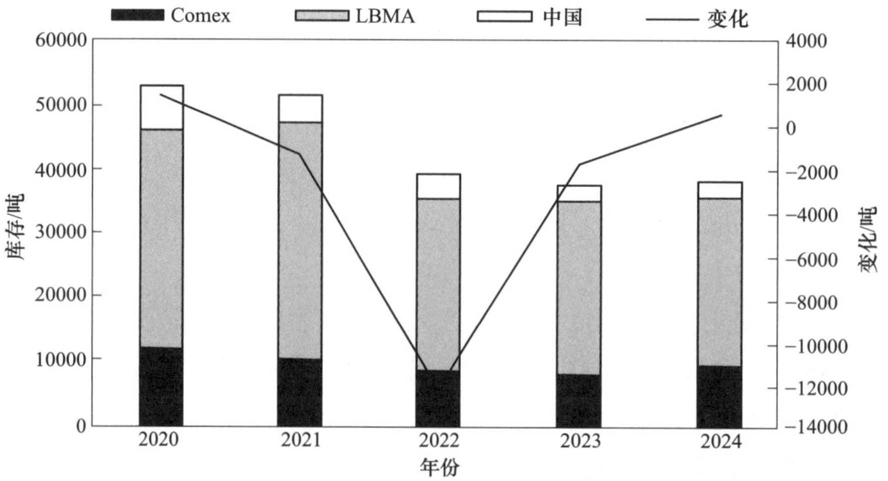

图 3　主要地区白银库存及变化

数据来源：Comex，LBMA

有增长，继续维持供应短缺的格局，市场缺口比前一年放大了 892 吨到 6624 吨（见表 4）。

表 4　2022—2024 年世界白银现货市场平衡表　　（吨）

年份	2022 年	2023 年	2024 年
总供应	31583	31437	31493

续表 4

年份	2022 年	2023 年	2024 年
总需求	39777	37169	38117
市场平衡	-8194	-5732	-6624
ETPs 库持有量变化	-2570	-1213	880
库存变化（COMEX、LBMA、SHFE、SGE）	-12220	-1719	555

数据来源：金属聚焦（Metal Focus），万得资讯（Wind），安泰科。

（八）世界白银贸易情况

印度是世界最大的白银饰制品消费国，也是世界主要的白银进口国。2022 年印度白银进口量创下 9450 吨的历史纪录。2023 年，多重因素导致印度白银进口量大幅减少，同比剧降 63%，仅 3475 吨。印度政府继 2023 年上调白银进口关税后，2024 年 7 月 23 日，印度财政部部长在预算演讲中提议，把黄金和白银的进口税从 15%下调至 6%，铂和钯的进口税从 15.4%下调至 6.4%。目的是提高国内贵金属首饰的附加值，并打击走私。

上半年，印度企业利用《印度-阿联酋全面经济伙伴关系协定》提供的优惠进口关税税率，大量进口白银，进口量达到 4554 吨，远高于 2023 年上半年的 560 吨。下半年，进口关税的下调，使得印度国内白银消费成本下降，刺激了零售需求。

另外，印度房地产市场的持续强劲和当地基础设施建设投资的增加，推动对电气和电子产品的需求更加坚挺。印度政府重新执行“太阳能光伏模块型号和制造商批准清单”，以期增加太阳能组件的本地采购，将支持印度国内光伏行业对白银的需求。由于 2023 年的库存耗尽，同时市场对银价的预期看涨，工业买家一直在补充库存。市场预期，2024 年印度工业用银将有增长。

在国内银价下跌 10%的刺激下，11 月期间印度节日和婚礼相关的白银需求强劲增长。投资需求也保持强劲，尤其引人注目的是，继 2022—2023 年温和增长后，2024 年资金加速流入印度白银 ETPs，截至 11 月，白银 ETPs 总持仓量增长 170%至 1100 吨以上。

综上，预计 2024 年印度白银进口量将达到 8000 吨，远高于 2023 年。

美国地质勘探局（USGS）数据显示，2024 年，美国进口银锭 3730 吨，同比下降 9.7%；进口银粉 147 吨，同比下降 38.8%；进口废料 3200 吨，同比下降 25.8%。同期，出口银锭 87.1 吨，同比增长 51.7%；出口银粉 527 吨，同比增长 4.4%；出口废料 12400 吨，同比下降 20.5%。

二、2024年中国白银工业发展现状

（一）产量同比下降4.82%

据中国有色金属工业协会初步统计，2024年，中国白银产量同比下降4.82%到22715吨（见表5）；同期，国内原生铜产量同比有所增长，原生铅和原生锌产量同比分别有所下降。

表5　2022—2024年中国白银产量

年份	2022年	2023年	2024年	同比/%
产量/吨	23992	23865	22715	-4.82

数据来源：中国有色金属工业协会，安泰科。

安泰科统计，2024年国内原生铜产量同比增长0.9%到932万吨。全球铜冶炼产能投产规模大幅超过铜精矿增量，铜精矿供应趋紧，现货市场加工费跌至历史低位，冶炼企业采购意愿下降；尽管国内新建产能及检修复产产能陆续释放，仍拖累了精铜产量的增速。

安泰科统计：2024年国内原生铅和原生锌的产量均有所下降；周期性停产检修，以及精矿加工费处于较低水平，影响了部分冶炼企业的开工率。冶炼厂不再追求主营金属的绝对收益，而是追求价值更高的白银等产品收益。

2024年国内原生铅产量同比下降4.1%到281万吨。减量主要来自有效产能的缩减，部分企业因搬迁扩建、产线调整等因素，电解铅产能阶段性减少，导致原生铅产量同比下降。另外，铅精矿加工费屡创新低，冶炼厂盈利主要依赖副产品综合收益。

2024年国内原生锌产量同比下降4%到576万吨。进口和国产矿加工费持续处于低位，冶炼厂利润空间不断被挤压，陆续下调开工率或维持低负荷生产。新投产产能达产进度不及预期。

（二）消费继续增长

近年来，光伏行业的快速发展，积极拉动其中白银的需求。中国作为全球主要的光伏电池片出口国家，光伏银浆的需求急剧增长。2014—2023年间，国内光伏用银以20%的年均复合增长率增长，成为国内白银消费增长的最大贡献者。

1. 光伏行业

10月9日，国际能源署（IEA）发布《可再生能源2024》报告。报告认为，到2030年，全球可再生能源发电将满足近一半的电力需求。全球可再生

能源装机总量将较 2022 年增长 1.7 倍，新增的清洁能源装机容量中，光伏新增装机在各种电源形式中占比将达到 70%。这一趋势不仅将改变全球电力需求的满足方式，更将重构全球的能源供给格局。太阳能光伏正引领全球能源供给格局的变革。

中国已形成了全世界最大规模、最具竞争力的光伏行业，整体产业链的各环节在全世界市场份额中占到 80%以上。在全球能源转型的大背景下，海外光伏市场需求不断增长，中国光伏产品的出口持续增长。同时，国内光伏产业链也走出国门，在海外建厂。

据中国光伏行业协会报告，2024 年，光伏产业链各环节产量同比均有 20%的增长，光伏组件出口总量达到 235.93 吉瓦，同比增长 13%。2024 年，我国新增装机容量同比增长 28%到 278 吉瓦。

2024 年，聚和材料光伏导电银浆出货量为 2024 吨，同比增长 10%，其中 N 型银浆占比达到 78%。同期，帝科股份光伏导电银浆出货量为 2037.69 吨，同比增长 18.9%，其中 N 型银浆占比为 89.1%。

浆料公司投融资情况：儒兴科技撤回 IPO，日御募资上市辅导中，温州光达募资中，首骋新材关闭光伏浆料业务。

2024 年国内光伏行业进入价格深度调整期，整个产业链价格持续走低，也促使行业积极降低成本。行业“节银替银”的口号变成“无银去银”。2024 年各技术路线中银浆的单位用量进一步下降，银包铜市场占有率继续提高。尽管全年电池片产量同比增长，预计光伏行业银用量的增幅不及预期。

2024 年底，德国科技集团贺利氏正式签订协议，拟将中国和新加坡光伏业务整体转让给海天股份。至此，早期被业内称为光伏银浆“四大天王”的德国贺利氏、美国杜邦、韩国三星、中国台湾硕禾全部退出中国光伏银浆市场。随着中国银浆企业的崛起、壮大，光伏用银浆的国产化率不断提高，市场的竞争格局发生了改变。光伏用银浆的加工费不断下降，外资调整战略部署，退出光伏银浆市场。目前国内光伏银浆市场的头部企业是聚和、帝科、晶银。2023 年上述三家企业光伏银浆的市占率达到 70%。

2. 电子信息产业

在经历了 2018—2020 年中美贸易战的阵痛期之后，中国集成电路产业竞争力逐步提升，逐渐加强了与东亚、东南亚各国的产业链合作。同时，国内集成电路贸易逆差逐年缩小，国产芯片厂商竞争力不断提升。

中国大陆作为全球最大的电子装备制造国，多年来一直是全球最大的半导体单一市场。根据世界集成电路协会（WICA）的数据，2024 年中国半导体市场规模同比增长 20.1% 达到 1865 亿美元，在全球半导体市场份额中占到 30.1%。

半导体产业走强，获益于国内电动汽车、光伏、储能、通信、消费电子、服务器等产业的旺盛需求。同时，面对国际供应链的不确定性，政府对半导体产业给予了大力支持，通过产业政策、税收优惠和人才培养等多方面措施，推进本土半导体制造和配套产业链的发展，积极推进国产替代，促进了半导体行业的复苏和增长。

半导体行业代表了经济结构转型中的核心驱动力量。不仅提升了传统行业的效率，还催生出新的经济形态，如智能制造、无人驾驶和智慧城市等。随着人工智能芯片、汽车电子、智能手机等下游需求的不断扩大，半导体行业的增长潜力有望进一步释放。

未来几年，中国大陆依然是全球半导体市场的中心，新能源汽车、人工智能大模型、低空经济等新兴产业将持续带动半导体产品需求，将迎来市场规模提升。

工信部数据显示，2024 年我国电子信息制造业生产增长较快，出口持续回升，效益稳定向好，投资增势明显，行业整体发展态势良好。2024 年，规模以上电子信息制造业增加值同比增长 11.8%，增速分别比同期工业、高技术制造业高 6 个百分点和 2.9 个百分点。电子信息制造业固定资产投资同比增长 12%，比同期工业投资增速低 0.1 个百分点，比同期高技术制造业投资增速高 5 个百分点。主要产品中，手机产量 16.7 亿部，同比增长 7.8%，其中智能手机产量 12.5 亿部，同比增长 8.2%；微型计算机设备产量 3.4 亿台，同比增长 2.7%；集成电路产量 4514 亿块，同比增长 22.2%。

3. 触头行业

2024 年，随着国家一系列以旧换新政策的深入实施，消费市场潜能不断释放。从汽车到家电，多个领域的以旧换新活动激发了消费者的购买热情。在一系列补贴政策的支持下，汽车消费市场显著活跃。据中国汽车工业协会统计，2024 年，汽车产销同比分别增长 3.7%和 4.5%到 3128.2 万辆和 3143.6 万辆。新能源车产销同比分别增长 34.4%和 35.5%达到 1288.8 万辆和 1286.6 万辆。2024 年汽车以旧换新中，购换新能源车的比例超过 60%。

在政策的引领下，全国各地纷纷出台了各具特色的消费品以旧换新补贴方案，提振家电消费。随着消费者对高品质、绿色化家电产品的需求日益增长，以旧换新政策不仅满足了消费者的升级需求，也推动了家电行业的绿色转型和消费升级。根据国家统计局数据显示，2024 年，全国家用电冰箱产量 10396 万台，同比增长8.3%；冷柜产量2762万台，同比增长13.3%；空调产量26598万台，同比增长9.7%。

2024年，房地产开发投资延续下降趋势，同比有10.6个百分点的下降，但商品房现房销售面积同比增长19.1%。

终端应用领域的良好态势，积极支持了触头行业的银用量。但银价的高企，也更加促进了行业“节银、替银”的积极性。

（三）库存下降速度放缓

国内白银市场库存主要集中在上海黄金交易所和上海期货交易所。库存在2020年三季度达到峰值。2021年国内外银价倒挂鼓励出口，库存下降了2605吨，创下年度降幅之最。2023年光伏用银需求激增，库存继续大幅下降，减少了1523吨。2021—2023年的三年间里，白银库存共计减少了4400吨。2024年底，上述两个交易所的库存合计2405吨，比上年下降了50吨。库存下降的速度大大减缓。

（四）进出口贸易

2024年，我国银产品贸易总额达到117.16亿美元，同比增长25.6%。其中，进口总额71.58亿美元，同比增长31.1%；出口总额45.58亿美元，同比增长17.8%。贸易逆差为26亿美元，同比增长63.6%。

2024年，我国银产品总的进口量为1704611吨，同比增长14.7%；出口量为5550吨，同比下降33.8%。进口量的增长贡献主要来自银锭（19.9%）、硝酸银（12.7%）、银粉（9.5%）和银精矿（5.3%）。

2024年，银饰和银器进出口双双大幅下跌，其中进口同比下降18.2%，出口同比下降34%。2024年，中国珠宝首饰市场整体表现疲软。国家统计局数据显示，限额以上单位金银珠宝类商品零售额同比下降3.1%。价格的上涨是导致需求削弱的主要因素。消费者对消费采取谨慎态度，缩减了自用等的非必要消费预算。

2024年，银精矿进口量同比增长5.3%到170万吨。银精矿进口自2019年开始持续增长，2020年后增速加快；2019—2024年间，银精矿以22.5%的年均复合增长率增长。2020年以来，国内外铅价呈内弱外强趋势，加工费难以覆盖铅冶炼成本，铅精矿进口持续处于亏损状态。冶炼厂多依靠副产品收益实现盈利，冶炼厂进口银精矿的积极性很高。从进口贸易方式来看，一般贸易占到74%，进料加工占到20%，上述两种贸易在总进口量中占比达到94%。

（五）市场价格

2024年，全球经济形势复杂多变，各国央行为了对抗经济放缓的风险，纷纷采取宽松的货币政策。此举强化了金银的金融属性。地缘政治紧张局势的加剧，强化了金银的避险属性。现货市场，需求3.6%的增长进一步拉大了市场的供应缺口。受到多重因素影响，2024年的银价整体呈现震荡上行的趋势（见图4）。

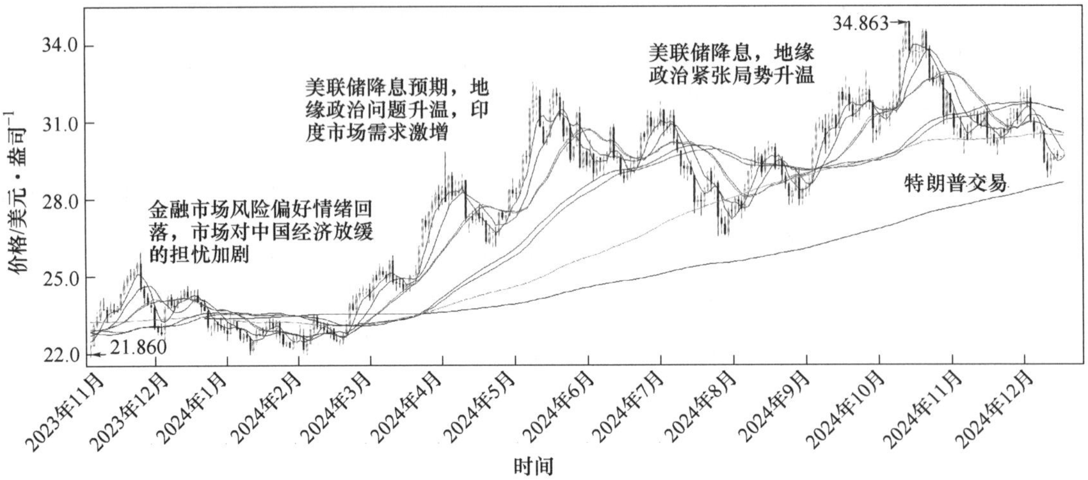

图4 2024年国际银价走势

数据来源：万得资讯（Wind），安泰科

2024年初，全球金融市场风险偏好情绪回落。美国经济和劳动力市场强劲，市场调整对美联储的降息预期，美债收益率回升。另外，市场对中国经济放缓的担忧加剧，使得投资者对白银的兴趣减弱。银价在1月22日创下年内低点21.93美元/盎司。3月，市场对美联储将开启降息的预期，地缘政治问题的升温，以及印度市场需求的激增，推动银价快速上扬，在5月站上3年的高点。二季度，银价没有跟随金价上涨，在8月初回落到5月初的水平。

2024年9月18日，联邦公开市场委员会（FOMC）投票决定，直接降息50个基点，这是自2020年以来首次降息。美联储超预期降息，利好金银。银价在9月底突破32美元/盎司关口。10月巴以冲突蔓延，变为更广泛地区战争的可能性增加。以色列对黎巴嫩、叙利亚和伊朗的攻击促使更多投资者寻求贵金属避险。银价在10月23日创下年内高点35美元/盎司。

四季度余下的时间，市场对美国总统大选的反应导致了投资者的谨慎，选择有息资产。“特朗普交易”压制市场，银价震荡下行，回吐了9月以来的涨幅。

2024年，伦敦金银市场协会（LBMA）银报价年均28.08美元/盎司，同比上涨19.6%。

2024 年，国内银价趋势跟随国际银价，走势受汇率影响（见图 5）。2024 年美元兑人民币汇率呈现出鲜明的双向波动特点，波动幅度加剧，整体呈现贬值趋势（见图 6）。市场围绕宏观政策博弈、套息交易、“特朗普交易”等主题定价。根据中国外汇交易中心公布的数据，2024 年人民币对美元的平均汇率中间价为 7. 1217，相比 2023 年的 7. 0467，同比贬值 1. 05%。

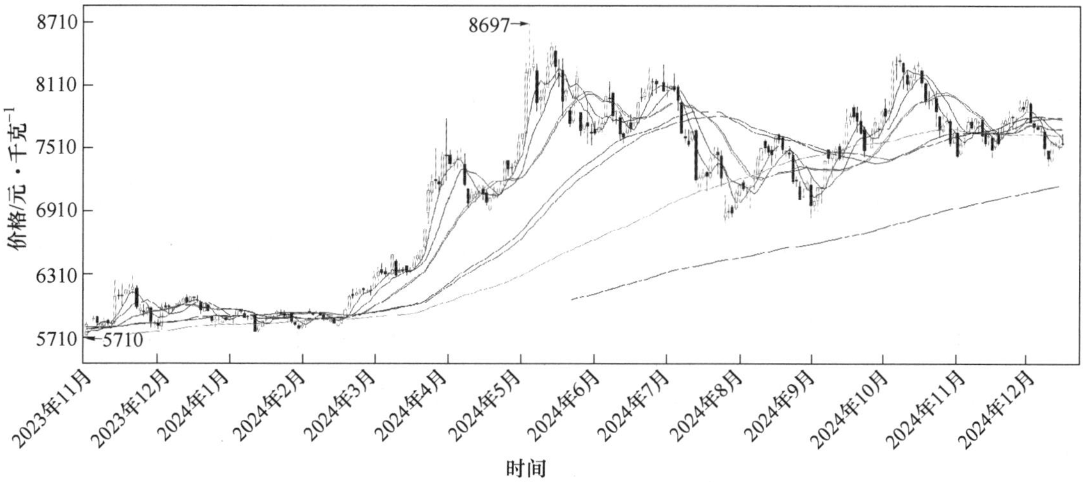

图 5　上海黄金交易所 Ag(T+D) 价格走势

数据来源：万得资讯（Wind），安泰科

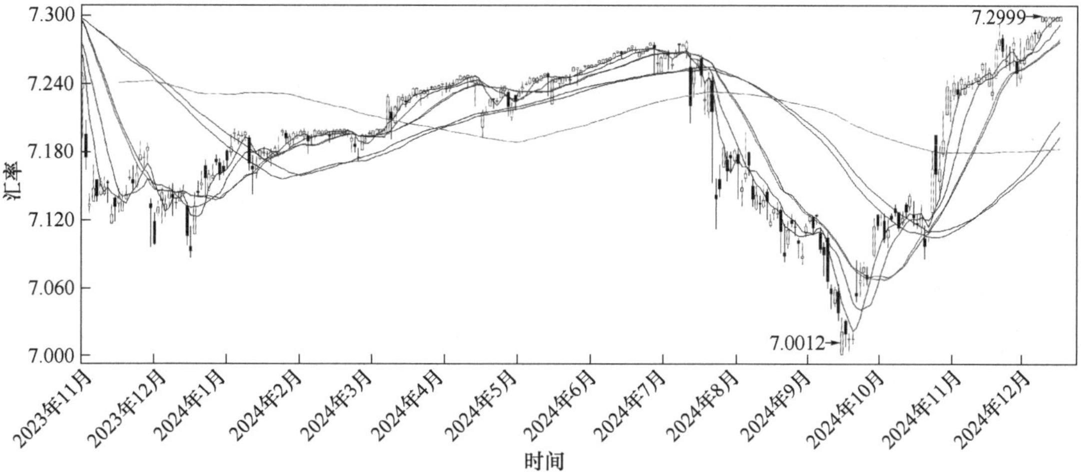

图 6　美元兑人民币汇率

数据来源：万得资讯（Wind），安泰科

2024 年，上海黄金交易所 Ag(T+D) 年均价 7210 元/千克，同比上涨 29. 7%。涨幅比国际银价高出 10 个百分点。

三、政策环境分析

（一）进出口管理及税收

1月15日，发布新版《稳外贸稳外资税收政策指引》。其中，稳外贸相关税收政策包括出口货物劳务税收政策、跨境应税行为增值税政策、外贸新业态税收政策、出口退（免）税服务便利化举措等19项。稳外资相关税收政策包括鼓励外商投资税收政策等32项。10月21日，生态环境部、海关总署、国家发改委、工信部、商务部、市场监管总局等六部门发布关于规范再生铜及铜合金原料、再生铝及铝合金原料进口管理有关事项的公告。公告指出，符合附表要求的再生铜铝原料不属于固体废物，可自由进口。据与相关企业了解，一些特定的铜合金中可能含银，部分铝合金中可能含铂，部分再生铸造铝合金中可能含银。11月15日，财政部、税务总局发布《关于调整出口退税政策的公告》。与贵金属关联的产品有：出口退税率由13%下调至9%，8506400010氧化银的原电池及原电池组（无汞）（汞含量小于电池质量的0.0001%，扣式电池的汞含量小于电池质量的0.0005%），8506400090氧化银的原电池及原电池组（含汞）（汞含量不小于电池质量的0.0001%，扣式电池的汞含量不小于电池质量的0.0005%），85414200未装在组件内或组装成块的光电池，85414300已装在组件内或组装成块的光电池。

6月6日国务院第32次常务会议通过《公平竞争审查条例》（国令第783号），自2024年8月1日起施行。文中第十条针对各地税收优惠和财政奖补做出了明确的规定，考虑到再生企业实际经营较大依赖财政补贴及税收优惠，因此对再生企业影响较大。

当前，我国再生回收产业的贸易和生产加工普遍依赖地方政府税收优惠及奖励。部分企业如果没有这些政策，就将处于亏损状态。早年间，以江西、湖南为代表的一些地区，依靠地方政府给予再生回收产业的优惠政策，形成了再生资源集散地。上述地区以外的回收企业为享受这些政策，将本地回收的再生产品运往江西等地进行粗加工后，再返回本地供给当地企业。近两年，湖北、四川等地为吸引再生企业，也加大了补贴力度，形成新的税收洼地，吸引不少再生企业搬迁至这些地区，使得这些地方的回收产能、产量大幅增长。不同地区发展的非平衡状态引发诸多矛盾。“全国一盘棋”的呼声日渐高涨。在此背景下，根据《中华人民共和国反垄断法》等法律而制定的“783号文”，有助于规范公平竞争审查工作，促进市场公平竞争，优化营商环境，建设全国统一大市场。从长期看，取消税收洼地，能有效避免不正当竞争，有利于再生产业更加有序、合理运行和可持续发展。短期来看，再生产业和部分企业或面临阵痛。

（二）循环经济

2月9日，国务院办公厅发布《关于加快构建废弃物循环利用体系的意见》。到2025年，初步建成覆盖各领域、各环节的废弃物循环利用体系，主要废弃物循环利用取得积极进展。3月13日，国务院印发《推动大规模设备更新和消费品以旧换新行动方案》。提出要“实施回收循环利用行动”，推动再生资源加工利用企业集聚化、规模化发展，支持建设再生资源加工产业集群，加强稀贵金属提取技术研发应用。4月25日，税务总局制发了《国家税务总局关于资源回收企业向自然人报废产品出售者“反向开票”有关事项的公告》。自2024年4月29日起，自然人报废产品出售者向资源回收企业销售报废产品，符合条件的资源回收企业可以向出售者开具发票（以下称“反向开票”）。从事危险废物收集的，应当符合国家危险废物经营许可证管理办法的要求，取得危险废物经营许可证。11月29日，生态环境部、国家发改委、公安部、交通运输部、国家卫生健康委员会联合发布《国家危险废物名录（2025年版）》，自2025年1月1日起施行。涉及含贵金属废物的品类12项。

（三）多项政策推动消费品更新需求加速释放

3月13日，国务院印发《推动大规模设备更新和消费品以旧换新行动方案》，实施设备更新、消费品以旧换新、回收循环利用、标准提升四大行动。开展汽车以旧换新，开展家电产品以旧换新，推动家装消费品换新。6月13日，国家发改委等部门印发《关于打造消费新场景培育消费新增长点的措施》的通知。提出要拓展汽车消费新场景，鼓励限购城市放宽车辆购买限制，增发购车指标；通过中央财政和地方政府联动，安排资金支持符合条件的老旧汽车报废更新。7月25日，国家发改委、财政部印发《关于加力支持大规模设备更新和消费品以旧换新的若干措施》的通知。超长期特别国债重点关注汽车、家电的政策提振效果。8月16日，商务部等7部门发布《关于进一步做好汽车以旧换新工作的通知》。8月24日，商务部等4部门办公厅发布《关于进一步做好家电以旧换新工作的通知》。消费品以旧换新政策进展加快，下半年对消费的提振效果显现。

（四）绿色发展

2月2日，国家发改委、住房城乡建设部等10部门印发了《绿色低碳转型产业指导目录（2024年版）》，明确节能降碳产业、环境保护产业等绿色低碳转型重点产业的细分类别和具体内涵，为各地方、各部门制定完善相关产业支持政策提供依据，为培育壮大绿色发展新动能、加快发展方式绿色转型提供支撑。2月5日，工信部等七部门联合发布《关于加快推动制造业绿色化发展的指导意见》，明确到2030年和2035年的发展目标。5月23日，国务院印发《2024—2025年节能降碳行动方案》，方案中大力推动非化石能源消费，强调石化化工行业、建筑、交通运输、用能产品设备等行业的节能降碳行动。5月27日，国家发改委、工信部、生态环境部、市场监管总局、国家能源局联合印发《炼油行业节能降碳专项行动计划》，提出了推动炼油行业节能降碳的主要目标、重点任务和保障措施，旨在提升能源资源利用效率，推动行业高质量发展。8月24日，中央网信办等十部门秘书局（办公厅、综合司）联合印发《数字化绿色化协同转型发展实施指南》，明确了推动数字产业绿色低碳发展、加快数字技术赋能行业绿色化转型等双化协同两大发力方向。

（五）能源行业

3月18日，国家能源局印发《2024年能源工作指导意见》，对2024年氢能产业、特高压工程、煤炭、天然气、风电光伏基地建设、水电核电开发建设等做出指引。8月6日，国家发展改革委、国家能源局、国家数据局等三部门印发《加快构建新型电力系统行动方案（2024—2027年）》，其中提到，提高在运输电通道新能源电量占比。10月30日，国家发改委、工信部、住房城乡建设部、交通运输部、国家能源局、国家数据局等六部委发布《关于大力实施可再生能源替代行动的指导意见》，提出：着力提升可再生能源安全可靠替代能力：全面提升可再生能源供给能力，加快可再生能源配套基础设施建设，深入挖掘需求侧资源调控潜力，多元提升电力系统调节能力；加快推进重点领域可再生能源替代应用。

（六）产业发展方向

1月16日，工信部、国家发改委印发《制造业中试创新发展实施意见》，提出未来我国制造业中试创新发展的目标。1月29日，工信部等七部门发布《关于推动未来产业创新发展的实施意见》，明确前瞻谋划部署未来制造、未来信息、未来材料、未来能源、未来空间和未来健康六大新赛道，加快形成新质生产力。5月31日，国家发改委发布了《西部地区鼓励类产业目录（修订征求意见稿）》，对在国家层面西部发展的产业做了明确说明，被行业内称为西部版产业结构调整指导目录。8月23日，中共中央政治局召开会议，审议《进一步推动西部大开发形成新格局的若干政策措施》，指出西部大开发是党中央作出的重大战略决策。这是自2020年以来中央层面上第二次对西部大开发作出的政策部署。11月25日，工信部等十二部门印发《5G规模化应用

“扬帆”行动升级方案》，推动基于5G的智能机器人、智能移动终端、云设备等研发应用，鼓励融合5G的XR业务系统、裸眼3D、智能穿戴、智能家居等产品创新发展；推动“5G上车”，鼓励汽车前装5G通信模块，助力智能网联汽车智驾、智舱提质升级。12月17日，工信部、生态环境部、应急管理部、国家标准化管理委员会等四部门联合印发《标准提升引领原材料工业优化升级行动方案（2025—2027年）》的通知，提出到2027年，我国引领原材料工业更高质量、更好效益、更优布局、更加绿色、更为安全发展的标准体系逐步完善，标准工作机制更加健全，推动传统产业深度转型升级、新材料产业创新发展的标准技术水平持续提升。

（七）国际关联政策

2月18日起，欧盟电池法规（EU）2023/1542强制实施，电池法规的管控要求涉及电池的生产、再利用、回收的全生命周期。欧盟委员会于2020年12月10日提交了一项新的提案，旨在推动欧盟电池监管框架现代化，该法案于2023年7月10日正式通过，为《电池和废电池法》。2023年7月28日，欧盟官方公报上公布《新电池法》，其中载明法案将于发布之日起第二十天（2023年8月18日）正式生效，并于半年后（2024年2月18日）开始强制执行一般条款。

3月12日，欧盟议会通过了《欧洲建筑性能指令》中的欧盟太阳能标准，该指令旨在帮助减少欧盟建筑行业的能源消耗和温室气体排放，努力争取到2050年实现气候中和。这意味着光伏发电必须融入建筑工程，公共机构必须在其建筑上安装光伏，从2026年起逐步生效。

3月15日，美国白宫科技政策办公室（OSTP）发布《国家微电子研究战略》，战略旨在确保美国在微电子领域继续保持全球领先地位。

3月18日，欧盟理事会通过了《关键原材料法案》。《关键原材料法案》明确相关方以下权责：为欧盟采掘项目许可程序引入明确截止日期；允许欧委会和成员国将某个项目认定为战略性项目；要求进行供应链风险评估；要求成员国制定国家勘探计划；并通过采掘、加工、回收和增加进口来源等方法，确保欧盟获得关键和战略性原材料。最终法案确定了两份材料清单（包含34种关键材料和17种战略材料），这些材料对于绿色转型、数字化转型及国防和航天工业至关重要。

3月29日，美国商务部下属工业和安全局（BIS）发布实施额外出口管制的规定，旨在进一步限制中国获取美国人工智能芯片和芯片制造工具。这项长达166页具体出口管制规定，修订了BIS于2022年和2023年10月制定的两次出口限制新规，全面限制英伟达、AMD 及更多更先进的 AI 芯片和半导体设备向中国销售。新规规定，对向中国出口芯片的限制也适用于包含这些芯片的笔记本电脑。

4 月 15 日，欧盟能源总司欧盟委员会通过新的《欧洲太阳能宪章》，支持欧洲光伏制造业。

5 月 14 日，美方发布对华加征 301 关税四年期复审结果，宣布在原有对华 301 关税基础上，进一步提高对自华进口的电动汽车、锂电池、光伏电池、关键矿产、半导体及钢铝、港口起重机、个人防护装备等产品的加征关税。中方坚决反对并严正交涉。

8 月 20 日，欧盟委员会向相关方披露了对从中国进口的纯电动汽车征收最终反补贴税的决定草案。

9 月 13 日，美国政府确定大幅度上调中国产品的进口关税，除了对中国电动汽车加征 100%的关税以外，美国还将对中国太阳能电池加征 50%的关税，对中国钢铁、铝、电动汽车电池和关键矿物加征 25%的关税。同时，美国将中国半导体的进口关税提高 50%，此新税率将于 2025 年 1 月开始生效。半导体这一项里新增了太阳能电池板使用的多晶硅和硅晶圆两个类别。

四、当前中国白银工业发展的建议

（一）加强科技创新驱动，推动产业转型升级

近些年，我国白银产业链迈向中高端发展取得阶段性成果，新材料产业化不断取得新突破，有些产品成功实现了进口替代，有力支持了战略新兴产业的发展，但产业整体仍处于“跟跑”的阶段，同高质量发展要求有不小的距离。企业需加强科技创新，推动产业转型升级，以国家政策为指引，积极融入国家发展战略；突破核心技术，努力实现关键核心技术自主可控；健全标准体系，构建认证体系。

（二）加强产业链融合，探索产学研用合作新模式，提升企业核心竞争力

白银深加工产业属于多学科交叉、知识密集型高技术产业。随着市场需求不断升级，客户对产品技术要求不断提高，企业维持技术创新能力是在行业内保持综合优势的关键。

积极探索产学研用合作新模式，构建高效的“政产学研用”创新生态网络，打通基础研究、前沿研究、应用研究，以产业链相关企业为主体，由生产企业和研究机构组成联盟，推进上下游企业协作发展，高效利用社会各方资源。综合发挥完善的产业链条、有效的人才要素和高效的金融支撑作用，成为

产业创新的策源地，打通科技原始创新到成果转化落地，再到商业化拓展的快速转移转化通道。坚持“高端化、绿色化、智能化”发展方向。推动白银深加工技术进步和产业升级，促进行业实现跨越式发展。

（三）加强产业规模化、信息化、标准化发展，提高白银产业整体发展水平

持续推进产业区域集中和投资主体集聚，做好重大项目部署和重点方向攻关，积聚产业资源，引导科学布局，防止盲目投资；充分发挥协会和分会的引导作用，吸引多渠道、多元化的资金投资，鼓励多元化投资模式，持续推进多层次多类型多渠道的合作。

我国白银工业经过二十多年的快速发展，已经成为全球最大的白银生产国和消费国。当前白银产业呈现出五大发展态势，一是产业链完善且整体稳中向好；二是需求结构以工业应用为主导，其中主要产品的国产化率不断提高；三是民营企业加入科技进步的主力军队伍；四是产业智能化绿色化程度越来越高；五是新兴产业引领带动作用明显，新能源转型（如光伏、电动汽车）和科技创新（如 AI 基础设施）持续拉动白银需求。

白银产业正步入精益化发展和高质量发展阶段。在这个阶段，行业群策群力，逐渐建立白银产业的统一市场，在顶层设计的指引下，减少因内卷带来的负面影响，以更高效、更和谐的模式发展；坚持科技创新驱动、坚持绿色低碳、坚持循环发展，坚持高端先进材料的迭代发展，坚持开发合作及协同发展。在新质生产力的持续赋能下，中国白银产业必将迈向高质量、高效率、绿色的发展道路。

撰稿人：靳湘云、李　元、王维玮
审稿人：唐武军

2024年硅工业发展报告

2024年是实现“十四五”规划目标任务的关键一年，通过国家宏观政策的总体把控及企业自身综合实力的全面提升，我国硅产业2024年整体运行相对平稳、全球份额稳中有升，产业链各环节高质量发展扎实推进，行业发展与我国经济运行态势保持高度一致。但是，当前硅产业发展仍面临多重压力和挑战，如高品质原材料短缺、同质化竞争激烈、阶段性供需矛盾频现、技术创新能力不足、绿色低碳发展新挑战增多等新老问题的交集。

在供应大于需求的背景下，硅产业链市场价格快速下跌，各环节价格跌幅从25%到40%不等，全行业面临严重亏损的窘境，行业内企业自发自律，主动减产甚至停产，国家有关部门出台相关政策引导，加之工业硅和多晶硅期货上市，期现融合发展，合力助推行业逐步行稳向好。

一、2024年硅产业运行现状

（一）工业硅企业生产运行情况

截至2024年底，我国工业硅名义产能为665万吨/年，环比增长10.8%，2024年全年产量为472.2万吨，同比增长27.8%。从数据上来看，全行业开工率为71.0%。考虑到技术进步，截至2024年底我国工业硅装置产能为850万吨/年，实际开工率为55.6%。分地区来看，新疆产量继续领先，产量为253.0万吨，占到国内总产量的53.6%。云南、四川产量居第二、第三位，其产量为59.0万吨和40.0万吨，分别占到国内总产量12.5%和8.5%。新疆、云南、四川三省（区）总产量为352.0万吨，占国内工业硅总产量的74.5%（见表1）。

表1　2022—2024年中国工业硅产能产量情况

地区	2022年		2023年		2024年	
	产能/万吨·年$^{-1}$	产量/万吨	产能/万吨·年$^{-1}$	产量/万吨	产能/万吨·年$^{-1}$	产量/万吨
云南	120	62.2	120	64.0	120	59.0

续表 1

地区	2022 年		2023 年		2024 年	
	产能/万吨·年$^{-1}$	产量/万吨	产能/万吨·年$^{-1}$	产量/万吨	产能/万吨·年$^{-1}$	产量/万吨
新疆	220	137	230	179. 1	240	253. 0
四川	80	42. 3	80	36. 4	80	40. 0
贵州	10	5. 9	10	2. 9	10	3. 8
湖南	12	4. 5	12	1. 9	12	0. 8
甘肃	18	8. 8	32	14. 2	60	31. 4
福建	25	10. 1	25	6. 6	25	5. 2
内蒙古	0	—	35	18. 3	53	32. 8
其他	85	54. 6	56	47. 5	65	46. 2
总计	570	325	600	370. 8	665	472. 2

数据来源：中国有色金属工业协会硅业分会、北京安泰科信息股份有限公司。

2024 年我国工业硅产量排名前 10 的企业产量共计 317. 3 万吨，占全国总产量的 67. 2%。其中，合盛硅业产量 175. 4 万吨，仍位列全国第一，占国内总产量的 37. 1%；东方希望产量 47. 5 万吨，位列第二，占国内总产量的 10. 1%；内蒙古协鑫产量 24. 0 万吨，位列第三，占国内总产量的 5. 1%；新疆戈恩斯产量 18. 7 万吨，占国内总产量的 4. 0%；新安化工产量 13. 7 万吨，占国内总产量的 2. 9%。

（二）多晶硅企业生产运行情况

2024 年国内在产多晶硅生产企业数量为 19 家，产能增加至 286. 8 万吨/年，较 2023 年底的 202. 3 万吨/年提升 84. 5 万吨/年产能，增幅为 41. 8%（见表 2）。产能增量主要来自云南通威 20 万吨/年、内蒙古通威 20 万吨/年、包头大全 10 万吨/年、青海丽豪 10 万吨/年、新疆其亚 5 万吨/年等新建产能释放，以及呼和浩特协鑫 7 万吨/年、东方希望 6. 5 万吨/年、合盛硅业 5 万吨/年、内蒙古通威 2 万吨/年、宁夏润阳 1 万吨/年的技改、扩产产能释放。以上 10 家企业产能增量共计 86. 5 万吨。

表 2　2022—2024 年中国多晶硅产能产量情况

年份	总产能		总产量		分企业产量/万吨					占比/%
	数量/万吨·年$^{-1}$	同比/%	数量/万吨	同比/%	永祥	协鑫	新特	大全	亚硅	
2022 年	116. 3	124. 10	81. 1	65. 50	25. 2	15. 7	11. 8	11. 5	5. 5	85. 94

续表 2

年份	总产能		总产量		分企业产量/万吨					占比/%
	数量/万吨·年$^{-1}$	同比/%	数量/万吨	同比/%	永祥	协鑫	新特	大全	亚硅	
2023 年	202.3	80.60	147.1	81.10	37.4	29.3	19.8	19.1	10.9	79.20
2024 年	286.8	41.80	184.3	25.32	57.6	27.9	20.1	20.1	7.5	72.27

数据来源：中国有色金属工业协会硅业分会、北京安泰科信息股份有限公司。

2024 年我国多晶硅产量 184.3 万吨，同比增长 25.32%，全年平均开工率为 64.3%，同比下降 8.4%，主要是由于行业亏损后企业自发检修减产所致。2024 年国内年产量在 10 万吨以上的企业包括：通威股份、协鑫科技、大全能源、新特能源，四家企业产量共计 125.7 万吨，占比达到 68.2%。

2024 年我国棒状硅产能约为 245.0 万吨/年，占总产能约 85.4%。颗粒硅产能约为 41.8 万吨/年，占总产能约 14.6%，相比 2023 年同期颗粒硅产能占比下降 2.6%。2024 年我国棒状硅产量为 155.0 万吨，占总产出的 84.1%。颗粒硅产量为 29.2 万吨，占总产出的 15.9%，相较 2023 年同期颗粒硅产量占比提升 0.7%。截至 2024 年底，多晶硅产线已基本完成 P 型产品到 N 型产品的转型，2024 全年 N 型产品占比达到 64.3%，到 2024 年底，N 型产品占比已达到 75%以上。

（三）硅片企业生产运行情况

截至 2024 年底，国内主要硅片生产企业数量为 33 家，产能增加至 1170 吉瓦/年，较 2023 年底的 910 吉瓦/年，增幅达到 28.6%。产能增量主要来自隆基绿能 13 吉瓦/年、TCL 中环 20 吉瓦/年、晶科能源 20 吉瓦/年、晶澳科技 12.5 吉瓦/年、弘元绿能 15 吉瓦/年、双良节能 50 吉瓦/年、高景太阳能 10 吉瓦/年、阿特斯 10 吉瓦/年等新建、扩产产能释放。2024 年国内产能净增长 260 吉瓦/年，新扩产能以 N 型产线为主，截至年底 N 型产能占比超过 80%。国内 33 家在产的硅片企业中，两家一线企业产能合计约 400 吉瓦/年，占国内总产能的 34.2%；一体化企业产能合计约 336 吉瓦/年，占国内总产能的 28.7%；专业化企业产能合计约 442 吉瓦/年，占国内总产能的 37.8%。

2024 年，我国硅片产量约 644.1 吉瓦，同比小幅增长 5.8%。我国前五家单晶硅生产商产量共计 412.9 吉瓦（见表 3），占全国总产量的 66.1%，较 2023 年下降 3.6 个百分点，头部企业集中度略有下降。按产能排序，TCL 中环成为我国最大的单晶硅生产企业，目前产能 200 吉瓦/年，现有产能包括呼和浩特100吉瓦、银川100吉瓦。排在并列第一位的是隆基绿能，产能200吉瓦/年，晶科能源、双良硅材料、高景太阳能分别位列第三、第四和第五。

表3　2024年中国硅片企业产能产量情况

地区	产能/万吨·年$^{-1}$	占比/%	企业	产能/万吨·年$^{-1}$	产量/万吨	开工率/%
内蒙古	417.5	34.8	隆基绿能	200	100.0	50.0
云南	249.5	20.8	TCL中环	200	129.1	64.6
宁夏	133	11.1	晶科能源	120	71.5	59.6
四川	125	10.4	双良硅材料	100	43.4	43.4
青海	163	13.6	高景太阳能	80	68.9	86.1
小计	1088	90.7	小计	700	412.9	59.0

数据来源：中国有色金属工业协会硅业分会、北京安泰科信息股份有限公司。

二、硅产品市场价格走势

（一）工业硅价格走势

2024年，我国工业硅价格承压下行，全年综合价格为15694元/吨，同比下滑25.1%（见图1），其中，冶金级工业硅价格从年初的14952元/吨波动下跌至年底的11295元/吨，跌幅为24.5%；同期化学级工业硅价格从15974元/吨下跌至12252元/吨，跌幅为23.3%。具体来看，2024年一季度，1—2月北方硅企开工一度受到环保及限电因素影响，工业硅产出受限，但恰逢春节，下游补库需求不及预期，进入3月，工厂生产恢复叠加下游多晶硅价格快速下跌，市场情绪不乐观，价格下跌。进入二季度，4月下旬价格止跌，直至5月中旬，工业硅盘面价格在成本线附近波动，现货端报价稳定，随后期货价格上涨，部分企业进行套期保值，锁定利润，但由于供需基本面未有改善，价格冲高回落。三季度，西南地区进入丰水期，电价下调，工业硅生产厂家开工率大幅提升，市场供应增加，但下游采购以刚需为主，市场成交询单情况仍较为清淡，多数企业以交付前期订单为主，工业硅生产厂家为刺激市场需求让利出货，价格下跌。四季度，西南地区进入枯水期，电价上涨，停炉减产，整体供应减少，但需求进一步减弱，特别是多晶硅企业有减产检修计划，下游维持刚需采购，囤货意愿大幅减弱，在较低市场价格下工业硅生产厂家挺价意愿较强，上下游僵持博弈，市场观望氛围浓厚，价格维持稳定。11月底工业硅龙头大厂关停30台矿热炉且12月继续减产，但整体库存压力较大且需求减少，价格向上动力不足。

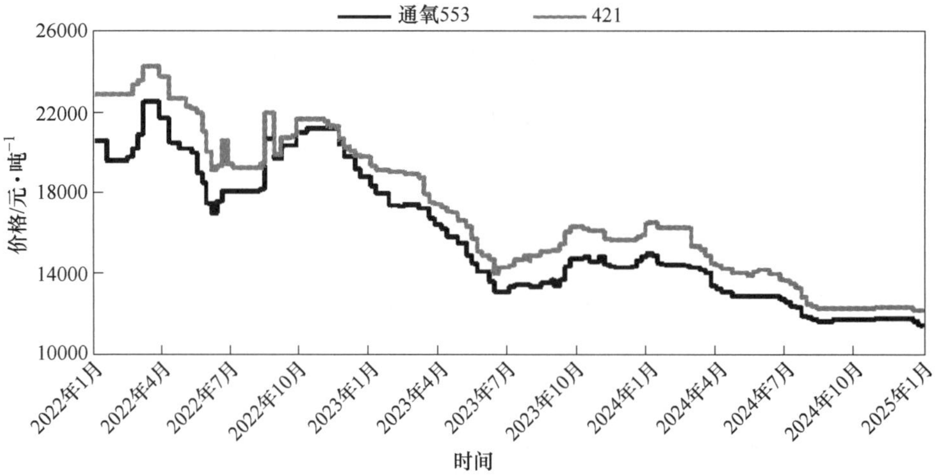

图1　2022—2024年中国工业硅价格走势图

数据来源：中国有色金属工业协会硅业分会、北京安泰科信息股份有限公司

（二）多晶硅价格走势

2024年国内硅料价格处下行区间，后保持低位震荡，全年N型硅料价格累计下跌40.12%（见图2）。1—3月多晶硅价格震荡上行，N型硅料最高价一度可达7.21万元/吨，涨幅6.3%。此阶段多晶硅价格上涨的主要原因是多晶硅电价补贴取消导致的成本增加及节前备货效应，但由于近年来多晶硅产能集中释放，多晶硅供应激增的弊端逐步显现，多晶硅价格增长较为乏力，持续性较弱。3月底起多晶硅价格持续下跌，N型硅料价格一路跌至6月中旬的4.00万元/吨，累计跌幅达43.0%。此阶段多晶硅下跌的主要原因为多晶硅产能集中放量造成的多晶硅库存快速积累。此阶段下游需求无力承接多晶硅供应增量，每月多晶硅累库量在4.2万吨以上，行业库存迅速向30万吨靠近。7—12月多晶硅价格低位震荡，其间价格有小幅回调，区间高价达4.17万元/吨，涨幅仅4.3%。此阶段价格维持低位的原因主要为下游降低开工速度快于多晶硅企业降负荷生产速度，多晶硅仍处于阶段性过剩状态。四季度多晶硅价格甚至有进一步下跌的市场预期，并且有极个别少量订单以极低价格成交。但由于晶硅光伏企业行业自律的逐步开展，多晶硅企业的价格共识也更为一致，部分头部大厂有意识地减少低价区间订单，市场均价再度趋于稳定。年末广期所多晶硅期货于2024年12月26日上市，上市前期市场情绪有小幅刺激，多晶硅价格出现小幅回调。

（三）单晶硅价格走势

2024年G10L单晶硅片价格从年初的2.1元/片跌至1.05元/片，累计跌

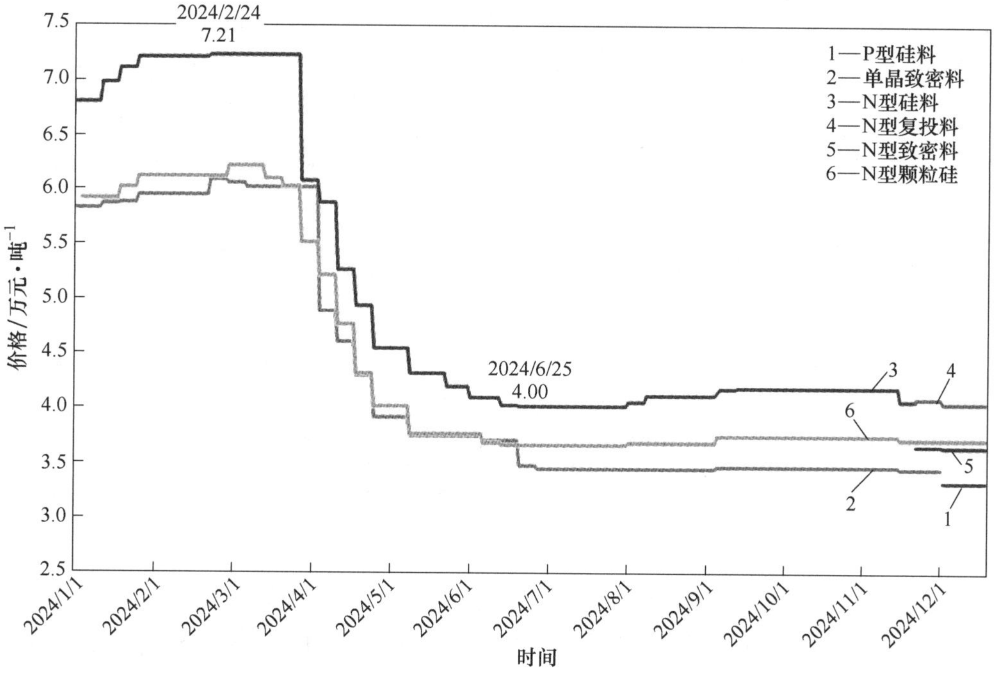

图 2　2024 年 1—12 月中国多晶硅价格走势图

数据来源：中国有色金属工业协会硅业分会、北京安泰科信息股份有限公司

幅为 50%（见图 3）。从供需角度来看，一季度基本累积全年库存，二、三季度温和去库存，四季度随着硅片企业亏损，大幅减产使得加速去库。具体来看，1—3 月是传统淡季，电池企业过年放假，大幅影响 2 月和 3 月产出。与此同时，硅片环节竞争激烈，各家都不愿降低开工率，3 月硅片产出一度接近 70 吉瓦，截至一季度末硅片库存达到顶峰的 49. 3 吉瓦，接近整月的库存使得价格出现下跌。一季度 G10L 单晶硅片价格从 2. 1 元/片降至 1. 7 元/片，降幅达 19%。二季度和三季度硅片进一步跌至 1. 11 元/片，降幅达 34. 7%。四季度库存大幅消耗，硅片价格波动回落至 1. 05 元/片，降幅达 5. 4%。

三、进出口贸易及影响因素分析

（一）工业硅贸易及影响因素分析

据海关总署数据统计，2024 年我国工业硅出口 72. 5 万吨，同比增加 26. 5%。我国工业硅出口主要集中在日本、韩国、欧洲和东南亚地区，其中，对日本出口工业硅 11. 7 万吨，同比增加 12. 5%；对韩国出口工业硅 7. 4 万吨，同比减少 8. 6%；对欧洲出口工业硅 11. 4 万吨，同比增加 93. 2%；对除日韩外的亚洲地区出口 37. 2 万吨，同比增加 27. 0%（见表 4）。

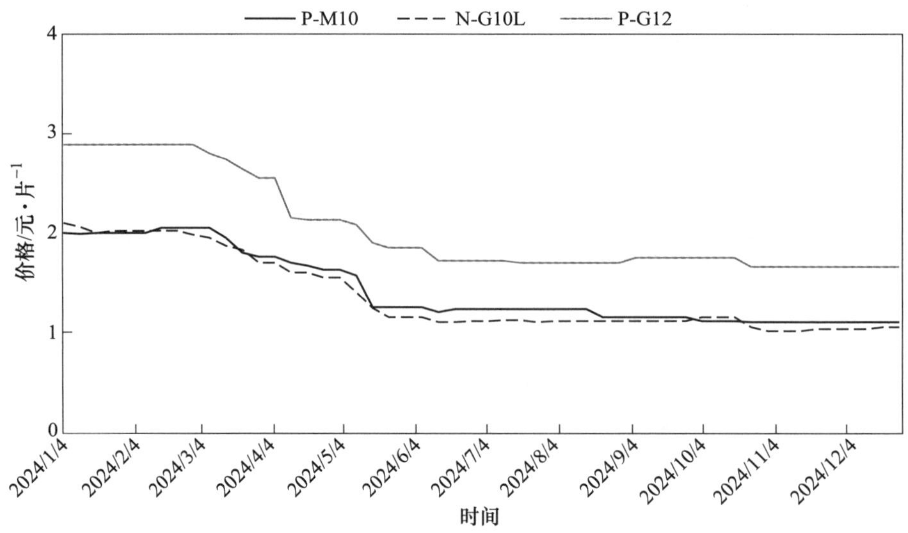

图 3　2024 年 1—12 月中国单晶硅片价格走势图

数据来源：中国有色金属工业协会硅业分会、北京安泰科信息股份有限公司

表 4　2022—2024 年中国工业硅分国别出口情况

年份	总计/吨	日本		韩国		欧洲		亚洲其他地区	
		数量/吨	占比/%	数量/吨	占比/%	数量/吨	占比/%	数量/吨	占比/%
2022 年	651018	144003	21. 1	82746	12. 7	74567	11. 5	298424	45. 8
2023 年	572999	103966	18. 1	81386	14. 2	58991	10. 3	292856	51. 1
2024 年	724696	117079	16. 2	74244	10. 2	113816	15. 7	372023	51. 3

数据来源：海关总署。

2024 年受国内低迷行情的影响，我国工业硅出口价格不断下跌，2024 年出口月均价为 1845 美元/吨，同比下降 22. 8%。

（二）多晶硅贸易及影响因素分析

据海关总署最新数据统计，2024 年我国累计多晶硅进口量为 3. 98 万吨，同比减少 36. 69%（见表 5）。其中自德国、马来西亚进口量分别为 2. 89 万吨、0. 80 万吨，从以上两地的进口量占总进口量的 92. 6%。近年来，我国多晶硅主要进口地从韩国、美国、德国、马来西亚、中国台湾这五大地区，逐步集中到德国和马来西亚。造成进口地发生转移的主要原因是多晶硅价格剧烈波动跌破成本后，美、韩部分生产企业被迫停产退出，或转至电子级多晶硅领域。

表 5　2022—2024 年中国多晶硅进口情况

年份	总计/吨	韩国		德国		马来西亚		中国台湾	
		数量/吨	占比/%	数量/吨	占比/%	数量/吨	占比/%	数量/吨	占比/%
2022 年	88015	1197	1.36	48070	54.62	22944	26.07	3421	3.89
2023 年	62921	941	1.50	36339	57.75	23426	37.23	454	0.72
2024 年	39820	530	1.45	28868	72.50	8019	20.14	118	0.30

数据来源：海关总署。

我国多晶硅出口情况在 2024 年达到历史新高，也是近年来多晶硅出口量首次反超进口量。据海关总署最新数据统计，2024 年我国累计多晶硅出口量为 4.0 万吨，同比增长 3 倍有余（见表 6）。我国多晶硅的主要出口国为越南、马来西亚、俄罗斯、泰国、印度。对以上四国出口的多晶硅占总出口量的 82.12%。

表 6　2022—2024 年中国多晶硅分国别出口情况

年份	总计/吨	越南		马来西亚		俄罗斯		印度	
		数量/吨	占比/%	数量/吨	占比/%	数量/吨	占比/%	数量/吨	占比/%
2022 年	11223	636	5.67	—	—	0.083	—	—	—
2023 年	8450	4963	58.7	401	4.74	1518	17.96	1002	11.86
2024 年	40022	11612	29.0	11298	28.23	3675	9.18	1850	4.62

数据来源：海关总署。

从进口均价来看，2024 年进口均价为 20.84 美元/千克，同比减少 19.2%。2024 年进口价格整体呈现增长态势。进口价格和国内多晶硅价格走势出现分化，主要原因为国内太阳能级多晶硅供应量较为充足，对海外多晶硅的需求从太阳能级逐步转化为电子级，因此抬升进口价格。

从出口均价来看，2024 年出口均价为 8.88 美元/千克，同比减少 58.69%。2024 年进口价格 5 月前处于下跌区间，5 月后则整体呈现小幅上涨趋势。

（三）单晶硅贸易及影响因素分析

据海关总署最新数据统计，2024 年我国累计硅片出口量为 40.92 吉瓦，同比减少 15.9%（见表 7），其中，单晶硅片出口量为 38.6 吉瓦，同比减少 17.5%；多晶硅片出口量为 2.3 吉瓦，同比减少 25.8%。值得注意的有以下两点：

（1）印度反超泰国成为我国单晶硅片出口排名第一的国家。2024 年累计出口印度 7.6 吉瓦，同比增加 56%，占我国硅片出口量的 18.6%。出口至印度的硅片中，单晶硅片7.51吉瓦，多晶硅片0.09吉瓦，当地市场实现了多晶硅片向单晶硅片的转型。

（2）下半年美国宣布对东南亚四国进行反规避调查以来，对柬埔寨、马来西亚、泰国、越南等东南亚四国的出口大幅减少。当地时间12月11日，美国贸易代表办公室（USTR）宣布，美国将依据《1974年贸易法》第301条款，对从中国进口的某些钨产品、硅片和多晶硅提高关税。太阳能硅片和多晶硅的税率将提高至50%，关税上调将于2025年1月1日生效。基于以上原因，企业为避免加税造成的成本提升而纷纷提前备货，使得硅片直接对美出口量呈现阶段性激增。

表7　2022—2024年中国硅片出口情况　　（吉瓦）

月份	2022年	2023年	2024年
全年出口	32.79	47.59	40.92
1月	3.04	3.04	4.87
2月	2.16	3.03	3.59
3月	2.66	3.31	4.3
4月	2.39	3.37	4.36
5月	2.67	3.23	3.23
6月	2.77	3.49	3.15
7月	2.87	4.00	3.03
8月	2.57	3.93	2.81
9月	2.94	4.37	2.57
10月	3.17	4.33	2.79
11月	3.07	6.06	3.36
12月	2.48	5.43	2.86

数据来源：海关总署。

四、硅产业高质量发展进展显著

2024年，中国在经济、科技、社会民生、生态环境等多个领域取得了显著成就。中国经济保持稳定增长态势，国内生产总值（GDP）增速在全球主要经济体中名列前茅。硅光伏产业在全国“双碳”目标的引领下，继续保持质的有效提升和量的合理增长。

（一）产业规模稳步提升

近年来，我国硅产业规模持续扩大，国际影响力显著增强，晶硅光伏产业链供应链配套供应保障能力不断提升。在工业硅环节，截至2024年底，我国工业硅装置产能665万吨/年，同比增长10.8%，全球占比82.5%；产量472.2万吨，同比增长27.8%，全球占比84.0%；与2013年相比，我国工业硅产量增长了2.3倍，全球占比提升了21个百分点。在多晶硅环节，截至2024年底，我国多晶硅产能286.8万吨/年，全球占比94.4%；产量184.3万吨，全球占比94.2%；进口量和出口量同步达到4万吨左右，占海外总产量的35.1%。与2013年相比，我国多晶硅产量增长了21倍，全球占比提升了62个百分点。在硅片环节，截至2024年底，我国硅片产能1170吉瓦/年，全球占比97.5%；产量644.1吉瓦，全球占比97.0%；出口量40.9吉瓦，超过海外总产量的2倍。与2013年相比，我国硅片产量增长了18倍，全球占比提升了10个百分点。

（二）技术进步成效显著

当前，我国已经建立起拥有完全自主知识产权的硅产业先进技术体系。全球排名第一的工业硅企业、前七大多晶硅企业和前十大硅片企业均在我国，成为推动我国硅产业技术创新的主力军。技术进步主要体现在三个方面：一是工艺技术装备创新突破。我国硅产业新建产能装备已全部实现国产化，部分装置大型化引领全球。其中，25000千伏安及以上工业硅大型矿热炉和全煤生产工艺得到全面推广和应用；大型节能高效多晶硅还原炉设备、年产30万吨单套冷氢化系统和年处理5万吨单套干法回收系统实现全面国产化升级；全球最先进的160单晶硅直拉炉实现工业化生产，运行产能已超过550吉瓦/年。二是技术经济指标显著优化。2024年，我国改良西门子法多晶硅平均综合电耗降至54千瓦时/千克，较2013年下降51%；颗粒硅最优综合电耗已降至13千瓦时/千克以下；直拉单晶平均综合电耗降至23.4千瓦时/千克，较2013年下降46%。晶硅产品能耗的快速下降不仅大幅降低光伏发电成本，也为全球晶硅产业绿色低碳发展作出了积极贡献。三是产品品质大幅提升。N型硅料生产取得突破，产量占比从2022年底的4%提高至2024年底的75%，同时颗粒硅产量占比持续提升，从2022年底的7.6%提高至2024年底的22.5%。硅片产品结构持续优化改善，N型硅片占比从2022年底的10%提高至2024年底的90%以上。

（三）绿色发展加速推进

近年来，绿色低碳发展已经成为硅产业秉持的重要理念。截至2024年底，包括通威股份、四川永祥、新特能源、协鑫科技、新疆大全、亚洲硅业等多家龙头企业生产基地已进入国家级绿色工厂名单，东方希望等多家企业上榜绿色供应链管理企业名单。随着我国“双碳”目标的持续推进，以及欧盟碳边境调节机制（CBAM）2026年正式实施，晶硅光伏产业绿色发展亟须加速推进。同时，在碳足迹认证方面，协鑫科技（乐山）已在2024年8月取得法国环境与能源控制署（ADEME）碳足迹认证，每千克颗粒硅的碳排放仅为24.913千克二氧化碳当量。这一数值较2021年徐州基地颗粒硅37.000千克二氧化碳当量的碳足迹数值，大幅降低了33%，再次刷新全球行业纪录。

五、硅产业发展趋势及关注重点

在全球能源转型加速的背景下，硅光伏产业正经历深度变革。2025年行业依旧面临市场供需错配与产业结构性矛盾交织的挑战：上游硅料扩产节奏大幅放缓未能缓解供需失衡，价格跌至成本线下倒逼供给侧优化；“双碳”目标驱动下，多地能耗“红线”政策征求意见，推动制造环节绿色升级；AI技术与新材料研发深度融合，成为突破效率瓶颈的核心变量。政策、技术与市场的三重共振，正推动产业从盲目扩张迈向高质量突围的新周期。

（一）供需调控未见实效，供给侧优化迫在眉睫

近年来，硅料与光伏组件产能持续扩张，但下游装机需求增速阶段性放缓，导致整个产业链库存压力攀升。2024年国内工业硅装置产能达到665万吨/年，多晶硅有效产能达到286.8万吨/年，硅片产能达到1170吉瓦/年，远超全球装机量520吉瓦对应的前端需求。全产业链供需严重错配的困局导致各环节价格持续下跌，企业在面临全面亏损的情况下，主动或被动大幅下调开工率，截至2024年底，工业硅、多晶硅、硅片三个产业链上游环节行业平均开工率低至43%~67%，即便供应端大幅调整开工负荷，供需错配的局面也未见明显好转。

全行业在产企业整体都维持长期低开工率运行不仅未能有效扭转行业供需严重错配的困局，而且拉高了企业生产成本，使得企业经营更加雪上加霜。因此，要彻底解决行业的困境，须从供给侧入手，加以政策调控，通过提升能耗指标准入标准、鼓励先进技术创新、淘汰落后产能等方面优化，实现从“规模扩张”向“效率优先”的产业结构性转变。

（二）各地能耗限制政策出台，助力产业绿色高质量发展

“双碳”目标下，内蒙古、新疆、云南、青海等光伏制造大省（区）陆续推行能耗限额等相关政策，2024年5月国务院印发了《2024—2025年节能降碳行动方案》，2024年11月工信部发布了《光伏制造行业规范条件（2024年本）》。各类相关政策中涉及能耗指标限制的内容包括：新建项目单位产品能

耗须达到国家先进标准，存量项目2025年前能效改造未达标的依法依规淘汰；新建或改扩建企业的电耗、水耗的标准提升了要求；部分地区要求企业绿电使用比例提升至40%以上。

政策驱动下，绿电配套成为刚需，同时倒逼生产企业技术升级：2024年多晶硅综合电耗降至54千瓦时/千克，相较2013年大幅下降51%；颗粒硅渗透率超过20%，单吨硅料碳排量减少70%以上；绿电使用比例与新建产能审批挂钩，倒逼企业通过“自建光伏电站+绿电交易”模式实现全流程清洁生产。国家和各地方出台的能耗限制政策通过“约束性指标+市场化机制”组合拳，将逐步推动我国硅产业能源结构转型，助力硅产业绿色高质量发展。

（三）技术创新持续攻关，人工智能注入新动能

从整个产业链来看，从工业硅低碳冶炼工艺革新、多晶硅硅烷流化床法产业化突围，到硅片切割的钨丝金刚线技术迭代、钙钛矿/晶硅叠层电池效率跃升，硅产业链各环节技术正经历层层迭代，而且包括钙钛矿电池在内的新技术还在持续攻关。技术创新是企业和产业发展的核心驱动力，唯有加大研发，持续创新，才能实现行业的可持续发展。

当前，生产技术的变革呈现加速迭代态势，人工智能技术的融入，更是从深度和广度上推动了产业的智能化升级与变革：在制造端，硅片切割AI参数优化系统，使良品率提高2个百分点；人工智能系统实现电池片缺陷检测效率提升5倍，漏检率降至0.1%以下；钙钛矿电池研发中，AI计算将材料筛选周期从3年压缩至6个月，加速技术商业化进程。在运维端，深度算法可预测光伏电站发电量波动，精度高达98%。人工智能技术与生产制造技术适当融合，为行业发展注入了新动能，有力推动了产业升级与创新发展，随着AI技术竞争加剧，企业自身的算法研发与创新将成为未来发展的重要竞争力，因此企业可以在日益激烈的市场竞争中不仅要保持生产技术研发创新的初心不变，还要抓住人工智能时代的风口，在发展中实现新的跃迁。

（四）光伏产业全球化重构，低碳认证壁垒或成门槛

在全球绿色能源转型加速的背景下，欧美国家近期出台的贸易保护性政策正深刻重塑光伏产业格局。以欧盟碳边境调节机制（CBAM）及《净零工业法案》为代表的系列举措，通过构建“供应链本土化”壁垒，倒逼中国光伏企业加速海外产能布局。据预测，至2025年，东南亚地区硅片产能同比增幅将达40%，多晶硅、电池及组件等环节的海外产能占比也将同步提升，全球晶硅光伏产业链呈现区域性重构态势。

与此同时，欧美等发达国家正通过低碳认证壁垒强化产业主导权。以法国

《多年度能源计划（PPE2.0）》为例，其强制要求光伏组件碳足迹追溯至硅料生产环节，并依据全生命周期碳排放实施分级补贴政策。然而，当前欧美 ESG 认证体系存在显著的区域性差异，而中国尚未建立与国际接轨的 ESG 标准互认机制。这就导致我国企业面临双重困境——既需承担高达 20%~30%的额外认证成本，又因缺乏统一对标体系难以系统性提升国际竞争力。因此中国亟须以 ESG 标准体系为突破口，将产业链优势转化为规则主导权。唯有在标准互认、数据互通、认证互信层面实现突破，才能破除国际上的隐形贸易壁垒，变被动为主动，为全球能源转型注入中国智慧。

撰稿人：刘　晶、李　敏、阎晓宇
审稿人：徐爱华

2024 年锂工业发展报告

一、2024 年世界锂工业发展概述

2025 年 1 月 17 日，公安部交通管理局发布的最新数据显示，截至 2024 年底，全国新能源汽车保有量达 3140 万辆，占汽车总量的 8.90%，其中，纯电动汽车保有量 2209 万辆，占新能源汽车保有量的 70.34%。2024 年新注册登记新能源汽车 1125 万辆，占新注册登记汽车数量的 41.83%，与 2023 年相比增加 382 万辆，增长 51.49%，从 2019 年的 120 万辆到 2024 年的 1125 万辆，呈高速增长态势。

《中国新能源汽车行业发展白皮书（2025 年）》数据显示，2024 年全球新能源汽车销量达到 1823.6 万辆，同比增长 24.4%。2024 年中国新能源汽车销量达到 1286.6 万辆，同比增长 35.5%，占全球销量比重由 2023 年的 64.8%提升至 70.5%，中国以旧换新政策效果远超预期，叠加各类车型不断升级出新及车价降低，带动全年新能源汽车渗透率突破 40%。欧洲和美国 2024 年新能源汽车销量分别为 289.0 万辆和 157.3 万辆，同比增速分别为 -2.0%和 7.2%。

锂在动力电池、储能及 3C 等领域用量不断增长，全球锂产销量的增幅长期在 20%以上，刺激着世界各地愈发重视锂资源的勘探和开发。碳酸锂、氢氧化锂、锂电正极材料、电解质、锂电池等产品产能持续扩张，部分产能出现明显过剩，锂产品价格不断下降，部分锂盐企业也出现了较大亏损。

自然资源部中国地质调查局 2025 年 1 月 8 日宣布，我国锂矿找矿取得一系列重大突破，锂矿储量全球占比从 6%升至 16.5%，排名从世界第六跃至第二。越来越多的锂资源项目得到勘探和开发，世界锂资源量和储量有一定的增加，美国地质勘探局 2025 年 1 月最新数据显示，世界锂资源量约为 1.15 亿吨，锂储量 3000 万吨（金属量，按照金属锂与碳酸锂 1：5.3 折算，折合碳酸锂当量（LCE）约 1.6 亿吨），详见表 1。

表 1　世界锂资源量及储量

国家	储量（金属量）/万吨	资源量（金属量）/万吨
智利	930	1100
中国	300	680
澳大利亚	700	890
阿根廷	400	2300
美国	180	1900
玻利维亚	—	2300
加拿大	120	570
巴西	39	130
纳米比亚	1.4	23
葡萄牙	6	27
津巴布韦	48	86
奥地利、刚果（金）、捷克、芬兰、德国、加纳、马里、墨西哥、塞尔维亚、西班牙	280	刚果（金）300、德国 400、墨西哥 170、捷克 130、塞尔维亚 120、秘鲁 100、俄罗斯 100、马里 120、西班牙 32、加纳 20、芬兰 5.5、奥地利 6、哈萨克斯坦 4.5
世界总计（约）	3000	11500

数据来源：美国地质勘探局。

世界锂资源分布不均衡，主要集中在玻利维亚、阿根廷、美国、智利、澳大利亚等国家，但玻利维亚和美国锂资源还没有大规模开发。由于资源分布情况，锂矿（包括盐湖锂矿和固体锂矿）产出的区域分布存在较大差异，澳大利亚目前是最大的锂矿供给国，锂精矿产量折碳酸锂当量约 50 万吨，占世界锂原料供应总量的 37%。中国锂资源量位于世界前列，但国内锂盐加工企业需要大量的锂辉石精矿作为原料，2024 年约 60%的锂原料依赖于进口。

世界上碳酸锂、氢氧化锂、氯化锂等基础锂盐的主要生产国为中国、智利、阿根廷，澳大利亚、韩国已建成的锂辉石精矿生产氢氧化锂产能约 17 万吨；美国、俄罗斯、日本等国利用工业碳酸锂、氯化锂等生产氢氧化锂、金属锂等产品。

2024 年，世界锂及其衍生物产量折合碳酸锂当量约 135 万吨，同比增长约 25%。澳大利亚锂辉石精矿的总产量约 400 万吨。

二、2024 年中国锂工业发展现状

（一）经济运行情况概述

中国汽车工业协会信息显示，2024 年我国新能源汽车产销量分别完成 1288.6 万辆和 1286.6 万辆，同比分别增长 34.4%和 35.5%；新能源汽车新车销量达到汽车新车总销量的 40.9%，较 2023 年提高 9.3%。其中纯电动汽车销量占比 60%，较 2023 年下降 10.4%；插混汽车销量占新能源汽车比例为 40%，较 2023 年提高 10.4%。插混汽车的增长迅速，成为带动新能源汽车增长的新动能。新能源汽车出口 128.4 万辆，同比增长 6.7%。

中国汽车动力电池产业创新联盟公布信息，2024 年我国动力和其他电池累计销量为 1039.5 吉瓦时，累计同比增长 42.4%。其中，动力电池销量为 791.3 吉瓦时，占总销量的 76.1%，累计同比增长 28.4%；其他电池累计销量为 248.2 吉瓦时，占总销量的 23.9%，累计同比增长 118.8%。我国动力电池累计装车量 548.4 吉瓦时，累计同比增长 41.5%。其中三元电池累计装车量 139.0 吉瓦时，占总装车量的 25.3%，累计同比增长 10.2%；磷酸铁锂电池累计装车量 409.0 吉瓦时，占总装车量的 74.6%，累计同比增长 56.7%。我国动力和其他电池累计出口达 197.1 吉瓦时，累计同比增长 29.2%，累计出口占累计销量的 19.0%。其中，动力电池累计出口量为 133.7 吉瓦时，占总出口量的 67.8%，累计同比增长 5.0%；其他电池累计出口量为 63.4 吉瓦时，占总出口量的 32.2%，累计同比增长 151.6%。

国内锂矿石资源主要位于四川、新疆、江西等地，内蒙古、湖南、河南也发现锂资源；盐湖锂资源主要位于青海和西藏。目前正在开发的盐湖锂资源主要集中在青海、西藏，锂矿石开采主要在四川、江西、新疆等地。2024 年，中国利用国内盐湖卤水、锂云母精矿、锂辉石精矿、回收含锂废料生产的锂盐折合碳酸锂当量约 42 万吨。

2024 年，中国碳酸锂产量超过 70 万吨，同比增长 35.35%，20 余家企业碳酸锂产量超过万吨。碳酸锂产量排名前五的企业是天齐锂业股份有限公司、盛新锂能股份有限公司、青海中信国安科技发展有限公司、青海盐湖蓝科锂业股份有限公司、志存锂业集团有限公司。

2024 年中国氢氧化锂产量达到 41.4 万吨，同比增长 29.54%，9 家企业产量超过万吨。氢氧化锂产量排名前五的企业是江西赣锋锂业集团股份有限公司、苏州天华新能源科技股份有限公司、江西雅保锂业有限公司、四川雅化实业集团股份有限公司、江苏容汇通用锂业有限公司。澳大利亚、韩国陆续建成

锂辉石精矿生产氢氧化锂生产线，盛新锂能印尼盛拓位于印尼中苏拉威西省莫罗瓦利县莫罗瓦利工业园（IMIP），设计产能为年产 6 万吨锂盐，已于 2024 年 6 月投入试生产。

2024 年国内直接以锂辉石精矿为原料生产的无水氯化锂产量约 2.1 万吨，以回收原料或粗制碳酸锂为原料生产的氯化锂约 3000 吨。国内主要生产企业有江西赣锋锂业集团股份有限公司、天齐锂业股份有限公司和盛新锂能股份有限公司等。

2024 年，中国基础锂盐产能及产量见表 2。

表 2　2024 年中国基础锂盐产能及产量

产品名称	产能/万吨	产量/万吨	产量同比/%
碳酸锂	130	70.1	35.35
氢氧化锂	74	41.4	29.54
氯化锂	3	2.4	37.14

数据来源：中国有色金属工业协会锂业分会。

2024 年，基础锂盐行业效益明显下滑，从上市公司披露的业绩预告来看，天齐锂业亏损 71 亿~82 亿元，赣锋锂业亏损 14 亿~21 亿元。锂矿石提锂企业及锂回收企业大面积亏损。虽然企业效益大幅下滑，但锂盐生产企业在坚持技术创新的同时，还在管理创新、模式创新、业态创新等方面下功夫，把绿色发展、智能化发展、数字化发展融入高质量发展全过程。根据中国有色金属工业协会锂业分会的抽样调查，电池级碳酸锂、氢氧化锂等产品的质量稳中有升，完全能满足下游产业的需求。

中国有色金属工业协会锂业分会初步统计数据显示，2024 年中国锂离子电池正极材料总产量约 336 万吨，同比增长约 40%，详见表 3。

表 3　2024 年中国锂离子电池正极材料产量

产品名称	产量/万吨	同比/%
三元材料	65.2	2.03
磷酸铁锂	248.1	58.43
钴酸锂	9.8	13.95
锰酸锂	13.0	6.56

数据来源：中国有色金属工业协会锂业分会。

近几年来国内锂电正极材料及锂离子电池用电解质六氟磷酸锂产能扩张迅猛，正极材料出现多家企业已有或规划年产能超过 50 万吨，中国四种正极材料的产能超过 550 万吨，国内企业六氟磷酸锂有效产能在 30 万吨左右。2024

年全球六氟磷酸锂出货量达到20.8万吨，同比增长23.1%，总体市场规模为129.6亿元，同比下滑33.3%。

（二）产业结构

2010年后，中国锂工业快速发展，在提锂工艺、锂电材料和锂电池方面取得的成就令世人瞩目，建成了从锂资源锂开发、基础锂盐、锂化合物、金属锂及其合金、锂电正极材料、锂电池、锂电池及废料回收利用完整的锂“全生命周期”产业链，配套工业体系齐全。目前中国锂工业正在向数字化绿色化协同转型发展。

中国锂产品工业品种齐全，能生产碳酸锂、氢氧化锂、氯化锂等基础锂化学品，钴酸锂、镍钴锰酸锂、镍钴铝酸锂、磷酸铁锂、锰酸锂、磷酸锰铁锂等锂电正极材料，六氟磷酸锂、双氟磺酰亚胺锂等电解质，磷酸二氢锂、氟化锂、硼酸锂、草酸锂等多种锂化合物，还能生产金属锂及多种锂合金，满足各领域的需求，同时还在不断研发多种新型锂材料。

中国建成多个锂电产业园，充分发挥了产业聚集与协同发展的优势，同时在推动技术创新、资源整合与共享、经济发展与就业带动、促进产业升级与可持续发展等方面发挥了重要作用。江西宜春，四川遂宁、宜宾，江苏常州金坛，湖南长沙宁乡等多个地方凭借资源、能源、技术、资金、产业链等优势建成了具有不同特色的锂电产业园。

2024年我国发布了多项与废旧锂电池回收利用相关的政策，《新能源汽车废旧动力电池综合利用行业规范条件（2024年本）》发布实施，《产业结构调整指导目录（2024年本）》将废旧动力电池回收再利用列入鼓励类目录，归类为“一类鼓励类”“四十二、环境保护与资源节约综合利用”“8废弃物循环利用”，为行业发展提供政策支持。《电动自行车锂离子电池回收和综合利用管理办法（征求意见稿）》中要求自行车生产企业等应在相应区域内设立专门机构或安排专人专岗负责废锂电池回收工作。电动自行车个人用户应将废锂电池即时移交至回收服务网点。鼓励相关企业和地方政府通过以旧换新等措施，提高消费者移交废锂电池的积极性。再生利用企业应具备废锂电池拆解、破碎、分选、冶炼等能力，按要求提取其中的锂、钴、镍、锰等资源。

工信部披露，2024年退役动力电池综合利用量突破30万吨，同比增长约33%。国内有一批可以利用粗制碳酸锂、硫酸锂或含锂废料生产电池级碳酸锂或氢氧化锂的企业，可以实现锂化合物之间的互相转化，具备生产高品质锂盐的能力。

（三）市场价格

2024年，由于基础锂化学品市场供需失衡，新产能不断释放，南美洲出口到中国的碳酸锂产品大幅增加，电池级碳酸锂价格从年初的每吨约9.6万元下降至年底的7.6万元，电池级氢氧化锂价格从年初的每吨约8.8万元下降到年底的7万元左右（见图1）。

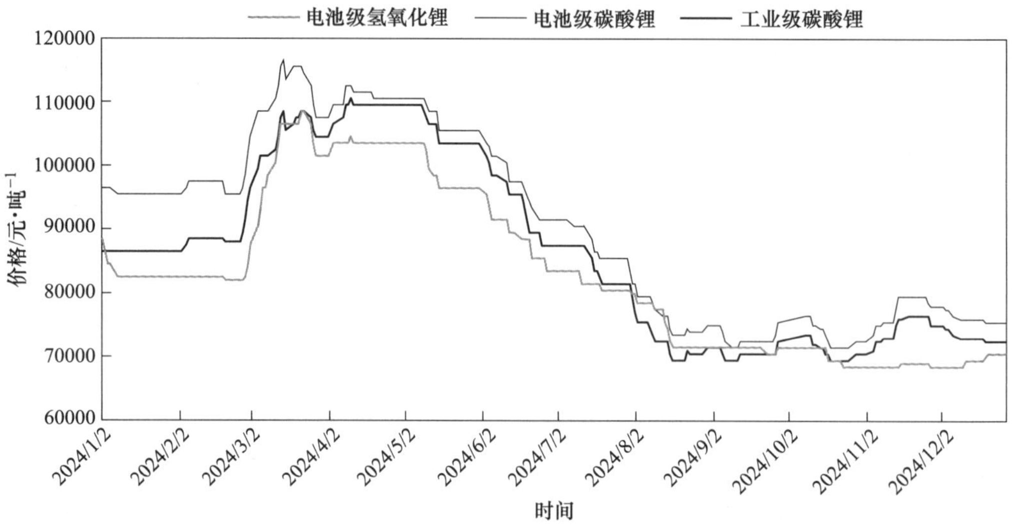

图1　2024年锂盐价格走势图

数据来源：亚洲金属网

碳酸锂价格走势分析：1—2月延续了2023年的弱势需求，春节市场冷清，除春节前的个别长协，市场现货成交较难，交易量逐渐减少。节后供给端江西地区由于环保检查停产检修，产量下降，价格一路拉涨至约12万元/吨。3—4月供需双旺，价格保持相对平稳，碳酸锂最高价11.6万元/吨出现于3月中旬。5月开始，锂辉石进口量逐月增加，江西环保问题解决，头部电池厂增加客供比例，对散单的需求走弱，碳酸锂持续累库，价格下跌。6月中旬每吨均价下跌至10万元，7月初下跌至9万元，8月初下跌至8万元并保持到11月中旬。“金九银十”传统旺季，碳酸锂价格并未大幅上涨，9月初主力合约2411一度跌破7万元/吨，后受消息提振有所反弹。11月、12月传统淡季需求超预期，碳酸锂价格强势反弹至接近8万元/吨，不过年底仍处于7万多元的水平。

氢氧化锂价格走势分析：1月受市场整体氛围影响，价格有一定下行压力。2月下游高镍正极节前备库跟进尚可，价格相对稳定。3月因上游锂辉石精矿和碳酸锂行情偏强运行，价格有所上涨。4—5月随着市场整体供需变化，氢氧化锂价格在3月基础上高位震荡，因整体锂盐市场有过剩预期，价格上涨动力后续有所减弱。6—8月进入下行通道，由于碳酸锂价格下跌，且氢氧化锂自身供需关系中供给相对充足，需求端没有明显爆发点，价格逐渐下降，向成本线靠近，企业盈利空间被压缩。9—10月旺季不旺，价格继续在低位徘徊。11—12月受碳酸锂价格反弹带动，以及部分下游企业在淡季仍有一定补库需求，价格有小幅反弹，但整体仍处于相对低位。

价格走势原因分析：

（1）消费端新能源车、储能等领域对碳酸锂、氢氧化锂需求理论上持续增长，2024年国内新能源车及锂离子电池产销量增速均在35%以上。下游制造业不断创新优化工艺，每瓦时锂的消耗量不断减小。同时下游企业受价格波动和市场预期影响，备货谨慎，多按需采购，不敢大规模囤货，影响市场交易活跃度和价格走势。

（2）供给端产能释放与停产交织。全球锂资源产能不断增加，如2024年非洲锂矿大量涌入市场，澳洲也有新的项目投产，但同时澳洲、中国江西等地又有因成本、环保等因素导致的减停产情况，整体供给存在不确定性。锂矿和锂盐库存前期较高，对价格形成压制，如碳酸锂库存到11月底才降至近1.2个月需求量。

（3）锂矿成本分化。澳洲锂矿成本高于预期，非洲锂矿成本低于预期，南美盐湖新投产项目爬产周期长、成本高，国内江西锂云母提锂企业除少数外，大部分面临成本压力，在锂价下跌时，成本高的企业亏损严重，甚至停产，影响市场供应和价格。

市场普遍预期锂资源供给过剩，参与者对未来价格走势担忧，“过剩恐惧”情绪蔓延，导致交易谨慎，即使需求有一定增长，也难以推动价格大幅上涨。

（四）市场消费

2025年1月美国地质勘探局最新发布的报告显示，全球锂的终端消费市场估计为：电池87%，陶瓷和玻璃5%，润滑脂2%，空气处理1%，连铸型助熔剂粉末1%，医药1%，其他用途3%。近年来锂在电池领域的消费显著增加，主要是由于可充电锂电池在不断增长的电动汽车、便携式电子设备、电动工具及电网存储等方面的广泛应用。锂精矿可直接用于玻璃和陶瓷行业。

在中国，2024年电池领域的锂消费量约占锂总消费量的95%。仅锂电正极材料每年的消费量就约达95万吨碳酸锂当量，六氟磷酸锂等电解质对锂的消费量约为5万吨碳酸锂当量。在玻璃和陶瓷行业，主要使用的原料为透锂长石精矿和锂辉石精矿。金属锂生产需要的原料约2万吨碳酸锂当量，金属锂主要用于生产一次金属锂电池和固态电池材料、有机锂化合物、铝锂合金、镁锂合金等材料。

（五）进出口贸易

2024年中国碳酸锂进口同比增长48%，出口同比下降60%；氢氧化锂进口同比增加115%，出口同比下降7%；氯化锂进口同比增长29%，其他锂产品进出口情况详见表4。中国碳酸锂进口同比大幅增长主要是国内正极材料企业对碳酸锂的需求迅速上升，同时进口的部分工业碳酸锂还被转化为其他高纯锂化学品。基础锂盐价格下降，进出口贸易总量大幅上升，但贸易额比上一年同比大幅下降，加上锂镍钴锰氧化物、锂镍钴铝氧化物等产品进出口贸易总额不超过700亿元。其中碳酸锂的进口贸易额达到193.86亿元，出口贸易额4.39亿元；氢氧化锂的出口贸易额达到157.97亿元，进口贸易额8.99亿元。

表4　2024年中国锂产品进出口情况

商品名称	进口量/吨	出口量/吨	进出口净量/吨
碳酸锂	234956	3828	进口231128
氢氧化锂	8171	120735	出口112564
氯化锂	6173	651	进口5522
金属锂	96	655	出口559
磷酸铁锂	90	3285	出口3195
锰酸锂	10	2405	进口2395
锂镍钴锰氧化物	58972	69825	出口10853
锂镍钴铝氧化物	13176	2860	进口10316
六氟磷酸锂	107	18039	出口17932

数据来源：海关总署。

（六）投融资情况

根据上市公司公告及公开报道，2024年从统计在内的279个投资扩产项目来看，投资总额达6282亿元，百亿级项目从2023年的29个下降到了10个，降幅达66%。正极材料及上游原材料：37个新项目中30个项目公布了投资金额，投资总额约1489亿元，其中超百亿元项目有3个。

由于前几年的快速扩张，2024年头部企业国内扩产节奏克制放缓，并将主要投资精力转移至海外。在电池领域，162个新项目中，127个项目公布了投资金额，投资总额约3705.5亿元。其中，超百亿元项目有6个，超50亿元项目有26个，超10亿元项目有96个。在正极材料及上游原材料领域，37个新项目中，30个项目公布了投资金额，投资总额约1489.34亿元。其中，超百亿元项目有3个，超50亿元项目有5个，超10亿元项目有14个。在电解液领域，13个新项目中12个项目公布了投资金额，投资总额约256.13亿元。其中，超50亿元项目有2个，超10亿元的项目有8个。在电池回收领域，14个新项目中，12个项目公布投资金额，投资总额约149.7亿元。其中，超50亿元项目有1个，超10亿元项目有6个。

三、中国锂工业经济运行状况分析

（一）政策环境分析

在全球“双碳”背景下，新能源成为全球发展的主要方向，而刚刚过去的2024年，电池新能源行业在全球经济与环境变化的大背景下，经历了深刻的变革，在这场变革大潮下，我国新能源行业持续发展，取得了举世瞩目的成绩。

从重要时间节点来看，2024年7月，我国新能源汽车渗透率首次突破50%大关，提前实现了国家既定目标；2024年11月14日，我国新能源汽车产量首次突破年度1000万辆，成为全球首个新能源汽车年产量达到1000万辆的国家，与此同时，我国建成投运新型储能项目累计装机规模已达亿千瓦时级别。

2024年新能源行业部分重要政策及标准相关信息见表5。

表5　2024年发布的新能源政策

时间	部委	政策名称	主要内容
2024年1月4日	国家发改委、国家能源局、工信部及国家市场监督管理总局	《关于加强新能源汽车与电网融合互动的实施意见》	鼓励双向充放电设施、储充/光储充一体站、换电站等通过资源聚合参与电力市场试点示范，新能源汽车可以通过充电桩参与削峰填谷、虚拟电厂、聚合交易等应用场景。明确到2025年，我国车网互动技术标准体系初步建成，充电峰谷电价机制全面实施并持续优化，市场机制建设取得重要进展，加大力度开展车网互动试点示范。到2030年，我国车网互动技术标准体系基本建成，市场机制更加完善，车网互动实现规模化应用，智能有序充电全面推广，新能源汽车成为电化学储能体系的重要组成部分。

续表 5

时间	部委	政策名称	主要内容
2024 年 1 月 4 日	国家发改委、国家能源局、工信部及国家市场监督管理总局	《关于加强新能源汽车与电网融合互动的实施意见》	加大动力电池关键技术攻关，在不明显增加成本基础上将动力电池循环寿命提升至 3000 次及以上，攻克高频度双向充放电工况下的电池安全防控技术。研制高可靠、高灵活、低能耗的车网互动系统架构及双向充放电设备，研发光储充一体化、直流母线柔性互济等电网友好型充换电场站关键技术，攻克海量分布式车网互动资源精准预测和聚合调控技术。加强车网互动信息交互与信息安全关键技术研究，实现“即插即充（放）”智能便捷交互，同时确保信息安全和电网运行安全
2024 年 1 月 22 日	国家能源局	《2024 年能源监管工作要点》	明确要保障新能源和新型主体接入电网。监管电网企业公平无歧视地向新能源项目提供接网服务，开展分布式光伏备案接网推进情况专项监管，重点跟踪分布式光伏备案、并网、交易、结算等情况。指导电网企业进一步优化并网流程、提高并网时效，推动“沙戈荒”风光基地、分布式电源、储能、充电桩等接入电网。 并指出要有序推进新能源参与市场交易。加强市场机制创新，逐步扩大新能源市场化交易比例，实现新能源发展与市场建设协调推进，更好发挥市场促进消纳作用。建立健全绿色电力交易机制，研究出台绿电交易有关规定，逐步扩大绿电交易规模，着力解决企业购买绿电需求量大、绿电跨省跨区交易难等问题。加快推进绿电、绿证市场建设，培育绿色电力消费市场
2024 年 2 月 7 日	商务部等 9 部门	《关于支持新能源汽车贸易合作健康发展的意见》	鼓励新能源汽车及其供应链企业高效利用全球创新资源，依法依规在海外设立研发中心，积极与国外研究机构、产业集群等建立战略合作关系，提升我国新能源汽车设计、研发及工程技术等方面的创新能力。 鼓励行业组织、智库机构等开展新能源汽车及动力电池海外合规培训。及时跟踪相关政策法规。指导相关机构、行业组织开展绿色低碳标准研究。

续表 5

时间	部委	政策名称	主要内容
2024 年 2 月 7 日	商务部等 9 部门	《关于支持新能源汽车贸易合作健康发展的意见》	优化新能源汽车及动力电池等出口相关环节程序，压缩办理时间，提高办理效率。积极参与国际海事组织关于新能源汽车及动力电池运输的国际标准规则制定。制定出台乘用车集装箱载运技术标准。抓紧研究动力电池铁路运输的技术方案等
2024 年 2 月 27 日	国家发改委、国家能源局	《关于加强电网调峰储能和智能化调度能力建设的指导意见》	到 2027 年，电力系统调节能力显著提升，抽水蓄能电站投运规模达到 8000 万千瓦以上，需求侧响应能力达到最大负荷的 5% 以上，保障新型储能市场化发展的政策体系基本建成，适应新型电力系统的智能化调度体系逐步形成，支撑全国新能源发电量占比达到 20% 以上、新能源利用率保持在合理水平，保障电力供需平衡和系统安全稳定运行。 推进电源侧新型储能建设。鼓励新能源企业通过自建、共建和租赁等方式灵活配置新型储能，结合系统需求合理确定储能配置规模。 推动新型储能技术多元化协调发展。充分发挥各类新型储能的技术经济优势，结合电力系统不同应用场景需求，选取适宜的技术路线
2024 年 3 月 5 日	国务院	《2024 政府工作报告》	积极培育新兴产业和未来产业。实施产业创新工程，完善产业生态，拓展应用场景，促进战略性新兴产业融合集群发展。巩固扩大智能网联新能源汽车等产业领先优势，加快前沿新兴氢能、新材料、创新药等产业发展，积极打造生物制造、商业航天、低空经济等新增长引擎。 促进消费稳定增长。稳定和扩大传统消费，鼓励和推动消费品以旧换新，提振智能网联新能源汽车、电子产品等大宗消费。 储能方面，深入推进能源革命，控制化石能源消费，加快建设新型能源体系。加强大型风电光伏基地和外送通道建设，推动分布式能源开发利用，发展新型储能，促进绿电使用和国际互认

续表5

时间	部委	政策名称	主要内容
2024年3月13日	国务院	《推动大规模设备更新和消费品以旧换新行动方案》	支持交通运输设备和老旧农业机械更新。持续推进城市公交车电动化替代，支持老旧新能源公交车和动力电池更新换代。加快淘汰国三及以下排放标准营运类柴油货车。 加强电动、氢能等绿色航空装备产业化能力建设。加快高耗能高排放老旧船舶报废更新，大力支持新能源动力船舶发展，完善新能源动力船舶配套基础设施和标准规范，逐步扩大电动、液化天然气动力、生物柴油动力、绿色甲醇动力等新能源船舶应用范围。 有序推进再制造和梯次利用。加快风电光伏、动力电池等产品设备残余寿命评估技术研发，有序推进产品设备及关键部件梯次利用。持续提升废有色金属利用技术水平，加强稀贵金属提取技术研发应用。及时完善退役动力电池、再生材料等进口标准和政策
2024年4月2日	国家能源局	《关于促进新型储能并网和调度运用的通知》	优化新型储能调度方式。电力调度机构应根据系统需求，制定新型储能调度运行规程，科学确定新型储能调度运行方式，公平调用新型储能调节资源。 规范新型储能并网接入技术要求。新型储能接入系统应符合电力系统安全稳定运行要求，完成相应性能试验及涉网试验，新型储能设备应满足国家、行业技术标准及管理规范有关要求，确保安全稳定运行。 以市场化方式促进新型储能调用。各地充分考虑新型储能特点，加快推进完善新型储能参与电能量市场和辅助服务市场有关细则，丰富交易品种，考虑配套政策、电力供需情况，通过灵活有效的市场化手段，促进新型储能“一体多用、分时复用”，进一步丰富新型储能的市场化商业模式
2024年4月30日	国家标准委	《电动自行车用锂离子蓄电池安全技术规范》	从单体电池和电池组两个层面规定了适用于《电动自行车安全技术规范》（GB 17761）的电动自行车用锂电池的安全要求和试验方法。其中单体电池方面主要考虑了过充电、过放电、

续表5

时间	部委	政策名称	主要内容
2024年4月30日	国家标准委	《电动自行车用锂离子蓄电池安全技术规范》	外部短路、热滥用、针刺、标志6项安全要求；电池组主要考虑了电气安全、机械安全、环境安全、热扩散、互认协同充电、数据采集、标志等7个方面22项安全要求
2024年5月29日	国务院	《2024—2025年节能降碳行动方案》	加强工业装备、风电光伏、动力电池等回收利用；合理布局硅、锂、镁等行业新增产能；新建多晶硅、锂电池正负极项目能效须达到行业先进水平。 逐步取消各地新能源汽车购买限制；落实便利新能源汽车通行等支持政策；推动公共领域车辆电动化，有序推广新能源中重型货车，发展零排放货运车队；有序建设大型水电基地，因地制宜发展生物质能，统筹推进氢能发展；大力推进可再生能源替代，鼓励可再生能源制氢技术研发应用，支持建设绿氢炼化工程，逐步降低行业煤制氢用量
2024年6月4日	国家能源局	《关于做好新能源消纳工作 保障新能源高质量发展的通知》	科学确定各地新能源利用率目标。省级能源主管部门要会同相关部门，在科学开展新能源消纳分析的基础上，充分考虑新能源发展、系统承载力、系统经济性、用户承受能力等因素，与本地区电网企业、发电企业充分衔接后，确定新能源利用率目标。部分资源条件较好的地区可适当放宽新能源利用率目标，原则上不低于90%，并根据消纳形势开展年度动态评估
2024年6月19日	工信部	《锂离子电池行业规范条件（2024年本）》和《锂离子电池行业规范公告管理办法（2024年本）》	引导企业减少单纯扩大产能的制造项目，加强技术创新、提高产品质量、降低生产成本，并对电池、正极材料、负极材料、隔膜、电解液等产品性能具体要求进行了最新调整。 工信部负责全国锂离子电池行业规范公告管理工作，组织对省级行业主管部门审核推荐的申请材料进行复核、检查、公示及公告，并动态管理锂离子电池行业规范公告名单

续表5

时间	部委	政策名称	主要内容
2024年7月25日	国家发改委、财政部	《关于加力支持大规模设备更新和消费品以旧换新的若干措施》	进一步加大对重点领域更新换新的补贴力度。在汽车报废更新方面，对符合条件的汽车报废更新，将补贴标准由此前的购买新能源乘用车补贴1万元、购买燃油乘用车补贴7000元，分别提高到2万元和1.5万元。在设备更新贷款财政贴息方面，对符合条件的经营主体，中央财政给予设备更新贷款的贴息比例，从1个百分点提高到1.5个百分点。此外，明确了对老旧营运车船报废更新、农业机械报废更新、新能源公交车及动力电池更新等方面的补贴标准，较此前均有大幅度提升
2024年8月21日	国家发改委、国家能源局	《能源重点领域大规模设备更新实施方案》	目标到2027年，能源重点领域设备投资规模较2023年增长25%以上，重点推动实施煤电机组节能改造、供热改造和灵活性改造“三改联动”，输配电、风电、光伏、水电等领域实现设备更新和技术改造
2024年8月29日	国务院新闻办公室	《中国的能源转型》白皮书	中国制定了中长期发展规划，到2035年，中国将基本实现社会主义现代化，能源绿色生产和消费方式广泛形成，非化石能源加速向主体能源迈进，新型电力系统为能源转型提供坚强支撑，美丽中国目标基本实现。21世纪中叶，中国将全面建成社会主义现代化强国，清洁低碳、安全高效的新型能源体系全面建成，能源利用效率达到世界先进水平，非化石能源成为主体能源，支撑2060年前实现碳中和目标
2024年9月14日	交通运输部、工信部等十部门	《关于加快提升新能源汽车动力锂电池运输服务和安全保障能力的若干措施》	力争到2027年，动力锂电池运输的堵点卡点进一步打通，运输效率稳步提升，综合运输结构进一步优化，运输安全保障水平大幅提升，保障新能源汽车及动力锂电池产业链供应链安全稳定，为更好服务外贸“新三样”，全力支撑经济高质量发展，加快构建新发展格局提供有力支撑。 加强锂电池行业规范管理。加快修订《电动汽车用动力蓄电池安全要求》（GB 38031），完善动力锂电池安全技术要求，明确动力锂电池

续表 5

时间	部委	政策名称	主要内容
2024 年 9 月 14 日	交通运输部、工信部等十部门	《关于加快提升新能源汽车动力锂电池运输服务和安全保障能力的若干措施》	热失控安全性能指标和测试方法，提升动力锂电池本质安全水平。发布实施《锂离子电池行业规范条件（2024 年本)》和《锂离子电池行业公告管理办法（2024 年本)》，强化锂电池安全和质量管理相关要求
2024 年 9 月 20 日	工信部	《工业重点行业领域设备更新和技术改造指南》	汽车行业设备更新目标以新能源汽车整车及零部件生产环节设备为重点，围绕整车冲压、焊接、涂装、总装 4 大工艺及零部件生产制造，更新应用先进制造技术、自动化和柔性化技术、节能环保技术及相应设备，支持企业实施技术升级与改造更新。到 2027 年，实现汽车及零部件生产效率、能耗、环保水平及产品质量等再上新台阶。 轻工行业设备更新目标以老旧设备更新、智能化和绿色化升级改造等为重点，推动电动自行车、电池、日用陶瓷等重点轻工行业关键生产制造和检验检测设备更新，推广应用高速和高精度设备、自动化和智能化控制设备、高能效设备等。 锂电池行业设备更新目标重点推动产线迭代升级和自动化智能化改造，提升整线直通率、单机生产效率、设备控制精度、能源利用效率。更新改造关键材料加工、极片制造、电芯组装、化成分容、系统集成等关键环节设备。到 2027 年，行业整体生产效率和产品合格率大幅提高，主要环节基本实现在线监测
2024 年 9 月 25 日	交通运输部办公厅、国家发改委办公厅、财政部办公厅	《关于进一步做好新能源城市公交车及动力电池更新工作的补充通知》	根据交通运输部、财政部印发的《新能源城市公交车及动力电池更新补贴实施细则》，利用超长期特别国债资金，对更新新能源城市公交车的每辆车平均补贴 8 万元，对更换动力电池的每辆车补贴 4.2 万元。对于更换动力电池的，每辆车补贴金额原则上不得高于新购动力电池价格的 50%

续表 5

时间	部委	政策名称	主要内容
2024 年 10 月 8 日	市场监管总局、工信部、公安部、国家消防救援局	《加强电动自行车产品准入及行业规范管理》	要求严格执行强制性国家标准，自 2024 年 11 月 1 日起，不符合 GB 42295—2022《电动自行车电气安全要求》及第 1 号修改单要求的电动自行车、装配充电器，不符合 GB 42296—2022《电动自行车用充电器安全技术要求》及第 1 号修改单的电动自行车、装配锂离子蓄电池，不符合 GB 43854—2024《电动自行车用锂离子蓄电池安全技术规范》的电动自行车不得生产、销售、进口。 自 2024 年 11 月 1 日起，对新提出认证委托的电动自行车，应符合相关强制性国家标准及修改单要求，经过认证并标注认证标志后，方可出厂、销售、进口或者在其他经营活动中使用
2024 年 10 月 23 日	工信部	《制造业绿色低碳发展行动方案》	加快推进工业产品碳足迹核算标准制定。聚焦钢铁、电解铝、锂电池、新能源汽车等重点产品，加快研制一批碳足迹核算标准，推动工业企业降低产品全生命周期碳排放，促进产业链和供应链转型升级。 加强新型固废综合利用体系建设。聚焦废旧动力电池，制定出台综合利用管理办法，修订发布综合利用行业规范条件，加快构建新型回收利用体系。 积极推动清洁低碳氢在工业领域应用。聚焦清洁低碳氢应用的瓶颈制约，进一步推进政策集成创新，加快推动其在冶金、化工、石化等行业规模化应用，在工业绿色微电网、绿色船舶、绿色航空等领域实现多场景应用突破
2024 年 11 月 8 日	全国人大常委会	《中华人民共和国能源法》	国家合理布局、积极有序开发建设抽水蓄能电站，推进新型储能高质量发展，发挥各类储能在电力系统中的调节作用。 国家鼓励和支持能源资源勘探开发、化石能源清洁高效利用、可再生能源开发利用、核能安全利用、氢能开发利用，以及储能、节约能源等领域基础性、关键性和前沿性重大技术、装备及相关新材料的研究、开发、示范、推广应用和产业化发展

续表 5

时间	部委	政策名称	主要内容
2024 年 12 月 12 日	工信部、市场监管总局、国家消防救援局	《电动自行车用锂离子电池健康评估工作指引》	从外观、标签标识、内阻、最大输出电压、放电容量衰减率等方面提出电动自行车用锂离子电池是否存在健康隐患的评估准则和检测方法，并对健康评估网点提出要求
2024 年 12 月 23 日	工信部	《新能源汽车废旧动力电池综合利用行业规范条件（2024 年本）》	针对梯次利用企业，新版规范条件明确，优先支持具有多项相关技术发明专利或实用新型专利的企业申请规范条件公告。年梯次利用的废旧动力电池量应不低于实际废旧动力电池回收量的 60%（其中利用量和回收量均按质量计算）。回收到的不可梯次利用的废旧动力电池应交由符合本规范条件的再生利用企业处理。 再生利用企业，新版规范条件要求，积极开展针对正负极材料、隔膜、电解液等再生利用技术、设备、工艺的研发和应用，努力提高废旧动力电池再生利用水平，通过冶炼或材料修复等方式保障主要有价金属得到有效提取回收。其中，破碎分离后的电极粉料回收率不低于 98%，杂质铝含量低于 1.5%，杂质铜含量低于 1.5%；冶炼过程锂回收率应不低于 90%，镍、钴、锰回收率不低于 98%，碳酸锂生产单位产品综合能耗（以标准煤计）低于 2200 千克/吨；采用材料修复工艺的，回收利用的材料质量之和占原动力电池所含目标材料质量之和的比重应不低于 99%。工艺废水循环利用率应达 90%以上

（二）产业结构调整情况分析

2024 年中国新能源汽车产销量首次突破千万辆，动力锂电池和其他锂电池产量超太瓦时，碳酸锂、氢氧化锂总产量过百万吨，正极材料总产量超过 300 万吨，均创历史最高纪录。2024 年锂盐价格下降，并持续在低位运行，部分锂盐和正极材料企业亏损，行业效益不佳。

在新一轮找矿突破战略行动的推动下，自然资源部中国地质调查局联合各省地勘单位和矿业企业，在全国范围内展开了找矿集中攻坚行动，并在四川、新疆、青海、江西、内蒙古等地取得了一系列重大突破，锂辉石型、盐湖型、锂云母型锂矿新增资源量均超千万吨。

长期以来，我国锂资源对外依存度较高、进口量占比大，增加了生产成本，制约了相关产业发展。新发现的西昆仑—松潘—甘孜长达2800千米的世界级锂辉石型锂成矿带，累计探明锂资源量650余万吨，资源潜力超3000万吨。我国盐湖锂资源开发也取得显著进展，新增资源量达1400余万吨，跃居仅次于南美锂三角和美国西部的全球第三大盐湖型锂资源基地。此外，我国攻克江西等地区锂云母提锂技术难题，解决了锂云母含锂量较高但提取复杂、成本较高问题，提高了利用率、经济性，新增资源量超1000万吨，打开了锂云母型锂矿找矿新局面，促进湖南、内蒙古等地区形成找矿新局面，成为锂资源重要增长点。

2024年，固态锂电池产业取得显著进展。从投资融资看，中国新增33个固态电池投资项目，国内23家相关企业获73轮融资，资本持续加码，市场前景被广泛看好。

技术研发层面，呈现百花齐放之势。传统电池厂如宁德时代布局硫化物路线，预计2027年小批量生产；中创新航推出“无界”全固态电池技术，能量密度达430瓦时/千克，计划2027年装车；国轩高科发布“金石电池”，能量密度350瓦时/千克，2027年小批量上车实验。固态电池新势力中，卫蓝新能源计划2027年前规模化量产；太蓝新能源推出车规级全固态锂金属电池与无隔膜半固态电池，计划2026年装车验证。

车企也积极布局，上汽、一汽、吉利等多家国内车企，以及大众、本田等海外车企都在研发或计划量产固态电池，2027年或成为产业转折点，届时全固态电池有望进入小规模量产元年。此外，2024年固态电池在储能、低空经济等领域需求也开始释放。

（三）经营形势分析

2024年，我国锂电行业在复杂多变的市场环境中持续前行，呈现出一系列独特的经营态势。

从产量与市场规模来看，行业延续增长态势。2024年，全国锂电池总产量超1太瓦时，同比增长42.4%，制造行业利润同比增长在30%以上。储能型锂电池产量超200吉瓦时，新能源汽车用动力型锂电池销量约800吉瓦时，增长均在25%以上。

竞争格局方面，行业集中度较高。动力锂电池领域，宁德时代和比亚迪处于第一梯队，装机量占比超20%；中创新航、国轩高科等处于第二梯队，市场占有率在1%~10%之间。整体来看，动力电池前十强市场占有率在95%以上，集中度不断提升。

技术发展上，磷酸铁锂电池累计装车量409.0吉瓦时，占总装车量的74.6%，自2021年起超越三元锂电池后稳居领先地位。固态电池虽布局企业众多，但大多未达量产条件，宁德时代预计2027年实现小规模量产。

同时行业也面临挑战。一方面，锂价全年下跌，碳酸锂价格跌破部分企业的8万元/吨参考成本价，一度徘徊在7万元/吨关口，导致锂盐企业业绩下滑，2024年多家企业净利润下滑，出现较大亏损。另一方面，出口增速放缓，美国等国家禁止部分动力电池进口，2024年10月29日，欧盟委员会决定对从中国进口的电动汽车征收为期五年的最终反补贴税，并于10月31日起正式实施。

尽管挑战重重，但随着新能源汽车和储能市场的持续发展，锂电行业未来仍充满机遇。在技术创新与市场需求的双重驱动下，有望进一步突破困境，实现新的增长。

四、当前中国锂工业发展中需要关注的问题

近年，中国显著加快了国内锂资源项目的开发审批进程。四川、新疆等一批品位优良、储量丰富的锂辉石矿得以有效开发，产能开始逐步释放。与此同时，国内企业在非洲等海外控股或参股多座锂矿山也陆续建成运营。同时雅保公司、SQM等企业在国内建有氢氧化锂生产线，同样需要进口锂辉石精矿或硫酸锂。青海盐湖锂资源的开发利用越来越成熟，产能产量逐年增加。由于锂价接近锂云母提锂成本价，加之对无法资源化利用的锂渣必须进行无害化处理和消纳，江西宜春地区部分企业开始停产或减产。锂电回收行业产能阶段性过剩，多数企业“吃不饱”，产能利用率低，行业整体效益欠佳。

中国盐湖工业集团有限公司于2025年2月8日正式揭牌，集团旗下有青海盐湖工业股份有限公司、青海汇信资产管理有限责任公司、五矿盐湖有限公司3家企业，注册资本100亿元，中国五矿持股53%，青海省国资委和青海省国有资产投资管理有限公司共同持股47%。集团现有530万吨/年钾肥、5.8万吨/年锂盐、百万吨/年盐湖化工产品产能。集团生产基地包括全国最大的可溶性钾镁盐矿床察尔汗盐湖和大型硫酸镁亚型盐类综合矿床一里坪盐湖，采矿面积近4060平方千米，盐湖提钾、盐湖提锂规模化生产技术世界领先。

中国锂电产业在产能产量、技术研发、装备制造、产品质量等诸多方面取得了领先，但仍须关注：

（1）提高锂资源开发利用程度，优化资源开发规模。一是需强化国内锂资源的勘探及开发工作，提高国内锂资源供给能力。统筹推进国内外锂资源的

协调开发，优化资源开发规模，提高伴生资源的综合利用率，努力实现锂资源的增储上产；二是进一步完善再生锂资源回收体系，健全配套政策支持，显著提升循环利用水平；三是深化国际资源合作，优化全球资源配置，打造国内国际双循环相互促进的资源保障新格局。

（2）提升产业科技创新能力，防止产能过度扩张。在锂离子动力电池中，正极材料和电解质是极为关键的核心材料，这使得行业的上下游企业都有进入这些领域的潜在可能。近两年来，钛白粉、磷化工、氟化工及电解液等行业中，诸多企业纷纷涌入磷酸铁锂和六氟磷酸锂行业，投资项目规模庞大。随着锂盐价格的持续下跌，磷酸铁锂、六氟磷酸锂产业的竞争愈发激烈。

当前，国内锂电产业链供应链已出现较为严重的阶段性供需失衡现象，部分中间产品及材料的价格波动异常剧烈，远超正常范围。在这一背景下，少数企业单纯地将重心放在扩大产能上，而在技术创新、研发投入、产品质量提升及生产成本降低等方面则显得动力不足。目前，在建和拟建的产能是现有产能的数倍之多，已经远远超出了下游的实际需求。倘若任由这种情况发展，未来必将严重阻碍行业的健康、可持续发展。

（3）加快推进锂电产业智能化、绿色、低碳环保发展。为加快推进绿色低碳发展进程，需加大对环境保护领域的投入力度。应高度重视环保设施建设与环境治理工作，尤其是针对锂云母提锂过程中产生的锂渣处置这一难题，需加大技术研发投入与资金投入，积极探索资源化利用途径，避免因简单堆存锂渣而带来的环境压力与企业经营负担。同时，要积极推进清洁生产技术改造，降低生产过程中的能源资源消耗及污染物排放，提高资源利用效率，为构建绿色低碳循环发展的经济体系贡献力量。

锂电产业作为高新技术产业的重要组成部分，智能化是推动行业产业升级与技术进步的重要保障。锂电产业必须牢牢抓住智能化带来的新机遇，运用现代信息技术提升锂电生产企业的管理水平与生产线安全水平，最大程度降低锂电产品生产、销售过程中的各类隐患。智能化能够为企业参与国际市场竞争提供有力支撑，增强锂电产品的国际竞争力。

五、中国锂工业下一步发展重点

中国锂工业在当下锂电产业蓬勃发展却又面临诸多挑战的现状下，下一步发展重点可从以下几方面着力。

（一）政策协同与产业协作

国家及地方已出台多项政策推动新能源和锂电产业健康发展，但仍需进一步强化。2024 年 7 月 30 日召开的中共中央政治局会议提出要强化行业自律，防止“内卷式”恶性竞争，强化市场优胜劣汰机制，畅通落后低效产能退出渠道。锂电产业近年来产能扩张迅速，部分产能无法得到有效利用，低质产能加剧了行业低价竞争。各地工业和信息化主管部门应依据“十四五”制造业系列规划和《关于推动能源电子产业发展的指导意见》等，结合本地资源禀赋、产业基础和市场需求，实事求是制定锂电产业发展政策，避免低水平同质化发展和恶性竞争。鼓励锂电产业链上的生产企业、材料企业、资源企业、回收企业、终端应用企业及相关配套企业深度合作，通过签订长单、技术合作等方式建立长效机制，稳定预期、保障供应、合作共赢。锂电产业应响应号召，提高行业准入门槛，限制低效率、高能耗、高污染项目进入，推动行业整合与兼并重组，鼓励优势企业整合资源，淘汰低效产能，从而提升行业整体发展质量。

（二）加大国内锂资源勘查开发力度

制定锂资源开发和产业发展总体方案，鼓励重点地区规划锂资源产业并列出开发项目清单，给予政策支持和要素保障，加速项目审批。部分开发项目审批手续已在加速，后续应持续推进，减少资源开发阻碍，提高国内锂资源供应能力，降低对国外资源的依赖。随着低空经济与船舶领域对锂电需求的日益增长，锂资源供应的稳定保障至关重要，充足的资源是满足这些新兴领域需求的基础。

（三）技术创新

鼓励有条件地区开展盐湖高效提锂提镁、锂云母尾渣消纳等关键技术攻关与工业化试验，建设战略性矿产资源产业基础数据平台，为企业开发利用境内外矿产资源提供服务。同时，支持关键材料研发应用，围绕新能源汽车，尤其是低空经济与船舶领域对锂电池的特殊需求进行技术创新。低空经济与船舶领域对锂电性能要求独特，例如要求锂电具备更高的能量密度以增加续航里程，更强的环境适应性以应对复杂工况，技术创新是满足这些特殊需求的关键。发挥各类创新载体作用，推动高比能量正极材料等高端材料研发及产业化，重视知识产权保护。

（四）支持绿色化、智能化改造

在协同推进降碳减污扩绿增长、加快经济社会发展全面绿色转型方面，锂电产业作为新能源领域的重要组成部分，须积极响应绿色发展号召。要进一步深化生态文明体制改革，营造绿色低碳产业健康发展生态，这要求锂电企业在生产过程中全面推行绿色制造，从原材料采购、生产工艺到产品回收利用，都要严格把控污染排放，降低能源消耗，积极推动全产业链的绿色化升级。比如，利用大规模、高智能、高能效装备技术，降低动力电池材料、电芯、电池系统、回收再利用等环节的能源消耗，实施动力电池生产体系碳足迹管理，促进降低碳强度，有效控制碳排放总量。

绿色化的锂电产品不仅能满足环保要求，还能提升其自身的市场竞争力，智能化改造则有助于更好地管理和维护锂电系统，提高使用效率。提出建立产品碳足迹管理体系、碳标识认证制度，这对于锂电产业来说至关重要。锂电企业应加强对产品全生命周期的碳排放核算与管理，通过建立完善的碳足迹管理体系，明确产品在各个环节的碳排放情况，为产品贴上可靠的碳标识，提升产品的绿色竞争力。同时，积极参与全国碳市场建设，利用市场机制推动企业节能减排，实现可持续发展。

撰稿人：张江峰
审稿人：李宇圣

2024年铂族金属工业发展报告

铂族金属是多种高科技产品的关键材料，全球铂族金属资源和生产高度集中在南非、俄罗斯等少数国家，主要生产国的政治、经济及出口政策的变化都会对高度依赖进口的铂族金属的来源有所影响。我国铂族金属资源有限，对外依存度高，铂族金属供应面临潜在性风险。针对我国铂族金属现状，建议采取多种措施保障供应链安全。加大铂族金属资源勘查开采投入，加强中国共伴生铂族金属资源综合勘查；支持企业拓展海外优质资源，加强国际合作；鼓励发展再生资源和循环经济；加强铂族金属战略储备，保障紧急状态下的资源供应。

一、2024年世界铂族金属工业发展概述

（一）国际铂族金属价格走势分析

2024年，国际铂价呈震荡调整的走势（见图1）。2024年，国际铂年均价为955.73美元/盎司，比上一年度下降10.80美元/盎司，降幅为1.12%。全年铂价最高1065.00美元/盎司，最低872.00美元/盎司。2024年底铂价收于913.00美元/盎司，全年累计下降75.00美元，降幅为7.59%。

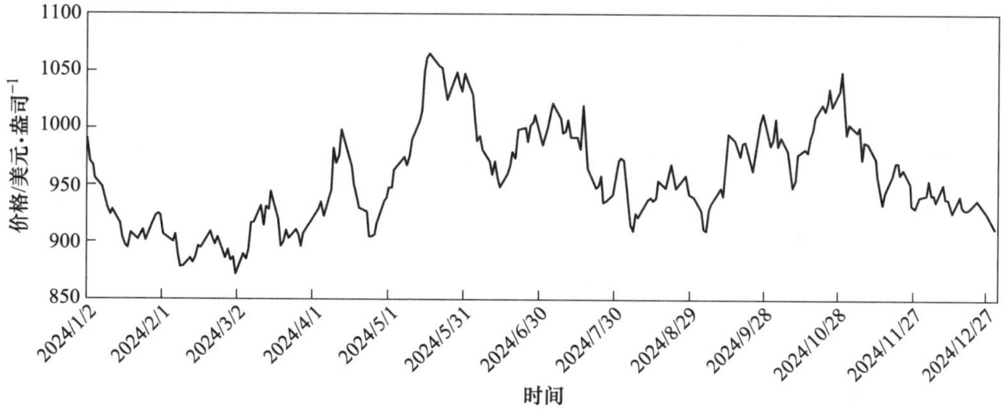

图1　2024年国际铂价格走势

数据来源：万得资讯（Wind），昆明贵金属研究所整理

2024 年，国际钯价呈波动下降趋势（见图 2）。2024 年，国际钯年均价为 983. 62 美元/盎司，比上一年度下降 354. 32 美元/盎司，降幅为 26. 48%。全年钯价最高 1222. 00 美元/盎司，最低 852. 00 美元/盎司。2024 年底钯价收于 909. 00 美元/盎司，全年累计下降 192. 00 美元，降幅为 17. 44%。

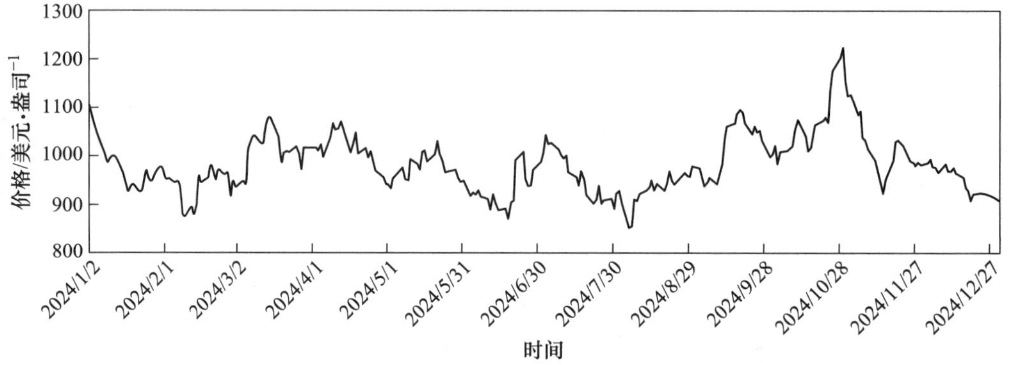

图 2　2024 年国际钯价格走势

数据来源：万得资讯（Wind），昆明贵金属研究所整理

2024 年，国际铑价小幅上涨（见图 3）。根据庄信万丰提供的数据，2024 年，国际铑均价为 4636. 57 美元/盎司，与 2023 年均价 6636. 16 美元/盎司相比，降幅为 30. 13%。全年铑价最高 4825 美元/盎司，最低 4325 美元/盎司。2024 年底铑价收于 4575 美元/盎司，全年累计上涨 152 美元，涨幅为 3. 39%。

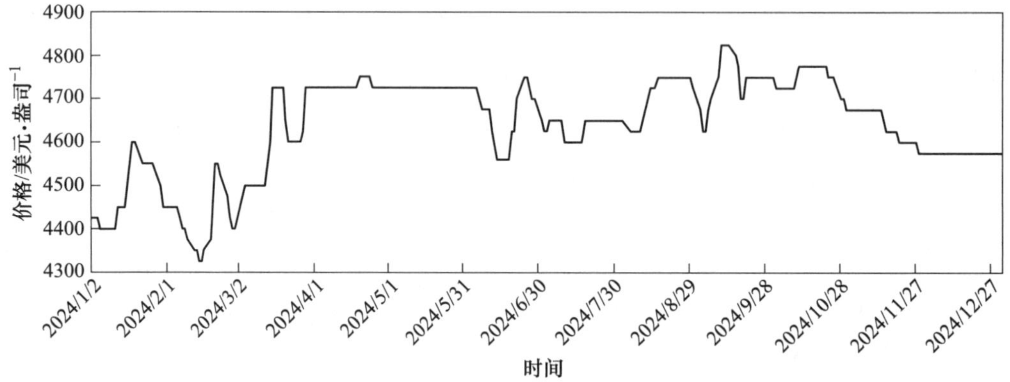

图 3　2024 年国际铑价格走势

数据来源：庄信万丰，昆明贵金属研究所整理

2024 年，国际铱价格持续下跌（见图 4）。根据庄信万丰提供的数据，2024 年，国际铱均价为 4762. 00 美元/盎司，与 2023 年均价 4679. 48 美元/盎司相比，涨幅为 1. 76%。铱价 2024 年初稳定在 5000 美元/盎司，2 月末开始持

续下跌，年末收于 4400 美元/盎司，全年累计下跌 600 美元，跌幅为 12.00%。

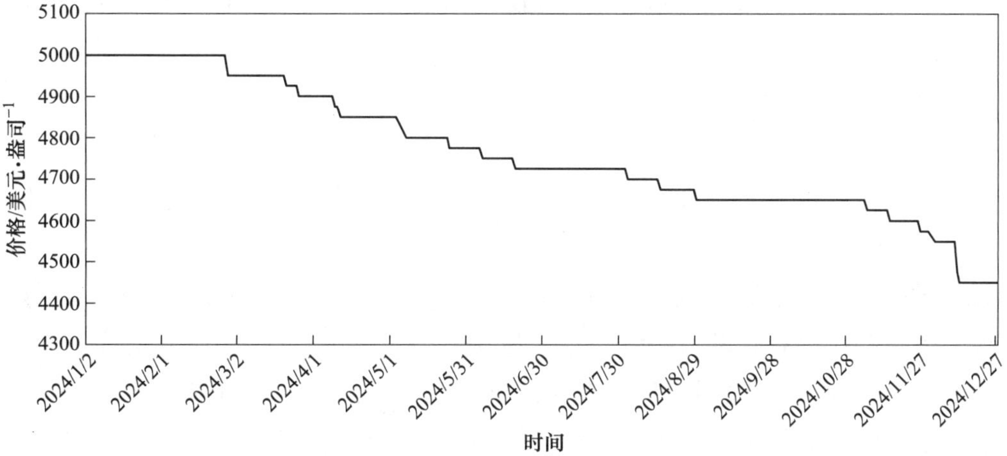

图 4　2024 年国际铱价格走势

数据来源：庄信万丰，昆明贵金属研究所整理

2024 年，国际钌价格小幅上涨（见图 5）。根据庄信万丰提供的数据，2024 年，国际钌均价为 437.22 美元/盎司，与 2023 年均价 464.58 美元/盎司相比，下降 5.89%。钌价从年初的 450 美元/盎司一路下跌至 9 月末，之后反弹到 485 美元/盎司，年底回落到 465 美元/盎司。

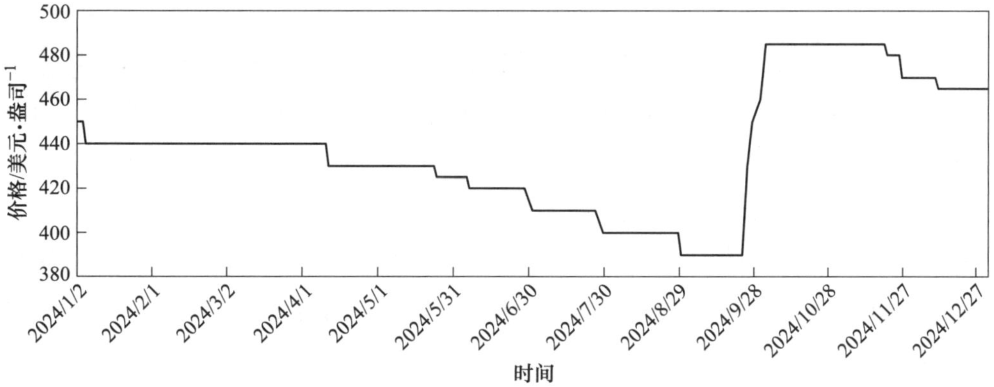

图 5　2024 年国际钌价格走势

数据来源：庄信万丰，昆明贵金属研究所整理

（二）全球铂族金属供给概况

2023 年，全球铂族金属总供应量 577.9 吨，较上年同比增长 1.3%。与 2019 年相比，全球铂族金属总供应量整体五年间减少 11 .0%。矿山产出依然是铂族金属供给的主要来源，占比约 76%。近年来，受铂族金属价格、市场供

需影响，以及被列入关键矿产名目等因素，铂族金属二次资源回收产业发展迅速。2023 年全球铂族金属二次资源回收量占比达 23.7%，较上年同比下降近 4 个百分点。

1. 矿山产出供给

2023 年，全球铂族金属矿山产出总量为 441.2 吨，较上年同比增长 6.7%，其中铂、钯、铑矿山产出量分别为 180.1 吨、203.6 吨、21.8 吨，同比分别增长 7.5%、8.6% 和 1.4%。

从分布来看，南非和俄罗斯铂族金属矿山产出量共占全球矿山产出总量的 80.8%。2023 年，南非的铂族金属产量为 248.7 吨，较上年同比增长 0.7%，其铂、钯、铑矿山产出量分别占全球的 69.1%、35.9%、79.8%。2023 年南非铂、钯矿山产出量同比分别增长 0.9%、3.1%，铑下降 1.7%。2023 年，俄罗斯的钯矿山产出量同比增长 17.5%至 84.0 吨，占全球钯矿山产出量的 41.3%，依然是全球第一大钯生产国。

2. 二次资源回收供给

铂族金属二次资源的来源主要是汽车、电子等工业领域和饰品行业，其中汽车行业贡献 80%以上。2023 年，在铂族金属价格下行背景下，全球铂族金属总回收量降至 136.7 吨，其中汽车行业铂族金属回收量降至 113.7 吨。汽车行业铂族金属回收量占总回收量的 83.2%。2023 年，饰品行业回收铂族金属 7.5 吨，较上年同比减少 14.8%；电子行业铂族金属回收量同比增长 1.3%。

铂族金属二次资源回收量主要受铂族金属价格和报废汽车量走势影响。2024 年，预计全球铂族金属回收量将温和增长 3%，中国铂族金属回收量预计增长 10%。

（三）全球铂族金属需求概况

2023 年，全球铂族金属总需求量 632.2 吨，较上年同比增长 8.9%。其中，工业、饰品、投资需求占比分别为 92.4%、7.1%和 0.5%。预计 2024 年，全球铂族金属总需求将增长 5%，其中工业需求增长 5%，饰品需求下降 3%。

从全球工业用铂族金属的需求来看，2023 年，全球铂族金属工业需求量为 584.1 吨，与上年相比，增长 5.2%。从近五年来看，铂族金属工业需求增长 2.0%。

从市场规模来看，2023 年，全球工业用铂族金属市场规模为 286.0 亿美元，较上年下降 34.4%。与 2019 年相比，全球工业用铂族金属市场规模增长 4.8%。

2023 年，全球铂族金属饰品需求量为 44.9 吨，占贵金属饰品总需求量的

0.4%。与上年相比，铂族金属饰品需求量减少2.4%。与2019年相比，铂族金属饰品需求量减少34.5%。

近五年，全球贵金属投资需求量随贵金属价格波动而起伏，五年总体增长30.6%。2023年，全球铂族金属投资需求为3.2吨，从净卖出转入净买入。全球贵金属投资市场规模为827.9亿美元，同比增长2.6%，在铂族金属价格下跌和金银价格上涨情况下，大幅度抵消了需求量上的变化。与2019年相比，全球贵金属投资市场规模增长86.3%。

二、2024年中国铂族金属工业发展概述

（一）国内铂族金属价格走势分析

2024年上海黄金交易所铂均价为222.66元/克，比上一年度上涨1.30元/克，涨幅为0.59%。2024年底铂收盘价为223.77元/克，全年累计下降13.55元，降幅为5.71%。

2024年国内自由市场钯均价为260.51元/克，比上一年度下降88.10元/克，降幅为25.27%。2024年底钯收盘价为242元/克，全年累计下降57元，降幅为23.55%。

2024年中国铂、钯月度价格见表1。

表1　中国铂、钯月度价格表　（元/克）

月份	上交所铂月均价	国内市场钯月均价
1月	220.62	261.59
2月	212.79	252.50
3月	215.37	268.29
4月	223.54	271.2
5月	245.94	261.1
6月	234.53	245.66
7月	233.58	255.87
8月	222.20	242.82
9月	219.44	263.03
10月	237.15	284.36
11月	227.92	267.45
12月	225.58	254.61

数据来源：上海黄金交易所（SGE），北京安泰科信息股份有限公司。

（二）中国铂族金属供给概况

中国铂族金属需求量约占全球总需求的1/3，是全球最重要的铂族金属消费市场，但进口依赖度超过80%。

2023年，中国铂族金属总供给量225.2吨，较上年同比增长13.9%，与2019年相比，五年间减少5.4%。其中，矿山产出量3.9吨，占总供给量的1.7%；净进口量197.3吨，同比增长20.7%，与2019年相比，五年间减少8.5%；二次资源回收量为24.0吨，同比下降22.6%，与2019年相比，五年间增长32.2%。

价格是影响铂族金属进口量及二次资源回收量的重要因素之一。目前，中国铂族金属回收产业呈现蓬勃发展格局，随着产业政策的调整及区域技术整合发展，铂族金属回收产业的分布和格局已发生深刻变化，不仅国际几大贵金属企业在中国建立大型回收精炼业务，本土铂族金属回收商也发展壮大起来。预计2024年中国铂族金属回收量将恢复性增长10%左右，同时净进口量也将增长，预计总供应量增长超过10%。

1. 矿山产出供给

中国贵金属资源稀缺，尤其铂族金属极度匮乏。截至2023年底，全球铂族金属储量7.1万吨，中国铂族金属储量占比不到全球0.2%。中国铂族金属资源主要分布于金川白家嘴含铂铜镍矿、四川杨柳坪铂镍矿、云南金宝山铂钯矿和河南唐河县周庵铜镍矿。目前，中国自有铂族金属矿山产出几乎全部来自金川白家嘴含铂铜镍矿。

2. 二次资源回收供给

2023年，中国铂族金属回收量为24.0吨，较上年同比下降22.6%，与2019年相比，五年间增长32.2%，铂族金属价格是影响回收量的重要因素。2023年，中国汽车行业铂族金属回收量17.6吨，同比下降24.8%，占铂族金属总回收量的73.3%；首饰和电子行业铂族金属回收量分别占11.7%和15.0%。

从市场规模来看，2023年中国铂族金属回收市场规模为14.6亿美元，全球市场规模69.1亿美元，中国占全球21.1%。中国作为全球三大重要汽车消费和保有市场之一，汽车行业铂族金属回收的潜力巨大，这也是近年来国际贵金属企业争相在中国布局铂族金属回收业务的重要原因。

目前，中国已形成产业规模的铂族金属回收企业主要有贵研铂业、浩通科技、凯立新材、太化股份、石油系统下属的贵金属回收企业等。近几年，随着越来越多的企业看到铂族金属回收业务的价值并参与进来，中国铂族金属二次资源回收产业逐渐在云南、湖南、浙江、江西、重庆、甘肃等地形成一定的集聚效应。

3. 铂族金属进口

2023 年，中国进口铂族金属 207.1 吨，出口 9.8 吨，净进口量为 197.3 吨，较上年同比增长 20.7%。2019—2023 年，净进口量总体减少 8.5%，但进口依存度依然高达 85%以上。

中国进口铂族金属主要以原材料、催化网及特种制品为主，可以分为六大类：化合物、原料（未锻造、板、片、半制造品）、原料钯（未锻造、板、片、半 制造品）、原料铑铱钌锇（未锻造、板、片、半制造品）、催化铂网和其他包铂材料。

2023 年，中国进口铂族金属原料 148.4 吨、半制品 2.5 吨、化合物（金属量）28.8 吨、包铂材料 27.3 吨。铂族金属原料共占铂族金属进口总量的 71.7%，半制品为 1.2%、化合物为 13.9%、包铂材料为 13.2%。与 2022 年相比，中国铂族金属原料进口量增长明显，化合物增长超过 1 倍，催化铂网进口近乎消失，反映出中国铂族金属市场结构正在发生变化。

中国铂族金属出口产品是少量的半制品铂和化合物。根据海关总署公布的数据，2023 年，中国铂半制品出口量 0.1 吨、化合物（金属量）3.6 吨。此外，铂或铂化合物的废碎料出口量为 122.6 吨，按含铂族金属 5%折算，有 6.1 吨铂族金属资源流失，但与 2022 年同比，已减少近一半。

近两年铂族金属价格波动幅度较大，整体下跌，中国铂族金属进口量也受较大影响。2023 年 6 月开始，铂族金属进口量出现大幅增长，进入 2024 年依然保持了较高的状态。所有进口铂族金属中，铂、钯、钌、铱、锇进口量明显增长，铑进口量较上年明显下降。

（三）中国铂族金属需求概况

2023 年中国铂族金属总需求量 165.5 吨，较上年同比增长 3.3%。其中，工业、饰品、投资需求占比分别为 90.9%、8.9%和 0.2%，中国铂族金属市场投资规模较小，处于起步阶段。

从中国工业用铂族金属的需求来看，2023 年，中国铂族金属工业需求量为 150.5 吨，较上年同比增长 4.8%。从五年数据来看，中国铂族金属工业需求下降 8.0%。

从市场规模来看，2023 年中国铂族金属的工业需求市场规模为 77.0 亿美元，较上年下降 29.0%。与 2019 年相比，中国工业用铂族金属市场规模下降 5.4%。

中国是全球重要的贵金属饰品消费市场，特别是金饰品和铂族金属饰品占到全球1/3左右。2023年中国铂族金属饰品需求量为14.8吨，与上年相比减少8.1%，与2019年相比减少57.5%。近五年，中国铂族金属饰品需求量占全球比例从50.8%下降至33.0%。2024年，预计全球和中国贵金属饰品需求量将分别增长8%和5%左右，增长动力主要来自金、银饰品。

2023年，中国铂族金属投资市场规模仍有较大的发展空间。预计2024年，中国铂族金属投资需求将增长30.0%。

（四）投融资情况

1. 巴斯夫贺利氏贵金属公司10000吨尾气催化剂项目投产

1月17日，巴斯夫贺利氏贵金属公司年产10000吨尾气催化剂处理项目于浙江投产。该项目投资3.2亿元人民币，占地48亩，聚焦汽车废旧尾气催化剂中回收铂族金属。巴斯夫贺利氏贵金属公司是巴斯夫和贺利氏各出资50%成立的回收再利用合资企业。上述投资是贺利氏贵金属全球追加3亿欧元投资，以扩大在中国、德国、美国等地的回收产能战略规划的一部分。

2. Lifezone Metals与Glencore回收合资企业完成第一阶段融资

1月10日，Lifezone Metals Limited宣布，与Glencore plc. 签署了认购协议。双方回收铂族金属的合资企业完成第一阶段融资。Lifezone Metals和Glencore将分别出资150万美元，用于澳洲珀斯的Lifezone Metals实验室进行试点工作的确认性计划。第一阶段工程于2024年上半年完工。Lifezone Metals铂族金属回收过程采用Hydromet技术为基础，与传统冶炼技术相比，提供更低能耗、排放，效率更高，成本更低。

3. 西北有色院稀贵金属循环再利用铜川基地项目投资5.3亿元

铜川政府网2月19日报道，西北有色金属研究院稀贵金属循环再利用（铜川）基地项目占地151亩，总投资5.3亿元，由凯立铂翠（铜川）金属公司负责实施。项目建筑面积11.7万平方米，主要建设金、银、钌、铑、钯等稀贵金属回收生产线及配套设施。项目建成后，年处理稀贵金属等各类回收物5万吨，可实现年产值30亿元。

4. 贺利氏投资日本合成氨初创企业Tsubame BHB

2月21日，贺利氏宣布，将投资日本初创企业Tsubame BHB合成氨技术。以贵金属为基础的Tsubame BHB技术是对贺利氏可持续贵金属技术的补充。该工艺以钌催化剂为基础，“就近”生产，实现了节能、低成本合成氨生产，适用于利用低碳氢生产可再生氨。同时，贺利氏还通过与Tsubame BHB公司的合作扩大了其在日本的业务。

5. 优美科获欧洲投行3.5亿欧元贷款用于电动汽车电池材料研发

2月7日，优美科与欧洲投资银行签订了3.5亿欧元、为期8年的贷款，用于资助优美科在欧洲电动汽车可充电电池材料技术和电动汽车电池回收方面的研发。欧洲投资银行已将其对电池相关项目的支持增加到2023年，融资额将超过16亿欧元。过去5年，欧洲投行资助的此类项目总计达28亿欧元。

6. 庄信万丰以7亿美元出售医疗设备组件业务

7月1日，庄信万丰宣布，根据与Montagu Private Equity达成的销售协议条款，以7亿美元（5.5亿英镑）现金对价，以无现金无债务的方式完成了其医疗器械组件业务（MDC）的出售。董事会表示，打算通过市场上的股票回购计划返还MDC出售净收益中的2.5亿英镑。

7. 光洋先进材料分析实验室在昆山落成

4月23日，光洋新材料科技（昆山）有限公司先进材料分析实验室在昆山成立，占地面积2650平方米，主要功能包括贵金属分析、靶材材料分析、高纯材料分析、粉末材料分析、精密量测分析、PVD薄膜分析等8大项，尤其在金属废物和金属材料、污泥水质及电子组件样品分析方面具备行业领先水平。目前，总投资1亿元的光洋新材料三期靶材工程项目正在建设中，预计2025年建成投产后可新增年产值30亿元。

8. 贺利氏收购加拿大铱回收公司扩大铱精炼能力

6月24日，贺利氏收购加拿大McCol Metals公司100%的全部股份。McCol Metals将继续在纽芬兰和拉布拉多省圣约翰开展回收业务。该工厂将隶属于贺利氏贵金属业务部运营部门，并继续在加拿大圣约翰开展业务。此次收购，贺利氏旨在进一步扩大在贵金属领域的领先能力。

McCol Metals是一家专门从事废旧混合金属氧化物电极中铱回收业务的加拿大公司，拥有最先进的从混合金属氧化物（MMO）电极中回收并再利用铱的工艺，业务遍及加拿大、美国、墨西哥、荷兰、瑞典、英国、德国、智利和日本等国家。

9. 陕西有色金属集团投资10.62亿元布局贵金属领域

6月18日，陕西有色金属集团在渭南市稀贵金属基新材料产业园区首批启动贵金属前驱体、光伏正面银浆用银粉项目，项目总投资10.62亿元，分两期实施，一期包括825吨贵金属前驱体新材料项目和500吨光伏正面银浆用银粉新材料项目，二期包括1.3吨贵金属增材制造技术成果转化与产业化项目和100千克电解水制氢用催化剂中试项目。一期项目计划总投资9.12亿元，建设周期2年，建成后预计新增年产值56亿元，可实现年销售利润6400万元。两期项目整体建成后可年新增产值58亿元，助力渭南成为西北规模最大的稀贵金属深加工基地。

10. 英美铂业与英美资源2025年底完成分拆并在伦敦二次上市

7月26日，英美资源宣布，英美铂业与母公司英美资源的分拆将于2025年底完成，并计划在伦敦二次上市。英美资源的De Beers、炼钢煤炭和镍业务也将分别在伦敦上市。截至6月30日的6个月内，英美铂业利润下降18%至65亿兰特（3.554亿美元）。

另外，英美资源将以1.95亿美元的价格向全球矿业投资基金Taurus Funds Management出售两处分别位于澳大利亚和智利的采矿特许权资产，其中智利的Caspiche项目包含黄金和铜矿采矿特许权，分别以2500万美元和2000万美元出售。

11. Ravindra Heraeus收购Arora Matthey印度的催化剂和回收工厂

9月26日，印度贵金属公司Ravindra Heraeus Private Limited收购了Arora Matthey的Vizag工厂，该工厂专门从事贵金属催化剂的生产和回收，包括在各种催化剂载体上含有铂族金属的多相催化剂及均相催化剂。Ravindra Heraeus成立于1994年，是由印度Ravindra Choksi家族和贺利氏共同成立的合资企业，主要从贵金属和特种金属产品和解决方案的制造。

12. 博苑股份募集7.13亿元用于投资100吨/年贵金属催化剂等项目

11月29日，博苑股份发布公告表示，公司已募集资金7.13亿元用于投资多个产业化项目，其中，3.1亿元投向100吨/年贵金属催化剂等项目，2.08亿元投向年产1000吨造影剂中间体等项目。博苑股份的贵金属催化剂产品主要为辛酸铑，现有产能1000千克/年。2023年，博苑股份营业收入10.25亿元，净利润1.82亿元。

（五）中国铂族金属技术动态

贵金属的高强、高导、高耐腐蚀、高催化活性和选择性、高稳定性等特点，使其成为新一代信息技术、环保、新能源、健康等新兴产业发展的重要推动者，尤其是在碳中和的全球大背景之下，铂族金属将对中国实现“双碳”目标发挥极为重要的作用。

2023年，铂族金属催化材料、医用材料、能源材料、纳米材料、合金材料等方向的研究进展和发展趋势报道热点如下。

厦门大学团队以纯丙烷为反应原料，利用铟元素在反应条件下的动态迁移特性和铑单原子的高效C—H键活化能力，创制出烷烃脱氢寿命超过5500小时的超高稳定性In/Rh@S-1催化剂。该催化剂在550℃的近工业反应条件下连续测试长达5500小时，活性和选择性均保持稳定。

华东理工大学与北京大学合作，在 TiO_2 负载铂基催化剂研究中取得进展。通过浸渍—煅烧，首次在金红石型 TiO_2 上外延生长出 PtO_2 原子层。PtO_2/TiO_2 外延结构可在催化剂制备过程中调节 Pt/TiO_2 催化剂中Pt的状态产生独特的几何结构和电子状态，从而促进电催化析氢反应和热催化CO氧化反应。

江南大学首次采用氧化铟负载的单原子铱作为前驱体，紫外光作为驱动力，激发产生光电子富集在铱原子周围，通过精确控制双原子位点的距离，产生优异的协同催化效应，实现 CO_2 加氢近100%选择性生成甲醇，且生成甲醇的时空产率突破纪录，每小时每克金属上可生成187.1克甲醇，该技术有望为大幅降低稀有贵金属用量提供技术支撑。

中国科学院与昆明理工大学、香港城市大学、美国宾夕法尼亚大学合作，提出全新的贵金属单原子在可还原氧化物载体上的锚定机制。该研究以三种不同形貌 CeO_2 纳米材料为载体，负载Ag。球差电镜、X射线吸收精细结构谱等表征证明，Ag更易在富羟基的 CeO_2 纳米立方上分散，表明表面羟基是Ag的直接锚定位点。该锚定机制适用于Pt和Pd等原子，揭示了单原子催化剂活性中心的本质，为设计和制备高效低耗的单原子催化剂提供了新思路。

西北工业大学医学研究院通过在铂（Ⅳ）前药的轴向位置引入线粒体膜重塑诱导剂、BRD4抑制剂和铁死亡诱导等剂不同功能的小分子免疫药物，成功合成多种具有免疫活性的新型铂（Ⅳ）前药，能有效进入肿瘤细胞，逆转肿瘤免疫抑制微环境，并改善由DNA损伤修复引起的铂耐药，显著增强了铂类药物的抗肿瘤活性。

中国科学技术大学科研人员研制出一种高抗氨毒化的镍基碱性膜燃料电池阳极催化剂。该催化剂在氨存在的条件下，电化学循环1万次性能几乎没有损失，可保留95%的初始峰值功率密度和初始电流密度，远超商业铂碳催化剂，该研究将进一步推进碱性膜燃料电池技术的应用。

新动力与清华推出新一代商用氢燃料电池用催化剂达到国际一线催化剂品牌，已成功转化应用并实现500克/批次量产，产品在电化学活性面积和质量比活性指标分别高达84.7米^2/克和199安/克，成本下降了30%~40%，该技术的突破有望为氢能产业化打开空间。

三、2024年中国铂族金属工业经济运行情况分析

（一）政策环境分析

1. 国家税务总局印发《关于资源回收企业向自然人报废产品出售者“反

向开票”有关事项的公告》

4 月 25 日，国家税务总局印发《关于资源回收企业向自然人报废产品出售者“反向开票”有关事项的公告》，明确资源回收企业向自然人报废产品出售者“反向开票”的具体措施和操作办法，为资源回收利用行业全产业链加快发展营造良好的税收环境，助力提升国民经济循环质量和水平。

2. 国务院印发《2024—2025 年节能降碳行动方案》

《2024—2025 年节能降碳行动方案》提出，2024 年，单位国内生产总值能源消耗和二氧化碳排放分别降低 2.5%左右、3.9%左右，规模以上工业单位增加值能源消耗降低 3.5%左右，非化石能源消费占比达到 18.9%左右，重点领域和行业节能降碳改造形成节能量约 5000 万吨标准煤、减排二氧化碳约 1.3 亿吨。2025 年，非化石能源消费占比达到 20%左右，重点领域和行业节能降碳改造形成节能量约 5000 万吨标准煤、减排二氧化碳约 1.3 亿吨。

（二）经营形势分析

2024 年，我国铂族金属上市公司共 12 家，其中大陆 11 家，台湾 1 家。2024 年前三季度，12 家上市公司中营业收入和利润双增长的企业仅 2 家，营业收入增长但利润下降的企业 3 家，营业收入和净利润双降的企业 4 家。上述上市企业经营业绩反映出 2024 年前三季度我国铂族金属工业发展形势仍旧不容乐观，主要是贵金属价格下降及下游应用端需求疲软所致。

四、当前中国铂族金属工业发展中需要关注的问题

（一）铂族金属对外依存度高

由于我国铂族金属矿产量低，每年仅 10 吨左右，对外依存度高达 80%以上，只能通过进口及回收弥补缺口。其中，铂的主要进口国是南非和俄罗斯，二者进口合计占总量的 80%左右；钯的进口同样主要来自南非和俄罗斯，二者合计占到总进口量的 70%。整体来看，目前铂族金属对外依存度高是该品种的最大风险，即便考虑国内再生回收后，比例依然达到 75%。

（二）不同省份税收成本不一样

《关于完善资源综合利用增值税政策的公告》（财政部 税务总局公告 2021 年第 40 号）施行，取消了收购方代开发票的传统模式，有的省采取自制原始凭证入账，有的省采取自然人代开发票等。不同的处理方式带来省际间同类型企业不同的税收成本，对促进形成公平竞争的市场环境和为企业创造广阔发展空间等方面存在一定的影响。

（三）南非铂族金属矿山生产面临不确定性

2023 年 12 月中旬，南非 2000 多名铂矿工人罢工。南非英帕拉铂业公司（Impala Platinum）表示，其最近收购的 Bafokeng Rasimone 铂金矿的运营陷入停顿，此前逾 2000 名工人就未明确的要求举行了地下抗议。这是南非矿山一连串地下静坐事件中的一起。类似的抗议活动在 Wesizwe Platinum 的 Bakuung 矿区和私人拥有的 Gold One Group 的 Modder East 矿区也有报道，抗议的内容是工资和代表要求。2019 年，NUM 与该矿的前东家皇家班佛肯铂金公司（Royal Bafokeng Platinum）签署了一份为期 5 年的工资协议，该协议于 2024 年到期。在与诺瑟姆铂金（Northam Platinum）进行了漫长的收购战之后，英帕拉获得了皇家班佛肯的控制权，获得了对其未来增长至关重要的巨额高品位资产。包括 Impala 和 Sibanye Stillwater 在内的南非铂矿商正在裁员，以在金属价格疲软的情况下挣扎求生。

（四）海外铂族金属矿业投资面临政策不确定性

2000 年以来，南非颁布和实施了一系列的与矿业行业有关的法律法规，这些法律法规强调了环境、经济的可持续发展，支持和鼓励以黑人为主的弱势群体参与矿产行业经营，提高黑人经济和社会地位，但部分法律法规的不清晰加大了投资的不确定性。近年来，非洲资源保护主义有所抬头。非洲人国民大会（ANC）青年联盟坚决主张矿业国有化，矿产资源相关的税收可能提高。

五、中国铂族金属工业下一步发展重点

（一）加大铂族资源勘查开采投入，加强中国共伴生铂族资源综合勘查

鉴于铂族金属的经济意义、战略地位及其需求量不断增长的前景，建议进一步扩大铂族金属的原料基地，加强国内铂族金属找矿勘查工作。

（二）支持企业拓展海外优质资源，加强国际合作

在全球经济相对低迷之时，中国企业抓住机会，走出国门，实施资源多元化和国际化战略。海外开发铂族金属资源，不仅能使企业获得更多资源权利和利润，也利于中国对战略性金属资源的总体布局。国内多家矿业公司在海外开发方面已经取得良好进展。

（三）鼓励发展再生资源和循环经济

铂族金属矿产资源有限，集中在少数国家，而我国铂族金属更为匮乏。贵金属废弃物是我国铂族金属重要来源，其铂族金属含量一般高于原矿，生产过程能耗及“三废”排放量低于原矿开采。因此，加大对铂族金属废弃物的再生利用力度、发展循环经济具有重要意义。建议提高国内综合回收水平，并采

取措施防止铂族金属资源流失。在满足环保要求情况下，扩大含铂族金属废料进口来源，适当降低铂族金属含量门槛。建议协调国家财税政策调整，建立省际统一的税收政策，促进形成公平竞争的市场环境。

（四）加强铂族金属战略储备，保障紧急状态下的资源供应

矿产原材料对经济有效运行至关重要，一些矿产具有特别重要的战略意义，处于科技创新的前缘地位，用于生产精密的高科技产品。历史上欧美日等国家和地区均重视对战略金属的储备，储备的品种和方式根据国情差异而不同。建议加强铂族金属战略储备，以备不时之需，保障铂族金属产业安全。

撰稿人：恭恬洁、姬长征、唐振艳、戴　华

审稿人：熊庆丰、唐武军

统计篇

TONGJI PIAN

2024 年有色金属产品产量汇总表

指标名称	产量/吨			同比/%
	12 月	12 月止累计	同期累计	
一、十种有色金属	6895363	79187841	75955836	4.26
其中：精炼铜（电解铜）	1241999	13644337	13106984	4.10
原铝（电解铝）	3766040	44004641	42051938	4.64
铅	690397	7637449	8002611	-4.56
锌	597320	6837494	7095701	-3.64
二、六种矿山金属含量	557494	6123651	6196863	-1.18
三、氧化铝	7507535	85522270	82321751	3.89
四、有色加工产品				
1. 铜材	2272778	23503127	23105814	1.72
2. 铝材	6106556	67831079	62979841	7.70
五、有色冶炼厂产金/千克	22830	244680	220725	10.85

注：1. 表中的数据均为初步统计数（快报数）。

2. 计算各项指标同比增长速度所采用的上年数与本年的企业统计范围相一致，和上年公布的数据存在口径差异。

2024 年有色金属行业规模以上企业主要财务指标

指标名称	计算单位	2024 年 1—12 月	2023 年 1—12 月	同比/%	备注
企业个数	个	11648			
资产总计	千元	6089677432	5809067831	4. 83	
流动资产平均余额	千元	3186367536	3035647856	4. 96	
应收账款	千元	569778621	552346599	3. 16	
产成品库存	千元	244180650	214242280	13. 97	
负债合计	千元	3562973993	3468510214	2. 72	
营业收入	千元	8978822780	7754036609	15. 80	
营业成本	千元	8228440632	7149750873	15. 09	
营业费用	千元	32883571	32699224	0. 56	
管理费用	千元	118977090	109661515	8. 49	
财务费用	千元	50253972	45190492	11. 20	
利润总额	千元	423877839	366551990	15. 64	
亏损企业亏损额	千元	60483305	40330434	49. 97	
亏损企业个数	个	2878	2859	0. 66	
资产负债率	%	58. 51	59. 71	-1. 20	百分点
资产利润率	%	7. 12	6. 51	0. 61	百分点
销售收入利润率	%	4. 72	4. 73	-0. 01	百分点

注：1. 表中数据为初步统计数（快报数）。

2. 计算各项指标同比增长速度所采用的上年数与本年的企业统计范围一致，和上年公布的数据存在口径差异。